バントゥ諸語の一般言語学的研究

ひつじ研究叢書〈言語編〉

第89巻	日本語形態の諸問題	須田淳一・新居田純野 編
第90巻	語形成から見た日本語文法史	青木博史 著
第91巻	コーパス分析に基づく認知言語学的構文研究	李在鎬 著
第92巻	バントゥ諸語分岐史の研究	湯川恭敏 著
第93巻	現代日本語における進行中の変化の研究	新野直哉 著
第95巻	形態論と統語論の相互作用	塚本秀樹 著
第96巻	日本語文法体系新論	清瀬義三郎則府 著
第97巻	日本語音韻史の研究	高山倫明 著
第98巻	文化の観点から見た文法の日英対照	宗宮喜代子 著
第99巻	日本語と韓国語の「ほめ」に関する対照研究	金庚芬 著
第100巻	日本語の「主題」	堀川智也 著
第101巻	日本語の品詞体系とその周辺	村木新次郎 著
第103巻	場所の言語学	岡智之 著
第104巻	文法化と構文化	秋元実治・前田満 編
第105巻	新方言の動態30年の研究	佐藤髙司 著
第106巻	品詞論再考	山橋幸子 著
第107巻	認識的モダリティと推論	木下りか 著
第108巻	言語の創発と身体性	児玉一宏・小山哲春 編
第109巻	複雑述語研究の現在	岸本秀樹・由本陽子 編
第111巻	現代日本語ムード・テンス・アスペクト論	工藤真由美 著
第112巻	名詞句の世界	西山佑司 編
第113巻	「国語学」の形成と水脈	釘貫亨 著
第116巻	英語副詞配列論	鈴木博雄 著
第117巻	バントゥ諸語の一般言語学的研究	湯川恭敏 著
第118巻	名詞句とともに現れる「こと」の談話機能	金英周 著
第119巻	平安期日本語の主体表現と客体表現	高山道代 著

ひつじ研究叢書
〈言語編〉
第117巻

バントゥ諸語の一般言語学的研究

湯川恭敏 著

ひつじ書房

序文

1975年5月17日、羽田空港を飛び立ったパキスタン航空機で私はアフリカのバントゥ諸語の調査のために日本をあとにした。それ以来30年を越える調査の始まりであった。

バントゥ諸語というのは、アフリカのケニアからカメルーンを結ぶ線の南側のほぼ全域に分布する、同一の祖語から分岐した諸語である。私がこの諸語の調査のためにアフリカに滞在したのは、次の19回である。

1)1975.5 〜 1977.3　タンザニア、ザンビア、ケニア、ザイール、カメルーン
2)1979.9 〜 1980.9　ケニア
3)1984.9 〜 1985.1　ザンビア
4)1985.8 〜 1986.3　ザンビア
5)1987.8 〜 1988.3　タンザニア
6)1989.8 〜 1990.3　ザイール
7)1990.8 〜 1991.3　カメルーン
8)1994.7 〜 1994.9　南アフリカ
9)1995.2 〜 1995.3　南アフリカ
10)1995.7 〜 1995.9　ナミビア、南アフリカ
11)1996.2 〜 1996.3　ボツアナ、南アフリカ
12)1996.7 〜 1997.10　ジンバブエ、南アフリカ
13)1997.2 〜 1997.3　ナミビア、南アフリカ
14)1999.7 〜 1999.10　ウガンダ
15)2000.7 〜 2000.10　ケニア
16)2001.7 〜 2000.9　タンザニア、ケニア
17)2003.8 〜 2003.9　コンゴ共和国
18)2004.8 〜 2004.9　ガボン
19)2005.8 〜 2005.9　タンザニア

このうち第 1 回目は各国で約 20 言語を調査したが、調査票の不備やアクセント分析能力の未熟さから、アフリカに慣れたのがほとんど唯一の収穫であった。帰国後、語彙調査票と文法調査票を確定し、それ以降それを用いて調査することになる。

第 2 回目は、語彙調査票と文法調査票を用いて約 12 言語を調査したが、アクセント分析能力ができあがっていなかったので、集めたデータにもそれが反映していた。この間、日本在住のアフリカ人の協力を得て、特にアクセントの分析に力を入れた調査を行った。とりわけ、タンザニアの Sambaa（サンバー語）と、ケニアの Kikuyu（キクユ語）の名詞と動詞のアクセント分析に基本的に成功したことで、バントゥ諸語の調査・分析に対する準備が整った。

第 3 回目以降はすべて文部（科学）省科学研究費補助金の交付を得ての調査であるが、必要なデータは、Sambaa と Kikuyu のそれを除けば、ほぼこの一連の調査によって得られたものである。

分析結果は、拙著『バントゥ諸語動詞アクセントの研究』（ひつじ書房）に収録したもの以外は、東京外国語大学アジア・アフリカ言語文化研究所の『アジア・アフリカ言語文化研究』、同所の『アジア・アフリカ文法研究』、『東京大学言語学論集』、『ありあけ　熊本大学言語学論集』、その他に発表した。圧倒的に動詞のアクセントに関するものが多い。また、ザンビアの Lozi の形成を論じた『ロズィ語成立に関する研究』（熊本大学言語学研究室）やバントゥ諸語が単一の祖語からどのように分岐・移動し現在の状態にいたったかを推定した『バントゥ諸語分岐史の研究』（ひつじ書房）を出版した。

最後のものは、調査したすべての言語のデータを使用しているが、使用しているのはほとんど 200 の基礎語彙だけであり、全体をまとめるものがまだできていなかった。本書はバントゥ諸語の調査・分析において得られた知見の、一般言語学的意味を持つものをまとめたものである。

言語学、特に一般言語学といえる部分の発展について最も貢献できるものの一つは、個別言語の調査・分析から得られる知見である。ある言語にこういうことがあるという報告だけではなく、どうすればうまく分析できたかも重要である。本書は、バントゥ諸語を題材にしてそのような貢献をめざすものである。

本書は、第 1 部と第 2 部に分けた。第 1 部は、バントゥ諸語の音声学的、音韻論的、文法的な研究である。第 2 部は、音韻論的研究の一部であるが、動詞のアクセントの分析である。特にそれをまとめたのは、言語がどの程度に規則的であるかという、言語学者の有する根源的な疑問を解く鍵（の一部）がこの分野に鮮烈に認められるからである。

本書は、独立行政法人日本学術振興会平成 25 年度科学研究費助成事業（科学研究費補助金）（研究成果公開促進費）学術図書の交付を受けたものである。また、本書の出版を快諾されたひつじ書房に感謝する。

2014 年 2 月

著者

目　次

(狭義の)バントゥ諸語の地域

第１部
一般言語学的に見たバントゥ諸語の諸現象

第1部のはじめに

第1部の記述の理解を容易にするため、最初に、バントゥ諸語の一つ、Swahili（スワヒリ語）の文法構造を簡単に説明しておく。

Swahili は、ケニアのインド洋沿岸に現在話されている Giryama（ギリヤマ語）等の言語（Miji Kenda 諸語と呼ばれる）の祖語もしくはその姉妹語がケニアからタンザニアの沿岸部に広がり、それがさらに両国全体、ウガンダ、コンゴ民主共和国東部などに広まったものである。アラビア語などからの借用語に富む。

次の文を見てみよう。

Mtoto wangu alipata kitabu kizuri「私の子供が素敵な本を手に入れた」
子供 私の 手に入れた 本 素敵な

この文で、alipata が述語であり、mtoto wangu が主語であり、kitabu kizuri が目的語（問題があるが、一応そう呼んでおく）であり、述語のみで文が成立する。主語は、あらわれる場合は通常述語の直前にあらわれ、目的語は、あらわれる場合は通常述語の直後にあらわれる。

名詞句は、主語としてあらわれようと、目的語としてあらわれようと、あるいは他のあらわれかたをしようと、特に変わらない。名詞は、単複あわせて約10のクラスに分かれ、どのクラスに属するかで、形容語が異なる接頭辞をとる。名詞のクラスは、接頭辞として何をとるかでほぼ判別できる。Mtoto の m-、kitabu の ki-がクラス接頭辞である。

形容語が形容詞の場合、形容詞がとる接頭辞は、原則として名詞のクラス接頭辞と同じである。上の kitabu kizuri 参照。名詞が mtoto なら mtoto mzuri となる。なお、複数の場合、同じ原理で、vitabu vizuri、watoto wazuri となる。

形容語が所有代名詞の場合、所有代名詞がとる接頭辞は、一部は名詞のクラス接頭辞と同じであるが、一部はそうではない。

kitabu kizuri vs. kitabu changu（< ki-angu） しかし
mtoto mzuri vs. mtoto wangu（< u-angu）

「〜の」という所有辞の場合も、同様である。所有者でなく、被所有物をあらわす名詞のクラスに呼応する。

kitabu cha mtoto wangu「私の子供の本」
mtoto wa mtoto wangu「私の子供の子供」

このように、名詞のクラスに呼応してさまざまなものが接頭辞を中心に音形交替する現象を「文法的呼応」と呼ぶことにする。

述語を見る。動詞の場合、上の例で alipata は、a- が主格接辞で mtoto wangu に対応している。-li- は「過去」をあらわす時称接辞、-pat- が語幹で -a が語尾である。Swahili はやや簡単になっているが、多くのバントゥ諸語では、時称接辞と語尾の組み合わせで、「時」(テンスやアスペクト)をあらわす。主格接辞の形は、一部は名詞のクラス接頭辞と同じであるが、一部はそうではない。

kitabu kilianguka「本が落ちた」　vs.　mtoto alianguka「子供が落ちた」

さて、alipata にはあらわれないが、語幹直前に、非独立目的代名詞のような接辞があらわれることが可能である。たとえば、alikipata というと、-ki- がそれで、ki- を接頭辞とする名詞のいずれかがあらわすものを彼が手に入れたという意味になる。この -ki- のようなものを対格接辞と呼ぶことにする。このように、主格接辞も対格接辞も文法的呼応に関与することになる。

Swahili の動詞直説法形をあげておく。対格接辞の出る形で示す。

過去形	主格接辞＋li＋(対格接辞＋)語幹＋a
	例：a-li-ni-on-a「彼は私(ni)を見た」
結果の残る過去形	主格接辞＋me＋(対格接辞＋)語幹＋a
	例：a-me-ki-on-a「彼はそれを見(つけ)た」
完了形	主格接辞＋(me＋)sha＋(対格接辞＋)語幹＋a
	例：ni(-me)-sha-ki-on-a「私はもうそれを見た」
現在形	主格接辞＋na＋(対格接辞＋)語幹＋a
	例：a-na-ni-on-a「彼は私を見ている」
未来形	主格接辞＋ta＋(対格接辞＋)語幹＋a
	例：a-ta-ni-on-a「彼は私を見るだろう」
過去否定形	ha＋主格接辞＋ku＋(対格接辞＋)語幹＋a
	例：ha-tu-ku-ki-on-a「私たち(tu)はそれを見なかった」
完了否定形	ha＋主格接辞＋ja＋(対格接辞＋)語幹＋a
	例：ha-tu-ja-ki-on-a「私たちはそれをまだ見てない」
現在否定形	ha＋主格接辞＋(対格接辞＋)語幹＋i
	例：ha-tu-ki-on-i「私たちはそれを見ていない」
未来否定形	ha＋主格接辞＋ta＋(対格接辞＋)語幹＋a
	例：ha-tu-ta-ki-on-a「私たちはそれを見ないだろう」

やや不規則な形があるが、それは省略して例示した。

述語が繋辞の場合、不変化の ni を置くか、何も置かない。

mimi（ni）mjapani「私は日本人です」
私　　　　日本人

なお、Swahili はアクセント対立を失っていて、原則として、次末音節が高から低への下降調を示し、他は低い。しかし、アクセントが一型化している言語は少ない。多くの言語は、アクセント対立を保有しているので、その調査と分析が必要になる。

なお、第2章の音韻論を扱った部分には動詞のアクセントについての研究は含まれず、それらは第2部で扱うが、第2章で Kikuyu（キクユ）語の名詞のアクセントを扱う箇所（3.3 節）では、動詞アクセントの記述が一部前提となっている。これは、名詞のアクセントの分析にそれがどうしても必要だからである。

第1部には、言語記述の他に、バントゥ諸語がどう分岐して現在の状態に至ったかや、ザンビア西部の Lozi（ロズィ）語というある種の混淆言語の形成を論じた、過去の拙著の内容の簡単な要約も含まれている。

第１章　バントゥ諸語と音声学

この章では、バントゥ諸語に認められる音声学的現象を述べるが、やや珍しい、もしくは、非常に珍しい音については、より詳しく述べる。

1.　母音

1.1.　通常の母音

バントゥ祖語においては、母音は i、e、ɛ、a、ɔ、o、u の７つであったと考えられ、現在のバントゥ系言語の多くは、その継承としての７母音体系か、i/e および o/u が合一した５母音体系、e/ɛ および ɔ/o が合一した５母音体系を有している。５母音体系の場合聞き分けは容易であるが、７母音体系では困難がある場合がある。ただし、この問題自体は、音韻論的解釈の問題であるので、次の章に譲ることにする。著者の調査した言語のうち、７母音体系（ただし、元来の体系を保持しているもの）および５母音体系の言語を列挙する。

○７母音言語

Basaa（バサ語）、Bobangi（ボバンギ語）、Duala（ドゥアラ語）、Embu（エンブ語）、Gusii（グシイ語）、Hurutse（フルツェ語）、? Kaka（カカ語）、Kamba（カンバ語）、Kgatla（カタ語）、Kikuyu（キクユ語）、Kuria（クリア語）、Kwena（クエナ語）、Langi（ランギ語）、Lega（レガ語、未確認）、Lingala（リンガラ語）、Manda（マンダ語）、Maragoli（マラゴリ語）、Matumbi（マトゥンビ語）、Meru（メル語）、Mongo（モンゴ語）、Nande（ナンデ語）、Ngombe（ンゴンベ語）、Ngwato（グアト語）、Nilamba（ニランバ語）、Ntomba（ントンバ語）、Nyakyusa（ニャキュサ語）、Nyamwezi（ニャムウェズィ語）、Nyaturu（ニャトゥル語）、Pedi（ペディ語）、Rolong（ロロン語）、Sotho（ソト語）、Sukuma（スクマ語）、? Teke（テケ語）、Tharaka（ザラカ語）、Tlhaping（タピン語）.

○５母音言語

Bemba（ベンバ語）、Bena（ベナ語）、Buja（ブジャ語）、Bukusu（ブクス語）、

Cewa（チェワ語）、Digo（ディゴ語）、Ganda（ガンダ語）、Giryama（ギリヤマ語）、Gisu（ギス語）、Gogo（ゴゴ語）、Haya（ハヤ語）、Herero（ヘレロ語）、Ila（イラ語）、? Isukha（イスハ語）、Kambe（カンベ語）、Kaonde（カオンデ語）、Karanga（カランガ語）、Kiga（チガ語）、Kwangwa（クワングワ語）、Kwanyama（クワニャマ語）、Laari（ラーリ語）、Lamba（ランバ語）、Lozi（ロズィ語）、Luba（ルバ語）、Lunda（ルンダ語）、Luvale（ルヴァレ語）、Machame（マチャメ語）、Makonde（マコンデ語）、Manyika（マニカ語）、Maraki（マラキ語）、Mbalanhu（ンバラヌ語）、Mwenyi（ムエニ語）、Ndau（ンダウ語）、Ndebele（ンデベレ語）、Ndonga（ンドンガ語）、Nkoya（ンコヤ語）、Nsenga（ンセンガ語）、Nyala（ニャラ語）、Nyiha（ニハ語）、Nyoro（ニョロ語）、Ruguru（ルグル語）、Rwanda（ルワンダ語）、Sala（サラ語）、Sambaa（サンバー語）、Shi（シ語）、Soga（ソガ語）、Swahili（スワヒリ語）、Swaka（スワカ語）、Swati（スワティ語）、Taita（タイタ語）、Tonga（トンガ語）、Tooro（トーロ語）、Tsonga（ツォンガ語）、Tumbuka（トゥンブカ語）、Venda（ヴェンダ語）、Wanga（ワンガ語）、Xhosa（コサ語）、Yombe（ヨンベ語）、Zalamo（ザラモ語）、Zigua（ズィグア語）、Zulu（ズールー語）.

こうした母音体系の言語とは異なり、何らかの母音に由来する中舌母音ə を有する言語がある。それは主としてカメルーンの諸語に認められる。筆者の調査した諸語の中では、Bafia（バフィア語）、Bulu（ブル語）、Eton（エトン語）、Ewondo（エウォンド語）、Makaa（マカー語）、Yambasa（ヤンバサ語）、および、狭義のバントゥ諸語には含まれないが、広義のバントゥ諸語に含まれるDschang（チャン語）にこうした母音が認められる。この母音を以下ではẹ̭で表記する。

Bafia：imẹ̭ẹ̭「首」
Bulu：oyẹ̭m「舌」
Eton：ojẹ̭m「舌」
Ewondo：oyẹ̭m「舌」
Makaa：lẹ̭m「心臓」
Yambasa：nuudẹ̭「口」
Dschang：alẹ̭「舌」

その他、筆者の調査したもので、ガボンのPunu（プヌ語）にもəで表記しうる母音があらわれるが、これには、音韻論的に微妙な問題があるので、その問題は次の章で見ることにする。

バントゥ諸語は、一般に母音はしっかり発音され、無声化することは少ないが、南アフリカのVenda（ヴェンダ語）や、コンゴ民主共和国のShi（シ語）においては、後ろに何も続かない場合に単語の末尾母音が無声化する。

1.2.　鼻母音

一般に鼻子音直後の母音は鼻音化するのが普通であるが、そのような鼻母音ではなくて、音韻論的にも通常の母音とは異なる鼻母音を有する言語がある。筆者の調査したものでは、カメルーンの Bafia、Kaka、Makaa、コンゴ共和国の Teke（テケ語）の一方言 Ndjiku（ンジク語）、コンゴ民主共和国の Yans（ヤンス語）にはそうした鼻母音が認められる。

Bafia：ifõõ「置く」
Kaka：kõ̱「槍」（o̱ は広い o）
Makaa：kwõ̱õ̱「槍」（o̱ は広い o）
Ndjiku：ĩgwo「背中」
Yans：ũ̱cwi「頭」（u̱ は広い u）

2.　子音

次に、子音について見てゆく。やや珍しい、もしくは、非常に珍しい音について見る。

2.1.　破裂音

2.1.1.　歯間的破裂音

国際音声字母では、dental な t/d をあらわす記号はある（t̪/d̪）が、θ や ð のように舌端を上の歯の先につけて発音する t/d をあらわす記号はないようである。しかし、このような音を有する言語がある。南アフリカ北部の Venda やナミビア中部の Herero がそれである。しかも、これらの言語には歯茎破裂音の t/d があって、対立している。歯間的破裂音を ṱ/ḓ であらわす。

Venda：iṱo「目」、tshiḓula「蛙」　cf. ufhata「建てる」、ndau「ライオン」.
Herero：eṱupa「骨」、ombinḓu「血」　cf. omutima「心臓」、omundu「人」.

ついでにいうと、Venda には n や l にも、Herero には n にも同じ対立がある。

Venda：ṋowa「蛇」、uḽa「食べる」　cf. munwe「指」、uvala「閉める」.
Herero：orukuṋe「薪」　cf. iine「4」

なお、観察において気づいたことだが、ナミビアの Ambo の方言 Mbalanhu では、t は極めて前で発音され、その結果、-twe は、-pe に近く聞こえる。ただし、Mbalanhu には歯茎破裂音との対立はない。

2.1.2.　硬口蓋破裂音

国際音声字母では硬口蓋破裂音として c/ɟ を記号にしているが、バントゥ系の言語では c/ɟ を有するものは比較的少なく、これに近いものとして tɕ/dʑ や tʃ/dʒ がよく用いられる。Swahili においては、c はないが ɟ はあり、jambo（挨拶のことば）の語頭子音はこれである。これが、コンゴ民主共和国の Swahili の方言（Kingwana）だと［j］になっている。

Swahili：jino「歯」、kujenga「建てる」

その他にも ɟ を有する言語はある。以下に、j や ɉ で表記した音がそれである。

Kaka：ɉoi「口」

Makaa：ɉuzha「洗う」

Kambe：kujita「料理する」

Mongo：jomi「十」

Ruguru：ukuja「食べる」

Zigua：jula「カエル」

2.1.3.　声門破裂音

音声的には、声門破裂音が出されることはあるが、これが独立した音素として用いられている言語は少ない。

コンゴ民主共和国東部の Lega においては、元来の k が声門破裂音に変化しており、慣用的正書法では - であらわされることになっている。

Lega：i-oshi「首」　cf. ukulu「足」

なお、Lega には、k もあるが、g から変化したものである。（Lega は7母音だが、筆者のデータ上確認が困難のため、上の語形は慣用的正書法に従い5母音表記。）

2.1.4.　有気破裂音

無声有気破裂音、ただし、無声無気破裂音と対立する無声有気破裂音は、いくつかのバントゥ系言語に散見される。バントゥ祖語にはこのような対立はなかった。

Hurutse/Kgatla/Kwena/Ngwato/Rolong/Tlhaping/Pedi/Sotho：mọthọ「人」
（ọ は狭い o. 以上、ソト・ツアナ諸語）

Ndebele/Zulu/Swati/Xhosa：uzipho「爪」（以上、ングニ諸語）

Tsonga：khwati「森」

Venda：thungu「乳房」

Cewa：khutu「耳」

Nsenga：thupi「体」

Yombe：khuni「薪」
Luvale：phwevo「妻」

なお、Swahili でも mp/nt/nk 起源の p/t/k は有気音であったが、この特徴を今も保持している方言がある。その方言では、たとえば tembo（< ntembo）「象」は有気音の t ではじまっている。

2.2.　鼻音

直後の子音と同じ位置で閉鎖する鼻音（子音前鼻音と呼ぼう）が多くのバントゥ系言語に認められる。日本語のンのようなものである。これについては、主に次の章で扱う。

2.2.1.　軟口蓋鼻音

一般に、鼻音子音のうち m/n はほぼすべての言語にあるが、軟口蓋鼻音は、音節頭子音としては出現することのやや少ない音である。

音節頭子音として軟口蓋鼻音のあらわれる言語は、バントゥ系言語にはかなりあり、いくつかあげると、まず、Swahili がある。ng' であらわす。

Swahili：ng'ombe「牛」、ng'ambo「向こう側」

Tswana の方言である Ngwato は、言語名から軟口蓋鼻音があらわれる。ng であらわす。

Ngwato：ngwana「子供」、mọnang「蚊」

他のツアナ語方言でも同じである。

Hurutse/Kgatla/Kwena/Tlhaping：ngwana「子供」、mọnang「蚊」

mw＋母音が変化した軟口蓋鼻音＋母音が認められる言語がある。Ngwato 等の ngwana もそうであるが、たとえば、タンザニアの Sukuma がそれである。

Sukuma：ng'wenda「着物」、ng'wana「子供」

その南に話される Nyamwezi も同様であるが、言語名の -mwe- も、スワヒリ語では -mwe- と発音されるが、この言語自体では軟口蓋鼻音＋w＋e で発音される。

音節頭子音としての軟口蓋鼻音は、その他の多くの言語にも認められ、出現比率は言語一般の中では高いほうである。この音は、バントゥ祖語の段階からあったようである。

2.2.2.　硬口蓋鼻音

硬口蓋鼻音は ny で表記されるが、硬口蓋化された場合の n と区別できない言語が多いようであるが、Swahili では音韻論的に区別される。硬口蓋鼻音は ny で表記され、i 以外の母音の前では n とは問題なく識別されるが、i の前では注意しないと外国人には識別が難しい。

例：ninyi あるいは nyinyi「あなたがた」 cf. nini「何」

2.2.3.　無声鼻音

無声鼻音は一般に稀なものと考えられがちであるが、バントゥ系言語には結構ある。

タンザニアの Zalamo にはこれがある。

Zalamo：mhula「鼻」、kudonha「疲れる」、nghucha「爪」

ngh は無声軟口蓋鼻音である。

同じくタンザニアの Sukuma にもある。

Sukuma：nhingo「首」、mhu̱li̱「象」、ngholo「心臓」　(i̱/u̱ は広い i/u)

ジンバブエの Karanga などの Shona 諸方言にもある。

Karanga：mhuno「鼻」、nhumbi「着物」

2.2.4.　音節主音的鼻音

Swahili には、mu から生じた音節主音的 m がある。

Swahili：mtu「人」、mnyama「動物」、mke「妻」

正書法では mbuni というふうに同じ綴りであるが、m が音節主音的 m であって少し長く発音されると「コーヒーの木」を意味し、m が子音前鼻音であって、b の直前であるために m になっているだけの場合は「ダチョウ」を意味する。なお、Swahili では、子音前鼻音＋子音＋母音で一つの単語ができている場合、子音前鼻音が音節主音的になり、高く発音される。

Swahili：nta「蝋」、nchi「国」、nne「四」

Sotho には、音節主音的鼻音がある。

Sotho：mme「母」、mmẹlẹ「体」、ntlọ「家」、họbontsha「見せる」、
mọnwang「蚊」、mọthọ yafileng「与えた人」(ẹ/ọ は狭い e/o)

ツアナ語諸方言にも同様なことがある。

Kwena：gọmmolelela ＜ gọmọbolelela「彼に(mọ)告げる」
gọbontsha「見せる」、mọnang「蚊」

2.3.　ふるえ音

2.3.1.　舌尖ふるえ音

ふるえ音の r は、バントゥ祖語にはなかったようだが、現在のバントゥ系言語の

多くには認められる。特にこれについては触れないが、1 例だけ指摘しておく。

Zulu から分離した Ndebele の本隊は南アフリカから現在のジンバブエの南部に移動した（1838 頃）が、南アフリカの今のプレトリアの北方に残されたその一部（Ndebele South）は、Sotho-Tswana グループと隣接した地域に住みつづけた。その影響と思われるが、もともとはなかったふるえ音の r を持つに至ったのである。

Ndebele South：iragho「尻」、inramo「首」、umunru「人」

第 2 例と第 3 例に対応する Ndebele の本隊の言語（Ndebele North）では次の如くである。

Ndebele North：intamo「首」、umunthu「人」

2.3.2.　両唇ふるえ音

両唇ふるえ音は世界的にも珍しいものであるが、カメルーンの Basaa には認められる。ただし、入破音（おそらく）の b が、子音前鼻音に続く時にこれであらわれるようで、独立した音素としての存在ではなさそうである。

Basaa：so̱mb「読む」（o̱ は広い o）

2.3.3.　口蓋垂ふるえ音

Tswana の諸方言では無声口蓋垂摩擦音であらわれるものが、Pedi では有声音となり、口蓋垂のふるえが目立つ。音声学的には口蓋垂有声ふるえ音と呼ぶべき音である。g で表記する。

Pedi：lẹtsogo「腕」、gọgọla「成長する」（ẹ/ọ は狭い e/o）

ただし、これは有声口蓋垂摩擦音の変種とすべきかも知れない。口蓋垂のふるえは、有声口蓋垂摩擦音の発音に単に付随する特徴であろう。因みに、この音と舌尖ふるえ音の r が共起する単語（例：lẹrago「尻」、gọrọka「縫う」）を発音する場合、口蓋垂をふるわせようと意識すると、外国人にはやや困難である。

2.4.　弾き音

弾き音は別に珍しい音ではないが一点注記すると、慣用的正書法で l で表記される音のあるものは実際は歯茎あたりの弾き音であったり、弾き音と l との中間的な音であったりすることが多いようである。

Rwanda：balamu「義兄弟」

2.5.　摩擦音

珍しい摩擦音というのはバントゥ諸語にも特にないが、後部歯茎摩擦音（ʃ/ʒ）と歯茎硬口蓋摩擦音（ɕ/ʑ）についていえば、バントゥ諸語では後者のほうが多い（はっきり前者だといえるものはあまり記憶にない）。おそらく一般的にも後者のほうが多いのではないだろうか。もしそうなら、国際音声字母の子音表に前者だけがあり後者は「その他の記号」として扱われているのはおかしく、せめてかつての国際音声字母の子音表のように両者をメインテーブルに入れておくべきかと思われる。

2.5.1.　両唇摩擦音

別に珍しい音というわけではないが、fとは異なりやわらかすぎるために、あまり多くの言語には見られない無声両唇摩擦音（ɸ）は、コンゴ民主共和国のLubaに多く見られる。ここでは仮にphで表記しておく。

　Luba：dyaapha「肩」、kaphuumbu「象」

有声両唇摩擦音についていえば、バントゥ諸語では破裂音のbよりも一般的で、中には破裂音のbと対立する言語がある。例をコンゴ民主共和国東部のNandeから採る。摩擦音をb、破裂音をb̠であらわしておく。

　Nande：omu̠bi̠ri̠「体」　cf. eki̠b̠oko「カバ」（i̠/u̠は広いi/u）

2.5.2.　軟口蓋摩擦音

別に珍しい音でもなく、xもγも散見される。例は省略するが、後者が破裂音と対立する例を、タンザニアのSambaaからあげておく。γをghで表記する。

　Sambaa：ghondo「とかげ」　cf. ugula「脛」

2.5.3.　口蓋垂摩擦音

これも珍しい音でもないが、無声軟口蓋摩擦音はTswanaの諸方言によくあらわれる。Rolongから例を採る。gで表記する。

　Rolong：lọgong「薪」（ọは狭いo）

有声軟口蓋摩擦音については、2.3.3節参照。

2.5.4.　声門摩擦音

一般に国際音声字母のhであらわされる音には、声門がせばまり、子音表の中でこの記号の置かれている位置が示すような無声声門摩擦音といえるものと、単に息が出るだけの聴覚印象的にはやわらかい感じのするものがあるとすべきであるというのが筆者の考えであるが、Swahiliでhで表記される音は軟らかい音であり、ana akili「彼は利口だ」とhana akili「彼は馬鹿だ」とはよく聞いていないと区別がつきにくい（もっとも、大抵は後者である）。

有声のhも聞こえる言語がある。ザンビアのTongaの例を採る。

Tonga：izyina「名前」

zyは正書法の表記であるが、有声のh+[j]である。なお、この言語の正書法のsyはやわらかいh+[j]をあらわし、正書法のvwは有声のh+[w]を、fwはやわらかいh+[w]をあらわすようである。

2.6.　接近音

2.6.1.　唇歯接近音

これも別に珍しい音ではないが、ジンバブエのShonaの諸方言に認められる。ここではvであらわす。

Karanga/Manyika：vana「子供たち」

2.6.2.　円唇硬口蓋接近音

円唇硬口蓋接近音は、たとえばコンゴ共和国のNdjikuに認められるようである。ここではẅであらわす。

Ndjiku：nkẅei「ライオン」

2.7.　側面接近音

無声歯茎側面接近音すなわち無声のlは、南アフリカのZuluなどに多い。正書法ではhlであらわす。

Zulu/Swati/Ndebele：ihlombe「肩」

2.8.　側面摩擦音

有声側面摩擦音は、南アフリカのZuluなどに多い。正書法ではdlであらわす。

Zulu/Swati/Ndebele：ukudla「食べる」

2.9.　破擦音

普通破擦音というのは、破裂の直後に同じ位置の摩擦が続くものが多いが、そのような破擦音にはよくあるtsとかtɕの他に、pf、bv、qχといったものが認められる。ルワンダのRwanda、タンザニアのRuguru、ジンバブエのShonaの諸方言、南アフリカ・ボツアナ両国のTswanaの諸方言から例をあげる。

Rwanda：gupfa「死ぬ」

Ruguru：ukwipfa「疲れる」

Karanga：kupfeka「着る」、pfupa「骨」、kubvunda「尋ねる」

Manyika：kupfeka「着る」、bvupa「骨」、kubvunza「尋ねる」

Hurutse/Kgatla/Ngwato：gọkgwa「吐く」(ọ は狭い o)

kg は、音声的には kx より qχ に近いように聞こえた。

「同じ位置の」という条件を外せば、それが単一音素であるなら ks などといった破擦音の存在も可能になる。珍しいものとしては、tf、dv がスワジランドや南アフリカの Swati に見られる。

Swati：ukutfunga「縫う」、umundvu「人」

Tswana の諸方言には無声側面破擦音(無声側面破裂音と考えてもよい)がある。放出音的(tl で表記)なものと有気音(tlh で表記)である。Kwena から例をあげる。(ẹ/ọ は狭い e/o)

Kwena：kẹtlafa「私は(未来に)与える」、sẹtlhakọ「靴」

南アフリカの Zulu などでも、子音前鼻音に続く無声の l(hl) は、無声側面破擦音(無声側面破裂音)になる。

Zulu：inhliziyo「心臓」

同じ南アフリカの Xhosa の正書法では、同様の音を別の表記(n + tl)にする。

Xhosa：intliziyo「心臓」

こうした音は非常に遠くまで聞こえ、また、調音時には唾が飛ぶことがある。

2.10. 二重破裂音

kp とか gb といった(同時)二重破裂音は、いくつかのバントゥ系言語に見出される。まず、ケニアからタンザニアにかけてのインド洋沿岸の言語にある。Giryama から例をとる。

Giryama：kweza「来る」、kugwa「落ちる」

kw/gw で表記された音がそうである。[kw]/[gw] から変化したものである。

コンゴ民主共和国の Mongo にもこの種の音がある。

Mongo：bokpoko「野鳥の一種」

これも [kw] に由来するようである。

カメルーンの Ewondo では、(音節頭に) p は存在しないのに、kp が存在するのである。

Ewondo：akpə̹「パフアダー(毒蛇の一)」、mkpaman「新しい」(ə̹ は中舌母音)

2.11. 二重摩擦音

ジンバブエの Shona の諸方言で sv や zv で表記される音は、ɕ と f、ʑ と v の二重摩擦音(硬口蓋摩擦音 + 唇歯摩擦音)である。(n' は軟口蓋鼻音)

Karanga：svinin'ina「弟妹」、zvinin'ina「同、pl.」

tsv/dzv と表記される二重調音(硬口蓋破擦音＋唇歯摩擦音)もこの言語にはある。

Karanga：matsvombi「トカゲ、pl.」、dzvombi「同、sg.」

2.12.　放出音

南アフリカの Xhosa や Zulu、Tswana、Venda などでは、無声破裂音に有気音と放出音の対立がある。たとえば、Xhosa で p、t、k で表記される音は放出音的である。

Xhosa：utata「父」　cf. ithambo「骨」

ちなみに、Xhosa の調査の際、筆者は k を有気音と区別して無気音で発音していたのに、インフォーマントは有気音に聞こえるといい、この音は「蛙の鳴くように」発音するのだといって発音して見せた。「蛙の鳴くように」かどうかはともかく、放出音的な発音であった。

放出音は破擦音にも可能である。南アフリカの Tswana の諸方言には、その例がある。

Hurutse：tsilo「挽き臼」

放出音的な側面破擦音については、2.9. 破擦音参照。

2.13.　入破音

バントゥ系のいくつかの言語には、(有声の)入破音と呼ぶべきものが存在する。入破音についての一部の理解にあるような、声帯を上げて声門を閉じ、下ろすことによった振動させる音ではなく、閉鎖点を閉じ、やや息を吸い込んですぐ破裂させる感じの有声的な音である。Swahili の一部の方言にもある。

Swahili：dari「天井」

Zulu にもあると報告されているが、筆者の調査した方言では認められなかった。

カメルーンの言語に目立つ。次に、b の入破音の例をあげる。

Basaa：bot「人々」、basaa「バサ語、バサ族」

Makaa：bok「腕」

2.14.　吸着音

吸着音は、先住民(コイサン族)の言語から入ったものであるが、南アフリカの Xhosa、Zulu などにあり、後部歯茎音は Sotho や Tsonga にもある。歯茎音を c、後部歯茎音を q、側面音を x で表記するのがこれらの言語の正書法の慣習である。また、ch などで有気音、nc などで鼻音化音、gc/ngc などで有声音をあらわす。ただし、gc などはそれを含む音節の冒頭が低く発音されるので、そこに注目したほうが聞き分けやすい。

Xhosa：ukucima「火を消す」、iqanda「卵」、uthixo「神」、ukuchola「拾う」、ukuqhotsa「焼く」、igqalaba「肩」、ncinci「小さい」、ukunqumla「横切る」、ukunxiba「着る」、ukungcwaba「埋める」

Zulu：icabunga「葉」、ixoxo「蛙」、isinqa「尻」、ukuncamula「折る」、umvelinqanga「神」、ukungcwaba「埋める」

Sotho：leqeba「傷」、senqanqane「蛙」(nq＝n＋q)

Tsonga：xiqivo「槍」(x は ç)

Sotho の吸着音については報告されていたが、Tsonga については報告されていなかったかも知れない。南部バントゥ諸語が吸着音を保有するようになったのは、コイサン族からこうした音を含む単語を借用したからであろうが、南部バントゥ諸語の話し手の男とコイサン族の女の婚姻が主な原因であろう。

第2章　バントゥ諸語と音韻論

この章では、バントゥ諸語の記述で問題になる音韻論的な問題について述べる。

1.　音素の諸問題

1.1.　母音の諸問題

前章で述べたように、バントゥ祖語においては、母音は i、e、ɛ、a、ɔ、o、u の7つであったと考えられ、現在のバントゥ系言語の多くは、その継承としての7母音体系か、i/e および o/u が合一した5母音体系、e/ɛ および ɔ/o が合一した5母音体系を有している。5母音体系の場合聞き分けは容易であるが、7母音体系では困難がある場合がある。

1.1.1.　狭い i/u と広い i/u

まず、狭い i/u と広い i/u の区別の問題を見る。すなわち、バントゥ祖語の i と e および u と o の差異が小さい言語の場合である。

ケニア中部の Kikuyu（キクユ語）は、正書法において、狭い i/u は i/u で、広い i/u は ĩ/ũ で表記され、話し手たちもはっきり区別しており、後者を（キクユ族は）キクユの i とかキクユの u とかと呼んでいる。これらの言語の観察では、狭い i/u と広い ĩ/ũ の聞き分けは比較的容易である。ケニア中部の、Kikuyu に近い Embu（エンブ語）、Tharaka（ザラカ語）、Meru（メル語）、Kamba（カンバ語）についても同様のことがいえる。

Kikuyu：kĩongo「頭、sg」　cf. ciongo「同、pl」（c は ç）
　　　　ngũtũ「耳、sg」　cf. maguta「油」

1.1.1.1.　スクマ語

Sukuma（スクマ語. タンザニア）は、バントゥ祖語の7母音体系を継承して7母音を有するが、狭い i/u と広い i/u の区別が問題になる。すなわち、バントゥ祖語のiとeおよびuとoの差異が小さいわけである。慣用的正書法では区別せず、話し手たちも区別の意識がないようであるが、ここではi/i̱、u/u̱で区別することにする。

このうち、i/i̱の聞き分けは比較的容易である。しかし、u/u̱の聞き分けは大変むずかしい。一般にもそうであるように、前舌母音間の差異は聞き取りやすいが、後舌母音間の差異はそれにくらべて聞き取りにくく、Sukumaもそうである。

筆者は、日本での調査にもとづいて執筆した「スクマ語名詞アクセント試論」(『アジア・アフリカ言語文化研究』26)等においては、u/u̱の区別はないものと判断し、i、i̱、e、a、o、uの6母音としたが、(後の表記によれば)gu̱u̱ku̱(祖父)の母音とlu̱saku(ふくらはぎ)の末尾母音に差異があるのではないかという懸念を持ちつづけ、もっぱらそのことを明らかにすることを目的として、1987年のタンザニアにおける調査の一環としてスクマ語の再調査を行った。

この際のインフォーマントは、最初は同じ母音だと主張していたが、筆者がしつっこく本当に違わないのか尋ねているうちに、突然その違いに気づき、その後は、筆者がこの母音はuか、この母音はu̱かという質問に即座に的確に答え、u/u̱があらわれる調査したすべての単語について確定することができた。これは、母語についての言語感覚にすぐれたインフォーマントを得たことによる成功の一例である。

これ以後の拙論では、当然のことながら、7母音として扱っている。

1.1.1.2.　ナンデ語

ザイール(現コンゴ民主共和国)東部のNande(ナンデ語)の母音もこれと似た状態にある。すなわち、狭いiと広いi̱(ここでは、i/i̱で区別する)の聞き分けは比較的容易であるが、狭いuと広いu̱(ここでは、u/u̱で区別する)の聞き分けは大変むずかしい。ただし、u/u̱が別個の音素であることには問題はなかった。要するに、問題だったのは個々の単語の母音の確定なのであった。

ところで、調査の過程で、この言語には、同一単語内ではi/uの前方にはi/uはあらわれうるがi̱/u̱はあらわれえないという母音調和があることが分かった。動詞の場合、不定形をとると、eri/eri̱のどちらが前接するかいなかで、i/uが語幹に存在するかいなかが判定できる。前述のごとく、i/i̱の区別は比較的聞き分けやすいからである。

Nande：eri̱lama「治る」、eri̱lu̱ha「疲れる」　vs.　erifula「洗う」

名詞の場合は、接頭辞で判断するのは困難な場合が多いが、繋辞ni̱/niにまで母音調和が及ぶので、それをつけて判定することができる。

Nande：ni̱ku̱ghu̱lu̱「脚(oku̱ghu̱lu̱)だ」 vs.　ninzoghu「象(enzoghu)だ」.
（o-/e- は冒頭母音．ni̱/ni の直後では落ちる）

ただ、以上のような判定法は「霊」が ekirimu̱ か ekirimu かの判定には役立たない。すなわち、niki ～となるが、繋辞が ni、接頭辞が ki であらわれるのは、ri の i が母音調和によって i̱ から変じたものでなく本来 i であって、そのことによるのかも知れないからである。筆者自身は、最後の母音が u であるか u̱ であるかこの言語自体としては聞き分けに困難を感じる(特に m の直後の u/u̱ は聞き分けにくい。音節主音的 m になりがちだからである。)が、他の言語の同根語から判定して、ekirimu̱ であると考えている。

u/u̱ の聞き分けが筆者にとって困難であるというのは自慢にならないという批判があるかも知れないが、これは実際実に難しいのである。その証拠に、すぐれたアフリカ言語学者 Larry M. Hyman は、2000 年の東京外国語大学 AA 研主催の国際シンポジウムでのハンドアウトにおいて、「霊」を(私の表記では)eki̱ri̱mu のように表記(原文は ekirimų. ų/į は、Guthrie に従った表記で、狭い u/i をあらわし、u/i は広い u/i をあらわす)している。これは、上記の母音調和によってありえない形である。

さらには、Norvin Richards："Locality and Linearization: The Case of Kinande"(『言語研究』136)においては、この言語を 5 母音言語であるかのように表記している。Nande が 7 母音であるというのは別に筆者がいいだしたことではなく、例えば Guthrie はその *Comparative Bantu* において、はっきりと 7 母音言語であるとしている。自分の観察したナンデ語方言は 5 母音言語というなら、そのことを明言すべきである。おそらくは、Guthrie の *Comparative Bantu* を参照していないのであろうが、この書を参照することなしにバントゥ系の言語を扱うというのはどうか。ただ、こうしたことからも、u/u̱ (i/i̱ も) の聞き分けがかなり難しいということは納得されると思う。

1.1.1.3.　イスハ語

Maragoli (マラゴリ語) を含むケニア西部の Luya (ルヤ) 諸語は、Maragoli が 7 母音である他は多くが 5 母音であるといえるが、Isukha (イスハ語) については、問題がある。

筆者は、一応この言語を 7 母音と考えているが、ルヤ地域に根をはって話される広域共通語 Swahili (5 母音) の影響で 5 母音化への過程にあるのかも知れない。土器をあらわす語は、i̱nyu̱ngu̱ とも inyungu とも発音されうる(ここで i̱/u̱ は広い i/u をあらわす)のである。

この観察が正しければ、母音合一の過程に興味深いことがあることになる。すなわち、狭い i/u と広い i̱/u̱ の合一は、狭くもなく広くもない i/u が出現する（つまり、狭い i/u と広い i̱/u̱ が互いに歩み寄る）のでなく、狭い i/u と広い i̱/u̱ がともに発音されながら音韻的区別を失う形をとっている、ということになる。もともとは、「土器」にあらわれるのは広いほうの i/u（つまり i̱/u̱）であり、i/i̱, u/u̱ の音韻的区別が話し手の脳裏においてなくなって、これまではなかった inyungu も受け入れられるようになったと考えられる。

音素の合一（merger）の存在はよく知られているが、その具体的過程はよく分かっていない。もし、Isukha についての著者のこの分析が妥当だとすれば、一つの可能性を示すものといえよう。

1.1.2.　狭い e/o と広い e/o

祖語以来の e/o がやや広くなって、祖語以来の ɛ/ɔ に接近しつつ 7 母音体制を維持すると、通俗的な意味では「狭い e/o と広い e/o」の区別が問題になる。こうした聞き分けに苦労した言語もかなりある。

1.1.2.1.　マンダ語

タンザニア南部の Manda（マンダ語）は、Guthrie も 7 母音としているし筆者もそう聞いたのであるが、この言語のインフォーマント自体は 5 母音という意識を持っていた。筆者は、狭い e/o を e/o、広い e/o を e̱/o̱ であらわすことにしたので、それで例をあげると、kulela「泣く」と kule̱la「子供を世話する」の聞き分けが問題になるのだが、筆者が両者の差異を分かりやすいように発音しても、インフォーマントはそれだけではどちらとも区別できなかった。それにもかかわらず、インフォーマントの発音を聞くと、どうも違いがあるようであった。おそらく、インフォーマントは、Swahili が 5 母音であり当然 5 母音表記をしており、自分の言語を慣用的に表記する場合も 5 母音表記をするので、意識としては 5 母音の意識であり、自分で発音する場合は事実として区別しているのに他の者（特に外国人）が発音しているのを聞くと 5 母音で聞く（従って、どちらか区別しない）ということかと思われる。もっとも、本当にそうであるのか、筆者も自信はない。とにかく、狭い e/o と広い e/o の区別があるとしても、その差異は小さいわけである。

1.1.2.2.　モンゴ語

コンゴ民主共和国（旧ザイール）中央北部に広く話される Mongo（モンゴ語）は、7 母音であり、狭い e/o と広い e/o が全体としてやや広いほうに寄っているので、狭い e/o を e/o、広い e/o を e̱/o̱ であらわすことにした。この聞き分けは筆者にとってはそう難しくなかったが、当時、ザイール側からの要請で共同研究を行った Bokongo Nzanga 氏は、自分自身が 7 母音言語である Lingala と Ngombe のネイティブの話し手であるにもかかわらず、その聞き分けに苦労した。Lingala も Ngombe も狭い e/o と広い e/o（e̱/o̱ で表記）が、Mongo のそれらほどには広いほうに寄っておらず、同じように 7 母音であっても、Mongo の e/o と e̱/o̱ をともに自分の言語の（広い）e̱/o̱ に引きつけて聞く傾向にあったからであろうと思われる。

Mongo：lolemu「舌．sg.」 vs. ilo̱mbe̱「家．sg.」

1.1.2.3.　グシイ語

ケニア西部の Gusii（グシイ語）も 7 母音言語であることは、Guthrie の記述も筆者の観察も同じである。狭い e/o を e/o、広い e/o を e̱/o̱ と書き分けることにしているが、その違いが聞き取りにくい。

Gusii：okolela「泣く」 vs. o̱ko̱le̱la̱「子供を世話する」

は、やや「明るく」聞こえるほうが後者であると考えた。インフォーマントが 7 母音であると意識しているか否かは判定できなかった。この言語（の話し手たち）も、5 母音言語 Swahili の影響にさらされているようである。

1.1.3.　その他の問題

その他、母音に関する若干の問題に触れる。

1.1.3.1.　プヌ語

ガボン南部の Punu（プヌ語）は、一応 5 母音（i、e、a、o、u で表記する）と考えられるが、奇妙なことがある。すなわち、語末母音が a であると、a は中舌母音 ə となることがあり、その中舌母音の（子音をはさんで）その直前に a があると、それも中舌母音になるということである。penga「あご」の末尾の a、ubundama「眠る」の二つの a がそれである。なお、a と ə の中間の発音がされることはないようである。従って、a の変域が大きいというふうには考えられないのである。

従来の音韻論の考え方では、a の随意的変種として ə があるということになるかも知れない。たとえば、日本語東京方言の通常のラ行音とある種の場合に発音される（された）巻き舌の r との関係のように。しかし、ə で発音することによって何らかのニュアンスが生じることもないようである。ただ、それ以外にも多少不確かな点がある。あるいは、a とは別に ə が音素として存在し、単語のほうが 2 つの音形を取りうるということかも知れない。

1.1.3.2.　ンジク語とマカー語

コンゴ共和国のNdjiku（ンジク語．Tekeの一方言）は、一応7母音（i、e、e̱、a、o̱、o、uで表記することにしている）と考えられるが、ĩ、ã、õ̱、õ、ũといった鼻母音もあり、さらに二重母音もあって、鼻母音の解釈を含めて、その解釈に不確かな点が残る。

カメルーン東部のMakaa（マカー語）は、一応9母音（i、e、e̱、a、a̱、o̱、o、u、ə. a̱は後寄りのa）か8母音（i、e、e̱、a、o̱、o、u、ə.『バントゥ諸語分岐史の研究』の立場だが、同書では最後の母音をḙで表記）と考えられるが、それだけでも聞き分けが不確かになりがちなのに、鼻母音もあり、かてて加えて、子音＋半母音wの直後の母音が聞き分けにくい。

こうした言語の母音について外国人が確定的な結論を得るには、長時間をかけてNdjiku族やMakaa族と生活をともにし、日々の発音を観察し、自分自身も会話することによって得られる何らかのひらめきに頼るしかないであろう。

1.2.　子音の諸問題

子音の聞き分けは一般に母音のそれより難しくない。

1.2.1.　前寄りの歯音と歯茎音

通常、t/dなどに前寄りの歯音（上の歯の先と舌端で閉鎖を形成。摩擦音のθと同様の態勢をとる）と歯茎音の対立があることは非常に少ないが、第1章2.1.1に述べたように、ナミビアのHerero（ヘレロ語）や南アフリカ北部のVenda（ヴェンダ語）にはそうした対立がある。実例は、上掲箇所参照。Hereroでは、t/d/nにこうした対立がある。Vendaには、t/th/d/n/lにそうした対立がある。th（有気音）の例を付け加える。前よりのthをṱhであらわす。

Venda：ṱhanu「5」　vs.　uthogomela「耕す」

なお、筆者は、Vendaの場合、最初の調査においてはこの対立の存在に気がつかなかった。帰国後録音テープを聞いていて気づき、Guthrieも区別していることを確かめ、再調査で同じインフォーマントを得て、関係するすべての単語についてどちらであるか確定した。

1.2.2.　無声有気音と無声無気音

無声有気音と無声無気音の対立は一般に珍しくないが、いくつかのバントゥ諸語に見られる。第1章2.1.4参照。そうした対立を有する言語を列挙する。

Tswana諸方言（ボツアナ、南アフリカ）、Pedi、Tsonga（南アフリカ）

Ndebele（ジンバブエ、南アフリカ）、Zulu、Swati、Xhosa（南アフリカ）
Venda、Tsonga（南アフリカ）
Cewa、Luvale、Tumbuka（ザンビア）　Yombe（コンゴ民主共和国）Sambaa、Swahili（方言）（タンザニア）

また、こうした対立を有する一部の言語においては、無気音のほうは放出音といえるような音であることがある。Tswana 諸方言もそうである。その一つ Kwena を例にとる。次のような対立がある。（狭い e/o を ẹ/ọ で表記）

Kwena：kh：k　-khutshwanẹ「短い」 vs.　mọkokotlo「背中」
ph：p　phẹfo「風」 vs.　pula「雨」
th：t　mathẹ「唾」 vs.　lẹọtọ「脚」
tsh：ts（歯破擦音）　gọtshamẹka「遊ぶ」 vs.　tsebe「耳」
tšh：tš（口蓋化歯破擦音）　-tšha「新しい」 vs.　ntša「犬」
tlh：tl（側面破擦音）　tlhogo「頭」 vs.　lẹgetla「肩」

右側にあげた音は放出音といってよい。

1.3.　半母音か母音か

バントゥ系言語を研究していてしばしば困ることがある。すなわち、子音と母音に挟まれて出てくる音を、半母音と扱うべきか母音と扱うべきかという問題にぶつかることがある。タンザニアの Swahili を例にとる。

Swahili においては、最終音節に CwV という音連鎖があらわれる。この w は、日本語の一部の方言のクヮシ（菓子）やエイグヮ（映画）の kw/gw のように短く附属的な感じはなく、母音 u のように聞こえる。kupigwa「殴られる」、kukatwa「切られる」はクピグアとかクカトゥアのように聞こえる。

しかし、この場合は gwa も twa も子音＋半母音＋母音と解釈でき、従ってこれらは 1 音節である。なぜならば、Swahili には、他は低く次末音節がやや長くなって「高」から「低」へ下がるというアクセント規則があり、その下降調は pi/ka にあらわれていて、gwa も twa も低いからである。これに対して、kufungua「開く」の場合は下降調は gu にあらわれている。従って、u と別の半母音 w が存在するのは確実である。

しかし、そのような対立はそれ以外の位置では観察されない。従って、そもそもスワヒリ語が kiswahili なのか kisuahili なのか確実ではないのである。そこで、w だとすれば次末音節にあらわれることになる場合を見てみよう。正書法上の kwani「なぜ」、pwani「岸」において、もし kwa/pwa が全体として次末音節だとすると、全体が下降調になるはずだから、少なくとも w の部分は高いはずである。しかし、筆者の観察では、w の部分は低く、a の冒頭が高く聞こえる。従って、次末音節は a のみであり、w は w でなく母音 u であると考えるべきであろう。

kiswahili/kisuahili が確定できないことからだけでは、u/w の対立は語の前方にはないといえる可能性があるが、今見たことを加味するなら、w は末尾音節にのみあらわれるらしいということになる。それならば、正書法に問題があることになる。

なお、Swahili においては、元来の i は、前の子音とくっついて一つの子音になっていたり、半母音であると分かりやすい発音になっており、その後あらわれた、母音の前の(母音の)i との区別が問題になることはない。

chandarua「蚊帳．sg.」(< ki + a-)、vyandarua「同．pl.」(< vi + a)

kiatu (< ki + la-)「靴．sg.」、viatu (< ki + la-)「同．pl.」

なお、vy + V という音節があるという間接的証拠がある。たとえば、hivyo「そういうふうに」、vyangu「私の」(被修飾名詞が vi を接頭辞とする場合の形) は、口語ではしばしば hivo とか vangu と発音されている。

半母音か母音かという問題は、半母音だとすれば CwV という表記になる音素連続がある言語で常にぶつかるものであり、半母音だとすれば CyV という表記になる音素連続がある場合にもその問題にぶつかることがある。この問題を完全に解決できる基準の設定にはまだ成功していない。ことによると、そもそも半母音か母音かという問題をその言語自体として解決していない言語もあるのかも知れない。

1.4.　音節主音的子音

この表題は少し矛盾したいいかただが、要するに、通常は子音として機能する音が、それだけで音節を構成する場合である。鼻音については、第1章 2.2.4 参照。

鼻音以外に音節主音的子音といえるものを有する言語もある。

ウガンダの Ganda (ガンダ語) では、多くは元来の母音 + i + 子音が、母音 + 子音 + 子音となり、前の子音が音節主音的子音として機能するようである。

Ganda：ebbeere「乳房、sg.」、-ddugavu「黒い」(- はクラス接頭辞)、
effuma「槍、sg.」、ffe「私たち」、
eggi「卵、sg.」、eggumba「骨、sg.」、
okujja「来る」、jjo「昨日」、
ennimi「舌、pl.」、ettako「尻の片方」、
evvu「灰」、amazzi「水」

蛇足ながら、eggi は英語からの借用語ではない。*eigi に由来し、複数は amagi である。

この子音 + 子音は音韻的には子音一つに該当するのでなく、母音 + 子音に該当す

ることがアクセント上いえる。例えば、okúgúlá「買う」は okúsíbá「縛る」や okúkwééká「隠す」と同じアクセント型に属するが、近過去形は yágúdde「彼は買った」、yásíbyê「彼は縛った」、yákwéése「彼は隠した」の如くである。ただし、前後が低く前の子音のみが高いと予想される場合には、その子音の代わりに直前の母音が高くなる。例えば、okútta「殺す」は okuwá「与える」や okukúba「たたく」と同じアクセント型に属するが、アクセントは今表示した如くである。

タンザニアの Maragoli（マラゴリ語）にも似た音がある。

Maragoli：i̱ddako「尻の片方」、i̱ddiku̱「日、sg.」、
i̱lliina「穴、sg.」、u̱lli̱mi「舌、sg.」（i̱/u̱ は広い i/u）

前二者は li＋d に、後二者は li/lu̱＋l に由来する。

2.　音節の諸問題

2.1.　音節の構造（1）

2.1.1.　母音だけの音節

たとえば、服部四郎：『言語学の方法』、P.290 においては、日本語の［aka］（赤）の冒頭のアを、母音だけからなるのではなく、有声子音 /'/ プラス /a/ であるとすべきことが主張された。理由としては、そうでなければ V という例外的構造の音節を考えなければならないということの他に、

（1）［aka］（赤）と［baka］（馬鹿）を比較すると、第一音節にあらわれる［a］は前者のほうが長く、gradual beginning を有し、［b］に対する有声音があるといってよい。

（2）［ka:do］（カード）と［akaaka］（赤々）とでは発音が異なるから、音韻的にも /kaado/ と /'aka'aka/ と区別することは適当である。

などがあげられている。この影響で、他の研究者のいくつかの言語の記述において、普通なら母音だけを記するところに、'＋母音を記する傾向があらわれた。この場合、（1）の事実は、前に子音がある場合とない場合の環境の差異によって説明できなくもないし、（2）の事実は、発音に際しては音韻面のみが考慮されるのでなく、その他のこと（ここでは、akaaka の真ん中に形態素の切れ目があること）も考慮されるという極く常識的なことを考えれば、有声子音 /'/ の存在を仮定しなくてもよいといえる。ただし、有声子音 /'/ の存在を仮定してはならないという結論は出ない。なお、筆者は、チベット語の記述の際に、同じような状況においては /'/ のようなものを仮定しないで行ってきた。

それでは、一般言語学的に見て、母音だけで成る音節を考えていいのか、そうで

ないのだろうか。ここでは、それに関係する事実を見てみよう。結論としていえることは、子音＋母音から成る音節は普通であるが、母音だけで成る音節もそれと区別されて存在することがあり、日本語の［aka］(赤)の冒頭のようなものを /'a/ のように考えるのは、そう考えるべき確かな証拠がある場合に限られるべきである(従って、日本語の場合、そう考えるのは適当ではない)ということである。

念のためいい添えれば、/'/ とは違うが声門破裂音が音素として存在する言語は存在することは当然である。バントゥ諸語の中では、コンゴ民主共和国東部のLega(レガ語)のそれが目立つ。この言語では、元来の k 音が声門破裂音に変わっている。慣用的正書法では - であらわしている。

Lega：ute-a「料理する」、m-ila「血」、

-o-o「鶏」、ubo-o「腕」、

なお、k も存在する。例：ituku「肝臓」.

2.1.1.1.　スワヒリ語

Swahili(スワヒリ語)のザンジバル方言では、大陸側の正式な形としては、

mti ni-li-o-u-angusha「私が倒した木」

kiti ni-li-cho-ki-angusha「私が倒した椅子」

(mti「木」、ni「私が」、li(過去)、o(関係接辞。mti の属する名詞クラスに対応する)、u(対格接辞。mti の属する名詞クラスに対応)、angusha「倒す」、kiti「椅子」、cho(関係接辞。kiti の属する名詞クラスに対応)、ki(対格接辞。kiti の属する名詞クラスに対応)

というべきところ、li-o、li-cho がともに lo となる。対格接辞はあらわれてもあらわれなくてもよいようだが、「私が倒した木」は

mti ni-lo-angusha

という、対格接辞もあらわれず、関係接辞によっても被修飾名詞のクラスが示されない形が口語としては普通であるのに、「私が倒した椅子」のほうは

kiti ni-li-cho-angusha

と大陸側と似た形でいうのでなければ、

kiti ni-lo-ki-angusha

というしかないというのである。すなわち、時称接辞と関係接辞の融合と対格接辞の省略は、対格接辞が u(その他に i)の時には両立しうるが、その他の対格接辞(ki、li、zi、ya)が必要なときには両立しえないということである。なお、被修飾名詞が人間や動物をあらわす場合は、対格接辞の m(単数)、wa(複数)はそもそもあらわれるのが普通なので、これは省いて考えるべきである。

以上、「スワヒリ語の CV 接辞と V 接辞」（東京外大 AA 研『通信』34、1977）参照。

要するに、対格接辞が V であるか CV であるかによって扱いが異なる、つまり、母音だけから成る音節が子音＋母音から成る音節とはやや異なる扱いを受けて存在するらしいのである。因みに、2.1.1 のはじめのほうで紹介した (1) (2) のようなことは、スワヒリ語についてもいえそうである。すなわち、asali「蜜」の a は babu「祖父」の a より少し長そうだし、-staajabu「驚く」の aa と ataacha「彼は捨てる」(a は「彼は」、ta は「未来」、acha は「捨てる」で、後二者の間に形態素の切れ目がある）の aa とは発音が少し異なるようである。

2.1.1.2.　ハヤ語

タンザニア北西部の Haya（ハヤ語）には、もっとストレートに、母音だけから成る音節が子音＋母音から成る音節とはやや異なる扱いを受けて存在することを示す事実がある。

Haya の動詞主格接辞には、子音＋母音から成るもの（tu、mu、ba、gu、li、ki、lu、ka、bu、ku、tu、ga、bi、zi、bo）の他に子音前鼻音（ンのような音．N であらわそう）および母音だけから成るもの（o、a、e、e）がある。N は単数 1 人称、o は単数 2 人称、a は単数 3 人称、e は enjoka「蛇、sg.」のような eN を接頭辞とする単数名詞に呼応する主格接辞であり、もう一つの e は emiti「木．pl.」のような emi を接頭辞とする複数名詞に呼応する主格接辞である。重要なことは、ある動詞活用形において N、o、a、e、e とそれ以外の主格接辞がアクセント的に別扱いを受ける場合があるということである。

遠過去形　nkabóna「私は見た」、okabóna「あなたは見た」、
akabóna「彼は見た」、ekabóna「それ（蛇）は見た」、
ekabóna「それら（たとえば emibwi. 蚊、pl.）は見た」.
cf. túkabóna「私たちは見た」、bákabóna「彼らは見た」、etc.
nkagwa「私は倒れた」、okagwa「あなたは倒れた」、
akagwa「彼は倒れた」、ekagwa「それ（蛇）は落ちた」
ekagwa「それら（蚊、pl.）は落ちた」.
cf. túkagwa「私たちは倒れた」、bákagwa「彼らは倒れた」、etc.

動詞自体がアクセントの違いで 2 つに分けられるが、その両方の場合に遠過去形では主格接辞がアクセント的に異なる扱いを受ける。N は母音ではないので高くなれないというのは分かるが、o、a、e、e が音声的に高くなれないわけはない。従って、子音＋母音から成るものと母音だけから成るものは、主格接辞に限られる

かどうかはともかく、違った扱いを受けているとしかいいようがない。

なお、主格接辞がアクセント的に異なる扱いを受ける多くの言語では、単複1・2人称のものとそれ以外というものが多く、Hayaの事実はそれとは質的に異なる現象である。

アクセントの点で2種類の音節が区別されるのは、遠過去形だけであるが、遠過去否定形は、

ti＋主格接辞＋a＋語幹＋ile（tiは否定辞）

という構造であり、主格接辞＋aの部分が、主格接辞が母音だけから成るものなら短く、子音＋母音から成るものなら長くなる。

遠過去否定形　tináboine「私は見なかった」、
tiwáboine「あなたは見なかった」、
tiyáboine「彼は見なかった」、
tiyáboine「それ（蛇）は見なかった」、
tiyáboine「それら（蚊、pl.）は見なかった」.
cf. tibááboine「彼らは見なかった」、etc.

-boineはokubóna「見る」の語幹＋ileの形、N＋a＞na、o＋a＞wa、e＋a＞yaである。

以上は、『バントゥ諸語動詞アクセントの研究』第16章の「はじめに」および1.2.1.1、1.2.2.2の内容を、母音だけから成る音節が子音＋母音から成る音節とは別扱いを受けて存在しうるという観点からまとめたものである。

2.1.1.3.　チガ語

ウガンダ西部のKiga（チガ語）にも似たようなことがある。

Kigaの動詞主格接辞には、子音＋母音から成るもの（tu、mu、ba、gu、ri、ki、ru、ka、bu、ku、tu、gi、ga、bi、zi、bo）の他に子音前鼻音（ンのような音．N）および母音だけから成るもの（o、a、e）がある。Nは単数1人称、oは単数2人称、aは単数3人称で、eはenjubu「カバ、sg.」のようなeNを接頭辞とする単数名詞に呼応する主格接辞である。N、o、a、eとそれ以外の主格接辞がアクセント的に別扱いを受ける場合がある（この言語の場合も、常にではない）。

現在形　ntéera「私はたたく」、otéera「あなたはたたく」、
atéera「彼はたたく」、etéera「それ（カバ）はたたく」
cf. túteera「私たちはたたく」、báteera「彼らはたたく」.
nshamba「私は蹴る」、oshamba「あなたは蹴る」、
ashamba「彼は蹴る」、eshamba「それ（カバ）は蹴る」.

cf. túshamba「私たちは蹴る」、báshamba「彼らは蹴る」.

動詞自体がアクセントの違いで２つに分けられるが、その両方の場合に現在形では主格接辞がアクセント的に異なる扱いを受ける。なお、emiti「木. pl.」のような emi を接頭辞とする複数名詞もあるが、この言語では、それに対応する主格接辞は gi であることから、他の子音＋母音から成るものと同じ扱いになる。

なお、他の活用形において否定辞の ti に主格接辞が続いた形（あとに時称接辞 a が続かない）の場合、主格接辞が母音だけから成るものなら１音節になり、子音＋母音から成るものならそのまま２音節である。単数１人称の場合は tiN で１音節扱いのようである。主格接辞が高いことが予想される場合、１音節になった場合はそれが高くなる。

現在完了否定形　tínkatéire「私はまだたたいてない」、
tókatéire「あなたはまだたたいてない」、
tákatéire「彼はまだたたいてない」、
tékatéire「それ（カバ）はまだたたいてない」.
cf. tibákatéire「彼らはまだたたいてない」、etc.

以上は、「チガ語動詞アクセント試論」（『ありあけ　熊本大学言語学論集』1、2002）の 2.1.3、2.2.5 の内容を、母音だけから成る音節が子音＋母音から成る音節とは別扱いを受けて存在しうるという観点からまとめたものである。

2.1.2.　長い音節

どの言語においても子音＋母音から成る音節の存在はまず確実であろう。しかし、子音＋母音＋母音あるいは子音＋長母音はどうなのであろうか。

2.1.2.1.　スクマ語

タンザニア北西部の Sukuma（スクマ語）の例を見てみる。そのシニャンガ方言の低く平らなアクセントの名詞を扱う。

maabu̱la「腸（pl.）」（u̱ は広い u）と madooke「バナナ（pl.）」は、孤立形としてはこういうアクセントであるが、

miina gá máábú̱la、miina gá mádóoke「腸／バナナの名前（pl.）」

のようになり、naaboníle「私は見た」のあとでは

maabú̱la/madóoke

となる。さらに、

miina gá máhálage「豆（の一）の名前」、naaboníle mahálage、

idooke「バナナ（sg.）」の場合、

liina lá ídóoke「バナナの名前(sg.)」、naaboníle idóoke

となる。また、Cを伴わないVVという音節は見つからないようである。この現象をどう説明するかはさておき、ここで当面重要なことは、CVVは語頭においては(C)Vと同じ扱いを受けるが、そのあとでは(C)V 2つと同じ扱いを受けることである。

これをどう考えるかであるが、次の3つがありうる。

1)冒頭では音節が、語中ではモーラが機能している。

2)音節の構造が厳密には一定しておらず、語頭ではCV(V)またはVを、語中ではCV/V(別の表示では(C)V)を構造とする。

3)音節には(C)Vを構造とするものとCVVを構造とするものがあり、後者は語頭では(C)Vと同じ扱いを受け、語中では(C)V 2つと同じ扱いを受けるものである。

このうち、このことだけからこの言語に音節とモーラという2種類の単位が機能しているとするのは軽率であり、1)の可能性は低いといえよう。

2.1.2.2.　グシイ語

ケニア西部のGusii(グシイ語)ではもっと複雑である。

まず、この言語の動詞はアクセントの面から2種類に分類できるが、その一方(A型と呼ぼう)の不定形は、次のようなアクセントをとる。なお、不定形はoko+語幹+aという構造だが、okoは、直後に無声子音が来るとogoとなる。また、e̱/o̱の前方に、i/a/uを挟むことなくe/oがあると、e/oはe̱/o̱になる。(e̱/o̱は広いe/o)

ógotómá「派遣する」、ó̱go̱kó̱o̱nya「助ける」、ógokágéra「疑う」、

ó̱go̱kó̱ó̱nye̱ra「〜のために〜を助ける」、ógotígátigya「くすぐる」

基本的には、語幹+aは、CVという構造の音節のみからなるならば、最初の2つが高く、そのあとはずっと低いというアクセントである。しかし、語幹冒頭がCVVなら、(イ)あとに2音節以上つづくとそのCVVはCVCVと同じ扱いを受け、(ロ)あとに1音節しか続かないと、CVVの前半部分(!)がCVCVと同じ扱いを受けるようである。拙著「グシイ語動詞アクセント試論」(『アジア・アフリカ文法研究』30)では、

ókoCV́(C)V́X

というアクセント表示を行い、概略次のような調整規則をつけた。

X=Caで、(　)内のCがあらわれなければ、Xの直前のV́はVとなる。

この事象と解釈を(1-a)とする。なお、Xは任意の音素列である。

ただ、次のような表示のほうがより適当かも知れない。

ókoCV́CV́X/ókoCV́V́X

右側の式には「X＝Ca なら、CV́V́ は CV́V となる」という調整規則をつける。この事象と解釈を (1-b) とする。つまり、CVV は CV とも CVCV とも同じ扱いを受けないという解釈である。

一方、その日に行われた行為をあらわす形は、

N＋主格接辞＋a＋語幹＋a

という構造だが、アクセントは次のようなものである。

nnáátómá「私は派遣した」、nnáákó̱o̱nyá、nnáákágerá、nnáákó̱ó̱nye̱rá、

nnáátígatigyá.

要するに、語幹＋a は、CV という構造の音節のみからなるならば、最初の音節と最後の音節が高いというアクセントなのだが、語幹冒頭が CVV なら、（イ）あとに 2 音節以上つづくと CV と同じ扱いを受け、（ロ）あとに 1 音節しか続かないと、CVCV と同じ扱いを受けるようである。「グシイ語動詞アクセント試論」では、

NŚáCV́(V́)XCá

というアクセント表示を行い、概略次のような調整規則をつけた。

X＝Ø なら、(V́) は (V) となる。

この事象と解釈を (2) とする。なお、-toma の部分のアクセントは、不定形と表面的には同じであるが、本質的には互いに異なるアクセント構造であることに注意されたい。

一昨日もしくはそれ以前に行われた行為をあらわす形は、同様に

N＋主格接辞＋a＋語幹＋a

という構造だが、アクセントは、A 型の場合、次のようなものである。

nnáatómá「私は派遣した」、nnáakó̱ó̱nyá、nnáakágérá、nnáakó̱ó̱nyé̱rá、

nnáatígátígyá.

「グシイ語動詞アクセント試論」では、

NŚaX́

というアクセント表示を行ったが、これには何の問題もない。

アクセントの面から分類できるもう一方の型（B 型と呼ぼう）の動詞は、不定形では、

ókoX

で表示されうるアクセントである。つまり、語幹＋a は低く平らである。

ógosiba「縛る」、ókoraama「罵る」、ó̱go̱ko̱be̱e̱sa「借りる」、

ó̱go̱so̱o̱me̱ra「～に読んでやる」.

その日に行われた行為をあらわす形は、もちろん

N＋主格接辞＋a＋語幹＋a

という構造だが、アクセントは次のようなものである。

nnáásíbá「私は縛った」、nnááráamá、nnáákó̱be̱e̱sá、nnáásó̱ó̱me̱rá.

nnáákó̱be̱e̱sé̱rá「私は〜に借りてやった」.

語幹冒頭にない CVV は CV と同じ扱いを受けるが、語幹冒頭の CVV は、あとに CV 1 つしか続かなければ CVCV と同じ扱いを受け、あとに CV より長いものが続けば CV と同じ扱いを受けるということのようである。「グシイ語動詞アクセント試論」では、

NŚáCV́(V́)CV(V)X́

というアクセント表示を行い、次のような調整規則をつけた。

X＝Ø なら、直前の(　)内の V はあらわれず、その前の CV は CV́ となり、(V́)は(V)となる。

この事象と解釈を(3)とする。

一昨日もしくはそれ以前に行われた行為をあらわす形は、やはり今見た形と同じ構造だが、アクセントは、次のようなものである。

nnáasibá「私は縛った」、nnáaraámá、nnáako̱bé̱é̱sá、nnáaso̱o̱mé̱rá、nnáako̱bé̱é̱sé̱rá.

語幹冒頭にない CVV は CV と同じ扱いを受ける。語幹冒頭の CVV は、あとに CV より長いものが続けば CV と同じ扱いを受けるが、あとに CV 1 つしか続かなければ、本来低いはずなのに CV́V́ と高くなる、ということのようである。「グシイ語動詞アクセント試論」では、

NŚaCV(V)X́

というアクセント表示を行い、次のような調整規則をつけた。

X＝Ca で(　)内の V があらわれれば、CVV は CV́V́ となる。

この事象と解釈を(4)とする。

まず、奇妙な(4)の調整規則部分から考えてみよう。これを説明するには、次のように考えるしかないようである。CV(V)X́ の X́ は、できるだけ前まで高いことを要求し、その要求は X の部分が短い(つまり、自分が CV＝Ca である)ほど強いとする。その場合、語幹冒頭に短い CV があるとそれを高くすることはできないが、語幹冒頭が CVV であるとの後半部分を高くする。ところが、CVV́ というのはこの言語としては許したくないので、後半部分とくっつき方が密接で引っ張られるのか、前半部分まで高くなっている、というわけである。この説明((4-a)とする)は、いささか強引に思われるが、これを避けるには、調整規則部分が CVV の特殊性をあらわしている((4-b)とする)、というしかない。

この説明((4-a))を受け入れるなら、まずCVVの後半部分に対し前と切り離して上げる力が働くことになり、CVVはある段階ではCVCVと同等に扱われていることになる。

(2)は、CVVが条件によってCVと同等に扱われたり、CVCVと同等に扱われたりするということをいっているようであり、(3)も同様である。なお、(3)のアクセント表示と調整規則は、本質をついたものではないかも知れない。むしろ、

NŚaCV́(V́)［CV(V)］X́

と表示し、

X＝Caなら［　］内のCV(V)はØでありうるが、前のCV́(V́)はCV́(V)となる。

もしくは、

X＝Caなら［　］内のCV(V)はØでありうるが、前の(　)内のV́があらわれれば、Vとなる。

という調整規則をつけるほうがいいのかも知れない。いずれにしても、CVVは、条件によってCVと同等に扱われたり、CVCVと同等に扱われたりするわけである。

この上で、(1-a)を考えてみると、仮に、CV́(C)V́XのXができるだけ前まで低くなることを要求し、その力はXが短いほど強いとしても、CVCVの後半は低くならないのに、CVVなら後半のVが低くなるというのは奇妙である。CVとCVの間より、CVとVの間のほうの結びつきが密接(従って、下げられることに対する抵抗は強い)だから、そのVが下がるというのは、(4-a)の前提と矛盾する。

従って、(1-a)より、CVとCVVを別のものと考える(1-b)のほうが、解釈としては自然である。(1-b)の調整規則は、それ自体を見れば、極めて自然である。要するに、Xが短かければ少し前のほうから下がるのである。

かくて、この言語からいえば、音節にはCVという構造のものとCVVという構造のものがあり、後者はCVと同じ扱いを受けることもあれば、CVCVと同じ同じ扱いを受けることもあれば、CVもしくはCVの連続のどちらとも異なる振る舞いをすることもあるということである。なお、Gusiiの動詞にはこの他にも面白い問題がある。「グシイ語動詞アクセント試論」参照。

2.1.2.3.　若干の結論

上述の事実、特にグシイ語の事実を考慮すると、音節については次のようなことがいえよう。

1)言語における音節は、同じ構造から成るとは限らない。

2)異なる構造の音節は、一方の構造のものあるいはその複数個の列に他方の構造のものが必ず該当しなければならないわけではない。

この結論は、筆者が『言語学』第3章3.3で述べたことを修正すべきことを示している。そこでは、上の2.1.2.1で触れた例をもとに、Sukumaにおいては音節の構造が不確定でありうるとして、CVVについて、CVVが1つの音節である場合とそのCVとVが音節である場合があるとしているが、CVVが1つの音節であり、別の構造の音節(C)Vもあり、今述べた2)にいうように、(C)Vそのものあるいはその連続に必ず該当しなければならないわけではないのだが、たまたま例外なくどちらかに該当しただけだ、という解釈に変更されるわけである。

今述べたことには、たとえば、CVCVという音列は、決して1音節ではなく2音節であると、通常常識的にいえるようなことは含まれていないが、おそらく、CVCVという音列が2音節であるというのは、アプリオリに決まっていることではなく、CVCVが2音節であることはある証拠で結論されるはずのことである、ということかも知れない。

2.2.　音節の構造(2)

次に、その音節が長いことは確かなのだが、その内部構造の解釈に問題がある場合を見る。

2.2.1.　子音前鼻音が関係する場合

子音の前の(子音+)母音+子音前鼻音(日本語のンのような音)をどう解釈するか、時として問題になる。タンザニアのHayaから例を採る。なお、バントゥ諸語では、子音前鼻音は続く子音+母音とむすびついて音節をつくる。

この言語では、子音の前の(子音+)母音+子音前鼻音は、ある場合には(子音+)長母音とアクセントの点で同様に扱われる。〜は、冒頭母音のない名詞などが続くことを示す。(冒頭母音のある名詞が続くと、特殊なことが起こる。)

okutáńga「禁じる」/okutáńga〜　vs.　okutéela「たたく」/okutééla〜；

batáńga「彼らは禁じる」/batangá〜　vs.　batééla「彼らは禁じる」/bateelá〜.

ただし、ある場合には異なった扱いを受ける。アクセント上別の型の動詞の場合、

balaalíńda「彼らは守る(未来)」/balaalindá〜　vs.

balaaléeba「彼らは見つめる」/balaaléeba〜.

後者の場合、balaalíńdaについては、通常の解釈(つまり、balaalindaではndaが一音節でliが短い音節)でよいので、今の場合、関係がない。問題は、上に見た、子音の前の(子音+)母音+子音前鼻音が(子音+)長母音とアクセントの点で同様に扱

われる場合の解釈である。

この場合、tanga/teela は、ともに長い音節＋短い音節と扱われている。teela の場合は何の問題もないが、tanga が問題である。可能性としては、次のようなことが考えられる。

(1)子音前鼻音は、ある場合、長い母音の後半部分と同様に扱われる。

(2)子音前鼻音の前の母音は、ある場合、長い母音として扱われる。

このどちらが正当であるか、決定する根拠が見つからない。

ただ、次のような考え方も可能かも知れない。

(3)子音前鼻音は、続く子音＋母音とむすびついて音節をつくり、その前の母音は長くはないが、(子音＋)母音＋子音前鼻音は、ある場合、長い音節と扱われる。

(3)の考えは、矛盾した考えのようにも思われるが、そう思うのは研究者の側の偏見であり、言語としては、(3)であって何の問題もないのかも知れない。

2.2.2.　半母音が関係する場合

子音＋w＋母音という構造の短音節があることは確かである。たとえば、§1-3に見た Swahili の語末には CwV が存在する。

Swahili：kupigwa「殴られる」.

この gwa の部分が短音節であることは、長いならば次末が下降調になるという規則(kitambaa「布」は ba が下降調)に従って、w の部分が下降調になるはずであるが、この場合は pi が下降調であり、gwa は低いことから明白である。さらに、たとえばケニア西部の Bukusu(ブクス語)の例をあげる。一昨日以前の行為をあらわす形は、主格接辞＋a＋語幹＋a という構造であるが、主格接辞が Cu のものは、主格接辞＋a は Cwa となり、他の場合の Ca に対応する。

Bukusu：khwalya「私たちは食べた」(<khu-a-ly-a. kh は［x］).
cf. nalya「私は食べた」(<N-a-ly-a.).

明らかに、khwa は短音節である。

さて、ケニア中部の Kikuyu(キクユ語)の所有代名詞を見てみる。

「私の口(mũromo. ũ は広い u)」は、mũromo waakũa (or waakwa)であるが、「私の舌」は rũrĩmĩ のうしろに rũakũa、rwaakũa、rwakũa (or rwaakwa、rwakwa)のどれかで表記しうる形が来る。k の前が長い音節であることは、対応する waakũa (or waakwa)から明らかである。rũakũa であるならば問題はないが、k の前は主格接辞＋a であり、mũromo に対応する主格接辞は ũ であり、ũ＋a が waa となっていることから、rũrĩmĩ に対応する主格接辞 rũ に a がついて rũa のままであるというのは、少し抵抗がある。その点にこだわると、rwaaであるかrwaであるかの検討が必要になる。rwaaであるなら何も問題はないが、実際の発音はrũakũaで表記したくなるような発音であり、aが長いわけではない。この場合も、子音＋半母音w＋aと考え、半母音はあくまでも半母音であり母音は長くはないのだが、rwaは長いと扱われている、という一見受け入れにくい状態が、実は言語にとっての真実かも知れない。

2.3.　音節の本質

以上のことを踏まえつつ、音節について簡単に考えてみる。

音素については、その必要性ははっきりしている。多くの単語の音形を互いに区別した状態で保有するためには、少数の小さい音的単位を順序をもって組み合わせるという方法しかないのであり、その小さい音的単位はほぼ単音を実質とするわけである。

音節については、その切れ目を、調音に要するエネルギーの小さくなるところだとしたり、調音時の開口度の小さいところだとしたり、いろいろな考えが出されているが、なぜ音節が必要なのかあまり議論されてこなかった。おそらく、どの言語にも音素よりは大きく単語全体よりは小さくてもよい音連鎖に分けて発音するのが必要な場合（たとえば、歌とか、幼児に教える時とか）があり、どう分けるかが決まっていないと困るのであろう。そして、そういう中間的単位の形成には、原則として、よく聞こえる音つまり母音を中心にする必要があるのであろう。

このことは、音節の構造が絶対にこうであるべきかを規定するものではないので、言語によって音節の構造が異なるのであり、同一言語の中でもややファジーなことが可能なのであろう。バントゥ諸語の音節の状態は、いわゆる開音節が圧倒的に多いという条件のもとで、上に見た、やや不確定な事態が認められるのであろう。

3.　名詞のアクセント

名詞に限らず、アクセントについての従来の研究は、どちらかというと単語のアクセントが固定的であるかのような立場を暗々裏にとっていたと思う。しかし、バントゥ諸語を調べてみて、アクセントというのは環境によって変異するのが普通なのではないかと思うようになった。名詞のアクセントが、あらゆるあらわれを通じて変異しない言語はほとんどなかったのである。

冷静に考えてみると、日本語のアクセントも一定程度変異する。東京方言について、次の例を見よ。

アタマガイイ　イイアタマ　イイアタマダイナシ　イイアタマガダイナシ
カラダガイイ　イイカラダ　イイカラダダイナシ　イイカラダガダイナシ
ワタシノアタマ　ワタシノアタマウツッテナイ　ワタシノアタマガウツッテナイ
ワタシノカラダ　ワタシノカラダウツッテナイ　ワタシノカラダガウツッテナイ

和歌山方言の場合は、東京方言に比して変異は少ないが、あることはある。

タンボ　タンボウッタ　タンボニデル　タンボニデタ　タンボモウッタ

要するに、単語のアクセントというのは固定的にとらえられるべきでなくて、環境 K_1 では A_1、環境 K_2 では A_2、…　環境 K_n では A_n と記述され、A_1 ～ A_n の間の対応関係、環境 K_1 ～ K_n の性格、なぜ環境 K_i（$1 \leqq i \leqq n$）でアクセント A_i となるのか等を解明するのが目標ということになる。

ここでは、いくつかのバントゥ系言語の名詞のアクセント変異を見る。

3.1.　サンバー語

タンザニア東北部の Sambaa（サンバー語）の名詞はアクセントの面で2つの形をとる。直前に何もないか直前が低い場合と、直前が高いか中位の高さの場合で異なる。前者の例として孤立形を、後者の例として ní「～である」に続く場合をあげる。´ は「高」、無印は「低」、¯ は「中(位の高さ)」、ˇ は「(上)昇」をあらわす。

まず、孤立形のアクセントが低く平らなものを見る。

ga　　ní ga　　「(足の)ひび、sg.」
fungo　　ní fúngo　　「麝香猫、sg.」
nanasi　　ní nánási　　「パイナップル、sg.」
mananasi　　ní mánánási　　「パイナップル、pl.」

右側の形は、左側の形に対して末尾音節のみが低くとどまり、その前(あれば)がすべて高くなるという対応をしている。

次に、孤立形のアクセントが高く平らなものを見る。

dá　　ní dā　　「虱、sg.」
vúhá　　ní vūhā　　「骨、sg.」
kábílá　　ní kābīlā　　「部族、sg.」

右側の形は、左側の形に対して、すべて中位の高さになるという対応をしている。

次に、孤立形のアクセントが、冒頭音節のみ低く、あとが高く平らなものを見る。

maté　　ní mátē　　「唾液」
mkónó　　ní ḿkōnō　　「腕、sg.」

makábílá　　ní mákābīlā　「部族、pl.」
kishámbáá　　ní kíshāmbāā　「サンバー語」

右側の形は、左側の形に対して、冒頭音節のみ高くなり、あとがすべて中位の高さになるという対応をしている。

次に、孤立形のアクセントが、末尾音節のみ高く、前が低く平らなものを見る。

ubongó　　ní úbóngō　「脳」
kitambaá　　ní kítámbáā　「布、sg.」

右側の形は、左側の形に対して、末尾音節を除き高くなり、末尾音節が中位の高さになるという対応をしている。

次に、孤立形のアクセントが、次末音節のみ高く、他がすべて低いものを見る。

héli　　ní hěli　「耳輪、sg.」
ugúla　　ní úgŭla　「脛、sg.」
matofái　　ní mátófăi　「煉瓦、sg.」

右側の形は、左側の形に対して、高い音節の前の低い音節(あれば)が高くなり、高い音節が上昇調になり、末尾音節は低いままである、という対応をしている。

次に、孤立形のアクセントが、次末音節のみ高く、末尾音節が中位の高さで、他(あれば)がすべて低いものを見る。

kóbē　　ní kŏbē　「亀、sg.」
makóbē　　ní mákŏbē　「亀、pl.」
mapáchā　　ní mápăchā　「双生児」

右側の形は、左側の形に対して、高い音節の前の低い音節(あれば)が高くなり、高い音節が上昇調になり、末尾音節は中位の高さのままである、という対応をしている。

次に、孤立形のアクセントが、次次末音節と次末音節が高く、末尾音節が低いものを見る。

hádísi　　ní hadísi　「話、sg. & pl.」

右側の形は、左側の形に対して、最初の高い音節が低くなり、その他はそのままである、という対応をしている。

次に、孤立形のアクセントが、次次末音節と次末音節が高く、末尾音節が中位の高さであり、他(あれば)は低いものを見る。

kúngúū　　ní kungúū　「鳥、sg.」
makúngúū　　ní mákungúū　「鳥、pl.」
usísízā　　ní úsisízā　「眠り」

右側の形は、左側の形に対して、高い音節の前の低い音節(あれば)が高くなり、最初の高い音節が低くなり、その他はそのままである、という対応をしている。
　次に、孤立形のアクセントが、次次末音節が高く、他は低いものを見る。

　　sáuti　　　　ní sǎuti　　　「声、sg. & pl.」
　　mabéndeji　　ní máběndeji　「包帯、pl.」

右側の形は、左側の形に対して、高い音節の前の低い音節（あれば）が高くなり、高い音節が上昇調になり、その後ろはそのままである、という対応をしている。
　なお、「高」「低」「中」「昇」といったいわゆる調素がかかるのは、母音、音節主音的 m の他、接頭辞としてあらわれる子音前鼻音である。音節主音的 m の例は既にあげておいたので、接頭辞としてあらわれる子音前鼻音の例をあげる。

　　nkúngúní　　ní ńkūngūnī　「南京虫、sg. & pl.」

この例だけでは証拠にならない（子音前鼻音の高いのは、前の母音の影響かも知れない）が、ni のあとの形のアクセントは、前が中位の高さでもあらわれるので、それを見ると、

　　sénī ńkūngūnī　「南京虫ではない」

と、接頭辞としてあらわれる子音前鼻音が前後に比して高くなる。音韻論的には、接頭辞としてあらわれる子音前鼻音は、それ以外の子音前鼻音とは別の音素と考えるべきかも知れないが、同一音素の環境の違い（語頭と語中）による違いと解釈できる可能性も残っている。
　すべての型を網羅していないかも知れないが、まず、左側の形（A とする）には、まず次のような制約がある。

　　「中」は「高」の直後の語末にしかあらわれない。

　こういうことがあるため、「中」は Downstepped High ではないかという意見があるが、kúngúū が kúngú＋ú から生じたという証拠など全くなく、「中」ははじめから「中」なのであり、「高」に由来するという根拠はない。それを Downstepped High と呼ぶのは勝手であるが、それは「中」の代わりに別の新たな調素を考えることに過ぎない。この言語に限らず、Downstep という用語を使いたがる人々は、Downstepped High をたてることで、新たな調素もしくは Downstep という新たな要素を考えることになり、何ら話を簡単にすることではないのだろうかと反省してみてもよいと思う。

　　「昇」はあらわれない。

「昇」は B の形にのみあらわれる。

　　「高」と「高」の間に「低」があらわれることはない。

もちろん、同一単語の内部の話である。
　A のアクセントを B のアクセントに変換する規則は、次のように定式化できる。

［1］「高」がある場合、その直前までを「高」にし、
　［1-1］最初の「高」から末尾まで「高」だと、「高」をすべて「中」にし、
　［1-2］そうでない場合、最初の「高」を「低」にし、「高」が一つしかないとその「高」を「昇」にし、
　その他は変えない。
［2］全体が「低」の場合、末尾音節を「低」のままに、他をすべて「高」に変える。

［1-2］にいうところは、とにかく「高」の最初を下げるわけだが、1つしかないとその冒頭だけを低くするわけである。これで上に見たすべての対応が説明できることに注意されたい。最初の例の ga が、A も B も同じ形なのは、上の規則（［2］）を適用しても、何も変化しないからにすぎない。

なお、B の形は、直前が「高」か「中」の場合にあらわれるので、直前の語自体がその前の語によって B の形になっていても、A において末尾が「低」なら B においても「低」のままだし、A において末尾が「高」か「中」なら、B において末尾は「中」にしかならないから、直前の語が B の形になっていても、A のままの場合と問題の語がとるアクセントが変わることはない。

A と B の形の違いは極めて派手であるが、対応は極めて規則的であることも目をひく。さらに重要なことは、A と B のあらわれる環境は、完全に音韻的なものである。しかし、すべての言語のアクセント変異に関与する環境の違いが、音韻的なものであるとは限らない。今度はそういう例を見る。

3.2.　ナンデ語

コンゴ民主共和国（旧ザイール）北東部の Nande（ナンデ語）においても、名詞のアクセントは変異するが、サンバー語のように2種類に変異するのではなく、筆者の認めえた限りでは、4種類に変異する。

これらの変異形を ABCD と呼び、A の形を孤立形で、B の形を ˗́néne「大きい」の前の形で、C の形を -líto「重い」の前の形で、D の形を Caghe「私の」の前の形で代表させて例示する。必要以上に話を複雑にしないように、語幹の構造が CVCV の名詞に検討対象を絞ることにする。i̱/u̱ は広い i/u であり、b は有声摩擦音、ḇ は有声破裂音である。

A	B	C	D
eki̱ḇata	eki̱ḇatá kí̱néne	eki̱ḇata kilíto	eki̱ḇatá kyaghe
「アヒル」	「大きなアヒル」	「重いアヒル」	「私のアヒル」
omúkali	omúkalí mú̱néne	omúkali mulíto	omúkali waghe

「女」

omu̱bí̱ri̱　omu̱bi̱rí̱ mú̱néne　omu̱bi̱ri̱ mulíto　omu̱bi̱rí̱ waghe

「体」

eki̱ḇóko　eki̱ḇókó kí̱néne　eki̱ḇóko kilíto　eki̱ḇóko kyaghe

「カバ」

omú̱lú̱me　omú̱lu̱mé mú̱néne　omú̱lume mulíto　omú̱lume waghe

「男」

omú̱heké　omú̱heké mú̱néne　omú̱heke mulíto　omú̱heke waghe

「荷物」

omu̱kéká　omu̱kéká mú̱néne　omu̱kéka mulíto　omu̱kéka waghe

「ござ」

すべて単数名詞で例示したが、対応する複数名詞でも同様である。

上の eki̱ḇata、omukali、omu̱bi̱ri̱、eki̱ḇoko、omu̱lu̱me、omu̱heke、omu̱keka が互いに異なる型に属するのは明らかである。なお、今例をあげた eki̱ḇata 等の 7 つの型の他にも、語幹が CVCV であるものに別の型があるかも知れない。

ABCD の間の関係を見ると、次のようなことがいえる。

B の形は、A の形の末尾音節を（低ければ）高くし、次末音節が高い場合、型によって、それを低くするか、そのままにしておく。

C の形は、B の形の末尾音節を低くする。

D の形は、B の形の末尾音節を、その前（方）に高い音節がある場合のみ、それを低くする。

ただし、D の形が B の形と同じようになる発音も記録されており、混乱がはじまっているのかも知れない。あるいは、B の形が D の環境でぶれるだけのかも知れない。ここでは、D の形が B の形と区別される発音に依拠する。また、B の形の場合に「型によって」といったのは、もちろん、上の例では omu̱bi̱ri̱/omu̱lu̱me と eki̱ḇoko に関することである。

さて、A はあとに何も続かない場合ということで、環境としてハッキリしている。その他の環境であるが、個別に見てゆく。

B の環境には次のようなものがある。eki̱ḇoko「カバ、sg.」/ebi̱ḇoko「同、pl.」は、B の形が A、C、D のどれとも異なるので、それを例に用いる。A の形の末尾を上げることに注意されたい。

eki̱ḇókó kí̱ké；-́ké「小さい」

eki̱ḇókó kíkuhi；-́kuhi「短い」

eki̱ḇókó kí̱ku̱ku̱；-́ku̱ku̱「けちな」

eki̱ḇókó kīnó；-nó「この」

なお、「この」の場合、-の部分（接頭辞）が名詞のクラスによって母音であることが多く、前と融合し、その接頭辞が低いので、B の形が確認できないことが多い。すなわち、

omu̱bi̱ry'onó「この体」

となってしまう。

eki̱ḇókó ki̱ryá；-ryá「あの」

eki̱ḇókó ky'omu̱ndw'oyú；Ca「の」、omu̱ndw'oyú̱「この人」

なお、oyu̱/oyo の系統の「この」「その」という形があるが、すべて接頭辞が低い V-CV という形なので、どの名詞であっても B の形が確認できない。

例：eki̱ḇókw'ekí̱/eki̱ḇókw'ekyó.

「私の」「あなたの」「彼の」「私たちの」「あなたがたの」以外の所有形容詞の前は環境 B に属する。多少、意味的に無理のある例もあげる。

eki̱ḇókó kyábo「彼らのカバ」、

eki̱ḇókó kyágho「それ（eg. omú̱li̱máli̱má「コウモリ」）のカバ」、

eki̱ḇókó kyáyo「それ（eg. emí̱li̱máli̱má「コウモリ．pl.」）のカバ」

なお、CáCo と表示できる「それ（ら）の」は、前の C が被修飾名詞のクラスに呼応し、あとの C は「それ」に該当する事物をあらわす名詞のクラスに呼応する。

ebi̱ḇókó bi̱ngi̱；-ngi̱「沢山の」

ebi̱ḇókó bí̱ngahi̱；´-ngahi̱「いくつの」

eki̱ḇókó kí̱ghu̱ma；´-ghu̱ma「1つの」「1頭の」

ebi̱ḇókó bi̱bi̱ri̱；-bi̱ri̱「2つの」、「2頭の」

ebi̱ḇókó bi̱sátu̱；-sátu̱「3つの」、「3頭の」

ebi̱ḇókó bí̱ni̱；´-ni̱「4つの」、「4頭の」

ebi̱ḇókó bi̱táno；-táno「5つの」、「5頭の」

数詞6の前では、6（i̱rí̱nda）が低い母音はじまりで、ebi̱ḇókw'i̱rí̱nda と融合するため、B～D のうちのどれだか分からない。

ebi̱ḇókó mú̱nani̱；mú̱nani̱「8つの」、「8頭の」（mú̱nani̱ は不変）

数詞10の前では、10（íkúmi. 不変）が高い母音はじまりで、ebi̱ḇókw'íkumi と融合するため、B～D のうちのどれだか分からない。

ebi̱ḇókó bi̱ngi̱；-ngi̱「多くの」

eki̱ḇókó mú̱ki̱káteghá「カバが落ちた」

圧倒的多数の動詞直説法活用形の前で B の形をとる。

C の環境には次のようなものがある。omu̱bi̱ri̱「体、sg.」/emi̱bi̱ri̱「同、pl.」は、

C の形が A、B、D のどれとも異なるので、それを例に用いる。B の形の末尾を下げることに注意されたい。

omu̱bi̱ri̱ mú̱li̱；-́li̱「長い」

omu̱bi̱ri̱ múhyamúhya；-́hya-́hya「新しい」

-́hya-́hya は、接頭辞も 2 度あらわれる面白い形である。

emi̱bi̱ri̱ sáḇa；sáḇa「7 つの」（不変化）

emi̱bi̱ri̱ mwénda；mwénda「9 つの」（不変化）

D の環境には次のようなものがある。omu̱bi̱ri̱/emi̱bi̱ri̱ は、D の形が A、C と異なり、eki̱ḇoko/ebi̱ḇoko は、D の形が B と異なるので、それらを用いる。

omu̱bi̱rí̱ waghe、eki̱ḇóko kyaghe；Caghe「私の」

omu̱bi̱rí̱ waghu̱、eki̱ḇóko kyaghu̱；Caghu̱「あなたの」

omu̱bi̱rí̱ wí̱we、eki̱ḇóko kí̱we；Cí̱we「彼の」

emi̱bi̱rí̱ yetu̱、eki̱ḇóko kyetu̱；Cetu̱「私たちの」

emi̱bi̱rí̱ yenyu、eki̱ḇóko kyenyu；Cenyu「あなたがたの」

emi̱bi̱rí̱ yósi、ebi̱ḇóko byósi；Cósi「すべての」

omu̱bi̱rí̱ atoghá、eki̱ḇóko kyatoghá；Ca-toghá「（ずっと前に）落ちた」

omu̱bi̱rí̱ ahuteré、eki̱ḇóko kyahuteré；Ca-huteré「（一昨日以前に）怪我した」

大抵の動詞直説法活用形の前では B の形をとるが、最後の 2 例のように、アクセントが

Sa（O）XCá「遠過去形」（構造は、主格接辞＋a（＋対格接辞＋）語幹＋a）

Sa（O）XCé「過去形」（構造は、主格接辞＋a（＋対格接辞＋）語幹＋ire）

のものの前では、D の形をとる。

前に述べたように、D の形が B のそれと区別されるのかについては疑問が残るが、B と C の違いは歴然としており、しかも、それぞれの環境としての特徴がはっきりしないのである。C の形は次が高くはじまる場合だけのようだが、-́néne、-́ké、-́kuhi、-́ku̱ku̱、Cábo、-́ngahi̱ のような高くはじまるものの前でも B の形があらわれている。B の形は多くの数詞の前にあらわれるが、7 と 9 の前では C の形があらわれるので、文法的・意味的な基準で分かれているわけでもない。結局、

1）アクセント変異形の間には、はっきりした対応関係がある、

2）アクセント変異形のあらわれる環境の数は少ない、

という 2 つの条件さえ満たされれば、言語としてそういう状態を維持できるのだ、と考えるしかないであろう。

そんなに広い範囲にわたって話されている言語ではないが、B と D に関して不安定であるだけでなく、全体として微妙で複雑であるため、その方言によってこの

点で異なり、かつ、そのような違いに互いに全く気づかないままコミュニケーションを成立させている可能性が感じられる。さらにまた、上にあげたA～D以外に、これらと区別される環境があっても不思議ではなく、筆者の調査もしくは分析を逃れただけであるのかも知れない。

3.3.　キクユ語

次に、名詞アクセントがもっと複雑な変異を示す言語を見てみよう。

ケニア中部、ナイロビの北方に広く話されるKikuyu（キクユ語）を見る。バントゥ諸語の中でも最も複雑で、かつ、最も解明しにくい言語である。従って、相当長い記述になるが、解明の論拠を説明するためにはそれが必要なのである。

この言語の場合、語幹の長さごとに検討するのでなく、語幹の長さを捨象して見たほうが、事実を把握できる。

この言語の名詞のアクセントは、かなり大きな変異を見せる。しかし、分析を終わった結果から見て、型を区別するだけのためなら、適当な（任意のではない）2つの環境における形を見ればそれでよさそうである。ここでは、孤立形と「私の」が後続する形とで示す。「私の」は、被修飾名詞のクラスによって、音形が少し異なるが、この場合、それは無視してよい。ただし、アクセントの違いは意味がありうる。ĩ/ũ は、正書法で、鼻母音ではなく広い i/u をあらわす。

I.　低結グループ（終わりが低いもの）

1.　低型

ini「肝臓、sg.」　ini rĩakṹá

mani「同、pl.」　mani maakṹá

iburi「傘、sg.」　iburi rĩakṹá

maburi「同、pl.」　maburi maakṹá

rũnyaarĩrĩ「足の甲、sg.」　rũnyaarĩrĩ rũakṹá

2.　高低I型

gĩcṹhĩ「指輪、sg.」　gĩcṹhĩ gĩakṹá

njogóo「雄鶏、sg.」　njogóo yaakũǎ

mũthamáki「王、sg.」　mũthamáki waakũǎ

kĩgokóora「肘、sg.」　kĩgokóora gĩakṹá

3.　高低低型

mũathímũro「くしゃみ、sg.」　mũathímũro waakṹá

4.　高低低低型

njahṹkanĩro「木の股、sg.」　njahṹkanĩro yaakũá

II.　高結グループ(終わりが高いもの)

1.　昇型　末尾が孤立形において上昇調のもの

gũtũ̌「耳、sg.」　gũtũ gṹákṹá

guukǎ「祖父、sg.」　guuka wáákũa

2.　高型

ikará「炭、sg.」　ikará rĩakṹá

makará「同、pl.」　makará maakṹá

3.　高高型

njátá「星、sg.」　njáta yáákũa

kang'aúrṹ「蟹、sg.」　kang'aúrũ gáákṹá

「私の」の冒頭のCVV部分が高くなり、名詞のほうの語末が低くなることに注意。

4.　高低II型　高低I型とは、「私の」のアクセントが異なることに注意。

mũcúra「おこげ、sg.」　mũcúra wáákṹá

kagoógo「鳥、sg.」　kagoógo gáákṹá

5.　二峰型

gĩcigĩ́rĩrá「島、sg.」　gĩcigĩ́rĩrá gĩakṹá

6.　二峰高高型

njégeeké「腋の下、sg.」　njégeéke yáákũa

njégeeké＜*njégeéké と考える。高高型との類似からそう考えられるわけである。

III.　准高結グループ(孤立形は低く平らだが、-akũa と結びつくと低型とは異なる)

1.　准昇型

mũtĩ「木、sg.」　mũtĩ wáákṹá

ngitĩ「犬、sg.」　ngitĩ yáákũa

kĩroboto「蚤、sg.」　kĩroboto gĩ́ákṹá

iroboto「蚤、pl.」　iroboto cíákṹá

2.　准高型

kĩng'ang'i「鰐、sg.」　kĩng'ang'í gĩakṹá

3.　准高高型

ikamburu「臼歯、sg.」　ikambúrú rĩakṹá

4.　准高高高型

mũthongorima「動物の穴、sg.」　mũthongórímá waakṹá

このように多くの型が存在するのだが、それだけでなく、種々の環境においてアクセント変異が認められる。

はじめから上掲のすべての名詞について例をあげると大変なことになるので、大体のイメージをつかむために、最初は、iburi/maburi（低型）、ikará/makará（高型）、kĩroboto/iroboto（准昇型）の例で説明することにする。

maburi「傘．pl.」（低型）

maburi（maakṹá）

gũthiká mabúrí nĩ weegá「傘を埋めるのはよい」（cf. gũthiká maburi）

（gũthiká「埋める．不定形」、nĩ「繋辞」、weegá「よい．不定形に呼応」）

gũthiká のあとでは孤立形と同じアクセントであらわれるのだが、低型名詞には、「文末になく、かつ、何によっても修飾されることなくあらわれる場合、後ろからできる限り高くなる」という規則があるようで、これを「低型規則」と呼ぶことにする。（なお、正確には、低結グループ全体に似たようなことがいえるので「低結グループ規則」と呼ぶべきであるが、それにはもう少し精密化した規程を付け加えなければなければならないので、それは省略し、ここでは以上のようにとらえ「低型規則」と呼んでおく。ところで、あとで詳しく見るが、gũthiká は、gũthikĩ́ra「～のために埋める」が示すごとく、語幹＋a の第3音節があるとそれが低くなるので、gũthiká の場合、次の maburi の ma を低く抑える。従って、高くなりうるのは、そのすべてではなくて、buri のみなのである。

nĩ́ máburi「傘だ」

nĩ́ のあとでは、通常第一音節が高くなる。

kũhe máburí nĩ weegá「傘を与えるのはよい」

kũhě は、gũthikĩ́ra と同様、語幹＋a（kũhě は例外的に e）が低高低... というアクセントなので、he は低くなって次の ma を高く、その次の bu を低くおさえる。従って、低型規則によって高くなるのは ri だけである。

tí mábúrí「傘ではない」（ti「否定繋辞」）

tí のあとでは多くの型は大きくアクセントを変異させる。低型は、高く平らになる。

mábúrí nĩ mánené「傘は大きい」（-nené「大きい」）

tí のあとの形と同じだが、これは低型規則によって高く平らになったもので、本質的には異なるものである。

以上、maburi、mabúrí、máburi、máburí、mábúrí の5つの異なるアクセントが認められるが、同じアクセントでも違った理由によってそうなっているものもある。たとえば、

kũhe máburi

の máburi は nĩ́ のあとと同じ形であるが、ma が高いのは、前の動詞のアクセント（語幹＋a の第 2 音節が高い）が後ろまで及んでいるのであり、nĩ́ のあととは全く別の理由による。

iburi「傘．sg.」（低型）

iburi（rĩakṹá）

kũhe ibúri「傘を与えること」

gũthikĩ́ra と同じアクセントが iburi まで及ぶが、he＋i が 1 音節のようになるので bu が高く ri が低くなる。あとに nĩ weegá「〜はいい」がついた場合、低型規則が働こうとしても iburi の内部には高くできるものがないのでこのままである。

nĩ́ íbúri「傘だ」

nĩ＋i が一音節のようになるので、1 音節高くなるのは bu である。

gũthiká íburi「傘を埋める」

gũthikĩ́ra から見ると、ka の直後の音節が低いはずだが、ka＋i で 1 音節のようになるので低くなる（低いままでいる）のは、bu からである。

gũthiká íburí nĩ weegá「傘を埋めるのはよい」

今度は、kũhě のあとと異なり、ri は低型規則によって高くなる。

tí íbúrí「傘じゃない」

やはり、低型は tí のあとで高く平らになる。

íbúrí nĩ ínené「傘は大きい」

高く平らだが、これは低型規則による。

matikááhe ibúrí「彼らは（未来に）傘を与えない」

（ma-「彼らは」、ti「否定辞」）

主格接辞＋ti＋kaa＋語幹＋a（未来否定形）のあとでは、tí のあとと同様のアクセントになるが、he＋i で 1 音節のようになって、i まで低い。

以上、iburi、ibúri、íbúri、íburi、íburí、íbúrí、ibúrí の 7 つの異なるアクセントが認められるが、同じアクセントでも違った理由によってそうなっているものもある。ただし、kũhe 〜、nĩ́ 〜、gũthiká 〜（nĩ weegá）、matikááhe 〜の場合の maburi との違いは、接頭辞が母音であることによる。

makará「炭、pl.」（高型）

makará maakṹá

nĩ́ mákará「炭だ」

高型も、nĩ́ のあとで冒頭音節が高くなる。

tí mákára「炭じゃない」

高型は、tí のあとでは、次末音節まで高くなり、末尾音節が低くなる。

以上、makará、mákará、mákára の 3 つの異なるアクセントが認められるが、同じアクセントでも違った理由によってそうなっているものもある。たとえば、

kũhe mákará

の mákará は nĩ́ のあとと同じ形であるが、ma が高いのは、前の動詞のアクセント（語幹＋a の第 2 音節が高い）が後ろまで及んでいるのであり、nĩ́ のあととは別の理由による。

ikará「炭、sg.」（高型）

ikará rĩakṹá

nĩ́ íkará

nĩ́ のあとで冒頭音節が高くなるのであるが、nĩ＋i で 1 音節のようになり高く、そのあと高くなる候補は ka であるが、末尾が高くその前に低い音節が必要なので、ka は高くなれず、結局 i だけが高くなる。

gũthiká íkará「炭を埋めること」

gũthikĩ́ra のアクセントからから見ると、gũthiká íkará の場合 gũthiká の直後の音節が低いはずだが、ka＋i で 1 音節のようになり i まで高いので、低くなる（低いままでいる）のは ikará の ka である。同じく íkará であるが、異なる理由によってそうなっている。

tí íkára

やはり、tí のあとでは、次末音節まで高くなり、末尾音節が低くなる。

matikááhe ikára「彼らは（未来に）炭を与えない」

主格接辞＋ti＋kaa＋語幹＋a（未来否定形）のあとでは、tí のあとと同様のアクセントになるが、he＋i で 1 音節のようになって、i まで低い。

以上、ikará、íkará、íkára、ikára の 4 つの異なるアクセントが認められるが、同じアクセントでも違った理由によってそうなっているものもある。

kĩroboto「蚤、sg.」（准昇型）

kĩroboto gĩ́ákṹá

kĩroboto は低く平らだが、gĩ́ákṹá が低型のあと（gĩakṹá）とは異なっている。たとえば、低型の kĩromo「唇、sg.」が kĩromo gĩakṹá となるのと比較せよ。

kũrora kĩroboto「蚤を見ること」（kũrora「見る」）

kũrora のように低く平らな不定形のあとでは、准昇型は低く平らである。

nĩ́méékṹrora kĩrobotǒ「彼らは（今日）蚤を見る」（mee＜ma）

nı̃́méékṹrora のあとでは、孤立形にほぼ等しいアクセントを取るが、准昇型は末尾の上昇調があらわれる。

matiahéíre kı̃́roboto「彼らは蚤を与えなかった」

（ti「否定辞」、a「過去」）

この matiahéíre のあとでは、次に見る nı̃́ のあとと同じようなアクセントであらわれるが、動詞が否定形のため、末尾の上昇調はあらわれない。

nı̃́ kı̃́robotǒ

語頭が高く、末尾の上昇調があらわれる。

tí kı̃́róbóto

否定繋辞のあとでは、高型と同様のアクセントになる。孤立形で低型と同じように見えても、ここでは異なってくる。

以上、kı̃roboto、kı̃robotǒ、kı̃́roboto、kı̃́robotǒ、kı̃́róbóto の5つの異なるアクセントが認められるものの、やはり同じアクセントでも違った理由によってそうなっているものもある。

iroboto「蚤、pl.」（准昇型）

iroboto cíákṹá

cíákṹá が低型のあと（ciakṹá）と異なっている。たとえば、低型の iromo「唇、sg.」が iromo ciakṹá となるのと比較せよ。

kũrora iroboto「蚤を見ること」

やはり、低く平らである。

nı̃́méékṹrora irobotǒ「彼らは（今日）蚤を見る」

やはり、末尾の上昇調があらわれる。

kũhe iróboto

gũthikı̃́ra から見ると、he の直後の音節が高いはずだが、he＋i で1音節のようになるので高くなるのは ro である。末尾の上昇調は不定形のあとではあらわれない。

matiahéíre íróboto「彼らは蚤を与えなかった」

matiahéíre/matiahéíre ～のあとでは、あとに見る nı̃́ のあとと同じようなアクセントであらわれるが、動詞が否定形のため、末尾の上昇調があらわれないし、i が母音であるため、iro が高くなる。

nı̃́márı̃ı̃hée iróbotǒ「彼らは（いつか）蚤を与えるだろう」

（nı̃＋主格接辞＋rı̃ı̃＋語幹＋a.　kũhě の語幹＋a は、この場合、アクセントの関係から hee となっている）

「不確定未来形」のあとでは、次に見る nı̃́ のあとのようなアクセントをとり、

ro まで高いが、i は前の低い母音と 1 音節のようになり、低い。

nĩ́ íróbotǒ「蚤だ」

i が母音であるため、iro が高くなる。末尾の上昇調があらわれる。

gũthiká íroboto「蚤を埋めること」

ka が高く、次は低いはずだが、ka + i で 1 音節のようになり、i まで高い。末尾の上昇調は、不定形のあとではあらわれない。

nĩ́márááheiré írobotǒ「彼らは蚤を与えた」

（nĩ + 主格接辞 + raa + 語幹 + ire.　kũhě の語幹 + ire は、この場合 heire）

「近過去形」のあとでは、孤立形と同様だが、re + i で i は 1 音節のようになり、i まで高い。末尾の上昇調があらわれる。

tí íróbóto「蚤ではない」

否定繋辞のあとでは、高型と同様のアクセントになる。

matikááhe iróbóto「彼らは蚤を与えない」

「不確定未来形」のあとでは、tí のあとと同様のアクセントだが、re + i で 1 音節のようになり、i まで低い。

以上のように、そのまま見れば、iroboto、irobotǒ、iróboto、íróboto、iróbotǒ、íróbotǒ、íroboto、írobotǒ、íróbóto、iróbóto の 10 種類の形をとる。ただ、kũhe ～、nĩ́máríĩhée ～、gũthiká ～、nĩ́márááheiré ～、matikááhe ～の形は、接頭辞の i が、この言語の一般的法則に従って、前の母音と 1 音節のようになることによって生じている変異形なので、本質的には、kĩroboto と同様、5 つの変異形を有するといってもよいかも知れない。

以上で、言語の名詞アクセントの複雑さについて、ある程度のイメージはできたであろう。以下はもう少し詳しく見てゆく。なお、孤立形の場合のアクセントを Ø 形と呼ぶことにする。

Ø 形以外のアクセントの場合、まず、nĩ́ に続く場合（これを X 形と呼ぶことにする）を最初にあげた名詞例のすべてについて見る。

I.　低結グループ

1.　低型

ini「肝臓、sg.」　nĩ́ ini

mani「同、pl.」　nĩ́ máni

iburi「傘、sg.」　nĩ́ íbúri

maburi「同、pl.」　nĩ́ máburi

rũnyaarĩrĩ「足の甲、sg.」　nĩ́ rṹnyaarĩrĩ

要するに、語頭音節が高くなるのだが、nĩ́ ini は、(～)CV́ŔCV# > (～)

CV́RCV（R は母音もしくは子音前鼻音）という規則があり、それに従った（nǐ íni＞nǐ ini）ものである。nǐ íbúri は、既に述べた通り、i が母音のため、bu まで高くなったものである。どうして、ini の場合 nǐ íní とならないかであるが、低型というのは、X 形においては、末尾が低いということを特徴としているのかも知れない。

2.　高低 I 型

gĩcũ̌hĩ「指輪、sg.」　nǐ gĩ̌cũhĩ

njogóo「雄鶏、sg.」　nǐ ńjogóo

mũthamáki「王、sg.」　nǐ mũ̌thamáki

kĩgokóora「肘、sg.」　nǐ kĩ̌gokóora

要するに、やはり語頭音節が高くなるのだが、nǐ gĩ̌cũhĩ は、gĩ が高くなりそれに直接続く高が消滅している。高高という連続を避けるためであろう。nǐ ńjogóo は本来は jo まで高くなるはずだが、直後に高い go が続くので、高高の連続を避け、その避け方が語頭の鼻音を高くすることにより語頭が高いという条件を何とか満たすので、そうしているものであろう。

3.　高低低型

mũathímũro「くしゃみ、sg.」　nǐ mũathímuro

冒頭の mũ を高くしようとするが、そうすると a まで高くしなければならず、次の高と続いてしまうので、mũa 全体が低く留まるのであろう。

4.　高低低低型

njahũ̌kanĩro「木の股、sg.」　nǐ ńjahũ̌kanĩro

nǐ ńjahũ̌kanĩro は、本来は ja まで高くなるはずだが、直後に高い hũ が続くので、高高の連続を避け、その避け方が語頭の鼻音を高くすることにより語頭が高いという条件は何とか満たすので、そうしているものであろう。

II.　高結グループ

1.　昇型

gũtũ̌「耳、sg.」　nǐ gũ̌tũ̌

guukǎ「祖父、sg.」　nǐ gúúkǎ

要するに、やはり語頭音節が高くなるのだが、nǐ gúúkǎ は、gu が高くなり、その後の u のあとが低からの上昇調なので、（〜）CV́RX が X＞CV なら R が高くなるという一般的規則に似た規則（上昇調音節を CV より長く扱う ?）があって、それに従ったものであろう。ngũacǐ「さつまいも、sg.」も nǐ ńgũ̌acǐ にはならず、nǐ ńgũ̌ácǐ となっている。

2.　高型

ikará「炭、sg.」 nî́ íkará
makará「同、pl.」 nî́ mákará
nî́ íkará は、i が母音でも、nî́ íkárá となると ra の高のために高高の連続ができてしまうので、ka を高くするのを「諦めた」のであろう。高の前が CVV(N)だけの場合も、それを高くすることはない。
rĩũmbá「腫れたところ、sg.」 nî́ rĩũmbá

3. 高高型

njátá「星、sg.」 nî́ ńjata
kang'aúrṹ「蟹、sg.」 nî́ káng'aúrṹ
このうち、nî́ ńjata は奇妙であるが、macíbṹ「チーフ(村長?)、pl.」のように、高高の前に鼻音の代わりに CV があっても、それが高くなり、あとの高高を低くする。
macíbṹ　　nî́ mácibũ
ところが、高高の前に何もないと、冒頭を高くする力が「空振り」に終わって、高高はそのままである。
mṹthṹ「鳥の一、sg.」 nî́ mṹthṹ
cíbṹ「チーフ.(村長?)、sg.」 nî́ cíbũ
ところで、高高の前が CVV(N)だと、2種の形が可能らしい。
mũarímṹ「先生、sg.」 nî́ mṹárimũ　or　nî́ mũarímṹ
mĩũndṹrí「杓の一、pl.」 nî́ mĩ́ṹńdũri　or　nî́ mĩũndṹrí
高高の前が2音節(以上)だと、kang'aúrṹ の例のように、冒頭が高くなるだけである。
孤立形を見ると、高型に見えるもので次末が CVR のものに、実は高高型に属するらしいものがある。
kĩohé「包み、sg.」 nî́ kĩohé
kĩohé に「私の」がつくと、kĩohé gĩakṹá とならないで、kĩóhe gĩ́ákṹá となるので「高高型に属するらしい」と考えられるのだが、高高型なら、どうして nî́ kĩ́ohe とならないか、疑問ではある。なお、
njeegé「ヤマアラシ、sg.」 nî́ ńjeegé
のように、次末が CVV の前に鼻音かある場合、鼻音が高くなっている理由が語頭が高くなったことによるのか、本来 nî́ kĩohé と同じように高くならず、ただ、CV́R が、CV より長いものが続けば、CV́Ŕ となるという規則によるのか、明らかでない。

4. 高低II型

mũcúra「おこげ、sg.」　nĩ́ mṹcura

kagoógo「鳥、sg.」　nĩ́ kágoógo

このうち、mũcúra が nĩ́ mṹcura になっているのは、mũ が高くなり、高高を避けるために、cu が低くなったものであろう。上掲の高低 I 型の gĩcṹhĩ と同様である。しかし、語頭が CVV で後半の V が高い高低II型では、語頭を高くすることはない。

mũéra「めんどり、sg.」　nĩ́ mũéra

5.　二峰型

gicigĩ́rĩrá「島、sg.」　nĩ́ gĩ́cigĩ́rĩrá

この場合、問題は何もなく、語頭が高くなっているだけであるが、

mũnyóńgoró「ミミズ、sg.」　nĩ́ mṹnyońgoró

この場合は、mũ が高くなり、nyóń の nyó だけが低くなる。

6.　二峰高高型

njégeeké「腋の下、sg.」　nĩ́ ńjegeeké

二峰高高型と考えた理由は上に述べた。この名詞の場合、冒頭の鼻音が高くなり、je の高が消滅するが、同様のことは、冒頭が CV でもおこる。

gĩtúmuumú「盲人、sg.」　nĩ́ gĩ́tumuumú

しかし、次の例を見よ。

kĩĩhúruutá「蝶々、sg.」　nĩ́ kĩĩhúruutá

最初の峰の前に CVV がある場合は、冒頭を高くしない。冒頭を高くする力が CVV と長いために最後まで届かず、今度は後半の V の低に引きずられて CVV 全体が低くなるのかと思われる。

III.　准高結グループ

1.　准昇型

mũtĩ「木、sg.」　nĩ́ mṹtĩ̌

ngitĩ「犬、sg.」　nĩ́ ńgitĩ̌

X 形においては、末尾の上昇調があらわれるのあるが、その前の音節に子音前鼻音がある場合には、それを高くすることで冒頭を高くする力が止まるらしい。

kĩroboto「蚤、sg.」　nĩ́ kĩ́robotǒ

iroboto「蚤、pl.」　nĩ́ íróbotǒ

これらについては、既に述べた。

2.　准高型

kĩng'ang'i「鰐、sg.」　nĩ́ kĩ́ng'ang'í

冒頭音節が高くなり、末尾の高があらわれる。冒頭が母音だと、次の CV まで高くする。

ahikania「花婿、pl.」　nĩ́ áhíkaníá

この末尾の nia は 1 音節であると考えておく。

しかし、母音はじまりでもあとがCV(R)CVだと、冒頭母音だけを高くする。

ing'ang'i「鰐、pl.」　nĩ́ íng'ang'í

icembe「鍬、sg.」　nĩ́ ícembé

3.　准高高型

ikamburu「臼歯、sg.」　nĩ́ íkambúrú

次末と末尾が高くなる。この場合、冒頭が母音なので i のあとまで高くしようとしているのであろうが、高高の前が CVR なので高くできないのであろう。

4.　准高高高型

mũthongorima「動物の穴、sg.」　nĩ́ mṹthongórímá

冒頭を高くし、末尾に高高高があらわれる。

次に、tí に続く場合を詳しく見てみよう。この形を Y 形と呼ぶことにする。

I.　低結グループ

1.　低型

ini「肝臓、sg.」　tí íní

mani「同、pl.」　tí mání

iburi「傘、sg.」　tí íbúrí

maburi「同、pl.」　tí mábúrí

rũnyaarĩrĩ「足の甲、sg.」　tí rṹnyáárĩ́rĩ́

要するに、長さに関係なく、全体が高くなる。

2.　高低 I 型

gĩcṹhĩ「指輪、sg.」　tí gĩ́cũhĩ

kĩgokóora「肘、sg.」　tí kĩ́gókoora

もとの高の前の全体を高くし、もとの高を低くする。

3.　高低低型

mũathímũro「くしゃみ、sg.」　tí mṹáthimũro

やはり、もとの高の前の全体を高くし、もとの高を低くする。

4.　高低低低型

njahṹkanĩro「木の股、sg.」　tí ńjáhũkanĩro

やはり、もとの高の前の全体を高くし、もとの高を低くする。

II.　高結グループ

1.　昇型

gũtũ̌「耳、sg.」　tí gũ̋tũ

ngũacĩ́「さつまいも、sg.」　tí ńgũ̋ácĩ

要するに、末尾を除いて、高くなり、末尾の上昇調が消えるのだが、次末がCVRの場合、Rが低くなる（あとに何も単語が続かない場合）はずなのに、後者はやや変である。gũaがCVVという長い音節なのではなく、CVという音節とVという音節が続いている（と扱われている）のかも知れない。それとも、むしろ、X形のところで述べたようなことが、末尾上昇調が消えても効力は維持されているのかも知れない。

2.　高型

ikará「炭、sg.」　tí íkára

makará「同、pl.」　tí mákára

rĩũmbá「腫れたところ、sg.」　tí rĩ́ũmba

kĩhaató「箒、sg.」　tí kĩ́háato

要するに、末尾を除いて、高くなり、末尾の高が消えるのだが、次末がCVRの場合、Rが低くなる（あとに何も単語が続かない場合）という規則は、この場合キチンと働いている。rĩũmbáの場合、rĩ́ũ̋mbaでなく、rĩ́ũmbaとなっている。末尾を除いて高くなり、末尾の高が消えるというのは語の長さに関係なく働く。

mũtiing'oé「尻尾、sg.」　tí mũ̋tííng'óe

最後のng'óeは1音節にはなっていない。1音節になっていれば、oから下がり、tííもtíiとなるはずである。

3.　高高型

njátá「星、sg.」　tí ńjáta

kang'aúrṹ「蟹、sg.」　tí káng'áurũ

mũ̋thṹ「鳥の一、sg.」　tí mũ̋thũ

少しややこしいが、高高の前（何かあれば）が高くなるというのは共通であるが、その高高の前に何もないかRかCVがある場合、高高の後半のみが低くなる。高高の前がそれより大きければ、高高が低くなる、ということのようである。

cíbṹ「チーフ、sg.」　tí cíbũ

macíbṹ「チーフ、pl.」　tí mácíbũ

mũarímṹ「先生、sg.」　tí mũ̋árimũ

gĩĩgĩkṹyṹ「キクユ語」　tí gĩ́ĩ́gĩ́kũyũ

孤立形を見ると高型に見えるもので高高型のものは、末尾がCVRCVであるのが普通であるが、Rからひくくなる。本来CV́ŔCVで終わるものがあとに何も続く単語がなければCV́RCVとなる規則による。

kĩohé「包み、sg.」　tí kĩ́ohe

次のものは、この規則の適用によるというより、高高の前がR/CVより大きいことによると見るべきかも知れない。

njeegé「ヤマアラシ、sg.」　tí ńjéege

4.　高低II型

mũcúra「おこげ、sg.」　tí mṹcúra

mũéra「めんどり、sg.」　tí mṹéra

thaáni「皿、sg.」　tíí tháání

tiがtiiとなっているのは、th/nyの前では（多くの場合）母音が長くなるという規則があるからである。

kagoógo「烏、sg.」　tí kágóógo

名詞のはじめから高の箇所まで高いようである。

5.　二峰型

mũnyóńgoró「ミミズ、sg.」　tí mṹnyóńgoró

gĩcigĩ́rĩrá「島、sg.」　tí gĩ́cígĩrĩrá

この2つから分かるように、最初の高の前にCV（かRかゼロ）しかないと、高の前が、その高を低くすることなく高くなるが、それより大きいものが最初の高の前にあると、高の前が高くなり、その高が低くなる。

ngũńgũní「南京虫、sg.」　tí ńgṹńgũní

これは、高い鼻音の前がNCVと長いのでまずtí ńgúngũníとなり、CV́Rは後ろがCVより長いとCV́Ŕになるという規則に従ってこうなったと考えられる。

6.　二峰高高型

njégeeké「腋の下、sg.」　tí ńjégeeké

gĩtúmuumú「盲人、sg.」　tí gĩ́túmuumú

二峰高高型と考えた理由は上に述べた。

最初の高の前にCV（かRか、何もない）しかないと、高の前がその高を低くすることなく、高くなる。それより大きいものがある次の例はそうでない。

kĩĩhúruutá「蝶々、sg.」　tí kĩ́ĩ́huruutá

最初の峰が低くなる。

III.　准高結グループ

1.　准昇型

mũtĩ「木、sg.」　tí mṹtĩ

ngitĩ「犬、sg.」　tí ńgítĩ

kĩroboto「蚤、sg.」　tí kḯróbóto

iroboto「蚤、pl.」　tí íróbóto

要するに、末尾を除いて、高くなり、末尾の上昇調はあらわれない。次末がCVR の場合、R が低くなる（あとに何も単語が続かない場合）はずなのに、

mũĩrĩ「体、sg.」　tí mṹḯrĩ

はやや変である。昇型のところで述べたことに似て、mũĩ が CVV という長い音節なのではなく、CV という音節と V という音節が続いている（と扱われている）のかも知れない。それとも、やはり、末尾上昇調があらわれなくても、X 形のところで述べたように、その効力は維持されているのかも知れない。

2.　准高型

kĩng'ang'i「鰐、sg.」　tí kḯng'áng'i

次末音節まで高くなり、末尾の高はあらわれない。次末が CV́Ŕ なら、あとに何も単語が続かないと、R は低くなる。准昇型とは異なるようである。また、孤立形のアクセントは異なるが、この点では高型と共通である。

mũrũarũ「病人、sg.」　tí mṹrṹarũ

nyenje「コオロギ、sg.」　tíí nyénje

ti が tii となっているのは、既に述べたように、th/ny の前では母音が長くなるからである。

mũhikania「花婿、sg.」　tí mṹhíkánia

末尾の nia は 1 音節であると考える。

3.　准高高型

ikamburu「臼歯、sg.」　tí íkáḿburu

thakame「血」　tíí thákame

次末以降を除き高くなる。次末以降は低いままである。

語形が短いものがどうなるかであるが、そういう語例はみつかっていない。

4.　准高高高型

mũthongorima「動物の穴、sg.」　tí mṹthóńgorima

次次末以降を除き高くなる。次次末以降は低いままである。

語形が短いものがどうなるかであるが、そういう語例はみつかっていない。

概略的には、Y形が、孤立形における高いものの前を高くし、高いものを低くするものであることは、細かいことはいろいろあるけれども、理解できたであろう。

次に、nĩ́/tí のあと以外を見る。

まず、動詞不定形（構造は、kũ＋語幹＋a であるが、kũ は c/k/t/th および k 起源の g の直前で gũ となる）のあとで孤立形と同じ Ø 形が出ることは、最初の記述で暗示したことであるが、若干説明が必要である。動詞はアクセントの点で2つに分類され、これをA型・B型と呼ぶことにする。

A型と呼ぶのは、不定形において

kũCV（R）CV́（R̂）X（R は V もしくは N。X は任意の音素列）

というアクセントをとるものである。すなわち、語幹＋a の冒頭が低く、第2音節が高く、そのあと低くなるものであるが、語形が短くて X が Ø の場合、X の低いのが次の音節に移るということが重要である。従って、不定形 gũthiká「埋める」のあとで Ø 形が出るといってもただの Ø 形ではなく、冒頭が抑えられた Ø 形である。もともと低いのだから、見たところ Ø 形と違わなく見えるが、抑えられているというのは、

gũthiká mabúrí nĩ weegá「傘（pl.）を埋めることはよい」

というふうに、低型規則が働く時に、ma を上げられないところにあらわれる。

A型でも、さらに短くて X もその前の CV́（R̂）も Ø の場合、たとえば kũhě「与える」の場合、X の前の CV́（R̂）の高は、he の末尾の上昇調として残っている。その後ろに名詞が来ると、普通はその冒頭に高が移るが、X の低はその後ろ（maburi の bu）に移り、従って

kũhe máburi

となるが、bu は元来低いのがさらに抑えられており、

kũhe máburí nĩ weegá「傘（pl.）を与えることはよい」

のように、低型規則によって高くなるのは ri だけというわけである。

gũthiká のあとに iburi が続くと、i が母音のため、ka＋i で1音節のようになり、もともと低い bu に抑える力がかかり、

gũthiká íburí nĩ weegá「傘（sg.）を埋めることはよい」

というふうに、低型規則が働く時に、bu を上げられないところにあらわれる。

kũhě のあとに iburi が続くと、i が母音のため、he＋i で1音節のようになり、X の前の CV（R）の高は bu に移る。抑える力はもともと低い ri にかかり、

kũhe ibúri

となるが、ri は元来低いのがさらに抑えられており、

kũhe ibúri nĩ weegá

のように、低型規則の働く条件が整っても、高くなるのは何もないということになる。

なお、A 型でも語幹 + a が 3 音節以上の場合は、後ろに何の力も及んで行かないので、続く名詞は真の Ø 型があらわれ、

gũthondéka maburi「傘 (pl.) をつくる」

のようになり、

gũthondéka mábúrí nĩ weegá「傘 (pl.) をつくるのはよい」

と、低型規則は完全に働くことになる。

拙論「キクユ語名詞アクセント再論」では kũhě のあとの形を X 形としたが、これは考察不足であった。kũhě のあとの形は Ø 形であると改める。Ø 形ではあるが、kũCV (R) CV́ (Ŕ) X というアクセントをそれ自身としては kũCV (R) の部分しか実現していず、あとに続く名詞の前のほうで残りの部分を実現すると考えると、kũCV (R) CV́ (Ŕ) X を完全に実現しているもの (例：gũthondéka) や、kũCV (R) CV́ (Ŕ) の部分しかそれ自身としては実現していないもの (例：gũthiká) と統一的にとらえることができるのである。

B 型と呼ぶのは、不定形において

kũX

というアクセントをとるものである。すなわち、kũ も語幹 + a も低く平らである。このあとで名詞は Ø 形をとり、それも真の Ø 形である。

kũrora maburi「傘 (pl.) を見る」

kũrora iburi「傘 (sg.) を見る」

低型規則は、不定形もろともに働く。

kṹrórá mábúrí nĩ weegá「傘 (pl.) を見るのはよい」

次に、低型以外の名詞が不定形に続く場合のいくつかを見よう。やはり、Ø 形であり、条件によって少し修正される。

低結グループの高低 I 型を見てみよう。

gĩcṹhĩ「指輪、sg.」　kũhe gĩ́cũhĩ　gũthiká gĩcṹhĩ

gũthondéka gĩcṹhĩ　kũrora gĩcṹhĩ

すべて Ø 形であるが、kũhě のあとでは、kũCV (R) CV́ (Ŕ) X の CV́ (Ŕ) の高が gĩ にあらわれ、そのあとの X の低の力で cũ が低くなる。

makorobíya「アボカド、pl.」　kũhe mákorobíya　gũthiká makorobíya

kũrora makorobíya

上の例から容易に理解できよう。

次に、高結グループの昇型を見てみよう。

nyamǚ「動物、sg.」　kũhee nyámǚ　gũthikáá nyamǚ　kuroraa nyamǚ

kanyamǚ「虫、sg.」　kũhe kányamǚ　gũthiká kanyamǚ　kũrora kanyamǚ

kũhee nyámǚ の場合、nya が高くなるのは予想通りで、mũ は上昇調で冒頭が低いので、低くする力はその冒頭で消える。

高型の例を見る。

makará「炭、pl.」　kũhe mákará　gũthiká makará

ikará「炭、sg.」　kũhe íkará　gũthiká íkará　kũrora ikará

kũhe íkará の場合、kũhě の後方への力としては、kũhe ikára としたいのであろうが、末尾の ra は Ø 形においては高くなければならないので、下げることはできない。それかといって、kũhe ikárá となると末尾に高高の連鎖ができるので、それを避けるため、i を上げてその力を果たしつくすしかないようである。

高高型の例を見る。

mṹthṹ「鳥の一、sg.」　kũhe mṹthṹ　gũthiká mũthũ　kũrora mṹthṹ

mũcíbí「ベルト、sg.」　kũhe mṹcibi　gũthiká mũcíbí　kũrora mũcíbí

kang'aúrṹ「蟹、sg.」　kũhe káng'aúrṹ　gũthiká kang'aúrṹ　kũrora kang'aúrṹ

kũhe mṹthṹ の場合、he の直後は高くなるわけだが、次の mũ は高いのでそのままである。そのあと1音節低くする力があるはずだが、高い mũ がそのまま高いことでその力が弱まるようで、thũ を低くすることができない。しかし、kũhe mṹcibi の場合は、低い mũ を高くしたことで、そのあとを低くする力は弱まらず、ci を低くし、それに連動して bi も低くなるようである。gũthiká mũthũ の場合、thiká の直後の1音節を低くするが、連動して thũ も低くなる。しかし、次の gũthiká mũcíbí では、低い mũ を低く抑えることで、後方への力は当然のことながら消滅し cíbí は高いままである。kũhe káng'aúrṹ は、káng'a の高低で完結し、あとはそのままである。

高低II型を見る。

mũéra「雌鳥、sg.」　kũhé mũéra　gũthiká mũéra　kũrora mũéra

thaáni「皿、sg.」　kuheé thaáni　gũthikáá thaáni　kũroraa thaáni

kũhé mũéra の場合、ní̃ mũéra において mũ を高くできなかったように、ここでも、直後を高くしたくても、mũ を高くすることはできない。CVŔCV という構造の高低II型の特徴のようである。そこで、直後を高くする力が自分にふりかかり、he が高くなるようである。同様に、kũheé thaáni も、tha を高くすることはできないが、その高くしようとする力は、th の前で長くなった e の後半部分が高くなることで完結する。

kagoógo「鳥、sg.」　kũhe kágoógo　　gũthiká kagoógo　　kũrora kagoógo

これには、問題はない。kũhe kágoógo は、he の直後を高くしている。

二峰型を見る。

thuńgurá「兎、sg.」　kũheé thuńgurá　　gũthikáá thuńgurá　　kũroraa thuńgurá

gĩcigĩ́rĩrá「島、sg.」　kũhe gĩ́cigĩ́rĩrá　　gũthimá gĩcigĩ́rĩrá「島を測る」

kũrora gĩcigĩ́rĩrá

kũheé thuńgurá の場合、高い鼻音の前の thu を高くすることができず、長くなった hee の後半部分が高くなる。

二峰高高型を見る。

itáraará「蛇の一種、sg.」　kũhe ítaraará　　gũthiká ítaraará　　kũrora itáraará

kũhe ítaraará が、なぜ kũhe itáraará でないのかよく分からない。とにかく、i を、あたかも CV であるかのように高くし、次の高を下げている。次の gũthiká ítaraará は、ka＋i が1音節のようになり、CV́R はあとが CV より大きいと CV́Ŕ になるので、今度はその次の高(tá)を低くしている。

kĩĩhúruutá「蝶々、sg.」　kũhé kĩĩhúruutá　gũthiká kĩĩhúruutá　kũrora kĩĩhúruutá

kũhé kĩĩhúruutá において、kĩ を高くしたいのであろうが、高くするとあとが長いので kĩ́ĩ́ とならなければならないが、今度は hu が高いので高高の連鎖ができてしまう。だからといって hu を下げるほどの力は残っておらず、結局、kĩĩ を高くするのを諦めて、he 自身が高くなったのではないか。CV́R が CV́Ŕ になった時の後方に対する力がすぐ前に見たものとは異なっているようである。

次に、准高結グループの准昇型を見てみよう。

mũtĩ「木、sg.」　kũhe mṹtĩ　　gũthiká mũtĩ　　kũrora mũtĩ

kĩroboto「蚤、sg.」　kũhe kĩ́roboto　　gũthiká kĩroboto　　kũrora kĩroboto

iroboto「蚤、pl.」　kũhe iróboto　　gũthiká íroboto　　kũrora iroboto

高結グループの昇型と、末尾に上昇調があらわれないという点を除いて、同じである。kũhe iróboto は、he＋i で1音節のようになり、ro が高くなっている。gũthiká íroboto の i が高いのは、もちろん、CV́R があとに CV より長いものが続くと CV́Ŕ となるからである。

准高型を見る。

kĩng'ang'i「鰐、sg.」　kũhe kĩ́ng'ang'i　　gũthiká kĩng'ang'i　　kũrora kĩng'ang'i

ing'ang'i「鰐、pl.」　kũhe íng'ang'i　　gũthiká íng'ang'i　　kũrora ing'ang'i

やはり、末尾の高はあらわれていない。この場合、kũhe íng'ang'i がどうして kũhe ing'áng'i でないのかは、説明できそうである。ng'a が高くなると、ng'i の隠れた高との間で高高ができてしまう。それを避けるために、i を高くすることですませるしかないのであろう。高型の kũhe íkará と同じことである。あらわれなくても末尾の高は存在するらしい。

准高高型を見る。

ikamburu「臼歯、sg.」　kũhe íkamburu　　gũthiká íkamburu　　kũrora ikamburu

やはり、末尾の高高はあらわれていない。この場合、kũhe íkamburu がどうして kũhe ikáḿburu でないのかは、准高型と同様に説明できそうである。隠れた高高がそうなることを妨げているようである。

准高高高型を見る。

mũthongorima「動物の穴、sg.」　kũhe mṹthongorima　　gũthiká mũthongorima　　kũrora mũthongorima

やはり、末尾の高高高はあらわれていない。

以上見てきたように、不定形の直後では Ø 形であらわれる。語形が短かったり、母音ではじまっていたりすると、前の動詞が A 型でかつ短い場合にいろいろなことが生ずる。ただし、対立する力がぶつかった場合にどちらが勝つか、あるいはどう折り合いをつけるかで現実の形が決まるのであるが、かなり複雑である。従って、この方言（Kĩambũ 方言）の内部で完全に今記述したようなアクセントであらわれているとは思われず、狭い意味での方言（この方言の場合は、Limuru-Nairobi 方言）の内部でもユレがある可能性があるが、そのようなラングにおいて、今見たのとは異なる点があっても、やはり同様に複雑で微妙な規則に規定されていると思われる。

次に、否定不定形の直後の形を見る。否定不定形というのは、不定形の前に ti がくっついたものである。A 型動詞否定不定形のアクセントは、高い ti のうしろに、それぞれの不定形の Y 形が続いた形となる。その場合、kũhě「与える」等は昇型で、gũthiká「埋める」等は高型で、gũthondéka「作る」等は高低 I 型で、gũthondékera「〜のために作ってやる」等は高低低型と見ると、正しい形が得られる。tíkṹCV́（Ŕ）X で表示できる。

tíkṹhe、tígṹthíka、tígṹthóńdeka、tígṹthóńdekera、...

kũrora「見る」等の B 型動詞の否定不定形のアクセントは、高い ti のうしろに、それぞれの不定形（低型と同じアクセント）の Y 形が続いた形となる。すなわち、すべて高く平らになる。tíkṹX́ で表示できる。

tíkṹrórá、...

まず、A 型動詞否定不定形に名詞が続く場合を見る。動詞が kũhě だと、名詞が子音はじまりの場合は、肯定の kũhě に続く場合と同じになる。

tíkṹhe máburi「傘、pl. を与えない」（低型）

tíkṹhe gĩ́cũhĩ「指輪、sg. を～」、tíkṹhe mákorobíya「アボカド、pl. を～」（高低 I 型）

tíkṹhe kányamũ̌「虫、sg. を～」（昇型）

tíkṹhe mákará「炭、pl. を～」（高型）

tíkṹhe mṹcibi「ベルト、sg. を～」、tíkṹhe káng'aúrṹ「蟹、sg. を～」（高高型）

tíkṹhe mũéra「雌鳥、sg.　を～」、tíkṹhe kágoógo「烏、sg. を～」（高低 II 型）

tíkṹhe gĩ́cigĩ́rĩrá「島、sg. を～」（二峰型）

tíkṹhe kĩ́roboto「蚤、sg. を～」（准昇型）

tíkṹhe kĩ́ng'ang'i「鰐、sg. を～」（准高型）

つまり、kũhě 自体のアクセントが tí のあとで kũhě から kṹhe に変わっても、後ろにあたえる影響は基本的に変わらないということである。

しかし、母音や、子音前鼻音ではじまる場合は、少し異なる。

tíkṹhe íbúri「傘、sg. を～」（低型）

tíkṹhe íróboto「蚤、pl. を～」（准昇型）

Ø 形であるが前の動詞のアクセントからの力が働き、肯定形の場合は、kũhe ibúri、kũhe iróboto であり、he＋i が 1 音節のようになり全体が低く、bu とか ro が高くなる。否定形の場合も Ø 形であるが、i が母音であるためその後ろの bu とか ro が高くなるのは共通であるが、he＋i が 1 音節のようになり低くなる、ということはない。なぜこのアクセントになるのかは、少々理解しがたい。

ただ、次のような可能性はある。tíkṹhe のあとの名詞アクセントは、X 形そっくりである。従って、他の A 型動詞とは異なり、tíkṹhe のあとのみ X 形と扱われているのかも知れない。否定形のあとの X 形の語頭が母音であっても、それが前のものと 1 音節のようになって低くなるということがないのは、後に見る形にもある。

次に、tígṹthíka に続く場合を見る。

tígṹthíka maburi、tígṹthíka íburi　（低型）

tígṹthíka kĩroboto、tígṹthíka íroboto　（准昇型）

íburi/íroboto のアクセントもやや奇妙である。Ø 形であり、前の動詞のアクセントからの力が働いているのは確かであるが、肯定形で ka＋i で 1 音節のようになって全体が高くなったのを、gũthiká のアクセントが変わったのに i が高いのは維持しているというものである。これは、X 形と見て説明することは不可能である。

これより長い A 型動詞否定不定形に続く場合は、Ø 形そのものである。

tígṹthóńdeka iburi　（低型）

tígṹthóńdeka ikará　（高型）

B 型動詞否定不定形に続く場合は、Y 形であらわれる。

tíkṹrórá íbúrí　（低型）

tíkṹrórá gĩ́cũhĩ　（高低 I 型）

tíkṹrórá gṹtũ「耳、sg. を～」（昇型）

tíkṹrórá íkára　（高型）

tíkṹrórá íróbóto　（准昇型）

不定形のみならず、否定不定形に続くものまで見たのは、動詞活用形に続く場合のアクセントの一部にこれらが関係するからである。

動詞直説法形に続く場合を見る。かなり複雑な分析になる。

(1)語幹＋語尾のアクセントが、肯定不定形と同じ表記で示される場合

この言語の語尾には、a の他に、ire、aga、ĩĩte（語幹末母音が e/o の場合は eete）がある。a 以外の場合は、語幹＋語尾は少し長くなるので、これまで見た、kũhĕ のあとの複雑さはなくなる。該当する直説法形は、次の通りである。語幹の前に対格接辞がはいることがあるが、例は省略する。対格接辞がはいっても、名詞のアクセントに変化はない。

	構造	A 型	B 型
今日の未来形：	nĩ＋主格接辞＋kũ＋語幹＋a	nĩ́ŚkṹCV(R)CV́(Ŕ)X	nĩ́ŚkṹX
今日の進行形：	nĩ＋主格接辞＋kũ＋語幹＋aga	nĩ́ŚkṹCV(R)CV́(Ŕ)X	nĩ́ŚkṹX
	（今日(過去)～していたとか今日(未来)～しているといったことをあらわす）		
今日の過去完了形：	nĩ＋主格接辞＋kũ＋語幹＋ĩĩte	nĩ́ŚkṹCV(R)CV́(Ŕ)X	nĩ́ŚkṹX

これらに続く場合は、肯定不定形に続く場合と同じく Ø 形であるが、准高結グループや高結グループは末尾の上昇調や高(高高、高高高)があらわれる。

A 型から見る。まず、今日の未来形を見る。

nĩ́méékṹhe máburi、～ ibúri、～ mákará、～ íkará、～ kĩ́robotŏ、～ íróbotŏ.

複数 3 人称主格接辞は ma であるが、kũ に続く場合は mee となる。「彼らは与える」の意である。

nĩ́méégṹthiká maburi、～ íburi、～ makará、～ íkará、～ kĩrobotŏ、～ írobotŏ.

nĩ́méégṹthondéka maburi、～ iburi、～ makará、～ ikará、～ macembé、～ icembé. (icembe/macembe「鍬」、准高型)

次に、今日の進行形を見る。

nĩ́méékṹheeága maburi、～ iburi、～ makará、～ ikará、～ kirobotŏ、～ irobotŏ. (kũhĕ の語幹＋aga は heeaga)

nĩ́méégṹthikága maburi、～ iburi、～ makará、～ ikará、～ kĩrobotŏ、～ irobotŏ.

nĩ́méégṹthondékaga maburi、～ iburi、～ makará、～ ikará、～ macembé、

　　〜 icembé.

次に、今日の過去完了形を見る。

　nĩ́méékũheeté maburi、〜 íburi、〜 makará、〜 íkará、〜 kĩrobotǒ、〜 írobotǒ.

　　(kũhě の語幹 + ĩĩte は heete)

　nĩ́méégṹthikĩ́ĩ́te maburi、〜 iburi、〜 makará、〜 ikará、〜 kĩrobotǒ、〜 irobotǒ.

　nĩ́méégṹthondékeete maburi、〜 iburi、〜 makará、〜 ikará、〜 macembé、

　　〜 icembé.

B 型の場合、簡単である。まず、今日の未来形を見る。

　nĩ́méékũrora maburi、〜 iburi、〜 makará、〜 ikará、〜 kĩrobotǒ、〜 irobotǒ.

次に、今日の進行形を見る。

　nĩ́méékṹroraga maburi、〜 iburi、〜 makará、〜 ikará、〜 kĩrobotǒ、〜 irobotǒ.

次に、今日の過去完了形を見る。

　nĩ́méékṹroreete maburi、〜 iburi、〜 makará、〜 ikará、〜 kĩrobotǒ、〜 irobotǒ.

要するに、すべて Ø 形である。

(2)語幹 + 語尾のアクセントが、否定不定形と同じ表記で示される場合

該当する直説法形は、次の通りである。すべて否定形であり、否定形は前に nĩ がつくことはない。

	構造	A 型	B 型
近い過去否定形：	主格接辞 + tii + na + 語幹 + a	StiináCV́ (Ŕ)X	StiináX
今日の未来否定形：	主格接辞 + tii + kũ + 語幹 + a	StiikṹCV́ (Ŕ)X	StiikṹX
今日の進行否定形：	主格接辞 + tii + kũ + 語幹 + aga	StiikṹCV́ (Ŕ)X	StiikṹX
近過去完了否定形：	主格接辞 + ti + raa + 語幹 + ĩĩte	StiráCV́ (Ŕ)X	StiráX
今日の過去完了否定形：	主格接辞 + tii + kũ + 語幹 + ĩĩte	StiikṹCV́ (Ŕ)X	StiikṹX

A 型から見る。まず、近い過去否定形を見る。

　matiináhe máburi、〜 íbúri、〜 mákará、〜 íkará、〜 kĩ́roboto、〜 íróboto.

　matiináthíka maburi、〜 iburi、〜 makará、〜 ikará、〜 kĩroboto、〜 iroboto.

　matiináthóńdeka maburi、〜 iburi、〜 makará、〜 ikará、〜 macembé、

　　〜 icembé.

matiináhe に続く場合は、tíkṹhe に続く場合と同じであるが、matiináthíka に続く場合は完全な Ø 形であり、íburi、íroboto となる tígṹthíka のあととは異なっている。直説法の活用形であることにより、gũthiká の力が残っていないのであろう。

次に、今日の未来否定形を見る。

　matiikṹhe máburi、〜 íbúri、〜 mákará、〜 íkará、〜 kĩ́roboto、〜 íróboto.

　matiigṹthíka maburi、〜 iburi、〜 makará、〜 ikará、〜 kĩroboto、〜 iroboto.

matiigű̃thóńdeka maburi、 ～ iburi、 ～ makará、 ～ ikará、 ～ macembé、 ～ icembé.

名詞のアクセントは、近い過去否定形のあとと同じである。

次に、今日の進行否定形を見る。

matiikű̃héé aga maburi、～ iburi、～ makará、～ ikará、～ kĩroboto、～ iroboto.

matiigű̃thíkaga maburi、～ iburi、～ makará、～ ikará、～ kĩroboto、～ iroboto.

完全なØ形である。

次に、近過去完了否定形を見る。

matiráá héé te maburi、～ iburi、～ makará、～ ikará、～ kĩroboto、～ iroboto.

matiráá thíkĩĩte maburi、～ iburi、～ makará、～ ikará、～ kĩroboto、～ iroboto.

完全なØ形である。

次に、今日の過去完了否定形を見る。

matiikű̃hééte maburi、～ iburi、～ makará、～ ikará、～ kĩroboto、～ iroboto.

matiigű̃thíkĩĩte maburi、～ iburi、～ makará、～ ikará、～ kĩroboto、～ iroboto.

完全なØ形である。

要するに、matiináhe に続く場合に若干の修正があるが、すべてØ形であり、准高結グループは、末尾の上昇調や高はあらわれない。

次に、B型を見る。

まず、近い過去否定形を見る。

matiinárórá mábúrí、～ íbúrí、～ mákára、～ íkára、～ kĩ́róbóto、～ íróbóto.

次に、今日の未来否定形を見る。

matiikű̃rórá mábúrí、～ íbúrí、～ mákára、～ íkára、～ kĩ́róbóto、～ íróbóto.

次に、今日の進行否定形を見る。

matiikű̃rórágá mábúrí、～ íbúrí、～ mákára、～ íkára、～ kĩ́róbóto、～ íróbóto.

次に、近過去完了否定形を見る。

matiráárórééte mábúrí、～ íbúrí、～ mákára、～ íkára、～ kĩ́róbóto、～ íróbóto.

次に、今日の過去完了否定形を見る。

matiikű̃róréété mábúrí、～ íbúrí、～ mákára、～ íkára、～ kĩ́róbóto、～ íróbóto.

要するに、5つの場合を通じてすべてY形である。

このように、語幹＋語尾のアクセントが、不定形や否定不定形と同じ表記で示される場合は、基本的に不定形や否定不定形のあとと同じである。しかし、多くの直説法活用形の多くは、不定形や否定不定形と同じ表記で示される語幹＋語尾のアクセントを持つわけではない。

(3)その形から冒頭の nĩ を取り除いた形(疑問文などにあらわれる)を見て、冒頭の主格接辞(実は、そのあとの時称接辞の高さに規定されるので、時称接辞)が高く、末尾が低くなる形でアクセント表示しうるものに続く場合

そういう活用形は次の 2 つである。nĩ のつかない形でも、アクセントは同じである。

	構造	A 型	B 型
近過去形：	nĩ + 主格接辞 + raa + 語幹 + ire	nĩ́ŚrááCV(R)CV́(Ŕ)X	nĩ́ŚrááCV́(Ŕ)X
近過去完了形：	nĩ + 主格接辞 + raa + 語幹 + ĩĩte	nĩ́ŚrááCV(R)CV́(Ŕ)X	nĩ́ŚrááCV́(Ŕ)X

A 型の語幹 + 語尾のアクセントは不定形のそれと同じ表記ができるが、B 型は異なる。

A 型について見る。

まず、近過去形を見る。

nĩ́mááráaheiré maburi、～ íburi、～ makará、～ íkará、～ kĩrobotǒ、～ írobotǒ.

nĩ́mááráathikíre maburi、～ iburi、～ makará、～ ikará、～ kĩrobotǒ、～ irobotǒ.

iburi、ikará、irobotǒ の冒頭の母音が nĩ́mááráaheiré のあとでこの言語の規則に従って高くなっているが基本的に Ø 形である。准高結グループは末尾の上昇調や高などがあらわれる。

次に、近過去完了形を見る。

nĩ́mááráaheeté maburi、～ íburi、～ makará、～ íkará、～ kĩrobotǒ、～ írobotǒ.

nĩ́mááráathikĩ́ĩ́te maburi、～ iburi、～ makará、～ ikará、～ kirobotǒ、～ irobotǒ.

近過去形と同様のことがいえる。

B 型について見る。

まず、近過去形を見る。

nĩ́mááráaórire maburi、～ iburi、～ makará、～ ikará、～ kĩrobotǒ、～ irobotǒ.

Ø 形である。准高結グループは、末尾の上昇調や高などがあらわれる。

次に、近過去完了形を見る。

nĩ́mááráaóreete maburi、～ iburi、～ makará、～ ikará、～ kĩrobotǒ、～ irobotǒ.

やはり Ø 形である。准高結グループは、末尾の上昇調や高などがあらわれる。

A 型について、名詞アクセントが Ø 形であることは、語幹 + 語尾のアクセントが不定形と同じ表記ができるものであることでも説明できるが、B 型については、語幹 + 語尾のアクセントが不定形と同じようには表記できないものであることから、別の説明が必要になるので、一応、高くはじまり低く終わる活用形のあとということで統一しておく。

(4)その形から冒頭の nĩ を取り除いた形を見て、冒頭の主格接辞(時称接辞)が高く、末尾が高くなる形でアクセント表示しうるものに続く場合

そういう活用形は次の2つである。nĩ のつかない形でも、アクセントは同じである。

	構造	A 型	B 型
現在進行形：	nĩ＋主格接辞＋raa＋語幹＋a	nĩ́ŚrááCV(R)X́	nĩ́ŚrááCV́CV(R)X́
			nĩ́ŚrááCVRX́
近過去進行形：	nĩ＋主格接辞＋raa＋語幹＋aga	nĩ́ŚrááCV(R)X́	nĩ́ŚrááCV́CV(R)X́
			nĩ́ŚrááCVRX́

A 型も B 型も、語幹＋語尾のアクセントは、不定形や否定不定形のそれとは異なる。

A 型について見る。

まず、現在進行形を見る。

nĩ́mááráahe máburi、〜 ibúri、〜 mákará、〜 íkará、〜 kĩ́robotŏ、〜 iróbotŏ.

nĩ́mááráathiká máburi、〜 íbúri、〜 mákará、〜 íkará、〜 kĩ́robotŏ、〜 íróbotŏ.

nĩ́mááráathondéká máburi、〜 íbúri、〜 mákará、〜 íkará、〜 mácembé、〜 ícembé.

nĩ́mááráathiká、nĩ́mááráathondéká に続く形から見て分かるように、X 形である。さらに、nĩ́mááráahe に続く ibúri、iróbotŏ という形は、he＋i で1音節のようになり、i は低くなっているが、íkará は i が高くなるしかないので高くなっている。准高結グループは、末尾の上昇調や高などがあらわれている。

次に、近過去進行形を見る。

nĩ́mááráaheeágá máburi、〜 íbúri、〜 mákará、〜 íkará、〜 kĩ́robotŏ、〜 íróbotŏ.

nĩ́mááráathikágá máburi、〜 íbúri、〜 mákará、〜 íkará、〜 kĩ́robotŏ、〜 íróbotŏ.

まさに X 形である。准高結グループは、末尾の上昇調や高などがあらわれている。

B 型について見る。

まず、現在進行形を見る。

nĩ́mááráaróra máburi、〜 ibúri、〜 mákará、〜 íkará、〜 kĩ́robotŏ、〜 iróbotŏ.

nĩ́mááráabaará máburi、〜 íbúri、〜 mákará、〜 íkará、〜 kĩ́robotŏ、〜 íróbotŏ.
(kũbaara「見つめる」)

nĩ́mááráahúruutá máburi、〜 íbúri、〜 mákará、〜 íkará、〜 kĩ́robotŏ、〜 íróbotŏ.
(kũhuruuta「扇ぐ」)

nĩ́mááráacookeríthiá máburi、〜 íbúri、〜 mákará、〜 íkará、〜 kĩ́robotŏ、〜 íróbotŏ. (gũcookerithia「真似る」)

X 形である。さらに、nĩ́mááráaróra に続く ibúri、iróbotŏ という形は、ra＋i で1音節のようになり、i は低くなっているが、íkará は i が高くなるしかないので高くなっている。准高結グループは、末尾の上昇調や高などがあらわれている。

次に、近過去進行形を見る。

ní̃máráárόragá máburi、〜 íbúri、〜 mákará、〜 íkará、〜 kí̃robotŏ、〜 íróbotŏ.

ní̃máráábaarágá máburi、〜 íbúri、〜 mákará、〜 íkará、〜 kí̃robotŏ、〜 íróbotŏ.

まさにX形である。准高結グループは、末尾の上昇調や高などがあらわれている。

(5)その形から冒頭のnĩを取り除いた形を見て、冒頭の主格接辞(時称接辞)が低く、末尾も低くなる形でアクセント表示しうるものに続く場合

そういう活用形のうち、肯定形は次の4個である。nĩがつかない場合は、主格接辞が低くなり、他のアクセントは同じである。

	構造	A型	B型
確定未来形：	nĩ＋主格接辞＋kaa＋語幹＋a	níŚkaaCV(R)CV́(Ŕ)X	níŚkaaX
確定未来進行形：	nĩ＋主格接辞＋kaa＋語幹＋aga	níŚkaaCV(R)CV́(Ŕ)X	niíŚkaaX
不確定未来形：	nĩ＋主格接辞＋rĩĩ＋語幹＋a	níŚrĩĩCV́(Ŕ)CV́(Ŕ)X	níŚrĩĩCV́(Ŕ)X
不確定未来進行形：	nĩ＋主格接辞＋rĩĩ＋語幹＋aga	níŚrĩĩCV́(Ŕ)CV́(Ŕ)X	níŚrĩĩCV́(Ŕ)X

最初の2つの形の場合、語幹＋語尾のアクセントはほとんど不定形のそれと同じ表記ができるが、kũhě、gũthikáのような場合のみ異なる。あとの2つの形は、全く異なる。

最初の2つの形をA型から見る。kaaは、c/k/t/thおよびk起源のgの直前でgaaとなる。

まず、確定未来形を見る。

ní̃mákaahée máburi、〜 ibúri、〜 mákará、〜 íkará、〜 kí̃robotŏ、〜 iróbotŏ.

ní̃mágaathíka máburi、〜 ibúri、〜 mákará、〜 íkará、〜 kí̃robotŏ、〜 iróbotŏ.

ní̃mágaathondéka máburi、〜 ibúri、〜 mákará、〜 íkará、〜 mácembé、〜 ícembé.

明らかにX形であるが、ibúri、iróbotŏはe/ka＋iで1音節のようになり、iは低くなっているが、íkará、ícembéはiが高くなるしかないので高くなっている。准高結グループは、末尾の上昇調や高などがあらわれている。

次に、確定未来進行形を見る。

ní̃mákaaheeága máburi、〜 ibúri、〜 mákará、〜 íkará、〜 kí̃robotŏ、〜 iróbotŏ.

ní̃mágaathikága máburi、〜 ibúri、〜 mákará、〜 íkará、〜 kí̃robotŏ、〜 iróbotŏ.

やはり、明らかにX形であるが、ibúri、iróbotŏはga＋iで1音節のようになり、iは低くなっているが、íkaráはiが高くなるしかないので高くなっている。准高結グループは、末尾の上昇調や高などがあらわれている。

注意すべきは、一部を除き、語幹＋語尾のアクセントが不定形のそれと等しいの

に、Ø形ではなく、X形があらわれるということである。一部でも異なれば、不定形に倣うということではなくなるようである。

次に、B型を見る。

まず、確定未来形を見る。

ní̃mákaarora máburi、～ ibúri、～ mákará、～ íkará、～ kí̃robotǒ、～ iróbotǒ.

明らかにX形であるが、ibúri、iróbotǒ は ra＋i で1音節のようになり、i は低くなっているが、íkará は i が高くなるしかないので高くなっている。やはり、准高結グループは、末尾の上昇調や高などがあらわれている。

次に、確定未来進行形を見る。

ní̃mákaaroraga máburi、～ ibúri、～ mákará、～ íkará、～ kí̃robotǒ、～ iróbotǒ.

やはり、明らかにX形であるが、ibúri、iróbotǒ は ga＋i で1音節のようになり、i は低くなっているが、íkará は i が高くなるしかないので高くなっている。准高結グループは、末尾の上昇調や高などがあらわれている。

B型の場合、語幹＋語尾のアクセントは不定形のそれと等しいのに、Ø形ではなく、X形があらわれる。対応するA型が一部でも異なれば、B型も、不定形に倣うということではなくなるようである。

あとの2つの形をA型から見る。

まず、不確定未来形を見る。この活用形自体、短いと語幹第2音節は低い。

ní̃márĩĩhée máburi、～ ibúri、～ mákará、～ íkará、～ kí̃robotǒ、～ iróbotǒ.

ní̃márĩĩthíka máburi、～ ibúri、～ mákará、～ íkará、～ kí̃robotǒ、～ iróbotǒ.

ní̃márĩĩthóńdéka máburi、～ ibúri、～ mákará、～ íkará、～ mácembé、～ ícembé.

明らかにX形であるが、ibúri、iróbotǒ は e/ka＋i で1音節のようになり、i は低くなっているが、íkará は i が高くなるしかないので高くなっている。准高結グループは、末尾の上昇調や高などがあらわれている。

次に、不確定未来進行形を見る。

ní̃márĩĩhééága máburi、～ ibúri、～ mákará、～ íkará、～ kí̃robotǒ、～ iróbotǒ.

ní̃márĩĩthíkága máburi、～ ibúri、～ mákará、～ íkará、～ kí̃robotǒ、～ iróbotǒ.

やはり、明らかにX形であるが、ibúri、iróbotǒ は ga＋i で1音節のようになり、i は低くなっているが、íkará は i が高くなるしかないので高くなっている。准高結グループは、末尾の上昇調や高などがあらわれている。

次に、B型を見る。

まず、不確定未来形を見る。

ní̃márĩĩróra máburi、～ ibúri、～ mákará、～ íkará、～ kí̃robotǒ、～ iróbotǒ.

ní̃márĩĩbáára máburi、〜 ibúri、〜 mákará、〜 íkará、〜 kí̃robotŏ、〜 iróbotŏ.

ní̃márĩĩhúruuta máburi、〜 ibúri、〜 mákará、〜 íkará、〜 kí̃robotŏ、〜 iróbotŏ.

明らかにX形であるが、ibúri、iróbotŏ は ra/ra/ta＋i で1音節のようになり、i は低くなっているが、íkará は i が高くなるしかないので高くなっている。やはり、准高結グループは、末尾の上昇調や高などがあらわれている。

次に、不確定未来進行形を見る。

ní̃márĩĩróraga máburi、〜 ibúri、〜 mákará、〜 íkará、〜 kí̃robotŏ、〜 iróbotŏ.

やはり、明らかにX形であるが、ibúri、iróbotŏ は ga＋i で1音節のようになり、i は低くなっているが、íkará は i が高くなるしかないので高くなっている。准高結グループは、末尾の上昇調や高などがあらわれている。

A型もB型も、語幹＋語尾のアクセントが不定形のそれとは異なるので、当然、不定形に倣うということでは本来ないのである。

(6)冒頭の主格接辞が低く、末尾も低くなる形でアクセント表示しうる否定活用形に続く場合

そのような否定活用形は次の七つである。

	構造	A型	B型
遠過去否定形：	主格接辞＋ti＋a＋語幹＋ire	StiaCV́ (R(´))X	StiaCV́CV́ (R(´))X / StiaCV́ŔX
遠過去進行否定形：	主格接辞＋ti＋a＋語幹＋aga	StiaCV́ (R(´))X	StiaCV́CV́ (R(´))X / StiaCV́ŔX
遠過去完了否定形：	主格接辞＋ti＋a＋語幹＋ĩĩte	StiaCV́ (R(´))X	StiaCV́CV́ (R(´))X / StiaCV́ŔX
現在進行否定形：	主格接辞＋ti＋raa＋語幹＋a	StiraáCV́ (R(´))X	StiraáCV́CV́ (R(´))X / StiraáCV́R(´)X
近過去進行否定形：	主格接辞＋ti＋raa＋語幹＋aga	StiraáCV́ (R(´))X	StiraáCV́CV́ (R(´))X / StiraáCV́R(´)X
不確定未来否定形：	主格接辞＋ti＋rĩĩ＋語幹＋a	StirĩĩCV́ (R(´))X	StirĩĩX́C (V)V
不確定未来進行否定形：	主格接辞＋ti＋rĩĩ＋語幹＋aga	StirĩĩCV́ (R(´))X	StirĩĩX́C (V)V

まず、A型について見る。

遠過去否定形を見る。

matiahéíre máburi、〜 íbúri、〜 mákará、〜 íkará、〜 kí̃roboto、〜 íróboto.

matiathíkire máburi、〜 íbúri、〜 mákará、〜 íkará、〜 kí̃roboto、〜 íróboto.

matiathóńdekere máburi、　〜 íbúri、　〜 mákará、　〜 íkará、　〜 mácembe、〜 ícembe.

遠過去進行否定形を見る。

matiahééaga máburi、〜 íbúri、〜 mákará、〜 íkará、〜 kí̃roboto、〜 íróboto.

matiathíkaga máburi、〜 íbúri、〜 mákará、〜 íkará、〜 kí̃roboto、〜 íróboto.

遠過去完了否定形を見る。

matiahééte máburi、〜 íbúri、〜 mákará、〜 íkará、〜 kí̃roboto、〜 íróboto.

matiathíkĩĩte máburi、〜 íbúri、〜 mákará、〜 íkará、〜 kí̃roboto、〜 íróboto.

matiathóńdekeete máburi、 〜 íbúri、 〜 mákará、 〜 íkará、 〜 mácembe、 〜 ícembe.

現在進行否定形を見る。

matiráához máburi、〜 íbúri、〜 mákará、〜 íkará、〜 kí̃roboto、〜 íróboto.

matirááthíka máburi、〜 íbúri、〜 mákará、〜 íkará、〜 kí̃roboto、〜 íróboto.

matirááthóńdeka máburi、 〜 íbúri、 〜 mákará、 〜 íkará、 〜 mácembe、 〜 ícembe.

近過去進行否定形を見る。

matirááhééaga máburi、〜 íbúri、〜 mákará、〜 íkará、〜 kí̃roboto、〜 íróboto.

matirááthíkaga máburi、〜 íbúri、〜 mákará、〜 íkará、〜 kí̃roboto、〜 íróboto.

matirááthóńdekaga máburi、 〜 íbúri、 〜 mákará、 〜 íkará、 〜 mácembe、 〜 ícembe.

不確定未来否定形を見る。

matirĩĩhée máburi、〜 íbúri、〜 mákará、〜 íkará、〜 kí̃roboto、〜 íróboto.

matirĩĩthíka máburi、〜 íbúri、〜 mákará、〜 íkará、〜 kí̃roboto、〜 íróboto.

matirĩĩthóńdeka máburi、 〜 íbúri、 〜 mákará、 〜 íkará、 〜 mácembe、 〜 ícembe.

不確定未来進行否定形を見る。

matirĩĩhééaga máburi、〜 íbúri、〜 mákará、〜 íkará、〜 kí̃roboto、〜 íróboto.

matirĩĩthíkaga máburi、〜 íbúri、〜 mákará、〜 íkará、〜 kí̃roboto、〜 íróboto.

matirĩĩthóńdekaga máburi、 〜 íbúri、 〜 mákará、 〜 íkará、 〜 mácembe、 〜 ícembe.

すべての場合、名詞アクセントはＸ形である。íbúri、íróboto は、i が前と１音節のようになり低くなる、ということはない。これは、Ｘ形が否定活用形に続くことでそうなっているということらしい。これについては、kũhĕ の否定不定形に続く場合の議論も参照されたい。また、准高結グループは、末尾の上昇調や高などはあらわれない。

次に、Ｂ型を見る。

遠過去否定形を見る。

matiaróríre máburi、～ íbúri、～ mákará、～ íkará、～ kı̃́roboto、～ íróboto.

matiabáárire máburi、～ íbúri、～ mákará、～ íkará、～ kı̃́roboto、～ íróboto.

遠過去進行否定形を見る。

matiaróràga máburi、～ íbúri、～ mákará、～ íkará、～ kı̃́roboto、～ íróboto.

matiabááraga máburi、～ íbúri、～ mákará、～ íkará、～ kı̃́roboto、～ íróboto.

遠過去完了否定形を見る。

matiaróréète máburi、～ íbúri、～ mákará、～ íkará、～ kı̃́roboto、～ íróboto.

matiabááriĩte máburi、～ íbúri、～ mákará、～ íkará、～ kı̃́roboto、～ íróboto.

現在進行否定形を見る。

matirááróra máburi、～ íbúri、～ mákará、～ íkará、～ kı̃́roboto、～ íróboto.
（kũrora は、この場合～ rórá でなく～ róra となる）

matiráábáára máburi、～ íbúri、～ mákará、～ íkará、～ kı̃́roboto、～ íróboto.

matirááhúrúúta máburi、～ íbúri、～ mákará、～ íkará、～ mácembe、～ ícembe.

近過去進行否定形を見る。

matirááróràga máburi、～ íbúri、～ mákará、～ íkará、～ kı̃́roboto、～ íróboto.

matiráábááraga máburi、～ íbúri、～ mákará、～ íkará、～ kı̃́roboto、～ íróboto.

不確定未来否定形を見る。

matirı̃ı̃róra máburi、～ íbúri、～ mákará、～ íkará、～ kı̃́roboto、～ íróboto.
（kũrora は、この場合～ rórá でなく～ róra となる）

matirı̃ı̃báára máburi、～ íbúri、～ mákará、～ íkará、～ kı̃́roboto、～ íróboto.

matirı̃ı̃húrúúta máburi、～ íbúri、～ mákará、～ íkará、～ mácembe、～ ícembe.

不確定未来進行否定形を見る。

matirı̃ı̃róràga máburi、～ íbúri、～ mákará、～ íkará、～ kı̃́roboto、～ íróboto.

やはり、すべての場合、名詞アクセントはX形である。íbúri、íróboto は、i が前と1音節のようになり低くなる、ということはない。A型のあとについての解釈参照。准高結グループは、末尾の上昇調や高などはあらわれない。

以上のことは、語幹＋語尾のアクセントが若干ちがっても、「冒頭の主格接辞が低く、末尾も低くなる形でアクセント表示しうる」という条件を満たしていればいえる。

(7)冒頭の主格接辞が低く、末尾が高くなる形でアクセント表示しうる否定活用形に続く場合

そのような否定活用形は、次の3つである。

確定未来否定形：　主格接辞＋ti＋kaa＋語幹＋a　StikááCV(R)X́　StikááCVCV(R)X́ /

			StikááCVRX́
確定未来進行否定形：	主格接辞＋ti＋kaa＋語幹＋aga	StikááCV(R)X́	StikááCVCV(R)X́ / StikááCVRX́
現在習慣否定形：	主格接辞＋ti＋語幹＋aga	StiX́	StiCV́CV(R)X́ / StíCVRX́

まず、A型について見る。

確定未来否定形を見る。

matikááhe mábúrí、～ ibúrí、～ mákára、～ ikára、～ kı̋róbóto、～ iróbóto.

matigááthiká mábúrí、～ íbúrí、～ mákára、～ íkára、～ kı̋róbóto、～ íróbóto.

matigááthondéká mábúrí、～ íbúrí、～ mákára、～ íkára、～ mácéḿbe、～ ícéḿbe.

Y形であるが、matikááhe のあとの ibúrí、ikára、iróbóto の冒頭が低いのは、he＋i で1音節のようになり、そうなっている。このように、Y形の場合はX形とは異なり、否定形のうしろでも直前の音節に冒頭の母音がくっつき、それと同じ高さになる。matikááhe は語幹＋a が短いため、低く終っている。

確定未来進行否定形を見る。

matikááheeágá mábúrí、～ íbúrí、～ mákára、～ íkára、～ kı̋róbóto、～ íróbóto.

matigááthikágá mábúrí、～ íbúrí、～ mákára、～ íkára、～ kı̋róbóto、～ íróbóto.

現在習慣否定形を見る。

matihééágá mábúrí、～ íbúrí、～ mákára、～ íkára、～ kı̋róbóto、～ íróbóto.

ともにY形である。

次に、B型について見る。

確定未来否定形を見る。

matikáárora mábúrí、～ ibúrí、～ mákára、～ ikára、～ kı̋róbóto、～ iróbóto.

matikáábaará mábúrí、～ íbúrí、～ mákára、～ íkára、～ kı̋róbóto、～ íróbóto.

matikááhuruutá mábúrí、～ íbúrí、～ mákára、～ íkára、～ kı̋róbóto、～ íróbóto.

Y形であるが、matikáárora のあとの ibúrí、ikára、iróbóto の冒頭が低いのは、ra＋i で1音節のようになり、そうなっている。やはり、Y形の場合はX形とは異なり、否定形のうしろでも直前の音節に冒頭の母音がくっつき、それと同じ高さになる。matikáárora は語幹＋a が短いため、低く終っている。

確定未来進行否定形を見る。

matikáároragá mábúrí、～ íbúrí、～ mákára、～ íkára、～ kı̋róbóto、～ íróbóto.

matikáábaarágá mábúrí、～ íbúrí、～ mákára、～ íkára、～ kı̋róbóto、～ íróbóto.

現在習慣否定形を見る。

matiróragá mábúrí、～ íbúrí、～ mákára、～ íkára、～ kĩ́róbóto、～ íróbóto.

matíbaarágá mábúrí、～ íbúrí、～ mákára、～ íkára、～ kĩ́róbóto、～ íróbóto.

ともにY形である。

このように、冒頭の主格接辞が低く、末尾が高くなる形でアクセント表示しうる否定活用形に続く場合は、Y形をとる。

なお、物語に用いられる過去肯定形があり、構造は

主格接辞＋kĩ＋語幹＋a

というもので、そのA型のアクセントは奇妙なものである(ここでは省略する)が、あとに何か続くと、

SkĩX́

となり、B型は、あとに何か続いても続かなくても、

SkĩX́

で表示しうる。これらに、名詞が続く場合を見る。

まず、A型について見る。

makĩhé mábúrí、～ íbúrí、～ mákára、～ íkára、～ kĩ́róbóto、～ íróbóto.

magĩthíká mábúrí、～ íbúrí、～ mákára、～ íkára、～ kĩ́róbóto、～ íróbóto.

B型について見る。

makĩrórá mábúrí、～ íbúrí、～ mákára、～ íkára、～ kĩ́róbóto、～ íróbóto.

Y形である。

この活用形を考慮すると、冒頭の主格接辞が低く、末尾が高くなる形でアクセント表示しうる活用形に続く場合はY形をとるというのは、否定形に続く場合だけとは限らないようである。

(8)主格接辞の直後に時称接辞があらわれないか、aがあらわれる活用形で、高く終わる形でアクセント表示しうるものに続く場合

これまで見てきたように、主格接辞の高さは、あとの時称接辞もしくは否定接辞と同じ(ただし、nĩが前接すると高くなる)であるが、時称接辞があらわれないか、時称接辞とは音韻的にいいにくいaがついた場合はどうであろうか。

そのような直説法活用形のうち高く終わる形でアクセント表示しうるものは、次の3つである。

	構造	A型	B型
遠過去形：	nĩ＋主格接辞＋a＋語幹＋ire	nĩ́ŚáCV(R)X́	nĩ́ŚáCV́CV(R)X́ / nĩ́ŚáCVRX́
遠過去進行形：	nĩ＋主格接辞＋a＋語幹＋aga	nĩ́ŚáCV(R)X́	nĩ́ŚáCV́CV(R)X́ / nĩ́ŚáCVRX́
遠過去完了形：	nĩ＋主格接辞＋a＋語幹＋ĩĩte	nĩ́ŚáCV(R)X́	nĩ́ŚáCV́CV(R)X́ / nĩ́ŚáCVRX́

まず、A型について見る。

遠過去形を見る。

nĩ́mááheiré máburi、〜 íbúri、〜 mákará、〜 íkará、〜 kĩ́robotǒ、〜 íróbotǒ.

nĩ́mááthikíré máburi、〜 íbúri、〜 mákará、〜 íkará、〜 kĩ́robotǒ、〜 íróbotǒ.

遠過去進行形を見る。

nĩ́mááheeágá máburi、〜 íbúri、〜 mákará、〜 íkará、〜 kĩ́robotǒ、〜 íróbotǒ.

nĩ́mááthikágá máburi、〜 íbúri、〜 mákará、〜 íkará、〜 kĩ́robotǒ、〜 íróbotǒ.

遠過去完了形を見る。

nĩ́mááheeté máburi、〜 íbúri、〜 mákará、〜 íkará、〜 kĩ́robotǒ、〜 íróbotǒ.

nĩ́mááthikĩ́ĩ́té máburi、〜 íbúri、〜 mákará、〜 íkará、〜 kĩ́robotǒ、〜 íróbotǒ.

名詞のアクセントはすべてX形であり、准高結グループは末尾の上昇調や高などがあらわれている。

次に、B型について見る。

遠過去形を見る。

nĩ́máárórir é máburi、〜 íbúri、〜 mákará、〜 íkará、〜 kĩ́robotǒ、〜 íróbotǒ.

nĩ́máábaaríré máburi、〜 íbúri、〜 mákará、〜 íkará、〜 kĩ́robotǒ、〜 íróbotǒ.

遠過去進行形を見る。

nĩ́máároragá máburi、〜 íbúri、〜 mákará、〜 íkará、〜 kĩ́robotǒ、〜 íróbotǒ.

nĩ́máábaarágá máburi、〜 íbúri、〜 mákará、〜 íkará、〜 kĩ́robotǒ、〜 íróbotǒ.

遠過去完了形を見る。

nĩ́máároreeté máburi、〜 íbúri、〜 mákará、〜 íkará、〜 kĩ́robotǒ、〜 íróbotǒ.

nĩ́máábaarĩ́ĩ́té máburi、〜 íbúri、〜 mákará、〜 íkará、〜 kĩ́robotǒ、〜 íróbotǒ.

やはり、名詞のアクセントはすべてX形であり、准高結グループは末尾の上昇調や高などがあらわれている。

冒頭は nĩ がついてもつかなくても高い形であるが、これを高くはじまると考えて、高く終わることを考え合わせると、X形があらわれる条件に合っている。もっとも、この場合は、高くはじまると特に考えなくても、実際に高くはじまるのだから、今までのように考えても大丈夫である。こう「考える」ことが必要になりそうなのは、次に見る場合からである。

(9)主格接辞の直後に時称接辞があらわれないか、a があらわれる活用形で、低く終わる形でアクセント表示しうるものに続く場合

そのような直説法活用形のうち低く終わる形でアクセント表示しうるものは、次の3つである。

	構造	A型	B型
今日の過去形：	nĩ＋主格接辞＋語幹＋ire	níŚX́C（V）V	níŚCV́CV（R）X́C（V）V /

nĩ́ŚCVRX́C (V) V

現在習慣形：　nĩ + 主格接辞 + 語幹 + aga　nĩ́ŚCV́ (Ŕ) CV́ (Ŕ) X　nĩ́ŚCV́ (Ŕ) X

たった今の過去形：nĩ + 主格接辞 + a + 語幹 + a　nĩ́ŚáCV́ (R) CV́ (Ŕ) X　nĩ́ŚáCV́ (Ŕ) X

最初の 2 つの形の A 型について見る。

今日の過去形を見る。

nĩ́máhéíre máburi、〜 ibúri、〜 mákará、〜 íkará、〜 kĩ́robotǒ、〜 iróbotǒ.

nĩ́máthíkíre máburi、〜 ibúri、〜 mákará、〜 íkará、〜 kĩ́robotǒ、〜 iróbotǒ.

現在習慣形を見る。

nĩ́máhééága máburi、〜 ibúri、〜 mákará、〜 íkará、〜 kĩ́robotǒ、〜 iróbotǒ.

nĩ́máthíkága máburi、〜 ibúri、〜 mákará、〜 íkará、〜 kĩ́robotǒ、〜 iróbotǒ.

nĩ́máthóńdékaga máburi、　〜 ibúri、　〜 mákará、　〜 íkará、　〜 mácembé、〜 ícembé.

これらの動詞活用形は、nĩ́ を取り除いても主格接辞は高い。従って、冒頭の主格接辞が高く、末尾が低くなる形でアクセント表示しうる形なので、近過去形や近過去完了形の類推からは、Ø 形になるはずであるが、これは明らかに X 形である。（なお、ibúri、iróbotǒ の i が低いのは、re/ga + i で 1 音節のようになるからであり、íkará、ícembé の i が高いのは、それらが高くなるしかないからである。また、准高結グループの末尾の上昇調や高などがあらわれている。）これを矛盾の少ない形で解釈するには、主格接辞は末尾と同じ高さで低いと考えて、低くはじまり低く終わるものと扱われている、とするやり方がある。主格接辞は、元来次の接辞と同じ高さになっているが、この場合は、そういう接辞がないから、主格接辞の高さは決まっておらず、結局、末尾と同じ高さとなっていると扱われている、という可能性がないわけではない。名詞に近いのは動詞語末だから、名詞アクセントの決定に動詞語末が一番影響力を持っているとも考えられなくもない。この仮説をとりあえず「仮説 I 」と呼ぶことにする。

たった今の過去形はあとにして、2 つの活用形が B 型の場合を見る。

今日の過去形を見る。

nĩ́márórire máburi、〜 ibúri、〜 mákará、〜 íkará、〜 kĩ́robotǒ、〜 iróbotǒ.

nĩ́mábaaríre máburi、〜 ibúri、〜 mákará、〜 íkará、〜 kĩ́robotǒ、〜 iróbotǒ.

nĩ́máhúruutíre máburi、〜 ibúri、〜 mákará、〜 íkará、〜 kĩ́robotǒ、〜 iróbotǒ.

現在習慣形を見る。

nĩ́máróraga máburi、〜 ibúri、〜 mákará、〜 íkará、〜 kĩ́robotǒ、〜 iróbotǒ.

nĩ́mábááraga máburi、〜 ibúri、〜 mákará、〜 íkará、〜 kĩ́robotǒ、〜 iróbotǒ.

やはり、明らかに X 形であり、ibúri、iróbotǒ の i が低いのは、re/ga + i で 1 音節のようになるからであり、íkará の i が高いのは、それが高くなるしかないからである。また、准高結グループの末尾の上昇調や高などがあらわれている。従って、仮説 I とは矛盾しない。

たった今の過去形について、まず A 型を見る。

nĩ́mááhe máburi、～ ibúri、～ mákará、～ íkará、～ kĩ́robotǒ、～ iróbotǒ.

nĩ́mááthika máburi、～ ibúri、～ mákará、～ íkará、～ kĩ́robotǒ、～ iróbotǒ.

nĩ́mááthondéka máburi、 ～ ibúri、 ～ mákará、 ～ íkará、 ～ mácembé、～ ícembé.

明らかに X 形である。(ibúri、iróbotǒ の i が低いのは、re/ga + i で 1 音節のようになるからであり、íkará、ícembé の i が高いのは、それらが高くなるしかないからである。また、准高結グループの末尾の上昇調や高などがあらわれている。) この動詞活用形も、nĩ を取り除いても主格接辞は高い。従って、上に見た 2 つの活用形と同様に扱わなければ (あるいは、別の仮説を考えなければ)、Ø 形でなく X 形があらわれることの説明がつかない。というわけで、時称接辞がない場合と、時称接辞が a という、主格接辞と融合し、音韻的に時称接辞と扱われない可能性のあるものしかない場合とを、同じ扱いをしていると考える根拠はある。これは、あくまでも、言語学的に a が時称接辞かどうかではなくて話し手たちの感じ方の問題である。

B 型の場合を見る。

nĩ́mááróra máburi、～ ibúri、～ mákará、～ íkará、～ kĩ́robotǒ、～ iróbotǒ.

nĩ́máábáára máburi、～ ibúri、～ mákará、～ íkará、～ kĩ́robotǒ、～ iróbotǒ.

nĩ́mááhúruuta máburi、～ ibúri、～ mákará、～ íkará、～ mácembé、～ ícembé.

やはり、X 形である。ibúri、iróbotǒ の i が低いのは、ra/ta + i で 1 音節のようになるからであり、íkará、ícembé の i が高いのは、それらが高くなるしかないからである。准高結グループの末尾の上昇調や高などはあらわれている。従って、A 型の場合と同じことがいえる。

時称接辞がない場合と、時称接辞が a という、主格接辞と融合し、音韻的に時称接辞と扱われない可能性のあるものしかない場合とを、同じ扱いをしていると考えると、上に見た遠過去形 (nĩ + 主格接辞 + a + 語幹 + ire)、遠過去進行形 (nĩ + 主格接辞 + a + 語幹 + aga) それに遠過去完了形 (nĩ + 主格接辞 + a + 語幹 + ĩĩte) の時称接辞 a についても同じように考える (同じように話し手たちがとらえていると考える) しかない。これら 3 つの形については、そう考えなくてもよいが、論理的にはそう考えるべきであろう。つまり、主格接辞 (+a) は、あとに接辞がなければ、その活用形の末尾と同じ高さと扱われる、という考え方である。

(10) 語尾として ĩĩte を用いる活用形で、te の直前が高く te が低いものに続く場合

語尾として ĩĩte を用いる活用形で、te の直前が高く te が低いものを見てみよう。そういう形は、次の2つである。

	構造	A 型	B 型
現在完了否定形：	主格接辞＋ti＋語幹＋ĩĩte	StiX́C (V) V	StiCV́CV (R) X́C (V) V / StíCVRX́C (V) V
現在完了形：	nĩ＋主格接辞＋語幹＋ĩĩte	nĩ́ŚX́C (V) V	nĩ́ŚCV́CV (R) X́C (V) V / nĩ́ŚCVRX́C (V) V

まず、現在完了否定形を見る。

A 型について見る。

matihééte mábúrí、～ ibúrí、～ mákára、～ ikára、～ kĩ́róbóto、～ iróbóto.

matithíkĩ́ĩ́te mábúrí、～ ibúri、～ mákára、～ ikára、～ kĩ́róbóto、～ iróbóto.

明らかに Y 形である。ibúrí、ikára、iróbóto の i が低いのは、te＋i が1音節のようになり、全体が低くなったからである。准高結グループは末尾の上昇調や高などはあらわれない。

この場合、主格接辞が低く、末尾も低くなっていることから、上に見た、遠過去否定形～過去完了否定形～不確定未来進行否定形との類推から、X 形が予測されるのに、Y 形なのである。これを矛盾なく説明するには、現在完了否定形の末尾の、高いもののあとの te が低いことが無視されている、と考えることであろう。Cĩĩte については、上述の活用形に含まれる過去完了否定形は、現在完了否定形とは異なり、Cĩĩte 全体がアクセント表示の上で低くなることに注意せよ。つまり、現在完了否定形の A 型は、te が低いけれども、直前が高いことから、低くはじまり高く終わるものと話し手に考えられている、と見られる可能性がある。

B 型の場合を見る。

matiróreéte mábúrí、 ～ ibúrí、 ～ mákára、 ～ ikára、 ～ kĩ́róbóto、 ～ iróbóto.

(-róreéte は、CV́CV (R) X́C (V) V の実現がこうなる)

matíbaarĩ́ĩ́te mábúrí、～ ibúrí、～ mákára、～ ikára、～ kĩ́róbóto、～ iróbóto.

matihúruutĩ́ĩ́te máburí、～ ibúrí、～ mákára、～ ikára、～ kĩ́róbóto、～ iróbóto.

やはり、主格接辞が低く、末尾も低くなっていることから、X 形が予測されるのに、Y 形である。(ibúrí、iróbóto の i が低いのは、te＋i が1音節のようになり、全体が低くなったからである。准高結グループは末尾の上昇調や高などはあらわれない。) 従って、A 型の場合と同じことがいえる。こうした、「高いもののあとの te が低いことは無視される」という仮定を「仮説Ⅱ」と呼ぶことにする。

上の形は否定形であったが、もう一つは肯定形(現在完了形)である。

A 型について見る。

ní̃máhééte máburi、〜 ibúri、〜 mákará、〜 íkará、〜 kí̃robotǒ、〜 iróbotǒ.

ní̃máthíkí̃í̃te máburi、〜 ibúri、〜 mákará、〜 íkará、〜 kí̃robotǒ、〜 iróbotǒ.

B 型の場合を見る。

ní̃máróreéte máburi、〜 ibúri、〜 mákará、〜 íkará、〜 kí̃robotǒ、〜 iróbotǒ.

ní̃mábaarí̃í̃te máburi、〜 ibúri、〜 mákará、〜 íkará、〜 kí̃robotǒ、〜 iróbotǒ.

ní̃máhúruutí̃í̃te máburi、〜 ibúri、〜 mákará、〜 íkará、〜 kí̃robotǒ、〜 iróbotǒ.

すべて X 形である。ibúri、iróbotǒ の i が低いのは、te＋i が 1 音節のようになり、全体が低くなったからである。íkará の i は、それが高くなるしかないから高い。准高結グループの末尾の上昇調や高などはあらわれている。主格接辞は、末尾の te が低いことを無視すると高いと見られていることになり、高くはじまり高く終わっているもののあとだから X 形となり、上の事実と一致する。「仮説Ⅱ」とは矛盾しない。

ただ、この形の場合、te の低いことを無視しなくても、説明はできる。低いことが有意味的であるとすると、冒頭の主格接辞も低いことになり、低くはじまり低く終わっているもののあとだから X 形となり、やはり上の事実と一致する。従って、「仮説Ⅱ」を、この場合には適用されないように修正することができる。「明確に低くはじまる活用形において、高いもののあとの te が低いことは無視される」「仮説Ⅱ’」と呼ぶ。現在完了形の冒頭は、末尾の高さによって高さが決定されるらしいので、「明確に低くはじまる」のではない。拙論「キクユ語名詞アクセント再論」では、この仮説のほうを採用すると述べたが、今は、どちらが妥当であるか判断できない気分である。

以上、動詞に続く場合をまとめる。

動詞不定形に続く場合は

Ø 形であるが、A 型で短い動詞の場合は、動詞の本来のアクセントが影響する。

准高結グループの名詞は、末尾の上昇調や高などはあらわれない。

動詞否定不定形に続く場合は

A 型に続く場合は Ø 形であるが、短い動詞の場合は、動詞の本来のアクセントが影響する。准高結グループの名詞は、末尾の上昇調や高などはあらわれない。

B 型に続く場合は Y 形である

動詞直説法形に続く場合をまとめると、

語幹＋語尾のアクセントが不定形・否定不定形のそれと同じもののあとで

は、それぞれ、動詞不定形に続く場合・否定不定形に続く場合と基本的に同じである。

そうでない場合：

ní のつかない形の主格接辞が高く、末尾が低い形でアクセント表示される活用形のあとでは、Ø形があらわれる。

ní のつかない形の主格接辞が高く、末尾が高い形でアクセント表示される活用形のあとでは、X形があらわれる。

ní のつかない形の主格接辞が低く、末尾が低い形でアクセント表示される活用形のあとでは、X形があらわれる。

ní のつかない形の主格接辞が低く、末尾が高い形でアクセント表示される活用形のあとでは、Y形があらわれる。

主格接辞(＋a)が直接語幹に接する場合は、主格接辞(＋a)の高さは末尾の高さと同じと扱われる(仮説Ⅰ)。

前が高い語尾の一部 te は、それが低くても、低いことは無視される(仮説Ⅱを仮に採用)。

准高結グループの名詞は、肯定形のあとのØ形・X形では、末尾の上昇調や高などがあらわれ、否定形のあとのØ形・X形ではあらわれない。

細かいことは別にして、概ねこのようにいえることは、名詞のアクセントがØ/X/Y のどれをとるかの環境がかなり規則的に決まっているらしいことがいえる。ただし、名詞のアクセント変異が実は個別的にしか決まっていなくて、上にまとめたことは実は偶然の事実の中から生まれた幻想である可能性がまったくないとはいえないが、これだけ規則っぽいものが見つかるということは、その可能性が低いことを示していよう。

ただし、ní「である」に続く場合と、ní のつかない形の主格接辞が低く、末尾が低い形でアクセント表示される活用形のあとという場合がなぜ同じアクセント(X形)を要求するのか、また、tí「でない」に続く場合と、ní のつかない形の主格接辞が低く、末尾が高い形でアクセント表示される活用形のあとという場合がなぜ同じアクセント(Y形)を要求するのか、はっきりした説明を与えることは難しい。それこそ偶然なのかも知れないし、Y形を要求する活用形の多くが否定形であることが関係しているのかも知れない。しかし、X形を要求する活用形の場合は、肯定・否定相半ばしている。

とにかく、Kikuyu における名詞アクセント変異の環境は、まったく偶然そうなっているというわけではないと思われる。

Kikuyu における名詞アクセントはさらにさまざまな環境を考える必要があり、

拙論「キクユ語名詞アクセント再論」は、さらに多くの場合を扱っているが、それでも、その最後に記したように、「外壕は埋まった」といえる程度であり、その後、この言語の名詞アクセントをさらに調査する機会には恵まれなかった。他の未調査の言語の調査に追われたからである。

本章は、前掲論文の重要部分を、分かりやすくするために叙述順序を変更し、かつ、一般言語学的考察をより深めたものである。関連する動詞アクセントについては、『バントゥ諸語動詞アクセントの研究』第14章参照。

3.4. クワニャマ語

一般的には、名詞の孤立形はその名詞のアクセントについての何らかの情報を与える。これまで見た言語でも、Sambaa では、孤立形のアクセントを見れば、それがどういう型に属するか分かるし、Nande では、孤立形(環境A)と、たとえば -nene「大きい」の前の形(環境B)を見れば、それがどういう型に属するか分かるし、Kikuyu では、孤立形と、たとえば -akũa「私の」の前の形を見ればそれがどういう型に属するか分かる。これらすべてにおいて、孤立形はその名詞のアクセントについての何らかの情報を与える。

しかし、孤立形のアクセントを見ても何の情報もえられない言語がある。つまり、孤立形のアクセントは、どの型であっても同じになる言語である。このような珍しい言語として、ナミビア北部に話される Kwanyama(クワニャマ語)を見てみる。ただし、今見たことは、すべての構造の名詞についていえるわけではなさそうだが、語幹が CVCV のものについては確かにそうなので、それに限定して述べる。次にそうした名詞の孤立形を例示する。

oshipála「顔」　oshikésho「手首」　oshikúti「矢」

o は冒頭母音、shi はクラス接頭辞である。クラスによって接頭辞は異なるが、ここでは同じクラスの名詞で例をあげた。見た通り、孤立形を見る限りアクセントに違いはない。

次に、-wa「良い」の前に置くと、

oshipála shíwa　oshikésho shiwa　oshikúti shiwa

というふうに、oshipála と他の2つの違いがあらわれる。

次に、これらを主語として、動詞活用形の前に置くと、

oshipala oshawá「落ちた」　oshikesho oshawá　oshikutí oshawá

というふうに、oshikúti と他の2つの違いがあらわれる。

次に、たとえば「良い〜が落ちた」という文をつくると。

oshipala shíwa oshawá　oshikesho shiwa oshawá　oshikutí shiwa oshawá

すべて互いに異なってくる。

そこで、これらの「本来の」アクセントを次のように仮定してみる。

oshipala´　　oshikesho　　oshikutí

これに加えるに、次のような規則を仮定する。

(1)語幹がCVCVの名詞(＋形容詞)が単独で発音されると、語幹第1音節が高くなる。

(2)高い音節の直後の高い音節は低くなる。

孤立形の場合、oshipala´は、(1)によりpaが高くなり、後ろの´は、そこに音節がないので現れない。oshikeshoは、(1)によりkeが高くなる。oshikutíは、(1)によりkuが高くなり、(2)によりtiが低くなる。結局、見た感じはすべて同じアクセントになる。

-waの前では、(1)によって上述のことが発生するが、oshipalaの後ろにある´は、形容詞接頭辞にあらわれる。

動詞活用形の前では、「本来の」アクセントがあらわれるが、oshipalaの後ろにある´は、動詞にはあらわれえない。

oshipala shíwa oshawá 等々の場合は、「本来の」アクセントがあらわれ、oshipalaの後ろにある´は、形容詞接頭辞にあらわれる。

このように、分析してみればさほど複雑なことではなく、孤立形はすべて同じアクセントに見える理由が説明できる。

なお、この言語の名詞アクセントの複雑さは、今見たところにあるのではなく、もっと複雑な変異を示すことをつけ加えておく。上掲のKikuyu並の複雑さである。

3.5.　孤立形の音声的特異性

言語によっては、孤立形に特有の音声的特異性が認められる場合がある。たとえば、タンザニア西北部のSukuma(スクマ語)において低く平らな名詞は、孤立形の場合、末尾音節がその前の音節列よりやや低くなる。次に、もっと特異性が目立つ言語の例をあげる。

3.5.1.　ペディ語

南アフリカのPedi(ペディ語)においては、低く平らな名詞、末尾だけが高い名詞は、孤立形の場合最初から次次末音節までやや高く(中であらわす)、次末音節が前と同じ高さからの下降調(降であらわす)を示し、末尾音節は低い / 高い。ẹ/ọは狭いe/oをあらわす。

たとえば、mọlọmọ「口」やsẹfahlego「顔」は、音韻論的には低く平らとすべきだが、孤立形においては、中降低、中中降低と発音される。また、tsebé「耳、sg.」や ditsebé「同、pl.」は、降高、中降高と発音される。後ろに形容語のついたものをそれだけで発音する場合も同じことがいえる。文に含まれるとそうではなくなる。

こうした現象は、Pedi のみならず、Tswana（ツアナ語）の諸方言や Sotho（ソト語）においても認められる。

3.5.2.　ヘレロ語

ナミビアに話される Herero（ヘレロ語）の場合はもっとややこしい。

たとえば、otjiherero「ヘレロ語」は、音韻論的には低く平らとすべきだが、孤立形においては、otji の部分が高く、かつ、末尾の ro が上昇調で発音され、高高低低昇のように聞こえる。名詞は、通常冒頭母音 o＋接頭辞＋語幹という構造であるが、語幹冒頭が低いと o＋接頭辞が高く、語幹冒頭が高いと o のみが高く聞こえ、語幹末は低いと上昇調に聞こえる。

名詞の後ろに形容語のついたものをそれだけで発音する場合も、名詞冒頭については、上と同じことがいえる。

興味深いことに、動詞直説法形と動詞関係節形が区別のつきにくい場合、それらが名詞につづくものを著者が発音すると、インフォーマントは、名詞冒頭を高く発音すると動詞関係節形が続いたものと解釈し、音韻論的解釈通りに低く発音すると、その名詞が主語で動詞直説法形が続いたものと解釈したように記憶する。語幹冒頭の1音節または2音節が高いのは、文の中にあらわれるものではないことを示すらしい。

3.5.3.　孤立形についての若干の考察

以上のことから、孤立形というのは、単に前にも後ろにも何もない環境にあらわれた名詞ということではないように思われる。これが、音韻論的に他の環境にあらわれたものと異なるアクセントであるならば、それは前にも後ろにも何もない環境にあらわれた変異体とすることも可能であろうが、そうでないなら、孤立形を何か文中にあらわれるものとは異なるものとして扱っているのではないかと思わせる。

孤立形の本質についての理解のためには、より多くの言語の実態把握が必要であろう。

4. アクセントの型と分節的音形

アクセントと分節的に見た音形を比較した場合、分節的音形のほうが第一義的存在であるということができよう。

第一に、分節的音形の存在しない言語はありえないが、アクセント対立を有しない言語は存在する。

第二に、アクセント対立を有する言語においても、分節的音形がある特徴を有するかいなかによって、あるアクセントの型を有するものがない(少ない)といったことがある。たとえば、関西(和歌山)方言のサル(猿)のような、末尾音節が下降調をとるものは、次末がンかッの3モーラのものといわゆる序数詞の〜メを除いて、3モーラ以上の単語にはほとんど存在しない。

サル、ハル(春)、アキ(秋)、アユ(鮎)、ブタ(豚)、etc.
ベッタ(ビリ)、ベント(弁当)、etc.
ニバンメ(二番目)、ゴソクメ(五足目)、ニジッカイメ(二十回目)、
ロクリョウメ(六輌目)、etc.

しかし、ザンビアの中部に話されるIla(イラ語)においては、これと別の傾向が認められる。

この言語においては、動詞のアクセントの型として2つあり、A型とB型と呼ぶことにしているが、不定形(構造：ku＋語幹＋a)で例をあげれば、次の如くである。

A型　kúpa「与える」、kúbuzha「尋ねる」、kútanda「追い払う」、
　　kúshilika「治療する」、kúshinganya「呪いの言葉を吐きかける」
B型　kuwa「落ちる」、kuzhola「返す」、kuzanda「好む」、kunununa
　　「罰金を払って取り戻す」、kulumbaizha「ほめる」

さて、たとえば現在・今日の未来否定形は次のようになる。複数1人称で示す。

A型　tatupí「私たちは与えない」、tatubúzhá、tatutándí、tatushílíkí、
　　tatushíngányá.
B型　tatuwí「私たちは落ちない」、tatuzhóla、tatuzánda、tatunúnuna、
　　tatulúmbaizha.

問題は語尾がaかiかということであるが、これらの例が示すように、次のような規則が認められる。

(1)語幹がCのみから成る場合は、iがあらわれる。

(2)元来使役動詞や受身動詞であるものには、aがあらわれる。

tatubúzhá、tatushíngányáがこれだが、その他kútandwa「追い払われる」(のこの形)

もそうである。

(3)　(1) (2)以外の場合、A 型は i が、B 型は a があらわれる。

このうち、(3) は、アクセントの型のどっちに属するかということで、分節的特徴に属する語尾の a/i が決まっている。つまり、部分的にではあるが、アクセントのほうが分節的特徴に対する規定要因となっている。

なお、この言語の動詞の直説法語尾には、a、ile、そして今問題にした a/i があるが、型の如何によって変異するのは a/i だけである。

目立たないことのようだが、考えてみると、少々奇妙なことといえよう。

第3章　バントゥ諸語の文法的諸問題

1.　名詞クラスの諸問題

バントゥ諸語の特徴の一つは、名詞がクラスに分かれ、どのクラスに属するかで、形容詞等の修飾語や、対応する述語動詞が形の一部を変えること（呼応）にある。要するに、ドイツ語等の「性」のようなものが沢山あり、呼応もより徹底していると思えばよい。この呼応を「文法的呼応」と呼ぶ。ここでは、名詞のクラスと文法的呼応について見る。

M. Guthrie はバントゥ祖語における名詞クラスを次のように再構した。接頭辞で示す。番号も Guthrie による。į は狭い i を示す。

単数名詞のクラス		対応する複数名詞のクラス	
1.	mu	2.	ba
3.	mu	4.	mi
5.	di	6.	ma
7.	ki	8.	bį
9.	ny	10.	ny
11.	du		
12.	ka	13.	tu
14.	bu		
15.	ku		
16.	pa		
17.	ku		
18.	mu		
		19.	pį

なお、すべてのバントゥ系言語にこれらがすべて残っているわけではなく、クラスが減少しているものが圧倒的に多いが、中には新たなクラスが生じている言語もある。また、多くの場合、11 に対応する複数は 10 で、14 に対応する複数は存在し

ないか6である。15に対応する複数は6である。16～18は「～に」といったことをあらわす。19を有する言語は少ない。

本来は意味的な分かれ方であったと思われるが、今では首尾一貫しなくなっている。ただ、1と2は基本的には人間をあらわす名詞群である。

こうした名詞クラスと文法的呼応の例を、タンザニア、ケニアなど東アフリカに広く話されるSwahili(スワヒリ語)で見てみよう。まず、次の文を参照されたい。

Mtoto wangu aliona kitabu kizuri cha mtu yule.(私の子はあの人のいい本を見た)
子供　私の　見た　本　いい　の　人　あの

まず、kitabu kizuriを見ると、kitabuは、Guthrieの番号では(以下、この注記は省略)7のクラスの名詞である。従って-zuriは、接頭辞ki-をとる。これが複数のvitabuだと、クラス8名詞なので、クラス8に対応する接頭辞vi-をとり、vitabu vizuriとなる。名詞がnjia「道、sg.」だと、クラス9名詞なので、クラス9に対応する接頭辞n-をとり、njia nzuriとなる。なお、この場合は単複同形なので、複数でもnjia nzuriだが、複数なので、実はクラス10名詞にクラス10の接頭辞をとった形容詞が後続している。

次に、kitabu... cha...の部分を見てみると、「の」にあたる語-aは、クラス7名詞を修飾する語句の冒頭にあるので、クラス7に対応するch-(<ki)を接頭辞にとっているが、これが複数のvitabuだと、クラス8名詞なので、クラス8に対応する接頭辞vy-をとり、vitabu(...)vya...となる。名詞がnjiaだと、クラス9名詞なので、クラス9に対応する接頭辞y-をとり、njia(...)ya...となる。しかし、njiaが複数(クラス10)なら、今度は、単数の場合と異なり、njia(...)za...(z-<zi)となる。

次に、mtoto wanguを見ると、mtotoがクラス1なので、-angu「私の」は、接頭辞w-(<u)をとり、wanguとなっているが、名詞がkitabuだと、kitabu changuとなる。さらに、mtu yuleを見ると、mtuがクラス1なので、-le「あの」は、接頭辞yu-をとり、yuleとなっている。名詞がkitabuだと、kitabu kileとなる。

次に、alionaを見ると、a-は主格接辞(-li-は過去をあらわす時称接辞、-ona「見る」<on-a. -aは語尾)で、クラス1名詞(mtoto)に対応しており、主語が複数のwatotoならクラス2名詞なので、主格接辞はwa-をとり、walionaとなる。もし、主語がkitabuなら主格接辞はki-となる。

Kitabu kilianguka「本が落ち(-anguk-a)た」

さらに、mtoto alikisomaというと「子供がそれを読んだ」という意味だが、「それ」をあらわす「対格接辞」-ki-はクラス7に対応するものなので、クラス7に属するいずれかの名詞のあらわすもの(たとえば、kitabu)をさす。～alivionaなら、対格接辞-vi-はクラス8に対応するものなので、クラス8に属するいずれかの名詞のあらわすもの(たとえば、vitabu)をさすことになる。

その他、数詞なども呼応する。

watu watatu「3 人の人」 vs.　vitabu vitatu「3 冊の本」

mtoto mwenye jina「名前(jina)を持ってる子」

vs.　kidole chenye jina「名前を持ってる指(kidole)」

なお、Swahili では、クラス 11 と 14 は合一し、12、13、15 は消滅(ただし、15 は動詞不定形としては残っている)し、16 ～ 18 は、名詞のクラスとしては消滅し、19 は消滅している。

さて、これから問題にするのは、クラスの増減のことではなくて、クラスの性格についてである。主として、文法的呼応に関係する。

1.1.　有生名詞の扱い

多くのバントゥ系言語では、音形の点でどのクラスに属するかで文法的呼応が決まっている。しかし、一部の言語においては、人間や動物をあらわす名詞は、形の上でどのクラスに属しようとも、人間をあらわす名詞が多く属する 1 と 2 の名詞と同じ呼応を要求する。

1.1.1.　スワヒリ語

Swahili(スワヒリ語)においては、人間や動物をあらわす名詞は、形の上でどのクラスに属しようと、1 と 2 の名詞と同じ呼応を示す。

kijana alikuja.「若者が来た」

kijana「若者(sg.)」　a-〈クラス 1 主格接辞〉　-li-〈過去〉　-kuja「来る」

cf. mtoto alikuja「子供が来た」　mtoto「子供(sg.)」(クラス 1)

kichwa kinauma「頭が痛い」 kichwa「頭(sg.)」(クラス 7)

ki-〈クラス 7 主格接辞〉　-na-〈現在〉　-uma「痛む」

*kijana kilikuja.

vijana walikuja.「若者たちが来た」

vijana「若者(pl.)」　wa-〈クラス 2 主格接辞〉

cf. watoto walikuja.　「子供たちが来た」

watoto「子供(pl.)」(クラス 2)

*vijana vilikuja.

このこと自体は理論的に特に問題はない。要するに、クラス 1 や 2 に対応する述語動詞(alikuja、walikuja)は、人間もしくは動物が～するという意味だとすればよいわけである。ところで、今見たことは、所有代名詞についてもいえる。

kijana wangu「私の青年」　　cf. mtoto wangu.　*kijana changu
vijana wangu「私の青年たち」　cf. watoto wangu.　*vijana vyangu

つまり、2つのwangu（この場合、単数と複数の同音異義）は、人間もしくは動物を話し手が所有することをあらわすと考えればよい。

しかし、形の上で9、10に属する親族名称等は、所有代名詞に、1、2でなくて9、10の呼応を要求する。

babu yangu「私の祖父」　　cf. ndizi yangu「私のバナナ（sg.）」
*babu wangu
babu zangu「私の祖父たち」　cf. ndizi zangu「私のバナナ（pl.）」
*babu wangu（複数の意味でもダメ）

現象はこの通りだが、これを理論的にどう説明すればよいのか、よく分からない。さらに、10に属する複数有生名詞につく所有代名詞も同様である。

mbuzi zangu「私の山羊（pl.）」
*mbuzi wangu

さらに説明を困難にする事象である。

なお、Digo等の沿岸の言語や、Zalamoにおいても、人間や動物をあらわす名詞は、形の上でどのクラスに属しようと、人間をあらわす名詞が多く属する1と2の名詞と同じ呼応を要求する。

1.1.2.　ルヴァレ語

ザンビアとアンゴラ、コンゴ民主共和国の国境地帯に話されるLuvale（ルヴァレ語）においても、人間や動物をあらわす名詞は、形の上でどのクラスに属しようと、人間をあらわす名詞が多く属する1と2の名詞と同じ呼応を要求する。このこと自体は理論的に特に問題はない。問題は、形の上では12と13に属する次の名詞も、人間や動物をあらわすわけではないのに、1と2の名詞と同じ呼応を要求するということである。

kakweji「月（sg.）」
kalwiji「川（sg.）」　　tulwiji「川（pl.）」
kamenga「煉瓦（sg.）」　tumenga「煉瓦（pl.）」

推理としては、月は円くなったり欠けたりして動物みたいだし、川も、特にアフリカの川は（季節によって）大きくなったり小さくなったりして動物みたいだし、ともに動物扱いされる根拠がないわけではない。煉瓦は奇妙であるが、kamenga/tumengaは元来土塊をあらわし、土塊には精霊が宿っていると信じられたらしい。

動物ではないが、動物に似たものをあらわす名詞を、人や動物をあらわす名詞と同様の扱いをするというのは、まったく理解できないわけではない。しかし、月や川や煉瓦が動物でないということは今は誰でも知っているわけだから、今に至るもこうであるのは、少々不可解である。

さらに奇妙なのは、クラス12と13に属する指小名詞は、動物をあらわす場合にも、12と13に固有の文法的呼応を要求する。すなわち、

kamuthu「小さい人(sg.)」　tuvathu「小さい人(pl.)」
(cf. muthu「人(sg.)」　vathu「人(pl.)」)
kasefu「小さいエランド(sg.)」、　tusefu「小さいエランド(pl.)」
(cf. sefu「エランド(sg.)(角鹿の一)」、　sefu「エランド(pl.)」)

は、ともに動物をあらわすにもかかわらず、意味的には小さいものという、12と13に特徴的なニュアンスが強調されて12と13に固有の文法的呼応を要求するらしい。ドイツ語で、Frau(妻、女性．女性名詞)より女らしいかも知れないFräulein(令嬢)が、-leinが中性名詞をつくる指小辞のため中性名詞であるのと似てはいるが、kakweji等が動物名詞扱いであってkamuthuが小さい物扱いであるというのは、首をひねるしかない。

なお、この言語に隣接するLunda(ルンダ語)においても類似の現象がある。すなわち、形の上では12と13に属する次の名詞も、人間や動物をあらわすわけではないのに、1と2の名詞と同じ呼応を要求しうるということである。

kamenga「煉瓦(sg.)」　tumenga「煉瓦(pl.)」
katamba「罠(sg.)」　tutamba「罠(pl.)」

ただ、そういう傾向は、kamenga/tumengaのほうが強く、katamba/tutambaのほうが12と13に固有の文法的呼応を行うことが多いようである。

1.2.　所属クラスの不確定―チェワ語―

ダル・エス・サラームにいた頃、同居していたザンジバル出身のアラブ系の人の間で、Swahiliのbasi(バス)の複数がbasiかmabasiかで議論になったことがある。こういう議論では、大きい声で自信を持って主張するほうが勝つようで、mabasiだということになった。辞書にもそうある。この場合、複数形だけの問題ではない。複数がbasiだと複数がクラス10だから、単数basiのクラスは9だということになり、「私のバス」はbasi yanguになるのだが、複数がmabasiだと、複数がクラス6だから単数basiのクラスは5ということになり、「私のバス」はbasi languになる。

この違いは方言差(それもごく近い方言間の差異)であると考えられるが、方言差とはいえないような所属クラスの不確定が認められることがある。

ザンビア東部のCewa(チェワ語)は、そういう点でかなり目立つ。それは、単数形に接頭辞がゼロのものに起こる。すなわち、

クラス1の一部(対応する複数名詞の接頭辞はa-)

多くのクラス1名詞はmu-を接頭辞とし、対応するクラス2複数名詞の接頭辞はやはりa-

クラス3の一部

3には、liを接頭辞とするものもある。対応するクラス6複数名詞の接頭辞はともにma-

クラス9の一部

9には、子音前鼻音を接頭辞とするものもある。対応するクラス10複数名詞は単数と同形

のいずれかの場合である。

まず、接頭辞がゼロでない名詞を見る。-kuluは「大きい」。

munthu「人」	(複数はanthu)	munthu wamukulu	クラス1
ligenge「蟻の一種」	(複数はmagenge)	ligenge lalikulu	クラス3
nyama「動物」	(複数はnyama)	nyama yaikulu	クラス9

さて、pundu「鼠の一種」は複数がmapunduだからクラス3に属し、「大きな鼠」は、本来は

pundu lalikulu

であるはずだが、その他に

pundu yaikulu

pundu wamukulu

も可能なのである。

こういうことは他の名詞にもあり、pusi「猫」(複数はapusi)にも、

pusi wamukulu

pusi yaikulu

という2つの形を確認している。

なお、Cewaの、クラス13の接頭辞は、ti-であったりtu-であったりする。

timbalame/tumbalame「小鳥(pl.)」(単数はkambalame)

1.3.　奇妙な呼応―ルバ語―

コンゴ民主共和国(旧ザイール)南部のLuba(ルバ語．調査したのはLuba-Luluaと呼ばれる、ルルア族の話すルバ語で、カサイ州でルバ族の話すLuba-Kasaiにほぼ同じもの)においては、クラス9の名詞は、動物をあらわそうとあらわすまい

と、人間・動物をあらわす名詞(クラス1)と同じ呼応を要求する。ここでは、アクセント表示を省略する。

nkoonko waanyi「私の指輪(sg.)」　cf. mwaana waanyi「私の子供(sg.)」

こうしたことはあらゆる呼応についていえる。主格接辞も対格接辞も、クラス1と同じくu/muであるし、形容詞も同じ文法的呼応を示す。

nkoonko mukese waakukuluka「小さい(-kese)指輪が落ち(-kuluka)た(-a-ku-)」

cf. mwaana mukese waakukuluka「小さい子供が落ち(倒れ)た」

ただし、対応する複数名詞は、人間・動物をあらわす名詞のクラス2ではなく、それ(クラス10)固有の呼応を示す。

nkoonko yaanyi「私の指輪(pl.)」　cf. baana baanyi「私の子供(pl.)」

1.4.　クラスと文法的呼応の本質

名詞のクラスについては、最初に述べたように、本来は意味的な分かれ方であったと思われるが、少なくとも現代語では、同じクラスに違った性格のものをあらわす名詞が含まれることも多い。このことを、Swahiliの若干の例で見てみる。1.1.1に見た文法的呼応の特例は無視して、形だけで見る。

クラス1&2：人間が多い。

mtoto/watoto「子供」、mganga/waganga「呪医」、mpenzi/wapemzi「恋人」、mtu/watu「人」、etc.　(m-＜mu)

mnyama/wanyama「動物」、mdudu/wadudu「虫」、mhanga/wahanga「ツチブタ」. etc.

クラス3&4：植物名が多い。

mti/miti「木」、mnazi/minazi「ヤシの木」、mbuni/mibuni「コーヒーの木」、mbuyu/mibuyu「バオバブ」、etc.　(m-＜mu)

ただし、他にもさまざまな名詞がこのクラスにはいる。

mwili/miili「体」、mgongo/migongo「背中」、mkono/mikono「腕」、etc.

mlima/milima「山」、mto/mito「川」、etc.

mkunga/mikunga「鰻」、mnyoo/minyoo「回虫」、etc.

mlango/milango「ドア」、mkeka/mikeka「茣蓙」etc.

クラス5&6：さまざまな名詞がはいる。

jicho/macho「眼」、jino/meno「歯」、sikio/masikio「耳」、etc.

tawi/matawi「枝」、jembe/majembe「鍬」、shimo/mashimo「穴」、yai/mayai「卵」、etc.

植物の果実をあらわすものは、多く、このクラスにはいる。

nazi/manazi「ヤシの実」、buyu/mabuyu「バオバブの実」、limau/malimau「レモン」、etc.

大きくて不格好なものをあらわす名詞もはいる。

jitu/matu「巨人」、etc.

クラス6には液体をあらわす一群の名詞がはいる。

mafuta「油」、maji「水」、maziwa「乳」、etc.

クラス7＆8：さまざまな名詞がはいる。

kitu/vitu「物」、kiti/viti「椅子」、kitambaa/vitambaa「布」、etc.

kichwa/vichwa「頭」、kinywa/vinywa「口」、kifua/vifua「胸」、etc.

kipanga/vipanga「鷹」、kipepeo/vipepeo「蝶、蛾」、etc.

「〜風のもの」という意味の名詞がはいる。

kijapani「日本風のもの、日本語」、kifaransa「フランス風のもの、仏語」、kiunguja「ザンジバル風のもの、ザンジバル方言」、etc.

小さいものをあらわすものがある。

kilima/vilima「丘」、kijito/vijito「小川」、etc.

クラス9＆10：実にさまざまな名詞がはいる。

baba/baba「父」、mama/mama「母」、babu/babu「祖父」、bibi/bibi「祖母」、etc.

tembo/tembo「象」、nyani/nyani「ヒヒ」、simba/simba「ライオン」、paka/paka「猫」、mbwa/mbwa「犬」（この m- は子音前鼻音）

ngozi/ngozi「皮」、shingo/shingo「首」、ngumi/ngumi「拳」、etc.

mbegu/mbegu「種」、ndimu/ndimu「レモン」、etc.

クラス11＆10：さまざまな名詞がはいるが、少ない。

ubongo/bongo「脳」、uso/nyuso「顔」、ulimi/ndimi「舌」、etc.

ukuta/kuta「壁」、ua/nyua「垣」、ufagio/fagio「箒」、etc.

クラス11には、抽象名詞や〜の地という意味の語がはいる。

uzuri「美」、ubaya「悪」、uzito「重さ」、etc.

Usambaa「サンバー族の地」、Uganda「ガンダ族の地、ウガンダ」、etc.

このように、ある種の傾向はあるものの、一様ではない。さらに、アラビア語からはいった kitabu「本」の ki は接頭辞ではなかったのに、接頭辞と扱われるようになり、vitabu という複数形が創造されていることから分かるように、音形のほうの要因が強くなってきている。また、同じものをさすからこのクラスだろうということもいいにくく、飛行場のことをダル・エス・サラームでは kiwanja cha ndege（kiwanja は「広場」、cha は「の」で ndege は「鳥、飛行機」）だが、ザンジバルでは uwanja wa ndege (uwanja も「広場」、wa は「の」) といい、一方はクラス 7、他方はクラス 11 である。すなわち、名詞の意味によっては、どのクラスに属するか、十分に決定されているわけではない。

日本語などの類別詞の存在要因と共通であるが、その共通点と相違点をあげる。

日本語の類別詞も、ある種の傾向はあるものの一様ではない。たとえば、細長い無生のものを数えるのに「〜本」が用いられるが、そういいきれないものにも用いられる。「電話 1 本」、「原稿 3 本」、「映画 3 本」、「ヒット 2 本」の如くである。この点、クラスと共通ということもできる。

しかし、細長い無生のものにはほぼ例外なく「〜本」が用いうるが、クラスの場合はそうではなく、たとえば人間だからといってクラスクラス 1 & 2 に属するとは限らない。(呼応については、上述の如しである。) つまり、類別詞のほうが、意味からの規定が強いといえる。

日本語の類別詞の場合は、数が問題になる場合にのみ問題になる。すなわち、たとえば「〜本」が用いられるものをあらわす名詞が、何らかのグループを形成しているとはいえない。「細長名詞」などという範疇はない。しかし、クラスの場合は、名詞が何らかの下位範疇 (拙著『言語学』では、疑似下位範疇と呼んだ) を形成しているといえよう。

次に、呼応の問題を見る。端的にいえば、たとえば、

kilianguka「落ちた、倒れた」

というのは、クラス 7 の名詞のあらわす何かが落ちた、倒れたということであるが、クラス 7 の名詞に意味的統一性がないために、この単語の意味を記述しようと思えば、どうしても「クラス 7 の名詞のあらわす何か」といった、意味論的ではないものを記述にとりいれなければならなくなる。もっとも、このようなことは、クラスやジェンダーの存在する言語に多かれ少なかれいえることで、バントゥ諸語の場合、区分が細かいので、「これこれの性格を持ったものがこうなる (なった)」といえそうな幻想を若干持たせるだけなのである。日本語にはこういうことはない。

1.5. 主語と主格接辞

バントゥ諸語については一般に、「主語」は、「あらわれる場合は、通常、述語の直前にあらわれる名詞 (句) で、述語が動詞ならその主格接辞と呼応するもの」と定義できるが、意味的に「述語のあらわす行為や属性の主体」をあらわすと記述してよいかどうかには、問題がある。Swahili を例に論じる。

Mtu amekwenda kununua chakula.「誰かが食べ物を買いに行った」

人　行った　　買いに　食べ物

というと、確かに主語（mtu）が述語 amekwenda のあらわす行為の主体をあらわすようになっているが、おなじことをあらわすのに、

Chakula kimekwenda kununuliwa.

食べ物　行った　　買われに

ともいえるらしい。構造上は、chakula が主語であり、述語 kimekwenda の主格接辞も ki であって、chakula のクラスに呼応している。しかし、行ったのは食べ物ではなく誰かなのであり、奇妙である。

Magonjwa mabaya yameingia mjini.「悪い病気が町に伝染してきた」

病気、pl.　悪い　入った　町に

というかわりに、

Mji umeingia magonjwa mabaya.

ともいえるらしい。umeingia は、magonjwa に呼応しているのでなく、mji に呼応している。しかし、入ったものは町ではなく病気である。

上に、「Swahili では、...16 ～ 18 は、名詞クラスとしては消滅し」たと述べたが、pa とか ku とか m は、主格接辞としては生きている。

Nyumbani panakaa watu watatu.「家には 3 人の人がいる」

家に　居る　人、pl.　3 人

の pa- は場所（この場合、nyumbani）に呼応する主格接辞であり、主語は nyumbani で、しかし、居るのは 3 人の人である。（Watu watatu wanakaa nyumbani ともいえる。）

このようなことは、多くのバントゥ諸語にいえる。たとえば、南アフリカの Tswana（ツアナ諸語）の一つ Rolong の例をあげる（ọ は狭い o。アクセント表示は省略）。

Mo kamọreng e gọdula bathọ babararọ.「この家には 3 人の人がいる」

に　家に　この　居る　人、pl.　3 人の

の述語 gọdula の gọ- は場所（この場合、mo kamọreng e）に呼応する主格接辞であり、主語は当然 mo kamọreng e であるが、居るのは 3 人の人である。

ついでにいえば、

Mo kamọreng e bathọ babararọ babala makwalo.

に　家に　この　人、pl.　3 人の　読んでいる　本、pl.

「この家では 3 人の人が本を読んでいる」

という、mo kamọreng e を前置された副詞句とし、bathọ babararọ を主語とする（述語の babala の直前に置かれ、かつ、babala の ba- が batho に呼応する主格接辞）文

の他に、

Mo kamọreng e　gọbadiwa makwalo　kẹ　　　　　bathọ babararọ.
　　　　　　　　読まれている　　　によって

という、文字通りには、「この家の中は、3 人の人によって本を読まれている」という、mo kamọreng e を主語とする（述語 gọbadiwa の直前にあり、かつ、gọ- は場所に呼応する主格接辞）とする受動文も可能である。

従って、主語は、意味的に「述語のあらわす行為や属性の主体」をあらわすと記述してよいわけではないのである。

なお、「〜は〜である」風の繋辞を用いる文の、あとの〜が形容詞なら、それは前の〜のクラスと呼応するが、多くのバントゥ諸語では、繋辞自体は不変である。Swahili で例をあげる。

Kitabu　kile（ni）kikubwa.「あの本は大きい」
本　　　あの　　　大きい

kikubwa は kitabu のクラスに呼応しているが、ni は不変であり、あらわれないことも可能である。ただし、現在以外のことになると、ちがってくる。

Kitabu kile kilikuwa kikubwa.「あの本は大きかった」

kilikuwa は動詞 kuwa「である、になる」の過去形で、kitabu のクラスに呼応している。

1.6.　目的語と対格接辞

多くのバントゥ諸語においては、動詞語幹の直前に、意味的には目的語代名詞のような接辞が入ることがある。本書では、これを対格接辞と呼んでいるが、いわゆる対格に限られるわけではない。Swahili で例をあげると、

Ni-　li-　m-　piga「私は彼を殴った」
私は　過去　彼を　なぐる
Ni-li-m-　somesha kitabu「私は彼に本を読ませた」
　　彼に　読ませる

の如くである。

ところで、この対格接辞を目的語と同等に見る見方があるが、これは問題がある。

(1) 対格接辞と目的語が同時にあらわれることが可能の言語が多い。Swahili で例をあげると、

Ni-li-m-piga Juma「私はジュマを殴った」

のように、同じものをさす m と Juma が両方あらわれることがある。

(2)同じ目的語なのに、対格接辞が二種類可能な場合がある。

U-　na-　i-　jua　(posta　ile)?「(その郵便局)知っているか」
君は　現在　それを　知る　郵便局　その

U-na-　pa-　jua (posta ile)?「(その郵便局)どこにあるか知っているか」
それを

-i- は、posta の呼応する対格接辞であるが、-pa- は場所に呼応するものなので、後者は posta の存在する場所をさす。

従って、対格接辞と目的語はそれぞれ独自のもので、通常は同じものをあらわし、従って、通常は呼応する、ということであろう。

Swahili では対格接辞は最大1つしかあらわれないが、2つもしくはそれ以上あらわれる言語がある。意味上の制約から、そんなに多くが用いられることはないが、これについて見ておく。

ウガンダのヴィクトリア湖北岸に話される Soga（ソガ語）について見てみる。アクセントは省略する。

y-　a-　ki-　tu-　waile「彼はそれを私たちに与えた」
彼は　過去　それを　私たちに　与える

ki はクラス7に呼応し、tu は複数1人称対格接辞である。先行する対格接辞を O_1、後続する対格接辞を O_2 とすると、この言語では次のことがいえる。

(1) O_1 は動作が直接向かう対象を、O_2 は O_1 のあらわすものがその動作によって向かう対象をあらわす。

(2)単数1人称対格接辞は O_1 にはなりえない。

「私を〜に」といいたい場合は、独立代名詞を用いるようである。

次に、ボツアナに話されるツアナ語の一方言 Ngwato（グアト語）について見てみる。アクセントは省略する。ẹ/ọ は狭い e/o をあらわす。

kẹ-　gọ-　sẹ-　hile「私はそれをあなたにあたえた」≒ kẹsẹgọhile
私は　あなたに　それを　与える

先行する対格接辞を O_1、後続する対格接辞を O_2 とすると、この言語では次のことがいえる。

(1)単数1人称対格接辞は O_1 にはなりえない。

(2)1・2人称対格接辞があらわれる場合、2つの解釈が可能である。

ọ-　ba-　m-　pontshitse「彼は私を彼らに／彼らに私を紹介した」
彼は　彼ら　私　見せる・紹介する

(3)1・2人称対格接辞があらわれない場合、やや不確かであるが、O_1 は O_2 のあらわすものがその動作によって向かう対象を、O_2 は動作が直接向かう対象をあらわす。

kẹ-　mọ-ba-ragetsẹ「私は彼のために彼らを蹴った」
　　彼　　のために蹴る
kẹ-ba-mọ-ragetsẹ「私は彼らのために彼を蹴った」

(3) については、こうした問題についてインフォーマントもしばしば混乱したので、これらの文をいって、それぞれにつき、要するに1人を蹴ったのか2人以上を蹴ったのかを尋ねて得た結果である。

Soga と Ngwato では、少し異なる (特に、Soga についての (1) と Ngwato についての (3) 参照) ようである。

2.　奇妙な同音異義—モンゴ語—

同音異義というのはどの言語にもあるものである。たとえば、Swahili で「綱」をあらわす kamba と「海老」をあらわす kamba は同音異義である。また、「カバ」をあらわす kiboko と「笞」をあらわす kiboko は、笞がカバの皮で作られることが多い (多かった) ことから生じた、俗にいう「多義」という同音異義である。しかし、ここで紹介するのは、そういった同音異義ではなく、文法的同音異義とでも呼べる同音異義である。

コンゴ民主共和国の赤道 (Équateur) 州に広く話される Mongo (モンゴ語) においては、m が b に変化し、b は消滅したりしなかったりし、l も消滅したりしなかったりする。以下に、人称とクラスごとの主格接辞 (S) と対格接辞 (O) の表をあげる。クラス番号はローマ数字であらわし、対応する Guthrie のクラス番号を (　) 内に示す。こういう掲げ方をするのは、祖語のクラスが一部消滅し、かつ、出所不明のクラスがあるからである。アクセントも問題になるので、単語の場合はアクセントも示す。´ は高いことをあらわす。o̱ は広い o を示す。

	名詞例	主格接辞	対格接辞
単数1人称		N	N
2人称		o	ko
3人称		a	o (<bo<mo)
複数1人称		to	to
2人称1		o	lo
3人称		ba	a (<ba)
クラス I (1)	bo-nto「人」	単数3人称に同じ	
II (3)	bo-ngángo「弓」	bo (<mo)	o (<bo<mo)

III (5)	li-kulá「矢」	li	i (<li)
IV (7)	e-talángo「梯子」	e (<ke?)	e (<ke?)
V (9)	n-guwa「楯」	e	e
VI (11)	lo-kásá「葉」	lo	o (<lo)
VII (?)	i-ló̱fo̱「つりばり」	i	i
VIII (2)	ba-nto「人」	複数３人称に同じ	
IX (4)	be-ngángo「弓」	be (<me)	be/e (<be<me)
X (6)	ba-kulá「矢」	ba (<ma)	ba/a (<ba<ma)
XI (8)	bi-talángo「梯子」	bi	bi/i (<bi)
XII (10)	n-guwa「楯」	i	i
XIII (13)	to̱-ló̱fo̱「つりばり」	to	bi/i (<bi)
XIV (?)	li-táfe「枝」	li	i (<li)

VIII 以降は複数名詞のクラスである。

次に、動詞直説法形のうち、語尾が a であるものの主なものをあげる。X は任意の音素列である。

たった今の過去形　　構造：主格接辞 + o (+ 対格接辞) + 語幹 + a
　アクセント　A 型　ŚoCV́X、ŚoOCV́X　例：-kw-́「倒れる」、-émal-「立止まる」
　　　　　　　B 型　ŚoX、　ŚoOX　例：-len-「見(つめ)る」

完了形　　構造：主格接辞 + o (+ 対格接辞) + 語幹 + a
　アクセント　A 型　ŚóCV́X、　ŚóOCV́X
　　　　　　　B 型　ŚóX、　ŚóOX

現在形　　構造：主格接辞 (+ 対格接辞) + 語幹 + a
　アクセント　A 型　ŚCV́X、　ŚOCV́X
　　　　　　　B 型　ŚX、　ŚOX

未来形　　構造：主格接辞 + i + fo (+ 対格接辞) + 語幹 + a
　アクセント　A 型　SífoCV́X、SífoOCV́X
　　　　　　　B 型　SífoX、　SífoOX

2.1.　主格接辞・対格接辞の合一による同音異義

まず、手始めに、時称接辞があらわれない形つまり現在形における同音異義を見る。

2.1.1.　主格接辞の合一による同音異義

たとえば、

bá-kw-á

は、複数3人称(=クラスVIII)もクラスXも、主格接辞がbaであるために、「彼らが倒れる」とも「それら(たとえば、「矢. pl.」)が倒れる」とも解釈できる。バントゥ系言語においては、主語名詞をいわなくても文になることに注意。

2.1.2.　対格接辞の合一による同音異義

たとえば、

bá-o-len-a

は、baを「彼ら」と解釈しても、単数3人称(クラスI)もクラスIIもVIも、対格接辞がoであるために、「彼らは彼を見る」の他に「彼らはそれ(クラスIIならたとえば「弓. sg.」、VIならたとえば「葉. sg.」)を見る」とも解釈できるし、

bá-i-len-a

は、baを「彼ら」と解釈しても、クラスIIIもVIIもXIもXIIもXIIIもXIVも、対格接辞がiであ(りう)るため「彼らがそれ(クラスIIIならたとえば「矢. sg.」、VIIならたとえば「つりばり. sg.」、XIならたとえば「梯子. pl.」、XIIならたとえば「楯. sg.」、XIIIならたとえば「つりばり. pl.」、XIVならたとえば「枝. pl.」)を見る」と多様な解釈ができ、

bá-e-len-a

は、やはりbaを「彼ら」と解釈しても、クラスIVもVもIXも、対格接辞がeであ(りう)るため「彼らがそれ(クラスIVならたとえば「梯子. sg.」、Vならたとえば「楯. sg.」、IXならたとえば「弓. pl.」)を見る」と多様な解釈ができる。

こういうと、そもそも目的語をクラスによって区別するのが異様であって、同じ形でいろんな目的語が含意できるのはむしろ正常ではないかと思うかも知れないが、

bá-i-len-a

によっては、決してたとえばクラスIIの名詞のあらわすものが対象の場合をあらわすことができないことに注意されたい。複雑さは減じてはいないのである。

2.1.3.　再帰接辞の音変化による同音異義

「自分を(に)」という意味をあらわす再帰接辞が対格接辞の一種としてあり、yaなのであるが、yが落ちた形も可能である。

bá-ya-lena「彼らは自分を見る」

は

bá-a-lena

でもありうるのだが、この形は、複数3人称(＝クラスVIII)やクラスXの対格接辞がaであ(りう)るため、「彼らは彼らを見る」、「彼らはそれ(たとえば「弓. pl.」)を見る」という意味もあらわしうるわけである。

2.2. 時称接辞oがあらわれることによる同音異義

さらにややこしいことに、oという、対格接辞にもある音形が時称接辞にもあるために同音異義が生じる。たった今の過去形で

bá-o-len-a

というと、「彼らは(今)見た」という意味をあらわしうるが、上に見たようにoを対格接辞と見て、「彼らは彼を見る」、「彼らはそれ(クラスIIあるいはVI)を見る」(現在形)と解釈することもできるのである。

2.3. 高い母音ではじまる動詞の前の高い時称接辞oの脱落による同音異義

語幹が母音ではじまる動詞の前にo/óがあると、lが介在するが、語幹冒頭の母音が高いと、時称接辞óは脱落することがあり、その場合、lはあらわれない。

bá-ó-l-émal-a

は、「彼らは立止まった」(完了形)という意味だが、時称接辞óが脱落し、

bá-émal-a

でもありうる。しかし、

bá-émal-a

は、現在形で「彼らは立止まる」とも解釈でき、同音異義である。

なお、後者は、

béémala

とか

bémala

に縮まることが可能で、そうなると「彼らは立止まった」とは解釈できないが、今度は、クラスIXの主格接辞がbeであるために、「それらは立止まる」という解釈(それらとはたとえばbesonjo「蛙の一種. pl.」)も可能になる。

もちろん、bá-émal-a/béémala/bémalaのすべてにおいて、baをクラスIXの主格接辞と解釈することも可能であること、2.1.1に見た通りである。

このように、Mongoにはかなりの程度に文法的同音異義が認められ、異様であるが、文脈から話者の意図した意味がくみ取れるということなのであろう。しかし、一般言語学的に見て、興味深いことである。なお、m>bという変化は珍しい

ものである。どうしてそんな変化が可能だったのか分からない。みんな風邪をひいていたわけでもないであろう。

3.　関係節の諸問題

次に、バントゥ諸語の関係節を見る。

3.1.　関係節の構造

バントゥ諸語においては、関係節に用いられる動詞活用形は、場合によっては、意味的に対応する直説法形に等しいが、場合によっては、構造的に異なる。

3.1.1.　スワヒリ語

まず、Swahili で見てみよう。この言語の場合は、関係節形と直説法形が同じ構造を有するということはない。ここでは、関係節形があらわす行為の主体が被修飾名詞のあらわすものと一致する場合に限る。

たとえば現在形は、次のようになる。

関係節形	直説法形
主格接辞＋na＋関係接辞＋（対格接辞＋）語幹＋a	主格接辞＋na＋（対格接辞＋）語幹＋a
（mtu）a-na-ye-ni-ita	a-na-ni-ita
「私を（-ni-）呼ん（-ita）でいる（人）」	「彼が私を呼んでいる」

このように、関係接辞（この場合、ye）なしでは関係節形たりえない。過去形は次のごとくである。

主格接辞＋li＋関係接辞＋（対格接辞＋）語幹＋a	主格接辞＋li＋（対格接辞＋）語幹＋a
（mtu）a-li-ye-ni-ita	a-li-ni-ita
「私を呼んだ（人）」	「彼が私を呼んだ」

さらに、未来形は、単に関係接辞の有無が異なるだけではない。

主格接辞＋taka＋関係接辞＋（対格接辞＋）語幹＋a	主格接辞＋ta＋（対格接辞＋）語幹＋a
（mtu）a-taka-ye-ni-ita	a-ta-ni-ita
「私を呼ぶ（人）」	「彼が私を呼ぶ」

これは、「主格接辞＋語幹＋a＋関係接辞」という構造の別の関係節形（動詞は taka「望む」。この関係節形自体は「時」に関係ないといわれるが、実際には「現在・未来」）があり、それが文法化されて用いられるのである。直説法形の未来の時称接辞 ta は、taka の縮まったものである。

なお、

主格接辞＋me＋（対格接辞＋）語幹＋a

という「現在完了形」（結果の残る過去形）には対応する関係節形はない。

さらに興味深いことに、

主格接辞＋si＋（対格接辞＋）語幹＋a＋関係接辞

という否定の関係節形（～しない～）は存在するが、これ１つであり、直説法の過去形等に対応する関係節形は存在しない。

なお、たとえば関係節現在形（主格接辞＋na＋関係接辞＋（対格接辞＋）語幹＋a）の関係接辞は被修飾名詞に呼応するが、主格接辞は、行為の主体に呼応するのであって、被修飾名詞に呼応するわけではない。上の例で呼応しているのは、本質的にはたまたまそうであるにすぎない。上の検討から除外した、関係節形があらわす行為の主体が被修飾名詞のあらわすものと一致しない場合には、そのことがはっきりする。

mtu tu-na-ye-mw-ita「私たち（tu-）が呼んでいる人」（mw<m「彼を」）

このように、Swahili の関係節の構造は、基本的に直説法形とは異なっている。

3.1.2.　ワンガ語

ケニア西部の Luhya 諸語の一つ Wanga（ワンガ語）を見てみよう。ここでも、関係節形があらわす行為の主体が被修飾名詞のあらわすものと一致する場合に限る。

関係節形	直説法形
遠過去形	
主格接辞＋a＋（対格接辞＋）語幹＋a	主格接辞＋a＋（対格接辞＋）語幹＋a
近過去形	
主格接辞＋aa＋（対格接辞＋）語幹＋ile	主格接辞＋aa＋（対格接辞＋）語幹＋ile
今日の過去形	
主格接辞＋（対格接辞＋）語幹＋ile	主格接辞＋（対格接辞＋）語幹＋ile
たった今の過去形	
主格接辞＋a＋kha＋（対格接辞＋）語幹＋a	主格接辞＋a＋kha＋（対格接辞＋）語幹＋a
現在形	
主格接辞＋（対格接辞＋）語幹＋anga	主格接辞＋（対格接辞＋）語幹＋anga
現在継続形	
主格接辞＋shi＋（対格接辞＋）語幹＋anga	主格接辞＋shi＋（対格接辞＋）語幹＋anga
近未来形	
主格接辞＋la＋（対格接辞＋）語幹＋a	主格接辞＋la＋（対格接辞＋）語幹＋a
未来形	

主格接辞＋ni＋主格接辞＋(対格接辞＋)語幹＋e　ni＋主格接辞＋(対格接辞＋)語幹＋e

不確定未来形

主格接辞＋a＋kha＋(対格接辞＋)語幹＋e　主格接辞＋a＋kha＋(対格接辞＋)語幹＋e

ここまで見た形(肯定形)においては、未来形を除き、構造は同じであり、そのうち、たった今の過去形、近未来形を除き、アクセントも同じである。ただし、単数 3 人称主格接辞は、直説法形で a、関係節形で u である。この点を無視して考え、他の何らかの点で異なる活用形の例をあげる。動詞は okhusílikha「治療する」(A 型)、okhutikinya「くすぐる」(B 型)を用いる。

関係節形	直説法形
未来形	
omúúndú u-n-uu-silísh-é	n-aa-silísh-é
「いつか治療する人」	「彼はいつか治療する」
(ni + u > nuu、kh + e > she、ni + a > naa)	
omúúndú u-n-uu-tikínyé	n-aa-tikínyé
「いつかくすぐる人」	「彼はいつかくすぐる」
たった今の過去形	
omúúndú w-a-kha-sílikh-á	y-a-kha-sílikh-a
「治療した人」	「彼は治療した」
	(a + a > ya)
omúúndú w-a-kha-tíkíny-a	y-a-kha-tikiny-a
「くすぐった人」	「彼はくすぐった」
近未来形	
omúúndú u-la-sílikh-á	a-la-sílikh-a
「治療する人」	「彼は治療する」
omúúndú u-lá-tíkíny-á	a-la-tikiny-a
「くすぐる人」	「彼はくすぐる」

このうち、直説法未来形は、実は「接続法形」に ni を前接させたもの(これは、アクセントによっても推定される)なので、そのまま関係節形にすることはできず、主格接辞をさらに前接させた形になっているようだ。他の形は、単数 3 人称主格接辞の違いこそあるが、直説法形と関係節形にはさほど大きな違いはないと考えてもよい。しかし、否定形となると大きく異なってくる。どの形も、次に示す形のあと、節末・文末に táawe を置く。

関係節形　直説法形

遠過去否定形

主格接辞＋la＋a＋(対格接辞＋)語幹＋a	shi＋主格接辞＋aa＋(対格接辞＋)語幹＋a
近過去否定形	
主格接辞＋la＋a＋(対格接辞＋)語幹＋ile	shi＋主格接辞＋aa＋(対格接辞＋)語幹＋ile
今日の過去否定形	
主格接辞＋la(＋対格接辞＋)語幹＋ile	shi＋主格接辞＋(対格接辞＋)語幹＋ile
現在否定形	
主格接辞＋la(＋対格接辞＋)語幹＋anga	shi＋主格接辞＋(対格接辞＋)語幹＋anga
現在継続否定形	
主格接辞＋la＋shi＋(対格接辞＋)語幹＋anga	shi＋主格接辞＋shi＋(対格接辞＋)語幹＋anga
近未来否定形	
主格接辞＋la＋(対格接辞＋)語幹＋a	shi＋主格接辞＋la＋(対格接辞＋)語幹＋a
未来否定形	
ni＋主格接辞＋(対格接辞＋)語幹＋e	shi＋ni＋主格接辞＋(対格接辞＋)語幹＋e
意志未来否定形	
主格接辞＋la＋kha＋(対格接辞＋)語幹＋e	shi＋主格接辞＋a＋kha＋(対格接辞＋)語幹＋e

未来否定形の場合、節末に táawe があることによって、ni＋接続法形だけでも関係節として用いうるようになっているのであろう。全体として、直説法形においては、shi が語頭に、関係節形においては、直説法形では決してあらわれない否定辞 la が主格接辞直後にあらわれる。つまり、構造が大きく異なるのである。

遠過去否定形で例をあげる。

関係節形	直説法形
omúúndú u-lá-á-silíkh-á táawe	shi-y-áá-silíkh-á táawe
「治療しなかった人」	「彼は治療しなかった」
omúúndú u-lá-á-tikíny-á táawe	shi-y-áá-tikíny-á táawe
「くすぐらなかった人」	「彼はくすぐらなかった」

3.1.3. ルバ語

コンゴ民主共和国南部の Luba(ルバ語。この場合は、cílúba と呼ばれ、従来 Luba-Kasai と呼ばれた言語。ただし、調査したのは、それと同じ言語だが、Luba 族でなく Lulua 族の話す言語でいわゆる Luba-Lulua)における、関係節を見てみる。

まず、この言語の動詞は、アクセントの面で2つに分かれる。一方をA型、もう一方をB型と呼ぶことにする。不定形(ku＋語幹＋a)で示せば、次のような違いである。

A型：kúpha「与える」、kúkumá「叩く」、kúvuulá「脱がす」、kúbiikílá「呼ぶ」

アクセントは kúCV(V)X́ で表示できる。なお、ph は両唇無声摩擦音である。

B 型：kúyá「行く」、kúlékélá「放す」、kúlóóng'éshá「教える」

アクセントは kúX́ で表示できる。

動詞直説法活用形は数多いが、ここでは、過去形を例として用いよう。構造は、

主格接辞＋a＋ku＋(対格接辞＋)語幹＋a(＋呼応接尾辞)

というものである。対格接辞は、動作の対象をその人称もしくはクラスによってあらわしわける接頭辞で、呼応接尾辞は、多くの場合、やはり動作の対象をその人称もしくはクラスによってあらわしわける接尾辞である。

waakúkúphadyó(u-a-ku-ku-ph-a-dyo)「彼はあなたにそれを与えた」

u-a が waa となっており、次の ku は時称接辞(？)、その次の ku は単数2人称対格接辞、ph は語幹、a は語尾、dyo は、Guthrie の番号でいえばクラス3に対応する呼応接尾辞であり、たとえば dílaandí「蝸牛」を与えたような場合である。以下では、簡単のために、対格接辞のあらわれない場合で示す。

動詞が A 型の場合を kúbiikílá を用いて見てみる。

twáakúbiikílá「私たちは呼んだ」　(＜tu-a 〜)

waakúbiikílá「彼は呼んだ」

baakúbiikílá「彼らは呼んだ」　(＜ba-a 〜)

アクセントが異なるのは、1・2人称の単数・複数の主格接辞(S_1 と表示する)とその他の主格接辞(S_2)とでアクセントが異なるからである。

$\acute{S}_1$akúCV(V)X́、S_2akúCV(V)X́

で表示することにする。

では、「呼んだ人」「呼んだ人々」はどうなるだろうか。

múúntú wáakúbiikílá「呼んだ人」

báántú baakúbiikíla「呼んだ人々」

直説法形とは異なり、アクセントの違いがある。Guthrie の番号でいえばクラス1・9(クラス1は múúntú「人」、クラス9は nkóónkó「指輪」など)に呼応する主格接辞に類似のもの(R_1 と表示する)とその他のもの(R_2)のどちらがあらわれるかで、アクセントが異なってくる。しかも、R_1/R_2(関係接辞と呼ぼう。意味的には主体に呼応する)の部分だけではなくて、語幹＋a にも違いが出てくる。

$\acute{R}_1$akúCV(V)X́、R_2akúCV(V)X́Ca

で表示できる。確認のため、kúbaatálájá「平たくする」の例を見よ。

múúntú wáakúbaatálájá「平たくした人」

báántú baakúbaatálája「平たくした人々」

ここまでは、アクセントの問題であって、さほど大きな意味があると思えないかもしれないが、被修飾名詞が関係節のあらわす行為の主体をあらわすのでない場合（仮に、間接関係節と呼ぼう）は大きな問題が出てくる。

間接関係節は、次のような構造を持っている。過去形を例として示す。関係節の動詞のあらわす行為の主体が、1・2人称者の場合、すなわち主格接辞が S_1 の場合、

関係接辞＋主格接辞＋a＋ku＋（対格接辞＋）語幹＋a

であり、関係接辞は被修飾名詞のクラスに呼応する。

múúntú útwaakúbiikíla「私たちが呼んだ人」（u- は múúntú のクラスに対応する）

báántú bátwaakúbiikíla「私たちが呼んだ人々」（ba- は báántú のクラスに対応する）

間接関係節のアクセントは、次のように表示しうる。この場合の関係接辞は、アクセントの面で一様なので、R であらわす。

ŔS_1akúCV（V）X́Ca

さほど大きな問題ではないが、Ŕ のあとの S_1akúCV（V）X́Ca が、被修飾名詞が関係節のあらわす行為の主体をあらわす場合（直接関係節と呼ぼう）の R_1akúCV（V）X́ ではなく、R_2akúCV（V）X́Ca に類似している。

関係節のあらわす行為の主体が、1・2人称者以外の場合、すなわち主格接辞があらわれるとすれば S_2 の場合、間接関係節は、次のような構造を持っている。過去形を例として示す。

関係接辞＋a＋ku＋（対格接辞＋）語幹＋a＋呼応接尾辞

この呼応接尾辞が、関係節の動詞のあらわす行為の主体に呼応し、それをあらわす。既に述べたように、呼応接尾辞は通常は対格接辞と似た意味であるが、この場合は、主格接辞と似た意味をあらわすのである。

múúntú wáakúbiikíláye「彼が呼んだ人」　（-ye は múúntú のクラスに対応する）

múúntú wáakúbiikílábo「彼らが呼んだ人」（-bo は báántú のクラスに対応する）

báántú baakúbiikílayé「彼が呼んだ人々」

báántú baakúbiikílabó「彼らが呼んだ人々」

呼応接尾辞を除いた部分は、直接関係節に一致し、呼応接尾辞は、直前と異なる高さになる。呼応接尾辞を Q であらわす。

Ŕ$_1$akúCV（V）X́Q、R_2akúCV（V）X́CaQ́

動詞が B 型の場合を kúlóóng'éshá を用いて見てみる。

直説法形のばあい、

twáakúlóóng'éshá「私たちは教えた」

waakúlóóng'éshá「彼は教えた」

baakúlóóng'éshá「彼は教えた」

となり、アクセントは、次のように表示できる。

Ś$_1$akúX́、S$_2$akúX́

直接関係節の場合は、

múúntú wáakúlóóng'éshá「教えた人」

báántú baakúlóóng'ésha「教えた人々」

となり、アクセントは、次のように表示できる。

Ŕ$_1$akúX́、R$_2$akúX́Ca

間接関係節の場合は、関係節の動詞のあらわす行為の主体が、1・2人称者の場合、すなわち主格接辞が S$_1$ の場合、

múúntú útwaakúlóóng'ésha「私たちが教えた人」

báántú bátwaakúlóóng'ésha「私たちが教えた人々」

となり、アクセントは、次のように表示できる。

ŔS$_1$akúX́Ca

S$_1$akúX́Ca は、直接関係節の Ŕ$_1$akúX́ ではなく、R$_2$akúX́Ca に類似している。

関係節の動詞のあらわす行為の主体が、1・2人称者以外の場合、

múúntú wáakúlóóng'éshâye「彼が教えた人」

múúntú wáakúlóóng'éshábo「彼らが教えた人」

báántú baakúlóóng'éshayé「彼が教えた人々」

báántú baakúlóóng'éshabó「彼らが教えた人々」

アクセントは、次のように表示できる。

Ŕ$_1$akúX́Q、R$_2$akúX́CaQ́

やはり、呼応接尾辞を除いた部分は、直接関係節に一致し、呼応接尾辞は、直前と異なる高さになる。

これらのことから、次の2つのことがいえる。

(1)行為の主体が1・2人称者とそれ以外の場合とでは、認識論的に異なり、文法的にちがった扱いを生むことがある。

(2)関係節の動詞のあらわす行為の主体が1・2人称者以外の場合にはっきりあらわれるように、関係節と文(matrix sentence)とは大いに扱いが異なることが可能であり、一般言語学的に、関係節を文が埋め込まれたものとして扱うのは、適当ではない。

なお、クラス1・9の関係接辞が同じ扱いを受ける(どころか、形も同じである)ことの説明は困難であるが、対応する主格接辞も対格接辞も同じである。クラス1は múúntú とか mwaáná「子供」とか、人の単数をあらわし、クラス9は nkóónkó「指輪」とか ngufú「白髪」とか、nshiingu「首」とか、mpású「バッタ」とか雑多な名

詞の集まりである。この問題については、名詞クラスのところ(1.3)で触れた。

呼応接尾辞が通常の、対格接辞に似た意味をあらわすものから、主格接辞に似た意味をあらわすものに「変身」するというのも奇妙であるが、その奇妙さを共有する言語は他にもある。

3.1.4.　ンゴンベ語

同じくコンゴ民主共和国の北部に話されるNgombe(ンゴンベ語)は、呼応接尾辞の扱いで、関係節が特異である。

この言語においては、単数1・2人称と複数2人称には対格接辞がない。それに代わって語末に立つ呼応接尾辞がその意味をあらわす。対格接辞がある人称やクラスにも呼応接尾辞があり、動作の対象をあらわす点では両者とも用いられる。この言語の動詞にも、アクセントの点でA型・B型の区別があるが、B型のbobengana(「追う」. bo-は不定形接頭辞)を用いる。

lo-bá-bengán-ákí「私達は(lo-)彼らを(-ba-)を追っ(-bengan-)た(-aki)」

と同様の意味を

lo-bengán-ákí-bó「私達は彼らを(-bo)を追った」

であらわすことができる。

同じように

bá-lo-bengán-ákí「彼らは(ba-)私達を(-lo-)を追った」

と同様の意味を

bá-bengán-ákí-só「彼らは私達を(-so)を追った」

であらわすことができる。

関係節においても、同様のことができる。

bato(bí)ba-lo-bengán-ákí「私達を追った人々」(bi「その」)

と同様の意味を

bato(bí)bá-bengán-ákí-só「私達を追った人々」

であらわすことができる。これらを、ここでも「直接関係節」と呼ぶ。

ここで重要なことがあらわれる。この最後のフレーズは、「私達が追った人々」という意味をあらわすこともできるのである。つまり、呼応接尾辞が関係節動詞のあらわす行為の主体をあらわし、もとの主格接辞は、主体をあらわす機能を喪失し、単なる関係接辞に変わりうるのである。こうした後者の意味のものを、ここでも「間接関係節」と呼ぶ。このように、呼応接尾辞の扱いが、間接関係節において変化するわけである。

同じことは、今見た「過去形」についてのみいえるのでなく、多くの活用形についていえる。

近過去形(主格接辞＋(対格接辞＋)語幹＋i(＋呼応接尾辞))

lo-bá-bengán-í「私達は彼らを追った」(＝lo-bengán-í-bó)

bá-lo-bengán-í「彼らは私達を追った」(＝bá-bengán-í-só)

bato(bí)bá-lo-bengán-í「私達を追った人々」

bato(bí)bá-bengán-í-só「私達を追った人々」or「私達が追った人々」

現在形(主格接辞＋a＋(対格接辞＋)語幹＋aka(＋呼応接尾辞))

l-aá-bá-bengan-aka「私達は彼らを追う」(＝laá-bengan-aka-bó)

bá-a-lo-bengan-aka「彼らは私達を追う」(＝bá-a-bengan-aka-só)

bato(bí)bá-a-lo-bengan-aka「私達を追う人々」

bato(bí)bá-a-bengan-aka-só「私達を追う人々」

bato(bí)bá-a-bengán-áká-só「私達が追う人々」

未来形(主格接辞＋a＋(対格接辞＋)語幹＋a(＋呼応接尾辞))

l-aá-bá-bengan-a「私達は彼らを追う」(＝laá-bengan-a-bó)

bá-a-lo-bengan-a「彼らは私達を追う」(＝bá-a-bengan-a-só)

bato(bí)bá-a-lo-bengan-a「私達を追う人々」

bato(bí)bá-a-bengan-a-só「私達を追う人々」

bato(bí)bá-a-bengán-á-só「私達が追う人々」

このように、直接関係節の場合は、直説法形をそのまま使えば、主格接辞は、意味的には主格接辞と関係接辞を兼ね、間接関係節の場合は、元来の主格接辞は、意味的には関係接辞となり、主格接辞の代わりを呼応接尾辞がつとめる。

だが、否定形の場合は事情が異なる。

まず、直説法形を見る。

過去否定形(主格接辞＋a＋i＋(対格接辞＋)語幹＋a(＋呼応接尾辞))

l-a-í-(bá-)bengan-a「私達は(彼らを)追わなかった」

b-a-í-(lo-)bengan-a「彼らは(私達を)追わなかった」

近過去否定形(主格接辞＋(対格接辞＋)語幹＋isi(＋呼応接尾辞))

ló-(bá-)bengan-isi「私達は(彼らを)追わなかった」

bá-(lo-)bengan-isi「彼らは(私達を)追わなかった」

現在否定形(主格接辞＋ta＋(対格接辞＋)語幹＋aka(＋呼応接尾辞))

ló-ta-(bá-)bengan-aka「私達は(彼らを)追わない」

bá-ta-(lo-)bengan-aka「彼らは(私達を)追わない」

未来否定形(主格接辞＋ta＋(対格接辞＋)語幹＋a(＋呼応接尾辞))

ló-ta-(bá-)bengan-a「私達は(彼らを)追わない」

bá-ta-(lo-)bengan-a「彼らは(私達を)追わない」

直接関係節は、次のようになる。

bato(bí)b-a-í-(lo-)bengan-a「(私達を)追わなかった人々」(過去否定形)

bato(bí)bá-(lo-)bengan-isi「(私達を)追わなかった人々」(近過去否定形)

bato(bí)bá-ta-(lo-)bengan-aka「(私達を)追わない人々」(現在否定形)

bato(bí)bá-ta-(lo-)bengan-a「(私達を)追わない人々」(未来否定形)

要するに、直説法形を置けばよい。

間接関係節は、次のようになる。

bato(bí)l-a-í-(bá-)bengan-a「私達が追わなかった人々」(過去否定形)

bato(bí)ló-(bá-)bengan-isi「私達が追わなかった人々」(近過去否定形)

bato(bí)ló-ta-(bá-)bengan-aka「私達が追わない人々」(現在否定形)

bato(bí)ló-ta-(bá-)bengan-a「私達が追わない人々」(未来否定形)

要するに、これも直説法形と同じものを置けばよいのだが、「私達が追わなかった(追わない)〜」という意味のものを置く。何ということもないのだが、間接関係節において、関係節内の動詞活用形の構造が肯定の場合と否定の場合でひどく異なるというのが面白い。

なお、否定間接関係節において、対格接辞があらわれてもよいことになっているのは、もともと「目的語」名詞が明示された場合でも対格接辞があらわれてもよいという、バントゥ諸語によく見られる現象である。

間接関係節においては、被修飾飾名詞が関係節動詞のあらわす行為の対象をあらわすとは限らない。

tángo e-kw-ií molé「木(molé)が倒れ(-kw-)た(-ii)時(tángo)」(近過去形)

この場合、呼応接尾辞の代わりに名詞があらわれている。これも可能である。上にあげた例は、「私達が〜」という意味であり、そのような場合、独立代名詞の代わりに接尾辞を用いるのが普通なので、それで例をあげたまでである。なお、通常は、動詞の直後の名詞は動詞のあらわす行為の対象をあらわす。

molé を呼応接尾辞で代用することもできる。

tángo e-kw-ií-mó「それが倒れた時」

mo は、molé の属するクラス3に対応する呼応接尾辞である。

これら4言語の事実が示すように、関係節の動詞の構造等が直説法形とかなり異なるものがあり、一般言語学的に、関係節を文が埋め込まれたものとして扱うのは、適当ではない。関係節を文が埋め込まれたものとして扱う考え方は、英語や日本語のような、関係節の動詞の構造等が直説法形のそれと基本的に同じ言語の事実を不当に一般理論に固定化したものであろう。

3.2.　関係節と被修飾名詞の関係―ルワンダ語―

ヴィクトリア湖西岸やそれに近い地域のバントゥ諸語に見られることだが、連体修飾の可能なケースについて面白い事実がある。

日本語においては、連体修飾語のあらわす事象と被修飾名詞のあらわす事物との関係が容易に連想できる場合には、連体修飾語＋被修飾名詞という結びつきが可能である。

　　本を買ったお釣り

「本を買った」のあらわす事象と「お釣り」のあらわす事物との関係として容易に連想できるのは、本を買ってお金を払い、もらったお釣りという関係である。これに対し、お釣りに五百円もらったからといって、

　　本を買った五百円

というと、お釣りにもらった五百円という意味にはならず、支払った五百円という意味になるであろう。「本を買った」のあらわす事象と「五百円」のあらわす事物との関係として容易に連想できるのは、「支払った」といった関係だからである。

　　電気屋さんでアルバイトしたお金

「電気屋さんでアルバイトした」のあらわす事象と「お金」のあらわす事物との関係として、電気屋さんでアルバイトした結果受け取ったお金という関係が容易に連想できるからこの結びつきが可能である。電気屋さんでアルバイトして現物支給でブルーレイ・ディスクを貰ったからといって、

　　電気屋さんでアルバイトしたブルーレイ・ディスク

では何のことだか分からない。

このように、英語などではストレートにあらわしにくい関係でも、それが容易に連想できるものであるならば、日本語では、連体修飾語のあらわす事象と被修飾名詞のあらわす事物との関係として容認できる。

このように日本語では、こうした、連体修飾語＋被修飾名詞という結びつきが

　　昨日来た人
　　昨日着た洋服
　　彼が本をあげた人

といった、どの言語にもストレートに翻訳できる結びつきと並んで可能である。従来、上に見た連体修飾語＋被修飾名詞という結びつきを今見たものとは別物として扱う傾向があったが、それは日本語の事実から法則を引き出すという態度ではなくて、あらかじめ設定した基準に従って日本語を見るという、言語学者としては決し

てとってはならない態度である。

次の問題は、このような状態が日本語に特有のものかどうかということである。このような状態とは、連体修飾語＋被修飾名詞という結びつきが、両者のあらわす事象・事物間の関係が特に明示されることなく、広く可能である状態である。

ルワンダに話される Rwanda（ルワンダ語）の関係節を見てみる。Rwanda には次のような被修飾名詞＋連体修飾語という結びつきが可能である。

umunhu náhaaye igitabo「本（igitabo）を私があげた（náhaaye）人（umunhu）」

umunhu nákiirye igitabo「（その人の）本を私が破った人」

cf. gúkya「破る」、gúkiira「〜に対して（のために）破る」

必ずしも「破ってあげた」という意味ではない。

idúúka náguzémwo igitabo「本を私が買った（náguze）店（idúúka）」

cf. -mwo「その中で」

urupapura nánditsé-ho ibaruwa

「手紙（ibaruwa）を私が書いた（nánditse）紙（urupapura）」

cf. ho「そこに」、kuandika「書く」

isénte náguzé-mwo igitabo「本を私が買ったお金（isénte）」

cf. mwo「それで」

umunhu náfashé-ho ibaruwa「手紙を私が貰った（náfashe）人」

cf. ho「そこで」、gúfata「手に入れる」

mwo、ho は非独立副詞とも呼ぶべきもので、関係詞的なものでも全然ないし、ましてや、gúkiira のような「適用動詞」的なものでもない。

umunhu úmwáanáwe yánkubise「（彼の）子供（umwáanáwe）が私をなぐった人」

cf. yánkubise「彼は私をなぐった」

umwáana íse ári úmwáarímu

「（彼の）お父さん（íse）が先生（úmwáarímu）である（ari）子供（umwáana）」

umunhu nágyiye náwe「その人と（náwe）（一緒に）私が行った（nágyiye）人」

「一緒に行く」を一語（kugyendana）であらわすと、次のようになる。

umunhu twáagyendane　cf. kugyendana「一緒に行く」

twáagyendane は、文字通りには、「私たちが一緒に行った」だが、関係節では、被修飾名詞のあらわす人物も数えるので、複数形をとることになる。

íjwe úmwáana aríra「子供が泣く声（íjwe）」　cf. kurira「泣く」

íjwe árímókugyenda「彼が歩いている（árímókugyenda）音（íjwe）」

なお、Rwanda では、いわゆる使役動詞が、「物に対する使役」をもあらわす。つまり、「〜で〜する」というふうに、道具を「目的語」にとりうる。従って、関係節でも次のようなものが可能である。

ikáraamu nándikiishije ibaruwa「私が手紙を書いた鉛筆(ikáraamu)」

cf. kuandikiisha「書かせる、〜で書く」

このようなことがあるというある人の記述を誤読して、Comrie：*Language Universals and Linguistic Typology*(1981、1989[2])では、Rwandaでは主語と目的語以外は関係節化できないと述べているが、誤りである。

似たようなことは、Rwandaだけでなく、その近隣の諸語に関してもいえる。従って、日本語はこの点で孤立した言語ではないのである。この点で日本語に似た言語はさがせば他にもあると思われる。

4.　時称接辞と語尾

バントゥ諸語の動詞直説法形においては、基本的には、時称接辞と語尾の組み合わせで「時」をあらわしている。しかし、時称接辞と語尾の組み合わせがストレートに活用形全体のあらわす「時」をあらわしているだろうか。

確かに、時称接辞と語尾の組み合わせがストレートに活用形全体のあらわす「時」に反映されている言語はある。たとえば、ナミビア北部のオヴァンボ諸語ではそういえそうである。Mbalanhu(ンバラヌ語)で例をあげる。時称接辞 -a- は過去、語尾 -a は中立、-ile は過去をあらわす。o- には意味はない。アクセントは省略する。

o-nd-　a-tal　-a「私は(今日あるいは昨日)見た」
　私は　見る

o-nd-a-tal-ile「私は(昨日またはそれ以前に)見た」

要するに、後者は時称接辞 -a- と語尾 -ile の2つがあるので、前者より前のことをあらわすと考えられる。

しかし、そういう言語ばかりとは限らない。同じナミビア国内の中部に話されるHerero(ヘレロ語)では、同様に時称接辞 -a- は過去、語尾 -a は中立、-ire/-ere は過去をあらわす。

mb-　a-　máng-a「私は(1年もしくはそれ以上前に)縛った」(mba＜mbi＋a)
私は　　縛る　　　　　　　　　　　　　　　　　　　　　　　私は

mbi-máng-á「私は(いつも)縛る」

mb-a-máng-éré「私は(1年以内の過去に)縛った」

mb-á-máng-ére「私は(5日ほど前から昨日までの間に)縛った」

最後の2例がアクセントだけで区別されるのも面白いが、どちらであれ、最初の形よりあとのできごとをあらわすことに注意されたい。構造上は、最後の２例が過去をあらわす形態素を２つ有するのに、時称接辞 -a- しか有しない最初の例よりあとのできごとをあらわすわけである。

同じようなことは他の言語にも認めうる。ウガンダに話される Soga（ソガ語）を見る。時称接辞 -a- は過去、語尾 -a は中立、-ye は過去をあらわす。アクセントは省略する。

n-　　a-kub-　a「私は（昨日あるいはそれ以前に）たたいた」（na < ni + a）
私は　たたく　　　　　　　　　　　　　　　　　　　　私は

ni-kub-a「私はたたく」

n-a-kub-ye「私は（今日あるいは昨日）たたいた」

一部、意味的に重なる部分もあるが、相対的には、過去をあらわすものが２つある最後の形のほうが最初の例よりあとのできごとをあらわす。

このように見ると、全体の意味は形態素の意味の総和ではないということになる。思うに、一つの形となってしまったものが、それを構成する形態素の総和としての意味をあらわさなければならないわけではないことを示しているようである。

文を単語の列とする考え方に対し、文を形態素の列とする考え方を提示する向きもあるようだが、単語を適当に定義することによって、前者の考え方を維持するほうが適当のようである。今の例でいえば、動詞活用形を単語とすれば、問題は生じないからである。

5.　動詞接尾辞

動詞語幹は、語根だけから成る場合と１つもしくはいくつかの接尾辞が後続する場合がある。そのあとに語尾がつくわけである。これらの接尾辞にはかなりの種類がある。

Swahili で若干の例をあげる。

ku-pig-a「殴る」　　（ku- は不定形接頭辞、-a は語尾）

ku-pig-an-a「殴りあう」

ku-pig-w-a「殴られる」　　（いわゆる「受身動詞」）

ku-pig-ish-a「殴らせる」　　（いわゆる「使役動詞」）

ku-pig-an-ish-a「殴りあわせる」

ku-pig-i-a「～のために～を殴る」　　（いわゆる「適用動詞」）

ku-pig-an-ish-i-a「～のために～を殴りあわせる」

ku-fung-a「閉じる」

ku-fung-u-a「開く」　　　　　　　（いわゆる「逆行動詞」）

これらは別にどうということはないが、やや面白い例がある。

5.1.　適用動詞の意味

Swahiliでは、適用動詞で「～で～する」といった「道具」や「場所」をあらわすことはしにくいが、もとはできたらしく、次のような用例がある。

kalamu　ya　wino　ya　kuandikia　barua　「手紙を書く万年筆」
ペン　の　インク　の　～で書く　手紙

pahali　pa　kukogea　「シャワーを浴びる場所」
場所　の　～でシャワーを浴びる

他の言語には、適用動詞で「～で～する」といった「道具」や「場所」をあらわすことができるものがあるようである。Sambaaでは、適用動詞で「場所」をあらわすことができる。アクセントは省略する。

ku-iy-a「泣く」
ku-iy-i-a「～で泣く」
ku-iy-i-ghw-a「～で泣かれる」

aha h-aa-iyighwa　ni　ng'wana　「ここで子供が泣いている」
ここ　によって　子供

このha-は場所に呼応する主格接辞、-aa-は現在進行時称接辞（haa<ha＋aa）であり、文字通りには、「ここは子供に（その場所で）泣かれている」と訳すべきものである。

ケニア西部のLuyia（ルイヤ語）の一つWangaにも、kuandichila「～にむけ書く、～で書く」（<kuandika「書く」）といった動詞が存在する。（前者の意味はどの言語にも認められる。）道具をあらわすものは、当然、目的語と同じ扱いを受ける。

5.2.　使役動詞の意味

使役動詞の場合、一般には「～させる」相手は人間であるか、動物であるが、無生物にまで拡大すると、「～で～する」という「道具」をあらわすことになる。実際、そこまで拡大した言語はある。以下、アクセントは省略する。

ルワンダに話されるRwanda（ルワンダ語）はそうである。3.2にも触れたものだがkuandikiisha「書かせる、～でもって書く」（<kuandika「書く」）がその一例である。

こうした言語は、それ以外にもあり、ジンバブエのShona（ショナ語）の方言Karanga（カランガ語）で例をあげると、kunyoresa「書かせる、～で書く」（<

kunyora「書く」)、kushandisa「仕事させる、使う」(＜kushanda「働く」)等々がある。

ルワンダとジンバブエはかなり離れているので、使役動詞が「道具」をもあらわすことになったというのは、一箇所で例外的に起こった変化ではなく、さほど起こりにくい意味変化でもない、といえそうである。

5.3.　指小動詞

指小名詞なら、バントゥ諸語にもよく見られる。クラスとしてはkaを接頭辞とする単数名詞およびそれに対応する複数名詞が、言語によっては指小名詞としてあらわれる。指小動詞ということになると、一般言語学的にはやや珍しいかも知れない。

カメルーンのYambasaには、指小動詞といえるものが、しかも二段階存在する。

-bana「数える」　→ -banadeda「ちょっと数える」
　　　　　　　　→ -banadededa「ほんのちょっと数える」
-inye「断る」　→ -inyideḙ「ちょっと断る」(ḙは中舌母音)
　　　　　　　　→ -inyidideḙ「ほんのちょっと断る」
-eda「行く」　→ -ededa「ちょっと行く」
　　　　　　　　→ -ededena「ほんのちょっと行く」

このように、母音調和や、すこしややこしい音韻交替があるが、二段階の指小動詞がこの言語に認められることは事実である。

6.　形容表現―ブル語―

日本語では、「イワシの新鮮なの」という表現が可能であるが、多くの場合は「新鮮なイワシ」タイプの形容表現が用いられる。「綺麗なチューリップ」の代わりに「チューリップの綺麗なの」というと、場合によっては、綺麗でないチューリップもあることを意識しながらの表現であることもあり、綺麗でないチューリップもあることについては意識することの少ない「綺麗なチューリップ」とはやや違った意味になってしまう。「あら、綺麗なチューリップね」とはいえるが、「あら、チューリップの綺麗なのね」では違った意味になる。ところで「イワシの新鮮なの」「チューリップの綺麗なの」タイプの表現で、実は「新鮮なイワシ」「綺麗なチューリップ」のような意味をあらわすのが普通の言語がある。

カメルーンに話されるBulu(ブル語)について、その形容表現を見る。

まず、この言語では、形容表現は「被修飾名詞」＋「修飾語」の順になることを確認しておく。いわゆる「定」の名詞と「不定」の名詞ではアクセントが異なる(「定」のほうは、高い冒頭母音のようなものがあり、それが脱落したが、「高」音調が残っている) ので、全体の議論とは特に関係は少ないが、一応、「定」「不定」に分けて例を上げる。

定名詞＋修飾語　(ḙ は中舌母音 ə. o̱ は ɔ)

ácí dî「その卵(sg.)」、ácí diná「この卵」、ácí dilí「あの卵」;

mḙ́cí mâ「その卵(pl.)」、mḙ́cí maná「この卵」、mḙ́cí malé「あの卵」;

ácí dâm「私の卵(sg.)」、ácí dóe「あなたの卵」、ácí dé「彼(女)の卵」、

ácí dángán「私たちの卵」、ácí dḙ́nán「あなた方の卵」、

ácí dábá「彼(女)らの卵」;

mḙ́cí mâm「私の卵(pl.)」、mḙ́cí móe「あなたの卵」、mḙ́cí mé「彼(女)の卵」、

mḙ́cí mángán「私たちの卵」、mḙ́cí mḙ́nán「あなた方の卵」、

mḙ́cí mábá「彼(女)らの卵」.

「の」にあたる語句が必要な場合、それは segmental にはあらわれないが、アクセントでそれがあることが分かる。

éyole mód nyî「その(nyi)人(mod)の名(eyole)」;

関係節も、被修飾名詞に後続する。

mód angávḙ́ma kálâte「私に(-ma)本(kálâte)をくれた(angávḙ́-)人(mod)」

不定名詞＋修飾語

acǐ dá「1 つの卵」、mḙcǐ mḙ́bae「2 つの卵」、mḙcí mḙ́sḙ̂「全部の卵」、

mḙcǐ táng'yá「いくつの卵」;

aciízing' (＜acǐ ezing')「ある卵」、aci ávéí (＜acǐ avéí)「どの卵」.

以上のことを念頭において、属性形容表現を見る。

abḙng'ácǐ「いい卵(sg.)、mimbḙng'mḙ́cǐ「いい卵(pl.)」.

これらの例において abḙng' は「いいもの、いいこと(sg.)」という意味であり、mimbḙng' はその複数形である。つまり「(属性) 名詞(sg.)」＋「(実体) 名詞」(sg.) あるいは「(属性) 名詞(pl.)」＋「(実体) 名詞」(pl.) という構造で形容表現が成立し、その逆の順序は不可能である。「卵のいいもの」で「いい卵」という意味をあらわすわけである。なお、(属性)名詞は、述語にもあらわれる。

ácí dî énḙ abḙng'「この卵(sg.)はいい(sg.)」(enḙ は繋辞)

このような形の属性形容表現を列挙する。/ の左は単数形、右は複数形である。

abé/mḙbé「悪いもの」　　例：abé kálâte「悪い本」

anḙ́n/mḙnḙ́n「大きい、太いもの」　　例：mḙnḙ́n mḙ́ bód「太った人々」

mḙ は「の」を意味し、この場合 segmental にもあらわれる。bod「人(pl.)」.

mo̱n/bo̱ (n)「小さい、薄いもの」
例：mo̱n áfḙ́b「薄い紙」(afḙ́b「紙」)
cf. mó̱n/bó̱n「子供」
ayab/mḙyab「長いもの」
例：ayab ólé「長い棒」(olé「棒」)
etun/bitun「短いもの」
例：etun ólé「短い棒」

その他、こういった形容名詞を列挙する。

adid/mḙdid「重いもの」
ovḙvḙs/avḙvḙs「軽いもの」
ayóng'/mḙyóng'「熱いもの」
avḙ́b/mḙvḙ́b「冷たいもの」
ngul/ngul「強いもの」
例：ngul mod/ngul bod「強い人」
atḙg/mḙtḙg「弱いもの」
mfḙfe/mimfḙfe「新しいもの」
nnóm/minnóm「古いもの」
afib/mḙfib「厚いもの」
akáb/mḙkáb「よく切れるもの」
atul/mḙtul「切れないもの」
evóvo̱/bivóvo̱「やせたもの」
afo̱m/mḙfo̱m「ケチなもの」
nzózó̱é/minzózó̱é「貧しいもの」
evḙ́lḙ̂/bivḙ́lḙ̂「赤いもの」
efúmlû/bifúmlû「白いもの」
evíndi/bivíndi「黒いもの」

このような属性形容表現は、Bulu だけでなくそれに近い Ewondo（エウォンド語）や Eton（エトン語）に見られる。

Ewondo の例をあげる。

mbḙngbḙ kḙ́lâra「いい本」(mbḙngbḙ「いいもの」、kḙ́lâra「本」)
mbḙ́ kḙ́lâra「いい本」(mbḙ́「悪いもの」
mor mvú「大きい犬」(mor「大きいもの」＜mod「人」、mvú「犬」)
man mvú「小さい犬」(man「小さいもの」＜mó̱ngó̱「子供」?)

これらも、文字通りには「本のいいの」等々と訳すべき構造である。

Eton（エトン語）の例をあげる。

mḙm á kálára「いい本」(mḙmḙ「いいもの」、kálára「本」、a「の」)
mḙ́ a kálára「悪い本」(mḙ́「悪いもの」)

それだけでなく、文法的にはかなり異なる Yambasa にも「伝染」している。

genógó gá kálata「いい本」(genógó「いいもの」、kálata「本」、ga「の」)
gegáda gá kálata「悪い本」(gegáda「悪いもの」)

このことは、「イワシの新鮮なの」「チューリップの綺麗なの」というタイプの属性形容表現が、「新鮮なイワシ」「綺麗なチューリップ」タイプの属性形容表現ほどではないが人間のある論理のあらわれとして存在しうることを示している。

7.　述語動詞直後の名詞

バントゥ諸語一般に、述語動詞直後の名詞は、意味的に問題がなければ「目的語」と扱われてきた。

Swahili で見てみる。

nilisoma　kitabu　hichi　jana.「私は昨日この本を読んだ」
私は読んだ　本　この　昨日

≒　nilikisoma kitabu hichi jana.（ki は kitabu に呼応する対格接辞）

nilikisoma jana「私は昨日それを読んだ」

これを見る限り問題はなさそうである。つまり、「目的語」は述語動詞直後にあらわれ、かつ、同じものをあらわす対格接辞が併存するか代置されることができる。

しかし、述語動詞直後の名詞がこういう性質を持っているかというとそうでもない。

anatoka　jasho「彼は汗をかいている」
彼は出す　汗

この場合 jasho に対してそのクラスに呼応する対格接辞（li）を併存させることはできず、また、

analitoka

は不可能である。そもそも、kutoka という動詞は、「出る」とか「～から来る」という意味であって、汗とか血の場合にのみ「出す」といった意味になる。では、jasho は何なのか。「目的語」なのかそうじゃないのか。

似たようなケースは、いわゆる「他動詞」の場合にもある。

nilimsomea　（mtoto）（kitabu）「私は（子供に）（本を）読んでやった」
私は彼に読んでやった　子供

この場合 mtoto はいわゆる「間接目的語」で、kitabu はいわゆる「直接目的語」と解釈されるのが普通である。しかし、

nilimpiga　（mtoto）kichwa　「私は（子供の）頭を殴った」or
私は彼を殴った　頭　「私は（子供に）頭突きした」
cf. nilimpiga（mtoto）「私は（子供を）殴った」

の kichwa は「直接目的語」といえるのか。さらに、

nilimpiga（mtoto）teke「私は（子供を）蹴った」
nilimpiga（mtoto）mateke「私は（子供を）何度も蹴った」

の teke「蹴ること、sg.」、mateke「同、pl.」は何なのか。

我々は、実際は何の根拠もなしにどの言語にも目的語（直接目的語、間接目的語）

がそうでないものとは区別されるされる形で定義できると考えがちである。しかしSwahiliの事実は、いわゆる目的語とされてきたものがもう少し大きな文法範疇の一部である可能性を示している。要するに、述語動詞のあらわす運動と非常に近い関係にある事物をあらわす範疇の存在である。

ここに述べたことは、未だ可能性の指摘であるが、さらに次のような言語がある。

一般には、受身をあらわす文の場合、「行為者」はなにかそれをあらわすマーカーを必要とする。

I was called by him.

において、byがなければ非文である。

私は彼に呼ばれた

も、「に」がなければ非文である。

バントゥ諸語でも多くの場合、そうである。ウガンダ東端のGisu「ギス語」でもそうである。以下、アクセントを省略する。

iitiwa　numusaale　weewe「彼は彼の友達に殺された」
彼は殺された　友達に　彼の　(numusaale < na + umusaale)

na「～によって」が必要である。ルワンダのRwanda(ルワンダ語)でもそうである。

yiishwe　namugyenziwe「彼は彼の友達に殺された」
彼は殺された　彼の友達に　(namugyenziwe < na + mugyenziwe)

しかし、地理的にその間に話される言語ではそうでない。まず、ヴィクトリア湖北岸のSoga(ソガ語)を見てみる。

yaitibwe　mukwanogwe「彼は彼の友達に殺された」
彼は殺された　彼の友達

naにあたるものはあらわれていない。さらに、次の文参照。

yaitibwe　nze「彼は私に殺された」
　私

yaitibwe　fe「彼は私たちに殺された」
　私たち

yaita　mukwanogwe「彼は彼の友達を殺した」
彼は殺した

要するに、動詞述語の直後の名詞句が、行為者をあらわすのか被動者をあらわすのかは、動詞が受身動詞であるか能動動詞であるかでしか分からないのである。

同じくヴィクトリア湖北岸のGanda(ガンダ語)を見てみる。

yattidwa　mukwanogwe「彼は彼の友達に殺された」

彼は殺された　彼の友達

na にあたるものはあらわれていない。さらに、次の文参照。

ababbi　bakwatiddwa　poliisi「泥棒たちが警察に捕まった」

泥棒、pl.　彼らは捕まった　警察

ababbi bakwatiddwa　nze「泥棒たちが私に捕まった」

私

ウガンダ西北部の Nyoro（ニョロ語）を見てみる。

akaitibwa　omunywaniwe「彼は彼の友達に殺された」

彼は殺された　彼の友達

やはり、na にあたるものはあらわれていない。さらに、次の文参照。

akaitibwa　nyowe「彼は私に殺された」

私

その南東の Tooro（トーロ語）を見る。

akaitwa　munywaniwe「彼は彼の友達に殺された」

彼は殺された　彼の友達

やはり、na にあたるものはあらわれていない。さらに、次の文参照。

akaitwa　nyowe「彼は私に殺された」

私

その南の Kiga（チガ語）を見る。

aisibwe munywaniwe「彼は彼の友達に殺された」

彼は殺された　彼の友達

やはり、na にあたるものはあらわれていない。さらに、次の文参照。

aisibwe nyowe「彼は私に殺された」

こうした事実は、上述の可能性を強めるものである。すなわち、述語動詞のあらわす運動と非常に近い関係にある事物をあらわす範疇があり、それは述語動詞のすぐあとにあらわれるが、Soga ～ Kiga においては、その「述語動詞のあらわす運動と非常に近い関係にある事物」の中に、受身行為の行為者も含まれると考えられる可能性である。

ここではそうした可能性を指摘するにとどめるが、目的語（直接目的語、間接目的語）を固定的にとらえないで、それぞれの言語に即して、厳密に考えることの必要性を示している。

第4章　バントゥ諸語分岐史

バントゥ諸語がどのように分岐して現在の分布状況になったかを考える。大きくいって2つの問題がある。一つは、祖語の段階でどこにいたか、という祖地の問題である。もう一つは、分岐の経過そのものである。拙著『バントゥ諸語分岐史の研究』では、これらの問題について論じた。その基礎データとなったのは、次にあげる200項目の基礎語彙の比較である。

1 head	2 hair	3 face	4 eye
5 nose	6 mouth	7 tongue	8 tooth
9 ear	10 neck	11 body	12 shoulder
13 breast	14 back	15 buttock	16 arm
17 finger	18 nail	19 leg	20 bone
21 blood	22 heart	23 liver	24 tears
25 spittle	26 to see	27 to look for	28 to hear
29 wound	30 to vomit	31 to be tired	32 to become well
33 medicine man	34 clothes	35 to wear	36 to wash
37 to spread to dry	38 to sew	39 salt	40 oil
41 to cook	42 to roast	43 to eat	44 to drink
45 to become hungry	46 to become rotten	47 house	48 to build
49 to shut	50 to sweep	51 father	52 mother
53 child	54 husband	55 wife	56 to bear
57 name	58 to grow up	59 person	60 to die
61 dog	62 to bite	63 cattle	64 pig
65 goat	66 animal	67 lion	68 elephant
69 hippopotamus	70 tail	71 spear	72 trap
73 meat	74 snake	75 crocodile	76 frog
77 fish	78 bird	79 chicken	80 egg
81 to fly	82 bee	83 mosquito	84 fly

85	tree	86	branch	87	leaf	88	seed
89	root	90	to cultivate	91	hoe	92	to sleep
93	dream	94	to wake up	95	to stand up	96	to sit down
97	to go	98	to come	99	to enter	100	to come out
101	to arrive	102	to pass	103	path	104	axe
105	fire	106	ashes	107	smoke	108	to burn
109	to extinguish	110	firewood	111	water	112	to become dry
113	to say	114	to call	115	to question	116	to teach
117	to play	118	to sing	119	drum	120	to throw
121	to abuse	122	to strike sb.	123	to give	124	to steal
125	guest	126	to wait	127	to kill	128	to laugh
129	to weep	130	to like	131	to fear	132	to forget
133	one	134	two	135	three	136	four
137	five	138	ten	139	many	140	all
141	God	142	to drop	143	to pick up	144	to bring
145	to put	146	to hide	147	to pull	148	to push
149	to tie a knot	150	to untie	151	to bend	152	to cut
153	to snap	154	to tear	155	up	156	down
157	inside	158	outside	159	red	160	white
161	black	162	sun	163	moon	164	star
165	cloud	166	rain	167	wind	168	mountain
169	forest	170	river	171	to sink	172	to cross
173	to swim	174	ground	175	stone	176	soil
177	hole	178	to bury	179	day	180	night
181	yesterday	182	today	183	tomorrow	184	year
185	good	186	bad	187	big	188	small
189	long	190	short	191	heavy	192	It's cold
193	new	194	thing	195	me	196	you *sg*
197	us	198	you *pl*	199	who	200	what

バントゥ祖地が特定できなければ、分岐の歴史など推定不可能なので、祖地の問題に関する前掲書の記述を少し詳しく紹介する。

M. Guthrie は、バントゥ祖地を、南緯5～7度、東経20～25度の地域と考えた。現在のコンゴ民主共和国(旧ザイール)の Kananga(カナンガ)や Mbuji-Mayi(ムブジ・マイ)といった都市を含む地域である。現在、Luba-Kasai(ルバ・カサイ)およびLuba-Lulua（ルバ・ルルア）と呼ばれているLuba（ルバ語）の方言が話されている。

Lubaと周辺の他の言語の基礎語彙一致率は、次の如くである。なお、基礎語彙一致率とは、前述の200の基礎的語彙項目について、各言語の該当語彙のリストを作り、言語間で比較したものである。一致率が高ければ別れた時期が新しい可能性が高いということになる。1項目一致すれば、0.5%ということになる。200項目なのに36.75%とかいうのは奇妙かも知れないが、それは、一致不一致が判定できない場合を0.25%一致と計算したことによる。

西方の言語：	Laari（ラーリ語）	34.0%	Yombe（ヨンベ語）	36.75%
	Ndjiku（ンジク語）	37.75%	Teke East（東テケ語）	40.5%
	Yans（ヤンス語）	31.5%		
北方の言語：	Bobangi（ボバンギ語）	35.0%	Lingala（リンガラ語）	37.5%
	Ngombe（ンゴンベ語）	29.0%	Ntomba（ントンバ語）	34.25%
	Mongo（モンゴ語）	28.0%		
北東の言語：	Lega（レガ語）	38.75%	Shi（シ語）	34.0%
	Nande（ナンデ語）	33.5%	Rwanda（ルワンダ語）	36.5%
	Haya（ハヤ語）	33.25%		
南方の言語：	Lunda（ルンダ語）	38.5%	Luvale（ルヴァレ語）	39.5%
	Kaonde（カオンデ語）	48.75%	Mwenyi（ムエニ語）	47.25%
	Nkoya（ンコヤ語）	48.75%		
南東の言語：	Lamba（ランバ語）	44.25%	Bemba（ベンバ語）	44.75%

全体として、真南のLunda、Luvaleを除き南方・東南方の諸語との数値が高い。（西方・北方・北東の諸語との一致率がやや低いなかで、Teke East 40.5というのが少し気になるが、Lubaに地域的に近接していることの影響である可能性がある。）

重要なことは、この地域の北方や西方、北東方には熱帯雨林が広がり、南方・東南方はサバンナであるということである。Guthrie説の通りだとすると、祖地（Lubaが今でも話されている）を一部の人々が離れて、まず、通過しにくい熱帯雨林を越えて北方や西方や北東方に移住し、それより後に、比較的通過しやすいサバンナを通って南方・東南方へ別の一部が移住したことになり、不合理である。

さて、ある言語群が広く分布する場合、それらの言語の祖語と系統関係を有するいくつかの言語がある地域に話される場合、前者の言語群の祖地は後者の言語の地域に近い場所である可能性が高い。その言語群の祖語の段階をさらに逆上ると、後者の諸言語と同一言語であった時期が必ずあるはずだからである。

さて、カメルーンのナイジェリア寄りの地域、および、ナイジェリアのカメルーン寄りの地域には、昔から Sub-Bantu とか Semi-Bantu とかと呼ばれたバントゥ諸語に近い言語が数多く分布しており、筆者も、そのような言語の一つであるBamileke（バミレケ）諸語に属する Dschang（チャン語）のデータがあり、それを用いて、少なくともバントゥ諸語の祖地については推定を行うことができる。

Dschang は、バントゥ諸語とは言語としてはひどく離れてはいるが、語彙の中にはかなり後者の祖語（Proto-Bantu）と類似するものがある。系統的に関係あるとしても Dschang はひどく変形しているらしく、音韻対応を発見するのは困難であるが、200 語の中には気になる類似がある。具体例は『バントゥ諸語分岐史の研究』参照。これらのうちのあるものは、単なる偶然の類似であろう。また、借用による類似もあるかも知れない。しかし、すべてが偶然の類似か借用による類似かであるとすることはできないであろう。また、文法的にも、単数１～３人称主格接辞がN、u、a であるという驚くようなバントゥ諸語との類似（スワヒリ語では、ni、u、a）が見られる。

従って、チャン語は、バントゥ祖語の姉妹言語であるといってよいであろう。従って、その話されている地域からさほど大きく離れてない地にバントゥ祖語が話されていたのであろう。

この説自体は、アフリカ研究者の間ではほぼ定説になっている。言語学者にとって必要なのは、それを言語学的に検証することだったわけである。

上に示したのと同様の比較によって、全域のバントゥ諸語の間の近さ遠さを判定した結果をまとめると次のようになる。詳しくは、同書参照。

カメルーン西部近辺の祖地を起源とするバントゥ諸語は大まかにいって次の４つに分岐したと思われる。

第１のグループは、熱帯雨林の北の縁を通って東進し、ヴィクトリア湖西岸付近に定着し、その後、一部は時計まわりにヴィクトリア湖岸を移動して定住したが、一部は逆回りに移動し定住したり、ケニア中部に至った。さらに、逆回りの集団はタンザニア中部からケニア・タンザニアの南部や海岸部に至っている。さらに、タンガニーカ湖の東方を南下したグループからは、さらに南下してザンビア、ジンバブエ、南アフリカに至ったものがあり、西方にむかってザンビア中部・西部・北部、コンゴ民主共和国南部、ナミビアに至ったものもある。

第２のグループは、カメルーン東部から川沿いにコンゴ河に達し、その上流にも広まったものである。

第３のグループは、カメルーンから大西洋沿岸沿いに南下し、その先端はコンゴ河下流に達している。

移動推定図

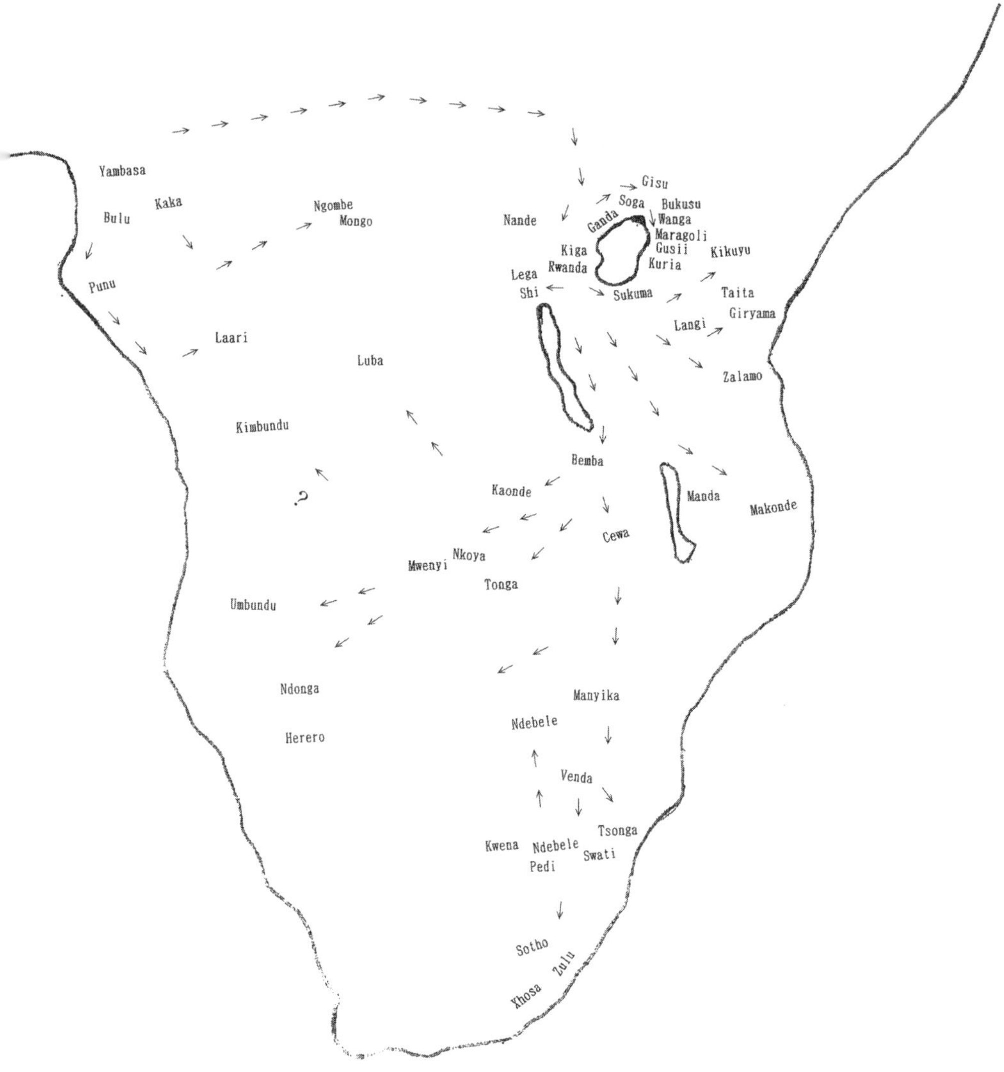
Yambasa
Bulu
Kaka
Ngombe
Mongo
Punu
Laari
Luba
Kimbundu
?
Nande
Gisu
Soga
Bukusu
Ganda
Wanga
Maragoli
Kiga
Gusii
Kikuyu
Rwanda
Kuria
Lega
Shi
Sukuma
Taita
Giryama
Langi
Zalamo
Bemba
Kaonde
Manda
Makonde
Cewa
Nkoya
Mwenyi
Tonga
Umbundu
Ndonga
Herero
Manyika
Ndebele
Venda
Tsonga
Kwena
Ndebele
Swati
Pedi
Sotho
Zulu
Xhosa

第4のグループは、カメルーンの祖地の近くに留まったものである。
前頁に、移動推定地図を示す。

一般言語学的に見て、この方法論の最大の問題点は、基礎語彙の一致率に親近関係がどの程度正確に反映されているかということであろう。この点に関して同書では次のように述べた。

基礎語彙の比較という点に関しては、言語学は過去に苦い経験がある。かつて、基礎語彙はゆっくり変化するという、今も否定されていない命題の他に、基礎語彙の変化の度合いはどの言語もほぼ一定であるという命題が一部の言語学者に信じられたことがあり、基礎語彙一致率が分かればそれらの言語が別れた年代がかなり正確に推定できると主張された。その後、いくつかのケースの検討によって、そういうことはないことが示され、この考え方(言語年代学と呼ばれた)は事実上否定された。基礎語彙としては、M. Swadesh の 200 語が用いられたが、実は、はじめから、基礎語彙の変化の度合いは決して一定ではないことを理解すべきであった。1000 年たって基礎語彙が残る率は、その頃のデータでも 76%から 85%の間に分布していた。このことからは、基礎語彙がゆっくり変化するとはいえても、「ほぼ一定の速度で変化する」などとは到底いえない。変化率を見ると、15%から 24%ということであり、競走でいえば、ひとりが 100 メートル走る間にもうひとりが 160 走ることになり、ほぼ一定の速度などとは全然いえないのである。76 ～ 85 という数値を見てほぼ一定というふうに勘違いしたのは、こうした数値が%を示すものであって 0 ～ 100 を変域とするものであることを無視した謬見であった。
普遍的比較に有効だと思われた M. Swadesh の 200 語についても問題があった。たとえば because という項目があったが、これにあたる適当な単語をさがすのが困難な言語がいくつもある。そもそも、どういう概念が基礎的であるかということは、気候や社会の状態によってかなり異なる。
このような経過を考慮して、本書は次のような立場で基礎語彙を扱う。
1)本書で扱う 200 項目を普遍的意味を有すると主張するわけではなく、バントゥ系諸族にとってのみ基礎的であるとする。バントゥ系の社会は、おおまかにいえば、かなりどこでもよく似ているので、基礎的な概念においても共通しているといえよう。
2)語彙一致率から別れた年代を云々することはしない。ただし、かなりの留保つきで、相対的年代比較には用いる。つまり、A 言語と B 言語の語彙一致率が A 言語と C 言語の語彙一致率よりかなり高ければ、A 言語と B 言語のほうがA言語とC言語より後に別れたらしいと推理する。「かなり」の意味が問題であるが、常識的に判断する。

今、これに付け加えることはあまりないが、同書でも部分的に問題にした、次の点について一言したい。すなわち、接触している言語間では語彙の借用が生じ、それが基礎語彙にも及び、分かれてから長い時間が経っていても、基礎語彙の一致率が高くなる可能性である。そういうことの影響を最小限にするために基礎語彙に限定するわけであるが、基礎語彙だからといって借用が生じないわけではない。また、できるだけ信頼できる数値を得るために、扱う基礎語彙の数を200としたわけであるが、同書第4章3で述べたように、系統的に近い関係にあるSwahili（スワヒリ語）とケニアのGiryama（ギリヤマ語）および現在のSwahiliの中心地にかつて話されていたZalamo（ザラモ語）の基礎語彙一致率と100語に絞った「より基礎的な」基礎語彙の一致率は次のようになる。

	Swahili vs. Giryama	Swahili vs. Zalamo
基礎語彙（200語）	71%	69.25%
基礎語彙（100語）	83.5%	75%

基礎語彙（200語）では有意な差は出ないが、基礎語彙（100語）ではかなり大きな差が出ることが分かる。ZalamoからSwahili、または、SwahiliからZalamoへの借用が基礎語彙（200語）のレベルではかなりあることがこの差の原因であろう。

個々の語彙について一致している（同根語である、つまり、それにいたる音韻変化を差し引けば音形として一致する）のかどうかの判断は時に困難で、間違える可能性がある。間違えると1%の誤りになってしまうので、そういう危険を小さくするために200語にしたわけであるが、だからといってこれを300語に拡大すると借用が紛れ込む危険がもっと大きくなり、系統論的な判断を狂わせることになる。そして困ったことに、分かれてからさほど時間がたっていない言語の間では、同根による一致なのか借用による一致なのか、判断が極めて困難なのである。

従って、使用する基礎語彙は200語程度にとどめ、また、地域的に近接している言語間については、借用による一致を考慮に入れるのが、より妥当なやり方ではないかと思われる。なお、同書で用いた基礎語彙200語がバントゥ諸語のそれとして本当に適当なのかどうかは、すべての人にアクセス可能な、別の問題である。

上に地図で示した結果のうち、著者にとって第一に意外だったのは、Lubaが西方・北方から来たのでないのはもちろん、北東から来たわけでもなく、南東から来たらしいという点である。データはそれを示しているが、100パーセントの確信はない。第二にやや意外だったのは、Kikuyu（キクユ語）、Kamba（カンバ語）等々のケニア中部の言語が、直接接しているその西方の諸語(Kuria、Maragoli 等)ではなくて、ヴィクトリア湖南方・東南方の Sukuma(スクマ語)や Langi(ランギ語)と分かれた時期が近いということである。それ以外の点は、祖地がカメルーン西部近辺にあり、東進した一部がヴィクトリア湖西岸付近に定着したことなど、これまである程度いわれてきたことを認めるなら、特に異とする結果ではない。ただ、数的裏付けを与えて、仮説として提起しただけである。

第5章　言語の混淆

ある言語が他の言語の話し手たちに受け入れられた時には、程度の差はあるが、ある種の混淆が起こると考えられるが、バントゥ圏には、そうした場合どのようなことが起こるかの良い実例がある。

南部アフリカが未曾有の混乱に陥ったDifaqaneの時期(要するに戦国時代)、Southern Sotho(南ソト)系のKololo(コロロ族)は、Sebetwaneに率いられて、主として現在のボツアナを荒し回った、あるいは、逃げ回ったのち、現在のザンビアにはいり、1840年頃、ザンビア西部地方を制圧し、王国を打ち立てた。Sebetwaneの死後蜂起した先住のLuyana(ルヤナ)族によって1864年頃打倒され、男は処刑されたが女は生き残り、有力者に分配された。その結果、Kololoがもたらした言語が生き残った。

たった20数年支配した他所者の言語が生き残ったのは、予想外のことではあるが、そうなった理由には次の二点が考えられる。

第一は、Kololoの侵略以前にはこの地方の言語(Luyana)の方言が互いにかなり異なり、共通語といえるものがなかったことである。たとえば、筆者が調査したKwangwa(クワングワ語。東方方言の一)とMwenyi(ムエニ語。西方方言の一)がかなり異なっていることからも推測できる。基礎語彙一致率は70%台後半だが文法的にはかなりの違いがある。そのため、Kololoの支配が確立してのちはLuyana族の間でも共通語としてKololoの言語が用いられるようになったようである。

第二は、Kololoの女が生き残ったことにより、次の世代にその言語が継承されたことである。アフリカのような一夫多妻地域では、子供の言語に対する母親の影響力は、一夫一婦社会よりはるかに強いと思われるからである。

当初は、消え去ると予想した人もいたようであるが、生き残り、さらに話し手を獲得してザンビアの現在のWestern Provinceの共通語となり、Lozi(ロズィ)と呼ばれるようになり、ザンビアに7つある国語の一つとなっている。

この言語は、しかし、その話し手の大半がLuyana族であることを主な原因として、かなりの変質を被った。言語学者Fortuneは、この言語を見て、(Sotho系の言語とLuyanaの）fifty-fiftyだといったそうである。

この言語の構成を見るには、Loziの調査はもちろん、Luyanaのいくつかの方言および南部アフリカのレソトおよび南アフリカ内のその周辺に話される（Southern）Sothoおよび移動中に加わったかも知れないTswana（ツアナ）諸族の言語を調査し比較する必要がある。

著者が調査した言語は次の通りである。

Lozi（ロズィ語．略号L）、
Kwangwa（クワングワ語．ルヤナ語東方言．Kg）、Mwenyi（ムエニ語．同西方言．M）
Sotho（ソト語．S）、Pedi（ペディ語．通称Northern Sotho．P）、
Katla（カタ語．ツアナ語方言．Kt）、Kwena（クエナ語．同．Kn）、
Rolong（ロロン語．同．R）、Tlhaping（タピン語．同．Tp）、
Hurutse（フルツェ語．同．H）、Ngwato（グアト語．同．Nt）．

まず、音韻面から見てみよう。予想されることは、Luyana族の人々が、自分の音韻体系を保持しながらKololo語を受け入れたであろうということである。この予想はほぼ当たっている。次にLoziとSothoの音韻対応を示す。Loziの発音は、そのままLuyanaにあるものである。

Lozi	Sotho	Lozi	Sotho	Lozi	Sotho	Lozi	Sotho	Lozi	Sotho
p	p/ph	b	b	m	m	f	f		
t	t/th/hl/tl/tlh			n	n	s	s/tsh	z	ts
c	tjh/j	j	tj	ny	ny	sh	sh		
		l	d/r/l						
k	k/kh/q			ṅ	ng				
h	h	w	w	y	y	N	N		
i	i/ẹ	e	e	a	a	o	o	u	u/ọ

このうち、Loziのc/jはtç/dʑをあらわしṅは同語の正書法で軟口蓋鼻音をあらわす。Nは、両言語において、日本語のンのような音である。

Sothoのp/t/tl/k/tj/tsは放出音的な無声音をあらわす。hlは無声のlをあらわし、tl/tlhは側面破擦音をあらわす。ngは軟口蓋鼻音をあらわす。qは歯茎吸着音をあらわす。ẹ/ọは狭いe/oを、e/oは広いe/oをあらわす。

このように、Loziの発音は、Sothoの発音をそのまま受け入れたのではなくて、Luyana族が自分たちの元来の言語の発音に修正して受け入れたものである。たとえば、側面破擦音を除く放出音的な無声破擦音は有声破擦音に変換され、側面破擦音や破裂音の放出音的なものは、対応する有気声と合流して無声音になっている。

歯茎吸着音は、聴覚印象の似たkになっている。7母音は5母音になっている。

次に、Loziの名詞クラスを、語例を示してSotho、Kwangwaと比較する。アクセントは省略する。

		接頭辞	Lozi	Sotho	Kwangwa
Sg.	I	(1)MU	mu-tu「人」	mọ-thọ「人」	(o)mu-nu「人」
	II	(3)MU	mu-lomo「口」	mọ-lomo「口」	(o)mu-nwe「指」
	III	(5)DI	li-lundu「山」	lẹ-khala「蟹」	(e)li-eo「歯」
	IV	(7)KI	si-katulo「靴」	sẹ-kwalo「栓」	(e)si-fuba「骨」
			si-shimani「大きい少年」		
	V	(9)N	kuhu「鶏」	khọhọ「鶏」	(o)ñuku「鶏」
	VI	(11)DU	lu-limi「舌」	—	(o)lu-limi「舌」
				Kt. lọ-gaga「洞穴」	
	VII	(12)KA	ka-twa「罠」	—	(a)ka-sende「蟋蟀」
	VIII	(14)BU	bu-ta「弓」	bọ-hlwa「白蟻」	(o)u-ki「蜂蜜」
	(VIIIa	(17)	—	—	(o)ku-twi「耳」)
Pl.	IX	(2)BA	ba-tu「人」	ba-thọ「人」	(a)a-nu「人」
	X	(4)MI	mi-lomo「口」	mẹ-lomo「口」	(e)mi-nwe「指」
	XI	(6)MA	ma-lundu「山」	ma-khala「蟹」	(a)ma-twi「耳」
	XII	(8)ZI	li-katulo「靴」	di-kwalo「栓」	(e)i-fuba「骨」
			li-kuhu「鶏」	di-khọhọ「鶏」	
	(XIIa	(8)	—	—	(e)ti-ñuku「鶏」)
	XIII	(13)TU	tu-twa「罠」	—	(o)tu-sende「蟋蟀」
	XIV	(8)BI	bi-shimani「大きい少年」		—
					Nkoya. bi-nkwa「パン」
					Luyi. ii-tondo「大木」

クラス番号は、単数クラスを先にまとめ、その順序はM. Guthrieの順序を踏襲し、複数は、対応する単数クラスの順にならべた。M. Guthrieのクラス番号はよく用いられるが、通し番号であるため、個々のバントゥ語にそのまま用いると番号が飛ぶことが多く、さらに、例は少ないが、新しいクラスが生じている言語もあるので、本書のような順序を採用した。なお、MU、MU、KI……というのは、バントゥ祖語における接頭辞(と推定されるもの)の形である。念のため、Guthrieの番号を(　)内に示した。

I～Vは、どちらの状態を受け継いでもこうなる。VIはSothoにはなく、Luyana(Kwangwa)からの継承ともいえそうだが、ツアナ語の一部方言には残っており、Kololo の中にいたはずのツアナ族の方言からの継承の可能性もある。VII はおそらく Luyana からの継承であろう。また、VIII は、クラスとしては両方にあるが、形からいって Sotho 等からの継承であろう。IX と XII は形からいって Sotho 等からの継承であり、X、XI はどちらの状態を受け継いでもこうなる。XIII は、Luyana からの継承であろう。

大きいものをあらわす si-shimani と bi-shimani はよく分からないが、ツアナ諸族が（言い伝えによれば、北方から）やって来る前にこの地にいた Nkoya に bi を接頭辞とする複数名詞のクラスがあること、Luyana の中央方言の Luyi（Western Province の中心地 Mongu に近いロズィ王国の宮廷にのみ話されていたのを、T. Givón が調査した）に ii-tondo といった大きいものをあらわすクラスがあることから、Luyana の（未調査の）いずれかの方言からの継承である可能性がある。

次に、名詞を修飾する形容詞接頭辞を見てみる。Lozi では、mutu yomu-nde「いい人」のように、形容詞語幹の前にクラス I の名詞に関しては yomu がつく。これにあたる部分を比較してみる。

Lozi　I. yomu　II. omu　III. leli　IV. sesi　V. ye　VI. lolu　VII. kaka
　VIII. bobu　IX. baba　X. yemi　XI. ama　XII. zeN　XIII. totu　XIV. byebi

Sotho　I. omọ/emọ/yamọ　II. omọ　III. lelẹ　IV. sesẹ　V. eN　VI. —
　VII. —　VIII. bobọ　IX. baba　X. emẹ　XI. ama　XII. tseN　XIII. —　XIV. —

Mwenyi　I. mu　II. u　III. li　IV. si　V. ci　VI. lu　VII. ka　VIII. u
　IX. a　X. ci　XI. ma　XII. i　XIIa. ci　XIII. tu　XIV. —

Kwangwa　II. mu　V. i　VIIIa. ku　X. i　XI. a　XIIa. ti　他は同上。

形の上では Sotho 等からの継承と考えられるが、VII、XIII、XIV は、Luyana（Mwenyi, Kwangwa or ?）から受け継いだ（らしい）ものから他にならって作り上げたものであろう。

次に、動詞に関連する諸問題をとりあげる。

Lozi において、たとえば、

　n-aa-mi-bon-a（＜ni＋a＋mi＋bon＋a）（アクセント省略）

　「私は（ni）はあなたがたを（mi）見ている」

の ni- は主格接辞、-mi- は対格接辞であり、-a- は過去をあらわす時称接辞である。また -bon- は語幹で -a は語尾である。まず、主格接辞・対格接辞を見る。Luyana を Kwangwa で代表させる。

	Lozi		Sotho		Kwangwa	
	主格	対格	主格	対格	主格	対格
単数1人称	ni	ni	kẹ	N	ni/si	ni

2人称	u	ku	ọ	ọ	u	ku
3人称	u/a	mu	ọ/a	mọ	a	mu
複数1人称	lu	lu	rẹ	rẹ	tu	tu
2人称	mu	mi	lẹ	lẹ	mu	mi
3人称	ba	ba	ba	ba	a	a
再帰		i		i		ku
クラスI	＝単数3人称		＝単数3人称		＝単数3人称	
II	u	u	ọ	ọ	u	u
III	li	li	lẹ	lẹ	li	li
IV	si	si	sẹ	sẹ	si	si
V	i	i	ẹ	ẹ	i	i
VI	lu	lu	—		lu	lu
VII	ka	ka	—		ka	ka
VIII	bu	bu	bọ	bọ	u	u
IX	＝複数3人称		＝複数3人称		＝複数3人称	
X	i	i	ẹ	ẹ	i	i
XI	a	a	a	a	a	a
XII	zi/li	zi/li	di	di	i	i
（XIIa	—		—		ti	ti）
XIII	tu	tu	—		tu	tu
XIV	bi	bi	—		—	

なお、Loziのn-aa-mi-bon-aに対応するSothoの形は、

kẹ-a-lẹ-bon-a「私は（kẹ）はあなたがたを（lẹ）見ている」（アクセント省略）

である。

見て明らかな通り、単数1人称は主格接辞・対格接辞とも、SothoではなくてLuyana（Kwangwa）そっくりである。単数2人称の場合、主格接辞はどちらを継承しても同じことになるが、対格接辞は、SothoではなくてLuyanaの継承である。単数3人称の場合、対格接辞はどちらを継承しても同じことになるが、主格接辞はSothoの継承である。

奇妙なのは複数1人称である。主格接辞・対格接辞とも、子音はSotho（そのrはLoziでlになる）の継承、母音はLuyanaの継承である。Luyanaのtがlになることは考えられないので、母音には自分たちのもの（u）を保存した上で子音だけSothoのそれを継承した、と考えるべきであろう。ただし、本当にそんな切り貼りのような「器用な」ことをしたのかという疑問が残る。

複数２人称は Luyana の継承である。Sotho の複数１人称・２人称をそのまま継承すると Lozi では区別がつかなくなる、ということもあり、両方ともそのままの継承を避けたのかも知れない。

複数３人称は Sotho の継承である。再帰接辞も Sotho の継承である。

クラス主格接辞・対格接辞は、大半がどちらを継承しても同じであるが、VIII と XII は Sotho の継承でしかありえない。Luyana を継承するクラスの主格接辞・対格接辞は、当然 Luyana の継承である。

主格接辞・対格接辞は、バントゥ系の言語にとっては、文法の最深部に存在するものである。一部（特に、最も身近な単数１人称・２人称）が、Sotho でなく Luyana 起源であるということは、言語の最も深い部分に自分たちの元来の言語の特徴を残している、ということを意味する。

アクセントの点から見ると、どの言語も、主格接辞は単複１・２人称とその他で異なった扱いを受ける。対格接辞は、Kwangwa や Mwenyi ては単数１～３人称とその他で異なった扱いを受けるが、Lozi や Sotho では一様である。従って、Lozi は Sotho 等の状態を継承しているといえる。

Lozi（現在進行形）
　n-aa-mu-bát-a「私は彼をさがしている」
　n-aa-ba-bát-a「私は彼らをさがしている」
　w-áa-mu-bát-a「彼は彼（別人）をさがしている」
　w-áa-ba-bát-a「彼は彼らをさがしている」

Sotho（現在進行形）
　kẹ-a-mọ-tshọ́s-a「私は彼を脅している」
　kẹ-a-ba-tshọ́s-a「私は彼らを脅している」
　ọ́-a-mọ-tshọ́s-a「彼は彼を脅している」
　ọ́-a-ba-tshọ́s-a「彼は彼らを脅している」

Mwenyi（現在継続形）
　ní-si-mú-nyáz-á「私はまだ彼を責めている」
　ní-si-a-nyáz-á「私はまだ彼らを責めている」
　o-si-mú-nyáz-á「彼はまだ彼を責めている」
　o-si-a-nyáz-á「彼はまだ彼らを責めている」

ただし、Mwenyi で主格接辞にアクセントの差がある活用形はそう多くない。対格接辞は、あらゆる活用形においてアクセントの差がある。

また、Lozi の再帰接辞の直後の語幹冒頭には、奇妙な音韻交替がある。不定形で示す。アクセントは省略する。

ku-bulay-a「殺す」→ ku-i-pulaya「自分を殺す、自殺する」

交替は次のようになっている。

b → p、f → p、h → k、l → t、w → kw、V → kV

Kwangwa、Mwenyi にはこの現象はない。しかし、Sotho 等には広く見られる。しかも、この音韻交替は、再帰接辞および単数 1 人称対格接辞の直後でおこる。Sotho の不定形で示す。

họ-bon-a「見る」→ họ-i-pona/họ-m-pona「自分 / 私を見る」

交替は次のようになっている。

b → p、d → t、f → ph、h → kh、hl → tlh、j → tj、l → t、r → th、

s → tsh、sh → tjh、w → kw、y → k、V → kV

Sotho 等の奇妙な音韻交替は、おそらく、単数 1 人称対格接辞の子音前鼻音のあとでまず上記の音韻交替が起こり、それが、類推で再帰接辞の場合に及んだと考えるのが最も妥当であろう。いずれにしても、Lozi の再帰接辞の直後の音韻交替は Sotho 等の状態の継承である。なお、単数 1 人称対格接辞は、Lozi では子音前鼻音でなくて ni なので、単数 1 人称対格接辞のあとではこうした音韻交替は存在しないと考えられる。

次に、動詞活用形の主なものを見てみよう。対格接辞のあらわれる形は省く。アクセントは省略する。

	Lozi	Sotho	Kwangwa
不定形	ku-bon-a「見る」	họ-bon-a	(o)ku-mon-a
過去進行形	ne-ni-bon-a「私は見ていた」	kẹ-ne-kẹ-bon-a	—
過去否定形	ne-ni-si-kaa-bon-a	—	—
現在進行形	n-aa-bon-a	kẹ-a-bon-a	M. n-a-mon-a
〃	ni-bon-a ～	kẹ-bon-a ～	—
現在継続形	ni-saa-bon-a	P. kẹ-sa-bon-a	—
現在継続否定形	(h)a-ni-saa-bon-a	ha-kẹ-sa-bon-a	
未来形	ni-taa-bon-a/ni-kaa-bon-a	kẹ-tla-bon-a	—
未来否定形	(h)a-ni-na-ku-bon-a	ha-kẹ-no-bon-a (＜*ha-kẹ-na-họ-bon-a?)	—
現在習慣形	n-aa-bon-anga	-anga なし	M. n-a-mon-anga
〃	ni-bon-anga ～	〃	kame ni-mon-anga
過去進行否定形	ne-ni-saa-bon-i	kẹ-ne-kẹ-sa-bon-ẹ	—
現在進行否定形	(h)a-ni-bon-i	ha-kẹ-bon-ẹ	-i なし

現在習慣否定形	(h)a-ni-bon-angi	-anga なし	-i なし
過去形	ne-ni-c-ile「私は食べた」	次参照	
今日の過去形	ni-c-ile	kẹ-f-ile「私は与えた」	—

まず、不定形であるが、Sotho の h が Lozi で k になるということはないので、Luyana の継承であろう。

過去進行形の構造は、Lozi：ne＋主格接辞＋語幹＋a であり、Sotho：主格接辞＋ne＋主格接辞＋語幹＋a である。従って、Sotho の形から最初の主格接辞を脱落させたものであろう。対応するような形はルヤナ語には存在しない。

過去否定形の構造は、ne＋主格接辞＋si＋kaa＋語幹＋a であるが、どちらにも対応する形はない。しかし、Sotho の接続法否定形は、次のような構造である。

主格接辞＋sẹ＋ka＋語幹＋a

例：a-sẹ-ka-bon-a「彼が見ないように」

上述の過去進行形の構造からいって、ne が過去の意味を持っているといえよう。その ne を接続法否定形の前につけて、過去否定形とした可能性はある。なお、Sotho には、接続法否定形にもう一つある。

主格接辞＋seke＋主格接辞＋a＋語幹＋a

この形は、Lozi の接続法否定形に継承されている。

主格接辞＋sike＋主格接辞＋a＋語幹＋a

例：u-sike w-aa-bon-a「彼が見ないように」

それで、主格接辞＋sẹ＋ka＋語幹＋a という形が宙に浮き、過去の意味を持っている ne を前に置いたのではなかろうか。

現在進行形は、主格接辞＋a＋語幹＋a という構造であるが、これは、Sotho の形を継承したとも、Mwenyi のような形を継承したとも考えられるが、Kwangwa には対応するものがなく、Luyana からの継承とするには根拠にやや乏しい。

もう一つの現在進行形は、主格接辞＋語幹＋a 〜（〜は目的語等が後続する必要があることを示す）という構造であるが、これは明らかに Sotho からの継承である。あとに目的語等をかならず必要とする形は、Luyana にはないようである。

現在継続形（構造：主格接辞＋saa＋語幹＋a）に対応する形は、Luyana にも Sotho にもないが、Pedi には、例にあげたように主格接辞＋sa＋語幹＋a という構造の現在継続形がある。Pedi の話者が Kololo の中にいた証拠はないが、当時の Kololo の言語にこういう構造の現在継続形があった可能性はある。

もう一つの可能性は、次にあげた現在継続否定形（構造：(h)a＋主格接辞＋saa＋語幹＋a）の否定辞 (h)a を取り去ったというものである。現在継続否定形の Sotho

の形は、上にあげたように、

ha＋主格接辞＋sa＋語幹＋a

であって、それがLoziに継承されたことは明白である。

未来形は、主格接辞＋taa/kaa＋語幹＋aという構造であるが、これは、Sothoの主格接辞＋tla＋語幹＋aが継承されたものであろう。

未来否定形は、

(h)a＋主格接辞＋na＋ku＋語幹＋a

という構造である。Sothoは、

ha＋主格接辞＋no＋語幹＋a

という構造であるが、noはna-ho̩に由来すると考えられる。当時のKololoの言語が縮まってnoとなる以前の形を有していたと考えれば、Sothoの形を継承したことになる。Luyanaから見ても、Tswanaの方言を調べても、これ以外にこの形の由来を説明するものは見つからない。

現在習慣形は、主格接辞＋a＋語幹＋angaという構造であるが、Sotho等には-angaという語尾は存在しない。Mwenyiには-angaもあるし、主格接辞＋a＋語幹＋angaという構造の現在習慣形があるので、Luyana起源と思われる。

もう一つの現在習慣形は、主格接辞＋語幹＋anga～という構造であるが、前述の如く、あとに目的語等をかならず必要とする形はLuyanaにはないようである。しかし、-angaはLuyana起源なので、両者の性格が混ざったものと考えられる。

過去進行否定形は、

ne＋主格接辞＋saa＋語幹＋i

という構造であり、Sothoのそれは、

主格接辞＋ne＋主格接辞＋sa＋語幹＋ẹ

という構造であり、Loziのそれは、これから冒頭の主格接辞を取り去ったものであろう。なお、上述の如く、-iという語尾はLuyanaにはない。

現在進行否定形は、

(h)a＋主格接辞＋語幹＋i

という構造であり、Sothoのそれは、

ha＋主格接辞＋語幹＋ẹ

という構造であり、LoziのそれはSothoそのままである。なお、上述の如く、-iという語尾はLuyanaにはない。

現在習慣否定形は、

(h)a＋主格接辞＋語幹＋angi

という構造であり、-angiは-angaに-iがついたものである。-angaはLuyana起源

で、-i は Sotho 起源である。従って、この形は、

　　ha＋主格接辞＋語幹＋ẹ

という構造の現在否定形をもとにして、Luyana 起源の -anga を語幹と ẹ（>i）の間に介在させたものと考えられる。

　過去形は、

　　ne＋主格接辞＋語幹＋ile

という構造であるが、これは、次の今日の過去形の前に「過去」をあらわす ne を前接させたものであろう。

　今日の過去形は、

　　主格接辞＋語幹＋ile

という構造であるが、これは、Sotho の

　　主格接辞＋語幹＋ile

そのままである。なお、同様の形は Mwenyi にもあるが、意味は「現在進行形」というべきものであり、-ile は、この他に過去否定形

　　ka＋主格接辞＋a＋語幹＋ile

や、現在進行否定形

　　ka＋主格接辞＋語幹＋ile

に用いられるが、Lozi のこの形には意味上ピッタリではない。Kwangwa にも -ile は存在するが、現在状態形

　　kame　主格接辞＋語幹＋ile

　　　例：kame tu-katal-ile「私たち（tu）は疲れている」

や、現在状態否定形

　　ka＋主格接辞＋語幹＋ile

　　　例：ka-tu-katal-ile「私たちは疲れていない」

というものなので、ピッタリしない。

　このように、動詞活用形は、かなり Sotho のそれを継承しながら、ある程度 Luyana の要素を取り入れている。

　次に、「〜である」ということをあらわす繋辞を見てみよう。アクセントは省略する。

　　ni yomunde「私は良い」

　　ki lisho「矢です」

　Lozi 語およびその他の言語の繋辞は、次の表の如くである。

	lozi	Sotho	Kgatla	Kwangwa	Mwenyi
単数1人称	ni	kẹ	kẹ	nili	no

2 人称	u	ọ	ọ	uli	o
3 人称	ki	ọ	kẹ	ali	Ø
複数 1 人称	lu	rẹ	rẹ	tuli	tu
2 人称	mu	lẹ	lẹ	muli	mu
3 人称	ki	ba	kẹ	aali	Ø
その他	ki	kẹ	kẹ	Ø	Ø

なお、Kgatla 以外の Tswana 諸語は、筆者の調査に関する限り、Sotho に等しい。

このうち Kwangwa は、その他を除き、主格接辞 + li という構造で、-li はコピュラであり、この形はバントゥ語に広く認められるが、Lozi のそれとは異なる。Lozi は、1・2 人称以外はすべて ki であり、1・2 人称は主格接辞と同じ形である。

これにピッタリなのは、Sotho というより、上述の複数 1・2 人称の主格接辞の問題を別にすれば Kgatla である。Kgatla 方言の話し手が Kololo の中にいてその特徴が Lozi に受け入れられたとも、当時の Kololo の言語がこうであったとも考えられる。いずれにしても、原理は Kololo の言語を受け継いでいる。Mwenyi も若干似ているが、1・2 人称以外はすべて Ø であり、また単数 1 人称が no である点、かなり違っている。

次に、「～を持っている」という所有表現を見る。

ロズィ語は、

主格接辞 + na + ni

という構造である。

ni-na-ni mwana「私には子供がいる」

u-na-ni mwana「あなた / 彼には子供がいる」

Sotho は、

主格接辞 + na + le

という構造である。最後の le は「と (共に)」という意味であり、この場合、主格接辞は所在表現で、Lozi の「と (共に)」は Luyana の ni を継承しているので、Sotho 等の構造 (「～は～と共にいる」) をもとにして、Luyana の要素を取り入れたものといえよう。因みに、Kwangwa は

kame 主格接辞 + kwiti、

Mwenyi は

主格接辞 + kwite

であり、文字通りには、「～は～を手に入れている」という形であり、Lozi とは全然異なっている。

単語の比較をしてみる。基礎語彙 200 語 (バントゥ語分岐史の章参照) をとって

比較すると、Sotho 等とのみ対応するのは 150 項目、Luyana とのみ対応するのは 11 項目、両方と対応するのは 29 項目である。この中には、両者が一致し、それを継承したものもあるであろうが、Sotho 等から Lozi に入り、それが Luyana に入ったものも多いであろう。その逆の場合は考えられない。つまるところ、基礎語彙に関する限り、圧倒的に Sotho 等の継承であるといえる。なお、Luyana からの単語受け入れは、Mwenyi より Kwangwa からのほうがやや多く、かつ、Mwenyi の s が Kwangwa の sh と対応するばあいは、Lozi は sh であらわれている。このことは、Lozi の中心地（Mongu や Senanga）に近いところで話されているのは、Mwenyi でなく Kwangwa なので、当然であろう。

以上の考察の結果、Lozi は、混淆言語といえるが、Sotho 等と Luyana の同等の混淆言語なのではなく、Tswana の要素を含み、かつ、Luyana の影響を深いところで受けた、Sotho の一方言であるということができよう。

本章は拙著『ロズィ語成立に関する研究』の内容をかいつまんでまとめたものである。

この結果は、言語にとって何が基幹部分なのかについて示唆的である。これまで、言語の基幹部分として音韻体系・文法構造・基礎語彙が考えられていたが、Lozi に継承された Sotho 等の要素を基幹部分に近いものと考えると、全体としてはこれを裏書きするものである。ただし、音韻体系については、言語そのものの基幹部分というよりも、ある言語を話す集団の脳裏に存在するものであるとつけ加えるべきであろう。普通はその両者は一致するが、少数者の言語を多数者が受け入れた場合は、一致しないことが多い。つまり、この地の人々は、自らの従来の音韻体系を保持しつつ、外来の言語を受け入れたのである。

第２部

バントゥ諸語の動詞アクセント

言語はどの程度に規則的か

第 2 部のはじめに

我々言語学者は、ともすれば、言語が徹頭徹尾規則的に構成されていると思いがちである。確かに、規則的に構成されていなければ、人間が習得し使いこなすことはできないであろう。しかし、本当に徹頭徹尾規則的に構成されているだろうか。あるいは、そういうことが必要であろうか。

身近な問題で、英語の活用を見てみよう。ある動詞の過去形は、原則として、現在形に -ed をつけて形成される。そして、最後の子音が無声子音なら /t/ となり、有声子音なら /d/ となる。しかし、そうでないものも多い。stand の過去形は stood であり、sit の過去形は sat であり、put の過去形は put である。これらは、外国語として英語を学ぶ者を悩ませるだけでなく、母語話者が英語を習得する上でも、ある程度障害になる。つまり、不規則なものだが、それらがあっても、言語としては容認できているのである。しかし、動詞の過去形の用法がひどく不規則だと、言語としては容認できないであろう。

そこで問題が出てくる。一体どの程度に規則的であることが必要であるのか。どの程度の不規則性が許されるのか。

バントゥ諸語の動詞のアクセントは、この問題に対する一つの重要なデータを提供してくれる。

バントゥ諸語の動詞活用形(話をあまりに複雑にしないために、直説法形に限る)は、多くの場合、次のような構造を持っている。

主格接辞 + ゼロ個あるいは 1 個ないしは複数個の時称接辞 + (対格接辞) + 語幹 + 語尾

そして、各活用形は、一定のアクセントを示す。

さて、ここにあらわれる主格接辞、時称接辞、対格接辞、語幹、語尾のそれぞれの形態素が特定のアクセント的特徴を有しており、その総和(+一般規則)で各活用形のアクセントが完全に説明できるなら、動詞活用形の少なくとも検討対象になったものは、アクセント的に完全に規則的ということになる。ここにいう「特定のアクセント的特徴」というのは、その形態素自体のアクセントのみならず他にたいするアクセント上の影響も含む。しかし、ある同一の形態素が、あらわれる活用形によって異なるアクセントをとり、それが隣接する形態素からのアクセント的影響の違いであるともいえず、一般規則によっても説明できないとか、ある活用形のアクセントがそれを構成する形態素のアクセント的特徴の総和（＋一般規則）でそもそも説明できないとか、ある形態素のアクセントの変異が隣接する形態素からのアクセント的影響の違いであるように一見見えても、その仮定されたアクセント的影響が妥当性を欠くならば、規則的であるとはいえなくなる。

そこで、本書では、各形態素にあるアクセント的特徴を仮定し、それで検討対象のすべての活用形のアクセントが説明できるかどうかを見る。ただし、語幹＋語尾は、その境界が音節の境界とは一致しないのが普通（すなわち、多くの語幹は子音で終わっており、語尾は母音で始まっている）ので、語幹＋語尾をまとめて見ることにする。

なお、バントゥ祖語の段階において、動詞はアクセントの面で2つに分かれており、かなりの言語はそれを踏襲している。語幹第一音節が高かったものをA型、低かったものをB型と著者は呼ぶことにしている。主格接辞も対格接辞もアクセントの点で2つに分類されるものがかなりある。それらをすべて見なければならないため、検討はきわめて複雑になるが、そういう検討抜きにはことの真相に迫ることはできないのである。

著者は、90言語強の動詞アクセントを記述したが、本書では、動詞アクセントが何らかの意味で典型的ないくつかの言語をとりあげる。

各活用形のアクセントを表示する場合、任意の音素列をあらわすもの（筆者はXという文字を用いる）がどうしても必要である。同じ型に属する動詞であってもその長さは異なる。そして、これは経験的にいえることだが、長さが異なるのに同じ型に属するといえるものは、どこかの部分が、長さにかかわらず高いか低いかである。X́は、その任意の音素列が高いことを、アクセント記号のつかないXはその音素列が低いことをあらわす。たとえば、ザンビア中部のSala（サラ語）の今日の過去形（主格接辞＋a＋語幹＋a）のアクセントは、次のように表示される。1・2人称の主格接辞をS_1であらわす。もちろん、Cは子音でVは母音である。

A型　S_1aCV́X

例：ndapá「私は与えた」、ndabúzha「私は尋ねた」、ndatánda「私は追った」、ndazóosha「私は驚かした」、ndashílika「私は治療した」

B型　S_1aX

例：ndawa「私は倒れた」、ndazhola「私は帰った」、ndalipila「私は払った」

A型の例から見るようにXはØでもありうる。A型B型ともXは大きさ（長さ）にかかわらず低い。

次に現在・今日の未来形（主格接辞＋la＋語幹＋a）を見てみる。RはVもしくは子音前鼻音（日本語のンのような音）をあらわす。

A型　S_1laCV(R)X́

例：tulapá「私たちは与える」、tulabuzhá、tulatandá、tulazooshá、tulashilíká

B型　S_1laX

例：tulawa「私たちは倒れる」、tulazhola、tulalipila

A型の最初の例を除いて、表示と実例の対応には問題はない。A型の最初の例はXがØなのだが、その「高」が1つ前に移っている。このように、主として短い語の場合には、特別の言及が必要になる。これを本書では「調整規則」と呼んでいる。この場合、

X=Øなら、Rはあらわれず、X́の´はVに移る

といった調整規則を仮定すればよい。

このように記述された各活用形のすべてが、仮定された形態素(あるいは、その連合)のアクセント的特徴の総和で説明しきれるかが、規則的か否かの判断になるのであるが、仮定された調整規則も妥当性を有するかどうか検討の対象になる。

第6章　ンコヤ語の動詞アクセント

ザンビアの中西部に話されるNkoya(ンコヤ語)について見てみる。なお、この章での考察は、拙著『バントゥ諸語動詞アクセントの研究』第30章の記述の中心部分をさらに深めたものである。

この言語のアクセントの表記において母音字上に´、^、ˇを用いるが、高、(高からの)下降調、上昇調をあらわし、母音字上に何も記号がない場合は低をあらわす。なお、高の直後の低は、それが語末にない限り、その前半が高く発音される。要するに下降調と似ているが、こちらのほうは音声的現象と考えられる(遅下がり現象と呼ぶ)ので、低と扱い、表記しない。

この言語の動詞は、A型とB型の区別を保持している。

なお、本章では、話の本筋をたどるのを容易にするため、本来なら必要な「調整規則」については触れない。

1.　不定形

まず、不定形(ku+(対格接辞+)語幹+a)を見る。対格接辞(〜に(を)という意味をあらわす)は、単数1〜3人称(接頭辞が通常Øの動物名詞のクラスのものも含む)とそれ以外とではアクセントが異なる。前者をO_1、後者をO_2であらわす。

A型の例をあげる。

kǔja「食べる」、kumôna「見る」、kushînga「探す」、kumónesha「見せる」、kubéngetheka「宥める」;

kumǔja「それ(接頭辞がØの動物名詞のあらわす何か)を食べる」、kumumôna「彼を見る」、kumushînga、kumumónesha「彼に見せる」、kumubéngetheka;

kushîja「それ(接頭辞がshiの名詞があらわす何か)を食べる」、kubámona「彼らを見る」、kubáshinga、kubámonesha、kubábengetheka.

このアクセントを、次のように表示しよう。

kuCV́X、kuO$_1$CV́X、kuÓ$_2$X.

ここでXで表示したものは、任意の音素列であり、Øでもありうる。Xの上に´があればそれに含まれる母音がすべて高いことを、何もなければそれに含まれる母音がすべて低いことをあらわす。

なお、上の例には、次末音節の高は、あとに何も続かなければ下降調になり、次末が低い場合の末尾の高は、あとに何も続かなければ、次末を上昇調にして自らは低になるというこの言語の一般的規則に従った形が含まれている（kǔja、kumôna、kushînga、kumǔja、kumumôna、kumushînga、kushîja）。当然の疑問として、あとに何か続く場合を基準に記述したらどうかというものがありうる。ところが、そうは簡単に行かない理由がある。あとに見るように、B型の不定形は、あとに目的語か続くか続かないかで、アクセントが音韻論的に異なるのである。それで、もう一つの表示法は、次のようなものになろう。

kǔja/kujá ～、kumôna/kumóna ～、kushînga/kushínga ～、
kumǔja/kumujá ～、kumumôna/kumumóna ～、kumushînga/kumushínga ～；
kushîja/kushíja ～.

ただ、これでは不必要に煩雑になるので、上記の一般的規則（α規則と呼ぶ）の存在を前提に、最初の表記を用いることにする。なお、上のkuCV́X以下のアクセント表示は、むしろ、あとに何か続く場合に対応しているといってよい。

B型の例をあげる。

kuwisha/kuwishá ～「倒す」、kunyanta/kunyantá ～「つねる」、
kutalusha/kutalúsha ～「説明する」、kulongesha/kulongésha ～「教える」、
kulongolola/kulongólola ～「（包みを）開ける」；
kumuwisha/kumuwishá ～「彼を倒す」、kumunyanta/kumunyantá ～、
kumutalusha/kumutalúsha ～「彼に説明する」、kumulongesha/kumulongésha ～；
kubáwisha（～）「彼らを倒す」、kubányanta（～）、kubátalusha（～）、
kubálongesha（～）、kushílongolola（～）.

kumuwishaに目的語が続くというのは変に思われるかも知れないが、バントゥ系の言語では、対格接辞があっても同じものをあらわす目的語があらわれることがありうるので、あげておいた。

どうして何か続くとアクセントが変わってくるのかは、あとでも触れるように、共時的には確実に説明する手だてがない。ただ事実として把握するしかないのかも知れない。

このアクセントを、次のように表示しよう。

kuX/kuCV（N）CV́X ～、kuO$_1$X/kuO$_1$CV（N）CV́X ～、kuÓ$_2$X.

2.　直説法形

次に、直説法形を扱うことにする。直説法形(肯定形)の構造は、次のようなものである。

主格接辞＋時称接辞＋(対格接辞＋)語幹＋語尾

語尾としては、a/anga/ile/ilenga/V(直前の母音と同じ母音)/Vngaが用いられる。主格接辞は、アクセントの点で2つに分かれる。単複1・2人称のそれと、それ以外とである。前者をS_1、後者をS_2であらわすことにする。

2.1.　語尾aを用いる直説法形

まず、語尾aを用いる直説法形を見る。

1)近過去形(主格接辞＋a＋(対格接辞＋)語幹＋a)

A型で、主格接辞がS_1の場合を見る。

nâja(ni-a-j-a)「私は食べた」、námona「私は見た」、

námonesha「私は見せた」;

námúja(n-a-mu-j-a)「私はそれ(接頭辞Øの動物名詞のあらわす何か。以下この注記省略)を食べた」、

námúmôna「私は彼を見た」、námúmónesha「私は彼に見せた」;

náshija(n-a-shi-j-a)「私はそれ(接頭辞がshiの名詞があらわす何か。以下この注記省略)を食べた」、

nábamona「私は彼らを見た」、nábamonesha.

アクセントは次のように表示しうる。

S_1áX、S_1á$Ó_1$CV́X、S_1áO_2X.

なお、námújaとなっているのは、X＝Øなのだから、námújáでもよいはずだが、X＝Øでも最後が低いという規則があるのかも知れない。なお、一般的には、～CV́CVは、何かが続くと～CV́CV́になるという規則がある。

主格接辞がS_2の場合を見る。

waja(u-a-j-a)「彼は食べた」、wamona「彼は見た」、wamonesha;

wamǔja(u-a-mu-j-a)「彼はそれを食べた」、

wamumôna「彼は彼(別人)を見た」、wamumónesha;

washîja(u-a-shi-j-a)「彼はそれを食べた」、wabámona「彼は彼らを見た」、wabámonesha.

アクセントは次のように表示しうる。

S_2aX、S_2aO_1CV́X、S_2a$Ó_2$X.

B 型で、主格接辞が S_1 の場合を見る。

náwisha「私は倒した」、nátalusha；

námuwisha「私は彼を倒した」、námutalusha；

nábawisha「私は彼らを倒した」、nábatalusha.

アクセントは次のように表示しうる。

S_1áX、S_1áO_1X、S_1áO_2X.

主格接辞が S_2 の場合を見る。

wawisha「彼は倒した」、watalusha；

wamuwisha「彼は彼(別人)を倒した」、wamutalusha；

wabáwisha「私は彼らを倒した」、wabátalusha.

アクセントは次のように表示しうる。

S_2aX、S_2aO_1X、S_2aÓ$_2$X.

2)今日の未来形(主格接辞＋ku＋(対格接辞＋)語幹＋a)

A 型で、主格接辞が S_1 の場合を見る。

níkúja(ni-ku-j-a)「私は食べる」、níkúmôna「私は見る」、níkúmónesha；

níkumŭja(ni-ku-mu-j-a)「私はそれを食べる」、níkumumôna「私は彼を見る」、níkumumónesha；

níkúshija(ni-ku-shi-j-a)「私はそれを食べる」、níkúbamona「私は彼らを見る」、níkúbamonesha.

アクセントは次のように表示しうる。

Ś$_1$kúCV́X、Ś$_1$kuO_1CV́X、Ś$_1$kúO_2X.

主格接辞が S_2 の場合を見る。

ukŭja「彼は食べる」、ukumôna「彼は見る」、ukumónesha；

ukumŭja「彼はそれを食べる」、ukumumôna「彼は彼(別人)を見る」、ukumumónesha；

ukushîja「彼はそれを食べる」、ukubámona「彼は彼らを見る」、ukubámonesha.

アクセントは次のように表示しうる。

S_2kuCV́X、S_2kuO_1CV́X、S_2kuÓ$_2$X.

B 型で、主格接辞が S_1 の場合を見る。

níkuwisha/níkuwishá ～「私は倒す」、níkutalusha/níkutalúsha ～；

níkumuwisha/níkumuwishá ～「私は彼を倒す」、níkumutalusha/níkumutalúsha ～；

níkúbawisha(～)「私は彼らを倒した」、níkúbatalusha(～).

アクセントは次のように表示しうる。

$\acute{S}_1$kuX/$\acute{S}_1$kuCV(N)CV́X ～、$\acute{S}_1$kuO$_1$X/$\acute{S}_1$kuO$_1$CV(N)CV́X ～、$\acute{S}_1$kúO$_2$X.

主格接辞が S_2 の場合を見る。

ukuwisha/ukuwishá ～「彼は倒す」、ukutalusha/ukutalúsha ～；
ukumuwisha/ukumuwishá ～「彼は彼(別人)を倒す」、
ukumutalusha/ukumutalúsha ～；
ukubáwisha(～)「彼は彼らを倒した」、ukubátalusha(～).

アクセントは次のように表示しうる。

S_2kuX/S_2kuCV(N)CV́X ～、S_2kuO$_1$X/S_2kuO$_1$CV(N)CV́X ～、S_2ku$\acute{O}_2$X.

3)未来形 (主格接辞＋ka＋(対格接辞＋)語幹＋a)

A 型の場合を見る。

níkája「私は食べる」、nákámôna、níkámónesha；
níkamŭja「私はそれを食べる」、níkamumôna「私は彼を見る」、
níkamumónesha；
níkáshija「私はそれを食べる」、níkábamona「私は彼らを見る」、
níkábamonesha；
ukăja「彼は食べる」、ukamôna「彼は見る」、ukamónesha；
ukamŭja「彼はそれを食べる」、ukamumôna「彼は彼(別人)を見る」、
ukamumónesha；
ukashîja「彼はそれを食べる」、ukabámona「彼は彼らを見る」、ukabámonesha.

アクセントは次のように表示しうる。

$\acute{S}_1$káCV́X、$\acute{S}_1$kaO$_1$CV́X、$\acute{S}_1$káO$_2$X；S_2kaCV́X、S_2kaO$_1$CV́X、S_2ka$\acute{O}_2$X.

B 型の場合を見る。

níkawisha/níkawishá ～「私は倒す」、níkatalusha/níkatalúsha ～；
níkamuwisha/níkamuwishá ～「私は彼を倒す」、
níkamutalusha/níkamutalúsha ～；
níkábawisha(～)「私は彼らを倒す」、níkábatalusha(～)；
ukawisha/ukawishá ～「彼は倒す」、ukatalusha/ukatalúsha ～；
ukamuwisha/ukamuwishá ～「彼は彼(別人)を倒す」、
ukamutalusha/ukamutalúsha ～；
ukabáwisha(～)「彼は彼らを倒した」、ukabátalusha(～).

アクセントは次のように表示しうる。

$\acute{S}_1$kaX/$\acute{S}_1$kaCV(N)CV́X ～、$\acute{S}_1$kaO$_1$X/$\acute{S}_1$kaO$_1$CV(N)CV́X ～、$\acute{S}_1$káO$_2$X；
S_2kaX/S_2kaCV(N)CV́X ～、S_2kaO$_1$X/S_2kaO$_1$CV(N)CV́X ～、S_2ka$\acute{O}_2$X.

要するに、今日の未来形の ku を ka に置き換えただけである。

4)現在進行形（主格接辞＋na＋ku＋（対格接辞＋）語幹＋a）

A型の場合を見る。

nínakǔja（ni-na-ku-j-a）「私は食べている」、nínakumôna、nínakumónesha；
nínakumǔja（ni-na-ku-mu-j-a）「私はそれを食べている」、
nínakumumôna「私は彼を見ている」、nínakumumónesha；
nínakushîja（ni-na-ku-shi-j-a）「私はそれを食べている」、
nínakubámona「私は彼らを見ている」、nínakubámonesha；
unakǔja「彼は食べている」、unakumôna、unakumónesha；
unakumǔja、unakumumôna、unakumumónesha；
unakushîja、unakubámona、unakubámonesha.

アクセントは次のように表示しうる。

$\acute{S}_1$nakuC$\check{V}$X、$\acute{S}_1$nakuO_1C$\check{V}$X、$\acute{S}_1$naku$\acute{O}_2$X；
S_2nakuC$\check{V}$X、S_2nakuO_1C$\check{V}$X、S_2naku$\acute{O}_2$X.

B型の場合を見る。

nínakuwisha/nínakuwishá～「私は倒している」、
nínakutalusha/nínakutalúsha～；
nínakumuwisha/nínakumuwishá～「私は彼を倒している」、
nínakumutalusha/nínakumutalúsha～；
nínakubáwisha（～）「私は彼らを倒している」、nínakubátalusha（～）；
unakuwisha/unakuwishá～「彼は倒している」、
unakutalusha/unakutalúsha～；
unakumuwisha/unakumuwishá～、unakumutalusha/unakumutalúsha～；
unakubáwisha（～）、unakubátalusha（～）.

アクセントは次のように表示しうる。

$\acute{S}_1$nakuX/$\acute{S}_1$nakuCV（N）C$\acute{V}$X～、$\acute{S}_1$nakuO_1X/$\acute{S}_1$nakuO_1CV（N）C$\acute{V}$X～、
$\acute{S}_1$naku$\acute{O}_2$X.
S_2nakuX/S_2nakuCV（N）C$\acute{V}$X～、S_2nakuO_1X/S_2nakuO_1CV（N）C$\acute{V}$X～、
S_2naku$\acute{O}_2$X.

ku以降の形は、不定形そのままである。

なお、この他に、

enga　主格接辞＋a（対格接辞＋）語幹＋a

という構造の「過去完了形」があり、主格接辞＋aのアクセントもB型の語幹＋aのアクセントも今まで見たものとは異なる。これを考慮に入れると、話がややこしくなるので、あとで触れることにする。

これらのデータからこうしたアクセントの決定のされ方がどの程度に規則的であるかを見てみよう。そのためには、それぞれの形態素(場合によっては、形態素連合)にアクセント上の性格を仮定し、その仮定ですべてが説明できるかを見る必要がある。

本来は、語尾は a 以外にもあるのだから、少なくとも直説法形にすべての語尾があらわれるデータを得てから考えるべきであるが、a 以外の語尾があらわれる形からの情報はあとから追加し分析を補足することにして、まずは語尾 a があらわれる直説法形からいえることを提示しよう。これは、ただ単に分析の過程を分かりやすくするためである。

不定形を構成する形態素(形態素連合)から見るが、それらが他の形にあらわれる場合も考慮に入れる。

まず、A 型の語幹+a(+のところに音節の切れ目があるわけではないので、一応形態素連合としてまとめて扱う)であるが、アクセントは多くの場合 CV́X であらわされる。それが X となるのは、O_2 の直後と S_1+a や S_2+a の直後である。従って、一応次のように仮定する。

(a)A 型の語幹+a は CV́X をアクセントとするが、

(a-1)O_2、S_1a や S_2a の直後で X となる。

その他の形態素については、次のようにいえる。

(b)ku は低いが、

(b-1)ある条件下では高くなる。

(c)O_1 は低いが、

(c-1)ある条件下では高くなる。

(d)O_2 は高いが、

(d-1)ある条件下では低くなる。

(a-1)を除いて、「ある条件下」とは何なのか、くわしく見ないと分からないし、(a-1)にいう「O_2、S_1a や S_2a の直後」にどういう共通性があるのか、まだ分からない。

B 型の不定形を見て、付け加えるべきことを見る。

(e)B 型の語幹+a は X をアクセントとするが、

(e-1)S+a の後方にある場合を除き、また、O_2 の直後にある場合を除き、あとに目的語が続くと、CV(N)CV́X となる。

次に、近過去形を見て、付け加えるべきことを見る。

(f)S_1a は高い。

(g)S_2a は低い。

次に、今日の未来形を見て、付け加えるべきことを見る。

(h) S_1 は高い。

(i) S_2 は低い。

次に、未来形を見て、付け加えるべきことを見る。

(j) ka は低いが、

(j-1) ある条件下では高くなる。

ka については、意味は異なるが、上に述べたように、アクセント的には ku と同じである。

次に、現在進行形を見て、付け加えるべきことを見る。

(k) na は低い。

以上で必要な仮定は一応終わった。

さて、まず (a-1) にいう「O_2、S_1a や S_2a の直後」という、3つの環境の共通点であるが、O_2 も S_1a はともに本来高い点で共通であり、(a-1) は、

本来高いものや S_2a の直後で X となる。

と、書き換えてよさそうである。「S_2a の直後」を除いて、これで十分説明できる部分を例示する。低い O_2 に続く場合は、あとで考える。1) は、1) で扱った形を示す。

不定形 A 型：ku + $\acute{O}_2$ + CV́X > ku$\acute{O}_2$X.

1) A 型：S_1á + CV́X > S_1áX.

4) A 型：$\acute{S}_1$ + na + ku + $\acute{O}_2$ + CV́X > $\acute{S}_1$naku$\acute{O}_2$X；S_2 + na + ku + $\acute{O}_2$ + CV́X > S_2naku$\acute{O}_2$X.

問題の一つは、「S_2a の直後」という環境であるが、S_2a は、直後の本来高い O_2 を低くしていない（1) の近過去形の A 型・B 型）ことから、直後の高そのものを低くする力はないけれども、ある特定の形態素（連合）の CV́X の冒頭の高を低くする力はある、と考えることは可能であろう。

1) A 型：S_2a + CV́X > S_2aX.

なお、1) の A 型の S_1á$\acute{O}_1$CV́X、S_2aO_1CV́X では、間に O_1 があるので、(a-1) の適用外である。

まだ O_2 に関する問題は残るが、あとで見る。

(b-1) にいう、「ある条件下では高くなる」の「ある条件下」であるが、2) の A 型の $\acute{S}_1$kúCV́X、$\acute{S}_1$kú$\acute{O}_2$X のことであり、$\acute{S}_1$kúCV́X をよく見ると、直前が高く、直後が CV́X であるので、次のような仮定を行うことができよう。

高い音節と CV́X にはさまれた低い1音節は高くなる。

これを規則 I と呼ぶことにする。この規則を仮定することで、(b-1) のみならず、

(c-1)、(j-1)の「ある条件下」も説明できる。この規則は、この言語を見る上で極めて重要なものである。

2)A型：$\acute{S}_1$ + ku + CV́X > $\acute{S}_1$kúCV́X.

1)A型：S_1á + O_1 + CV́X > S_1á$\acute{O}_1$CV́X.

3)A型：$\acute{S}_1$ + ka + CV́X > $\acute{S}_1$káCV́X.

さて、低いO_2についての(d-1)であるが、次のように書き換えるとすべて説明がつく。

直前が高いか、高くなった場合、低くなる。

まず、この前半部分(直前が高い場合、低くなる)で説明できるものをあげる。

1)A型：S_1á + $\acute{O}_2$ + CV́X > S_1á + $\acute{O}_2$X > S_1áO_2X.

O_2は、本来高いことで次のCV́XをXにし、自らは前が高いために低くなる。

1)B型：S_1á + $\acute{O}_2$ + X > S_1áO_2X.

こちらのほうは、単に、高いもののあとで低くなっただけである。

次に、後半部分(直前が高くなった場合、低くなる)で説明できるものをあげる。

2)A型：$\acute{S}_1$ + ku + $\acute{O}_2$ + CV́X > $\acute{S}_1$ + ku + $\acute{O}_2$X > $\acute{S}_1$kú$\acute{O}_2$X > $\acute{S}_1$kúO_2X.

3)A型：$\acute{S}_1$ + ka + $\acute{O}_2$ + CV́X > $\acute{S}_1$ + ka + $\acute{O}_2$X > $\acute{S}_1$ká$\acute{O}_2$X > $\acute{S}_1$káO_2X.

まず、O_2が高いことで、次のCV́XがXとなる。そうなると、$\acute{O}_2$XでCV́Xを形成する。そのことによって、規則Iによって、ku/kaが高くなる。そのことによって、その高いものの直後のO_2が低くなった、というわけである。

2)B型：$\acute{S}_1$ + ku + $\acute{O}_2$ + X > $\acute{S}_1$ + ku + $\acute{O}_2$X > $\acute{S}_1$kú$\acute{O}_2$X > $\acute{S}_1$kúO_2X.

3)B型：$\acute{S}_1$ + ka + $\acute{O}_2$ + X > $\acute{S}_1$ + ka + $\acute{O}_2$X > $\acute{S}_1$ká$\acute{O}_2$X > $\acute{S}_1$káO_2X.

こちらのほうはもう少し簡単で、$\acute{O}_2$XでCV́Xを形成する。そのことによって、規則Iによって、ku/kaが高くなる。そのことによって、その高いものの直後のO_2が低くなった、というわけである。

この経過の定式化は、別のやり方が可能かも知れないが、O_2のミステリアスなアクセントに関しては、本質的にこれで説明できたと思われる。

先にも触れたが、B型の語幹＋aのアクセントについては、確実な説明はできないように思われる。なぜ、あとに目的語が続くと一般にCV(N)CV́Xとなるのか、また、どうしてS＋aの後方にある場合やO_2の直後にある場合にそうならないのか、説明はむずかしい。

ただ、次のような推論は不可能ではない。あとに目的語が続くと、それとの統一性が感じられ、そのためには、Xという理論的には無限の低い列よりも、語幹＋aの第二音節が高くなることによって低い列を短くするほうが、ピッタリすると思われたのかも知れない。また、S＋aは、対格接辞がなければ語幹＋aに直接接し、A

型語幹＋a のアクセントを変える（CV́X＞X）など、何らかの力を語幹＋a のアクセントに及ぼしているらしい。また、O_2 は直接に A 型語幹＋a のアクセントを変える（CV́X＞X）ので、何らかの力を語幹＋a のアクセントに及ぼしているのは確実である。従って、X が目的語が続く場合に CV（N）CV́X となるのは、前から何の力も働いていない場合なのかも知れない。いずれにしても、推測の域を出ない。通時論的には何らかの理由があったのであろう。

語尾としては a を用いる形には、不定形を用いるものや、語末に ha をつける否定形があるが、一つつけ加えて検討すべきは、次の形である。

5）過去完了形（enga＋主格接辞＋a＋（対格接辞＋）語幹＋a）

enga は低い。それ以外の部分のアクセントは、

A 型：SaCV́X、SaO_1CV́X、SaÓ$_2$X；

B 型：SaCV（N）CV́X、SaO_1CV（N）CV́X、SaÓ$_2$CV́（N）CV́X.

例：A 型：enga nǎja「私は既に食べていた」、enga namôna、enga namónesha；
enga namǔja「私はそれを既に食べていた」、enga namumôna、
enga namumónesha；
enga nashîja「私はそれを既に食べていた」、enga nabámona、
enga nabámonesha；
enga wǎja「彼は既に食べていた」、enga wamôna、enga wamónesha；
enga wamǔja、enga wamumôna、enga wamumónesha；
enga washîja、enga wabámona、enga wabámonesha.

B 型：enga nawǐsha「私は既に倒していた」、enga natalûsha；
enga namuwǐsha「私は彼を既に倒していた」、enga namutalûsha；
enga nabáwísha「私は彼らを既に倒していた」、enga nabátálûsha；
enga wawǐsha「彼は既に倒していた」、enga watalûsha；
enga wamuwǐsha、enga wamutalûsha；
enga wabáwísha、enga wabátálûsha.

まず、S_1 と S_2 の違いがアクセントの差異を生んでいないことが注目される。次に、あとに目的語が続くかどうかには関わらず、B 型の語幹＋a のアクセントが、CV（N）CV́X/CV́（N）CV́X であることである。それ以外は、これまでの考え方で説明できる。

A 型：Sa＋Ó$_2$＋CV́X＞Sa＋Ó$_2$X＞SaÓ$_2$X.（a-1）

B 型：Sa＋Ó$_2$＋CV（N）CV́X＞Sa＋Ó$_2$CV（N）CVX́＞SaÓ$_2$CV́（N）CV́X.（規則 I）

拙著『バントゥ諸語動詞アクセントの研究』第 30 章においては、この形に出てくる時称接辞 a を近過去形の時称接辞 a と区別し、前者を a_1、後者を a_2 と表記し

た。しかし、過去完了形も近過去形も過去のことをあらわし、それに対応するのは時称接辞 a しか考えられないから、どうもこれは適当ではなさそうである。むしろ、S_1 と S_2 の違いがアクセントの差異を生んでいないこと、B 型の語幹＋a のアクセントが CV(N)CV́X を基本とすることは、前に enga という形を置くことで主格接辞＋a＋（対格接辞＋）語幹＋a が完全な直説法形でなくなっていることによる、としたほうがよさそうである。すなわち、完全な直説法形でないことによって、S_1 と S_2 の差が大したことでなくなり、また、X が CV(N)CV́X になるのを妨げる力を Sa が失ったと考えるわけである。

(f)S_1a は高い。

に次のものを付け加える。

(f-1)ただし、enga を前に置いた形では低くなる。

また、

(e)B 型の語幹＋a は X をアクセントとするが、

(e-1) S＋a の後方にある場合を除き、また、O_2 の直後にある場合を除き、あとに目的語が続くと、CV(N)CV́X となる。

を、

(e-1) S_1/S_2 がアクセント上区別される S＋a の後方にある場合を除き、また、ku/ka の後方にある O_2 の直後にある場合を除き、あとに目的語が続くと、CV(N)CV́X となる。S_1/S_2 がアクセント上区別されない S＋a の後方にある場合は、CV(N)CV́X となる。

と改めるべきであろう。

2.2.　語尾 anga を用いる直説法形

次に、語尾 a の代わりに、語尾 anga を用いる形を見る。語尾 anga は継続的行為をあらわす活用形に用いられる。これまでと同じく、対格接辞 mu は単数 3 人称もしくは Ø を接頭辞とする名詞があらわすものを指し、ba は複数 3 人称もしくは ba を接頭辞とする名詞があらわすものを指し、shi は shi を接頭辞とする名詞があらわすものを指すが、その注記は省略する。

6)近過去形進行形（主格接辞＋a＋（対格接辞＋）語幹＋anga）

A 型：

nájanga「私は食べていた」、námonanga、námoneshanga；

námújânga、námúmónanga、námúmóneshanga；

náshijanga、nábamonanga、nábamoneshanga；

wajanga「彼は食べていた」、wamonanga、wamoneshanga；

wamujânga、wamumónanga、wamumóneshanga；

washíjanga、wabámonanga、wabámoneshanga.

アクセントは次のように表示しうる。

S_1áX、S_1á$Ó_1$CV́X、S_1áO_2X.

S_2aX、S_2aO_1CV́X、S_2a$Ó_2$X.

B型：

náwishanga「私は倒していた」、nátalushanga；

námuwishanga、námutalushanga；

nábawishanga、nábatalushanga；

wawishanga「彼は倒していた」、watalushanga；

wamuwishanga、wamutalushanga；

wabáwishanga、wabátalushanga.

アクセントは次のように表示しうる。

S_1áX、S_1áO_1X、S_1áO_2X.

S_2aX、S_2aO_1X、S_2a$Ó_2$X.

つまり、語尾は異なるが、アクセント表示は1)の過去形に等しい。

7)現在習慣形（主格接辞＋a＋（対格接辞＋）語幹＋anga）

A型：

najânga「私は食べる」、namónanga、namóneshanga；

namujânga、namumónanga、namumóneshanga；

nashíjanga、nabámonanga、nabámoneshanga；

wajânga「彼は食べる」、wamónanga、wamóneshanga；

wamujânga、wamumónanga、wamumóneshanga；

washíjanga、wabámonanga、wabámoneshanga.

アクセントは次のように表示しうる。

SaCV́X、SaO_1CV́X、Sa$Ó_2$X.

B型：

nawishânga「私は倒す」、natalúshanga；

namuwishânga、namutalúshanga；

nabáwíshânga、nabátálúshanga；

wawishânga「彼は倒す」、watalúshanga；

wamuwishânga、wamutalúshanga；

wabáwíshânga、wabátálúshanga.

アクセントは次のように表示しうる。

SaCV(N)CV́X、SaO$_1$CV(N)CV́X、SaÓ$_2$CV́(N)CV́X.

つまり、アクセント表示は、5)の形の enga のつかないものに等しい。

この場合、この形は完全な直説法形であり、過去完了形と同じ議論は不可能である。しかし、時称接辞 a があらわれているのに、この形は、過去をあらわしていない。思うに、現在習慣形にふさわしい形は、

主格接辞＋(対格接辞＋)語幹＋anga

というものであり、どういうわけか時称接辞 a がはいってしまっている。従って、考えられるのは、時称接辞 a が過去をあらわすものから変質し、S$_1$ と S$_2$ の差が意味を失い、B 型の語幹＋anga の X が CV(N)CV́X になるのを妨げる力を Sa が失ったということである。a が変質しているので、過去をあらわす時称接辞 a を a$_1$ とし、この a を a$_2$ とすることにする。

8)今日の未来進行形(主格接辞＋ku＋(対格接辞＋)語幹＋anga)

A 型：

níkújânga「私は食べている」、níkúmónanga、níkúmóneshanga；
níkumujânga、níkumumónanga、níkumumóneshanga；
níkúshijanga、níkúbamonanga、níkúbamoneshanga；
ukujânga「彼は食べている」、ukumónanga、ukumóneshanga；
ukumujânga、ukumumónanga、ukumumóneshanga；
ukushíjanga、ukubámonanga、ukubámoneshanga.

アクセントは次のように表示しうる。

Ś$_1$kúCV́X、Ś$_1$kuO$_1$CV́X、Ś$_1$kúO$_2$X；
S$_2$kuCV́X、S$_2$kuO$_1$CV́X、S$_2$kuÓ$_2$X.

B 型：

níkuwishanga/níkuwishânga ～「私は倒している」、
níkutalushanga/níkutalúshanga ～；
níkumuwishanga/níkumuwisháŋga ～、
níkumutalushanga/níkumutalúshanga ～；
níkúbawishanga/níkúbawishanga ～、
níkúbatalushanga/níkúbatalushanga ～；
ukuwishanga/ukuwishânga ～「彼は倒している」、
ukutalushanga/ukutalúshanga ～；
ukumuwishanga/ukumuwishánga ～、
ukumutalushanga/ukumutalúshanga ～；
ukubáwishanga/ukubáwishanga ～、

ukubátalushanga/ukubátalushanga ～.

アクセントは次のように表示しうる。

Ś$_1$kuX/Ś$_1$kuCV(N)CV́X ～、Ś$_1$kuO$_1$X/Ś$_1$kuO$_1$CV(N)CV́X ～、Ś$_1$kúO$_2$X；

S$_2$kuX/S$_2$kuCV(N)CV́X ～、S$_2$kuO$_1$X/S$_2$kuO$_1$CV(N)CV́X ～、S$_2$kuÓ$_2$X.

9)未来進行形(主格接辞＋ka＋(対格接辞＋)語幹＋anga)

A型：

níkájânga「私は食べている」、níkámónanga、níkámóneshanga；

níkamujânga、níkamumónanga、níkamumóneshanga；

níkáshijanga、níkábamonanga、níkábamoneshanga；

ukajânga「彼は食べている」、ukamónanga、ukamóneshanga；

ukamujânga、ukamumónanga、ukamumóneshanga；

ukashíjanga、ukabámonanga、ukabámoneshanga.

アクセントは次のように表示しうる。

Ś$_1$káCV́X、Ś$_1$kaO$_1$CV́X、Ś$_1$káO$_2$X；

S$_2$kaCV́X、S$_2$kaO$_1$CV́X、S$_2$kaÓ$_2$X.

B型：

níkawishanga/níkawishánga ～「私は倒している」、

níkatalushanga/níkatalúshanga ～；

níkamuwishanga/níkamuwishánga ～、

níkamutalushanga/níkamutalúshanga ～；

níkábawishanga/níkábawishanga ～、

níkabatalushanga/níkabatalushanga ～；

ukawishanga/ukawishánga ～「彼は倒している」、

ukatalushanga/ukatalúshanga ～；

ukamuwishanga/ukamuwishánga ～、

ukamutalushanga/ukamutalúshanga ～；

ukabáwishanga/ukabáwishanga ～、

ukabátalushanga/ukabátalushanga ～.

アクセントは次のように表示しうる。

Ś$_1$kaX/Ś$_1$kaCV(N)CV́X ～、Ś$_1$kaO$_1$X/Ś$_1$kaO$_1$CV(N)CV́X ～、Ś$_1$káO$_2$X；

S$_2$kaX/S$_2$kaCV(N)CV́X ～、S$_2$kaO$_1$X/S$_2$kaO$_1$CV(N)CV́X ～、S$_2$kaÓ$_2$X.

語尾angaを用いる形の検討から付け加えるべき仮定は、次の通りである。

(1)A型の語幹＋angaはCV́Xをアクセントとするが、

(1-1)本来高いものやS$_2$a$_1$の直後でXとなる。

(m)B 型の語幹＋anga は X をアクセントとするが、

(m-1) S＋a_1 の後方にある場合を除き、また、ku/ka の後方にある O_2 の直後にある場合を除き、あとに目的語が続くと CV(N)CV́X となる。S＋a_2 の後方にある場合は CV(N)CV́X となる。

(n)Sa_2 は低い。

2.3.　語尾 ile を用いる直説法形

次に、語尾 ile を用いる形を見る。語尾 ile は、直前の母音が e/o なら ele/ene に、語幹末子音が鼻音なら ine/ene になる。該当する活用形は 1 つである。

10)遠過去形（主格接辞＋a＋（対格接辞＋）語幹＋ile）

A 型：

nájile「私は食べた」、námonene、námoneshele；

námújîle「私はそれを食べた」、námúmónene、námúmóneshele；

náshijile「私はそれを食べた」、nábamonene、nábamoneshele；

wajile「彼は食べた」、wamonene、wamoneshele；

wamujîle、wamumónene、wamumóneshele；

washíjile、wabámonene、wabámoneshele.

アクセントは、次のように表示できる。

$S_1á_1X$、$S_1á_1Ó_1CV́X$、$S_1á_1O_2X$；S_2a_1X、$S_2a_1O_1CV́X$、$S_2a_1Ó_2X$.

B 型：

náwishile「私は倒した」、nátalushile；

námuwishile、námutalushile；

nábawishile、nábatalushile；

wawishile「彼は倒した」、watalushile；

wamuwishile、wamutalushile；

wabáwishile、nabátalushile.

アクセントは、次のように表示できる。

$S_1á_1X$、$S_1á_1O_1X$、$S_1á_1O_2X$；S_2a_1X、$S_2a_1O_1X$、$S_2a_1Ó_2X$.

語尾は異なるが、アクセントは 1) の近過去形に等しい。従って、付け加えるべき仮定は次の通りである。

(o)A 型の語幹＋ile は CV́X をアクセントとするが、

(o-1)本来高いものや、S_2a の直後で X となる。

(p)B 型の語幹＋ile は X をアクセントとする。

2.4.　語尾 ilenga を用いる直説法形

次に、語尾 ilenga を用いる形を見る。語尾 ilenga は、直前の母音が e/o なら elenga/enenga に、語幹末子音が鼻音なら inenga/enenga になる。該当する活用形は 1 つである。

11）遠過去進行形（主格接辞＋a＋（対格接辞＋）語幹＋ilenga）

A 型：

nájilenga「私は食べていた」、námonenenga、námoneshelenga；
námújílenga「私はそれを食べていた」、námúmónenenga、námúmóneshelenga；
náshijilenga「私はそれを食べていた」、nábamonenenga、nábamoneshelenga；
wajilenga「彼は食べていた」、wamonenenga、wamoneshelenga；
wamujílenga、wamumónenenga、wamumóneshelenga；
washíjilenga、wabámonenenga、wabámoneshelenga.

アクセントは、次のように表示できる。

$S_1\acute{a}_1X$、$S_1\acute{a}_1\acute{O}_1C\acute{V}X$、$S_1\acute{a}_1O_2X$；$S_2a_1X$、$S_2a_1O_1C\acute{V}X$、$S_2a_1\acute{O}_2X$.

B 型：

náwishilenga「私は倒していた」、nátalushilenga；
námuwishilenga「私はそれを倒していた」、námutalushilenga；
nábawishilenga「私は彼らを倒していた」、nábatalushilenga；
wawishilenga「彼は倒していた」、watalushilenga；
wamuwishilenga、wamutalushilenga；
wabáwishilenga、nabátalushilenga.

アクセントは、次のように表示できる。

$S_1\acute{a}_1X$、$S_1\acute{a}_1O_1X$、$S_1\acute{a}_1O_2X$；S_2a_1X、$S_2a_1O_1X$、$S_2a_1\acute{O}_2X$.

語尾は異なるが、アクセントは、1）の近過去形や 10）の遠過去形に等しい。従って、付け加えるべき仮定は次の通りである。

（q）A 型の語幹＋ilenga は $C\acute{V}X$ をアクセントとするが、
　（q-1）本来高いものや、S_2a の直後で X となる。
（r）B 型の語幹＋ilenga は X をアクセントとする。

2.5.　語尾 V を用いる直説法形

次に、語尾 V を用いる形を見る。語尾 V は、基本的に語幹最終母音と同じものである。該当する活用形は 1 つである。

12）今日の過去形（主格接辞＋na＋（対格接辞＋）語幹＋V）

A型：

nínáji「私は食べた」、nínámôno、nínámóneshe；

nínamŭji「私はそれを食べた」、nínamumôno、nínamumóneshe；

nínáshiji「私はそれを食べた」、nínábamono、nínábamoneshe；

unăji「彼は食べた」、unamôno、unamóneshe；

unamŭji、unamumôno、unamumóneshe；

unashîji、unabámono、unabámoneshe.

アクセントは、次のように表示できる。

Ś$_1$náCV́X、Ś$_1$naO$_1$CV́X、Ś$_1$náO$_2$X；S$_2$naCV́X、S$_2$naO$_1$CV́X、S$_2$naÓ$_2$X.

B型：

nínawĭshi「私は倒した」、nínatalûshu；

nínamuwĭshi「私は彼を倒した」、nínamutalûshu；

nínábawĭshi「私は彼らを倒した」、nínábatalûshu；

unawĭshi「彼は倒した」、unatalûshu；

unamuwĭshi、unamutalûshu；

unábawĭshi、unábatalûshu.

アクセントは、次のように表示できる。

Ś$_1$naCV(N)CV́X、Ś$_1$naO$_1$CV(N)CV́X、Ś$_1$ńaO$_2$CV(N)CV́X；

S$_2$naCV(N)CV́X、S$_2$naO$_1$CV(N)CV́X、S$_2$náO$_2$CV(N)CV́X.

付け加えるべき仮定は次の通りである。

(s)A型の語幹＋VはCV́Xをアクセントとするが、

(s-1)本来高いものの直後でXとなる。

(t)B型の語幹＋VはCV(N)CV́Xをアクセントとする。

ここで、非常に奇妙なことにぶつかる。B型のŚ$_1$náO$_2$CV(N)CV́XおよびS$_2$náO$_2$CV(N)CV́Xというアクセントのことである。

Ś$_1$náO$_2$CV(N)CV́Xだけならさほど奇妙ではないかも知れない。本来なら、規則Iの適用により、

Ś$_1$＋na＋Ó$_2$＋CV(N)CV́X＞Ś$_1$＋na＋Ó$_2$CV(N)CV́X＞Ś$_1$naÓ$_2$CV́(N)CV́X

が考えられるのだが、そうなっていない。しかし、高いものとCV́CV(N)CV́Xの間の低が高になるという、規則Iに似た別の規則があって、O$_2$が最初の高いCVに該当し、

Ś$_1$＋na＋Ó$_2$＋CV(N)CV́X＞Ś$_1$náÓ$_2$CV(N)CV́X＞Ś$_1$náO$_2$CV(N)CV́X

となっているとも考えられる。つまり、高いものとCV́CV(N)CV́Xの間の低が高になるという規則と、O$_2$の「直前が高いか、高くなった場合、低くなる」(d-1)と

いう規則が規則Ｉより先に適用される（そのことによって、語幹第一音節が高くなるのを防ぐ）というふうに考えられないわけではない。

しかし、S_2náO$_2$CV（N）CV́X の存在は、そうした仮説を打ち砕く。つまり、今までの仮説では、低い S_2 のあとの na が、本来低いはずなのに高くなっていることを説明するものがないのである。従って、

(k) na は低い。

に、次のようなものを付け加える必要があろう。

(k-1) ただし、規則Ｉが働く前に、Ó$_2$CV（N）CV́X の前で高くなる。

この (k-1) はいかにも場当たり的である。共時論的には、(k-1)、もしくは、どういいかえても場当たり的にしか聞こえない他の仮定を考えるしかないのだが、通時論的には、次のように考えられるかも知れない。

まず、規則Ｉの適用範囲を間違えて、高いものと CV́CV（N）CV́X の間の低が高になるように適用し、na を高くし、O_2 を低くし (d-1)、そのことによって規則Ｉを無効化してもはや適用されなくし、こうして Ś$_1$náO$_2$CV（N）CV́X を形成した。その、na が高いことを既成事実化して（あるいはそのことからの類推で）、S_2 のあとでも na を高くし、O_2 を低くし (d-1)、規則Ｉを無効化して S_2náO$_2$CV（N）CV́X を形成した、というものである。

この推論は、共時論的な場当たり的仮定よりはましであるが、やはり抵抗を感じるかも知れない。しかし、言語というものは、そうそう規則的に振る舞うわけではなく、時に踏み外すことがある。実は、そのような踏み外しの例は時に見つけられるのである。言語の歴史における規則の適用は、おおまかにはその通りに適用されるのだが、細かい点では理屈にあわないことをやるものらしい。

2.6.　語尾 Vnga を用いる直説法形

次に、語尾 Vnga を用いる形を見る。語尾 Vnga の V は、基本的に語幹最終母音と同じものである。該当する活用形は１つである。

13) 今日の過去進行形（主格接辞＋na＋（対格接辞＋）語幹＋Vnga）

Ａ型：

nínájînga「私は食べていた」、nínámónonga、nínámóneshenga；

nínamujînga「私はそれを食べていた」、nínamumónonga、nínamumóneshenga；

nínáshijinga「私はそれを食べていた」、nínábamononga、nínábamoneshenga；

unajînga「彼は食べていた」、unamónonga、unamóneshenga；

unamujînga、unamumónonga、unamumóneshenga；

unashíjinga、unabámononga、unabámoneshenga.

アクセントは、次のように表示できる。

$\acute{S}_1$náCV́X、$\acute{S}_1$naO_1CV́X、$\acute{S}_1$náO_2X；S_2naCV́X、S_2naO_1CV́X、S_2na$\acute{O}_2$X.

B 型：

nínawishînga「私は倒していた」、nínatalúshunga；

nínamuwishînga「私は彼を倒していた」、nínamutalúshunga；

nínábawishînga「私は彼らを倒していた」、nínábatalúshunga；

unawishînga「彼は倒していた」、unatalúshunga；

unamuwishînga、unamutalúshunga；

unábawishînga、unábatalúshunga.

アクセントは、次のように表示できる。

$\acute{S}_1$naCV(N)CV́X、$\acute{S}_1$naO_1CV(N)CV́X、$\acute{S}_1$náO_2CV(N)CV́X；

S_2naCV(N)CV́X、S_2naO_1CV(N)CV́X、S_2náO_2CV(N)CV́X.

語尾は同じではないが、12)の今日の過去形と同様のアクセントである。

付け加えるべき仮定は次の通りである。

(u)A 型の語幹＋Vnga は CV́X をアクセントとするが、

(u-1)本来高いものの直後で X となる。

(v)B 型の語幹＋Vnga は CV(N)CV́X をアクセントとする。

その他のことは、12)の今日の過去形に関して述べた通りである。

以上にあげた諸仮定の各最終版をまとめれば、この言語の動詞直説法(肯定)形のアクセントの決定に働いているらしい規則群ということになる。

2.7.　直説法否定形

否定形は、これまで見た形に ha を後接させる。ha は低いが、その直前を上昇調にする。その際、ha が上昇調にした動詞末とその前の音節のアクセントは次のようになる。

(1)CV̂ +(N)CV̌ → CV́(N)CV́

(2)CV́ +(N)CV̌ → CV́(N)CV́

(3)CV̌ +(N)CV̌ → CV(N)CV́

このうち、(2) は、CV́(N) CV のあとに何か続くと CV́(N) CV́ になるという規則が、ha がついたことによって現実化しただけであり、(3)は、CV̌(N)CV のあとに何か続くと CV(N) CV́ になるという規則が、ha がついたことによって現実化しただけである。つまり、ha が直前を上昇調にしようがしまいがおこることである。また、(1)は、最初の CV̂ が動詞語幹より前のものだと、働かない。

námúmôna「私は彼を見た」＋ha　→　námúmónáha　　　しかし、

nâja「私は食べた」＋ha　→　nâjǎha　　　　　　　　以上、(1)

nínáji「私は食べた」＋ha　→　nínájíha　　　　　　　　(2)

nínawǐshi「私は倒した」＋ha　→　nínawishíha　　　　　　(3)

なお、ha の前は高か上昇調しかあらわれないので、目的語が続くと、ha は高くなる。

námonǎha＋muntu → námonahá muntu「私は人を見なかった」

nínawishíha＋muntu → nínawishíhá muntu「私は人を倒さなかった」

B 型の場合、語幹＋a に 2 つのアクセントがあると、あとに目的語があるか否かで決まる。

níkulongeshǎha/níkulongéshá há muntu「私は(人に)教える」

右側の形は、次のように生じている。

níkulongésha＋ha＋muntu → níkulongésháha＋muntu → níkulongésháhá muntu

3.　若干のコメント

この言語の動詞アクセントがどの程度に規則的に決定されているかを見る。

まず、ある意味で当然のことであるが、次のことが指摘される。

a)それぞれの活用形のアクセントは、A 型 B 型とも統一的に決定されている。ただし、これは、(あとに何も続かなければ)次末音節の高は下降調になり、次末が低い場合の末尾の高は次末を上昇調にして自らは低になるという、この言語の一般的規則の存在を仮定しての話である。

次に、

b)多数の形態素(連合)のアクセント的特徴は一定である。

ということが指摘される。(g) (h) (i) (n) (p) (r) (t) (v)参照。

次に、高い音節と CV́X にはさまれた低い音節は高くなるという規則(規則 I)を認めるならば、高さが定まっていなかった ku、O_1、ka のアクセント的特徴は一定である。

O_2 については、通常高いが、低くあらわれるのは、書き換えた(d-1)にいうように「直前が高いか、高くなった場合」である。この仮定には、妥当性が感じられる。一種の異化現象である。

残る問題の一つは、A 型の語幹＋語尾の CV́X というアクセントがある条件下で X になるという点である。語尾が a の場合には、書き換えた(a-1)にいうように、「本来高いものや S_2a の直後で X となる」のであるが、このうち「本来高いもの...の直後で X となる」という仮定にも妥当性が感じられる。やはり、異化現象である。問題は、低い S_2a の直後でどうして X となるのかということである。しかも、S_2a は O_2 を低くはしない。このことについて、上では、「S_2a は... 直後の高そのものを低くする力はないけれども、ある特定の形態素（連合）の CV́X の冒頭の高を低くする力はある」と考える可能性を指摘した。単独の高（O_2）と、CV́X の CV とは別であるという考えである。しかし、これだけでは、説得力が弱い。これを補強する証拠がないからである。

一つの考え方は提起できる。S_1a も S_2a も、共に形態素というより形態素連合である。ともに一音節になっているのでまとめて扱ったがそうしなければならないわけでもない。問題は、S_1a が高く S_2a が低いということであるが、(h)(i) にいうように、S_1 は高く S_2 は低い。もし、時称接辞 a が元来高く、S_2a が低いのは S_2 が低いからだと考えると、S_2a の末尾は本来高かった可能性があり、それが CV́X を X にするのだ、という可能性である。

この考え方にも問題はある。第一、時称接辞 a が元来高かったという証拠がない。しかも、S_2a が低くできない O_2 は、自分が CV́X の CV́ を形成して 2 つ前の高と協力して高くしたもののあとでも低くなる。2) の今日の未来形と 3) の未来形の A 型を見よ。つまり、低くなりやすいのである。その O_2 をすら低くできない S_2a が、かつて高かったという理由で、語幹＋a の CV́X の冒頭を低くできるだろうか。

さらに、5) の過去完了形を見ると、この考え方にたいする疑問が強くなる。そこでは、S_1a も低くあらわれ、そして、続く CV́X は X になっていないのである。

このように、CV́X が S_2a の直後で X となるということを説明できる論拠は、かなり薄弱なのである。つまり、不規則性がそこにあるといわざるをえないであろう。

語尾が a 以外の場合にも、同じ議論が適用できる。語尾が Vnga の場合だけは、CV́X が本来高いものの直後で X となることだけが仮定されているが、その理由は、時称接辞 a があらわれる形がないからである。

次に、B 型の語幹＋語尾のアクセントもやっかいである。語尾によっては、X をアクセントとするもの（ile/ilenge）、CV（N）CV́X をアクセントとするもの（V/Vnga）、両方あるもの（a/anga）がある。前二者は、それ自体としては特に問題とはならないが、両方あるものの場合その両者の分担のしかたがかなり複雑であり、5) の過去完了形のところで述べたようなことは考えられるとしても、少なくともそれ以外の点については、(e-1)(m-1) に述べたようなことが、単なる事実の指摘以上に実際にそのような規則がこの言語にあるといえるのかどうか不確かである。

そのような不規則性を考えるべき点はあるとしても、この言語の動詞アクセントは、規則 I に気がつけば、かなりの程度に規則的に決定されているといえるのではなかろうか。もっとも、規則Ⅰにも、12）の今日の過去形のように、誤って適用してしまったような場合もあるのであるが。

第7章　ンドンガ語の動詞アクセント

次に、ナミビア北部に話されるNdonga（ンドンガ語）の動詞アクセントを見る。この言語の動詞アクセントについては、『東京大学言語学論集』17掲載の「ンドンガ語動詞アクセント試論」で扱ったが、そこでは各活用形毎のアクセント分析にとどまり、そうしたアクセントがどのように決定されているかについては触れていなかった。ここでは、そうした問題まで扱う。

この言語の動詞も、アクセントにより2種類(A型、B型)に分けられる。

1.　不定形

まず、不定形から見る。不定形はoku＋（対格接辞＋）語幹＋a（＋対格接尾辞）という構造を有する。oはこの言語に広くあらわれる「冒頭母音」であり、kuが純粋の接頭辞である。この言語には、単数1人称の対格接辞というものはなく、対格接尾辞（-ndje）が用いられる。他の人称やクラスの場合は、対格接辞が用いられる。対格接辞は、アクセントの面から2種類に分けられる。単数2・3人称（omuまたはØを接頭辞とする単数動物名詞のあらわすものも含む）のものと、それ以外とにである。前者をO_1で、後者をO_2であらわす。「自分を（に）」という意味の再帰接辞もあり、iを音価とする。

A型：

okulyá「食べる」、okutála「見つめる」、okumánga「縛る」、

okuzáleká「着せる」、okutáalithá「見させる」、okuzálekithá「着させる」.

このアクセントは、okuCV́XCáで表示できる。ただし、「X＝ØならCáはCaとなる。X＝ØならCáもØでありうる」という「調整規則」をつけ加えなければならない。これを「調整規則Ⅰ」と呼ぶことにする。なお、「調整規則」というのは、主として語形が短い場合にどうなるかを述べたものである。今の場合、アクセントが統一的にokuCV́XCáで表示できるとして、何もつけ加えなければokuzáleká以下のアクセントしか表しえないが、okutálaやokumánga、さらにはokulyáのアク

セントにも対応できるように「調整規則Ⅰ」をつけ加えたわけである。なお、okumánga の nga は Ca にあたる。

O_1 があらわれると次の通りである。多少の意味的奇妙さは、問題にしない。

okumúlya「彼を食べる」、okumútalá、okumúmangá、okumúzaleká、okumútaalithá、okumúzalekithá.

このアクセントは、okuÓ$_1$XCá で表示できる。ただし、「X＝Ø なら Cá は Ca となる」という「調整規則」を付随させなければならない。これを「調整規則Ⅱ」と呼ぶことにする。O_2 があらわれると次の通りである。

okuyálya「彼らを食べる」、okuyátalá、okuyámangá、okuyázaleká、okuyátaalithá、okuyázalekithá.

このアクセントは、okuÓ$_2$XCá で表示できる。ただし、調整規則Ⅱを付随させなければならない。再帰接辞があらわれると次の通りである。

okwiílya（＜oku-i-ly-a）「自分を食べる」、okwiítalá、okwiímangá、okwiízaleká、okwiítaalithá、okwiízalekithá.

このアクセントを、okwiíXCá で表示する。調整規則Ⅱを付随させなければならない。対格接尾辞があらわれると次の通りである。

okulyándje「私を食べる」、okutálandje、okumángandje、okuzálekándje、okutáalithándje、okuzálekithándje.

このアクセントを、okuCV́XCándje で表示する。ただし、調整規則Ⅰを付随させなければならない。

調整規則Ⅰも調整規則Ⅱも、高と高が直接続くのを嫌い、あとの高を低くするものと考えられる。一種の異化現象といえよう。

以上のアクセントを、

okuCV́XCá（＋Ⅰ）、okuÓ$_1$XCá（＋Ⅱ）、okuÓ$_2$XCá（＋Ⅱ）、okwiíXCá（＋Ⅱ）、okuCV́XCándje（＋Ⅰ）.

で表示することにする。＋Ⅰは、調整規則Ⅰを必要とする、の意である。

B型：

okugwá「落ちる」、okulóga「呪いをかける」、okulónga「教える」、okudhípaga「殺す」、okudhípagitha「殺させる」.

このアクセントは、okuCV́X で表示できる。調整規則は必要でない。O_1 があらわれると次の通りである。

okumúloga「彼に呪いをかける」、okumúlonga、okumúdhipaga「彼を殺す」、okumúdhipagitha「彼に殺させる」.

このアクセントは、okuÓ$_1$X で表示できる。O_2 があらわれると次の通りである。

okuyálogá「彼に呪いをかける」、okuyálongá、okuyádhipága、okuyádhipágitha.
このアクセントは、okuÓ$_2$CV(N)CV́X で表示できる。再帰接辞があらわれると次の通りである。

okwiílogá「自分に呪いをかける」、okwiílongá、okwiídhipagá、okwiídhipagithá.
このアクセントは、okwiíXCá で表示できる。対格接尾辞があらわれると次の通りである。

okulogándje「私に呪いをかける」、okulongándje、okudhipágandje、okudhipágithandje.

このアクセントは、okuCV(N)CV́Xndje で表示できる。

一見して気がつくのは、再帰接辞があらわれた場合のアクセントがA型B型とも同じだということである。特に、B型では、語幹+aの末尾が常に高くなるという、他のB型のあらわれからは想像できない特徴が出ているので、再帰接辞があらわれた場合、B型動詞はA型動詞に吸収合併されるということらしい。なお、B型の場合は、再帰接辞があらわれても調整規則IIを必要としないが、それはたまたまX=Øになることがないからである。

2.　直説法形

次に、直説法形を見る。直説法形には、語尾としてa、ile、V(直前の母音と同じ母音)が用いられる。直説法形には主格接辞があらわれるが、主格接辞は、アクセント的に一様である。Sであらわす。

2.1.　語尾aを用いる直説法形

まず、語尾aを用いるものから見る。

1)今日の過去形(o+主格接辞+a+語幹+a(+対格接尾辞)　or
o+主格接辞+e+対格接辞+語幹+a

A型：

ondalyá(o+ndi+a+ly+a)「私は食べた」、ondatála、ondamánga、ondazáleká、ondatáalithá、ondazálekithá.

アクセントは、oSaCV́XCá(+I)で表示しうる。O$_1$があらわれると次の通りである。

ondemúlya「私は彼を食べた」、ondemútalá、ondemúmangá、ondemúzaleká、ondemútaalithá、ondemúzalekithá.

アクセントは、oSeÓ$_1$XCá(+II)で表示しうる。O$_2$があらわれると次の通りである。

ondeyálya「私は彼らを食べた」、ondeyátalá、ondeyámangá、ondeyázaleká、
ondeyátaalithá、ondeyázalekithá.

アクセントは、oSe$Ó_2$XCá（+ II）で表示しうる。再帰接辞があらわれると次の通りである。

ondiílya「私は自分を食べた」、ondiítalá、ondiímangá、ondiízaleká、
ondiítaalithá、ondiízalekithá.

アクセントは、oSiíXCá（+ II）で表示しうる。次に、対格接尾辞があらわれると次の通りである。

oyalyándje（o + ya + a + ly + a + ndje）「彼らは私を食べた」、oyatálandje、
oyamángandje、oyazálekándje、oyatáalithándje、oyazálekithándje.

アクセントは、oSaCV́XCándje（+ I）で表示しうる。

B型：

ondagwá「私は落ちた」、ondalóga、ondalónga、ondadhípagá、ondadhípagithá.

アクセントは、oSaCV́XCá（+ I）で表示しうる。O_1があらわれると次の通りである。

ondemúlogá「私は彼に呪いをかけた」、ondemúlongá、ondemúdhipagá、
ondemúdhipagithá.

アクセントは、oSe$Ó_1$XCáで表示しうる。O_2があらわれると次の通りである。

ondeyálogá「私は彼らに呪いをかけた」、ondeyálongá、ondeyádhipagá、
ondeyádhipagithá.

アクセントは、oSe$Ó_2$XCáで表示しうる。再帰接辞があらわれると次の通りである。

ondiílogá「私は自分に呪いをかけた」、ondiílongá、ondiídhipagá、
ondiídhipagithá.

アクセントは、oSiíXCáで表示しうる。対格接尾辞があらわれると次の通りである。

oyalógandje「彼らは私に呪いをかけた」、oyalóngandje、oyadhípagándje、
oyadhípagithándje.

アクセントは、oSaCV́XCándje（+ I）で表示しうる。ただし、CáがØになることは、たまたまない。

この活用形に限り、A型もB型も同じである。特に、B型では、語幹+aのアクセントに不定形ではありえないCV́XCáというものが出ているので、B型動詞は全体的にA型動詞に吸収合併されているということらしい。なお、やはり、B型の場合、調整規則IIを必要としないが、それはたまたまX=Øになることがないからである。

2）未来形（o + ta + 主格接辞 + ka + 語幹 + a（+ 対格接尾辞） or

o＋ta＋主格接辞＋ke＋対格接辞＋語幹＋a）

ta＋主格接辞が１音節になることがあり（単数２・３人称）、tS であらわす。なお、対格接辞の前の ke や再帰接辞と融合した kii の前の主格接辞の母音が a なら、a は e に変わる。

A型：

otándikálya「私は食べる」、otándikátalá、otándikámangá、otándikázaleká、otándikátaalithá、otándikázalekithá；

otándikémulyá「私は彼を食べる」、otándikémutalá、otándikémumangá、otándikémuzaleká、otándikémutaalithá、otándikémuzalekithá；

otándikéyalyá「私は彼らを食べる」、otándikéyatalá、otándikéyamangá、otándikéyazaleká、otándikéyataalithá、otándikéyazalekithá；

otándikíilyá「私は自分を食べる」、otándikíitalá、otándikíimangá、otándikíizaleká、otándikíitaalithá、otándikíizalekithá；

otáyakályandje「彼らは私を食べる」、otáyakátalándje、otáyakámangándje、otáyakázalekándje、otáyakátaalithándje、otáyakázalekithándje.

ここまでの形のアクセントは、

otáSkáXCá（＋Ⅱ）、otáSkéO$_1$XCá、otáSkéO$_2$XCá、otáSkíiXCá、otáSkáXCándje（＋Ⅱ）

のように表示しうる。

otákalya（o＋ta＋a＋ka＋ly＋a）「彼は食べる」、otákatalá、otákamangá、otákazaleká、otákataalithá、otákazalekithá；

otékemulyá（o＋ta＋e＋ke＋mu＋ly＋a）「彼は彼（別人）を食べる」、otékemutalá、otékemumangá、otékemuzaleká、otékemutaalithá、otékemuzalekithá；

otékeyalyá「彼は彼らを食べる」、otékeyatalá、otékeyamangá、otékeyazaleká、otékeyataalithá、otékeyazalekithá；

otékiilyá「彼は自分を食べる」、otékiitalá、otékiimangá、otékiizaleká、otékiitaalithá、otékiizalekithá；

otákalyandje「彼は私を食べる」、otákatalándje、otákamangándje、otákazalekándje、otákataalithándje、otákazalekithándje.

ここまでの形のアクセントは、

otŚkaXCá（＋Ⅱ）、otŚkeO$_1$XCá、otŚkeO$_2$XCá、otŚkiiXCá、otŚkaXCándje（＋Ⅱ）

のように表示しうる。

主格接辞が単数２・３人称の時とそうでない時とでは、アクセントが微妙に異なるが、高高という連鎖を避けるために、あとの高が低くなっていると考えれば、納得できる。

B型：

otándikágwa「私は落ちる」、otándikalóga、otándikalónga、otándikadhípaga、otándikadhípagitha；

otándikemúloga「私は彼に呪いをかける」、otándikemúlonga、otándikemúdhipaga、otándikemúdhipagitha；

otándikéyalogá「私は彼らに呪いをかける」、otándikéyalongá、otándikéyadhipága、otándikéyadhipágitha；

otándikíilogá「私は自分に呪いをかける」、otándikíilongá、otándikíidhipagá、otándikíidhipagithá；

otáyakalógandje「彼らは私に呪いをかける」、otáyakalóngandje、otáyakadhípagandje、otáyakadhípagithandje.

ここまでの形のアクセントは、

otáSkaCV́X（X＝Ø なら、CV́ は CV となり、ka は ká となる。調整規則Ⅲと呼ぶ）、

otáSkeÓ$_1$X、otáSkéO$_2$CVCV́X、otáSkíiXCá、otáSkaCV́Xndje

のように表示しうる。

otákagwá「彼は落ちる」、otákalóga、otákalónga、otákadhípaga、otákadhípagitha；

otékemúloga「彼は彼（別人）に呪いをかける」、otékemúlonga、otékemúdhipaga、otékemúdhipagitha；

otékeyalogá「彼は彼らに呪いをかける」、otékeyalongá、otékeyadhipága、otékeyadhipágitha；

otékiilogá「彼は自分に呪いをかける」、otékiilongá、otékiidhipagá、otékiidhipagithá；

otákalógandje「彼は私に呪いをかける」、otákalóngandje、otákadhípagandje、otákadhípagithandje.

ここまでの形のアクセントは、

otŚkaCV́X、otŚkeÓ$_1$X、otŚkeO$_2$CVCV́X、otŚkiiXCá、otŚkaCV́Xndje

のように表示しうる。

この形は、1）の今日の過去形とは異なり、A型とB型の違いはあるが、やはり、再帰接辞があらわれる形には、A型とB型の違いがなく、A型にB型が吸収合併された感じである。

3）過去否定形（i＋na＋主格接辞＋（対格接辞＋）語幹＋a（＋対格接尾辞））

na＋主格接辞が１音節になることがあり（単数２・３人称）、nS であらわす。なお、対格接辞の前の主格接辞の母音が a なら、a は e に変わる。

A 型：

inandílya「私は食べなかった」、inandítala、inandímanga、inandízaleka、inandítaalitha、inandízalekitha；

inandimulyá「私は彼を食べなかった」、inandimutála、inandimumánga、inandimuzáleka、inandimutáalitha、inandimuzálekitha；

inandíyalya「私は彼らを食べなかった」、inandíyatala、inandíyamanga、inandíyazaleka、inandíyataalitha、inandíyazalekitha；

inandiilyá「私は自分を食べなかった」、inandiitála、inandiimánga、inandiizáleka、inandiitáalitha、inandiizálekitha；

inayályandje「彼らは私を食べなかった」、inayátalandje、inayámangandje、inayázalekandje、inayátaalithandje、inayázalekithandje.

ここまでの形のアクセントは、

inaŚX、inaSO_1CV́X、inaŚO_2X、inaSiCV́X、inaŚXndje.

のように表示しうる。

inalyá（i＋na＋a＋lya）「彼は食べなかった」、inatála、inamánga、inazáleka、inatáalitha、inazálekitha；

inemulyá「彼は彼（別人）を食べなかった」、inemutála、inemumánga、inemuzáleka、inemutáalitha、inemuzálekitha；

ineyálya「彼は彼らを食べなかった」、ineyátala、ineyámanga、ineyázaleka、ineyátaalitha、ineyázalekitha；

iniilyá「彼は自分を食べなかった」、iniitála、iniimánga、iniizáleka、iniitáalitha、iniizálekitha；

inalyándje「彼は私を食べなかった」、inatálandje、inamángandje、inazálekandje、inatáalithandje、inazálekithandje.

ここまでの形のアクセントは、

inSCV́X、inSO_1CV́X、inSÓ$_2$X、inSiCV́X、inSCV́Xndje.

のように表示しうる。

B 型：

inandígwa「私は落ちなかった」、inandilogá、inandilongá、inandidhipága、inandidhipágitha；

inandimulogá「私は彼に呪いをかけなかった」、inandimulongá、inandimudhipága、inandimudhipágitha；

inandiyalogá「私は彼らに呪いをかけなかった」、inandiyalongá、
inandiyadhipága、inandiyadhipágitha；
inandiilóga「私は自分に呪いをかけなかった」、inandiilónga、inandiidhípaga、
inandiidhípagitha；
inayalogándje「彼らは私に呪いをかけなかった」、inayalongándje、
inayadhipágandje、inayadhipágithandje.

ここまでの形のアクセントは、
inaSCV(N)CV́X(X＝Ø なら、(N)CV́ も Ø でありうるが、S は Ś となる。調整規則IV)、
$inaSO_1CV$(N)CV́X、$inaSO_2CV$(N)CV́X、inaSiCV́X、inaSCV(N)CV́Xndje.

のように表示しうる。

inagwá「彼は落ちなかった」、inalogá、inalongá、inadhipága、inadhipágitha；
inemulogá「彼は彼(別人)に呪いをかけなかった」、inemulongá、
inemudhipága、inemudhipágitha；
ineyalogá「彼は彼らに呪いをかけなかった」、ineyalongá、ineyadhipága、
ineyadhipágitha；
iniilóga「彼は自分に呪いをかけなかった」、iniilónga、iniidhípaga、
iniidhípagitha；
inalogándje「彼らは私に呪いをかけなかった」、inalongándje、inadhipágandje、
inadhipágithandje.

ここまでの形のアクセントは、
inSCV(N)CV́X(X＝Ø なら、(N)CV́ も Ø でありうるが、前の CV は CV́ となる。調整規則V)、
$inSO_1CV$(N)CV́X、$inSO_2CV$(N)CV́X、inSiCV́X、inSCV(N)CV́Xndje.

のように表示しうる。

4)未来否定形(i＋ta＋主格接辞＋ka＋語幹＋a(＋対格接尾辞)　or
　i＋ta＋主格接辞＋ke＋対格接辞＋語幹＋a)

やはり、ta＋主格接辞が1音節になることがあり(単数2・3人称)、tS であらわす。なお、対格接辞の前の ke や再帰接辞と融合した kii の前の主格接辞の母音が a なら、a は e に変わる。

A 型：

itandikalyá「私は食べない」、itandikatála、itandikamánga、itandikazáleká、
itandikatáalithá、itandikazálekithá；
itandikemulyá「私は彼を食べない」、itandikemutála、itandikemumánga、

itandikemuzáleká、itandikemutáalithá、itandikemuzálekithá；
itandikeyálya「私は彼らを食べない」、itandikeyátalá、itandikeyámangá、
itandikeyázaleká、itandikeyátaalithá、itandikeyázalekithá；
itandikiilyá「私は自分を食べない」、itandikiitála、itandikiimánga、
itandikiizáleká、itandikiitáalithá、itandikiizálekithá；
itayakalyándje「彼らは私を食べない」、itayakatálandje、itayakamángandje、
itayakazálekándje、itayakatáalithándje、itayakazálekithándje.

ここまでの形のアクセントは、

itaSkaCV́XCá（＋Ⅰ）、itaSkeO_1CV́XCá（＋Ⅰ）、itaSkeÓ$_2$XCá（＋Ⅱ）、
itaSkiiCV́XCá（＋Ⅰ）、itaSkaCV́XCándje（＋Ⅰ）

のように表示しうる。

itakalyá（i＋ta＋a＋ka＋ly＋a）「彼は食べない」、itakatála、itakamánga、
itakazáleká、itakatáalithá、itakazálekithá；
itekemulyá「彼は彼（別人）を食べない」、itekemutála、itekemumánga、
itekemuzáleká、itekemutáalithá、itekemuzálekithá；
itekeyálya「彼は彼らを食べない」、itekeyátalá、itekeyámangá、
itekeyázaleká、itekeyátaalithá、itekeyázalekithá；
itekiilyá「彼は自分を食べない」、itekiitála、itekiimánga、
itekiizáleká、itekiitáalithá、itekiizálekithá；
itakalyándje「彼は私を食べない」、itakatálandje、itakamángandje、
itakazálekándje、itakatáalithándje、itakazálekithándje.

ここまでの形のアクセントは、

itSkaCV́XCá（＋Ⅰ）、itSkeO_1CV́XCá（＋Ⅰ）、itSkeÓ$_2$XCá（＋Ⅱ）、
itSkiiCV́XCá（＋Ⅰ）、itSkaCV́XCándje（＋Ⅰ）

のように表示しうる。

B型：

itandikagwá「私は落ちない」、itandikalogá、itandikalongá、itandikadhipága、
itandikadhipágitha；
itandikemulogá「私は彼に呪いをかけない」、itandikemulongá、
itandikemudhipága、itandikemudhipágitha；
itandikeyálogá「私は彼らに呪いをかけない」、itandikeyálongá、
itandikeyádhipága、itandikeyádhipágitha；
itandikiilóga「私は自分に呪いをかけない」、itandikiilónga、
itandikiidhípagá、itandikiidhípagithá；

itayakalogándje「彼らは私に呪いをかけない」、itayakalongándje、
itayakadhipágandje、itayakadhipágithandje.

ここまでの形のアクセントは、

itaSkaCV(N)CV́X(+V)、itaSkeO$_1$CV(N)CV́X、itaSkeÓ$_2$CV(N)CV́X、
itaSkiiCV́XCá(+I)、itaSkaCV(N)CV́Xndje

のように表示しうる。

itakagwá「彼は落ちない」、itakalogá、itakalongá、itakadhipága、
itakadhipágitha；
itekemulogá「彼は彼(別人)に呪いをかけない」、itekemulongá、
itekemudhipága、itekemudhipágitha；
itekeyálogá「彼は彼らに呪いをかけない」、itekeyálongá、itekeyádhipága、
itekeyádhipágitha；
itekiilóga「彼は自分に呪いをかけない」、itekiilónga、itekiidhípagá、
itekiidhípagithá；
itakalogándje「彼は私に呪いをかけない」、itakalongándje、itakadhipágandje、
itakadhipágithandje.

ここまでの形のアクセントは、

itSkaCV(N)CV́X(+V)、itSkeO$_1$CV(N)CV́X、itSkeÓ$_2$CV(N)CV́X、
itSkiiCV́XCá(+I)、itSkaCV(N)CV́Xndje

のように表示しうる。

この他に、語尾aを用いる活用形として、複合形の「過去完了否定形」がある。構造は

kakwali+主格接辞+a+語幹+a(+対格接尾辞) or
kakwali+主格接辞+e+対格接辞+語幹+a

というものである。kakwaliは、ka+単数3人称主格接辞+aである。単数3人称主格接辞はaであるが、+aの場合はkwaとなる。liは元来繋辞である。kakwaliのアクセントは低く平らである。そのあとの部分は、形もアクセントも、1)今日の過去形から冒頭のoを取り去ったものに等しい。すなわち、次のように表示しうる。

A型：SaCV́XCá(+I)、SeÓ$_1$XCá(+II)、SeÓ$_2$XCá(+II)、SiíXCá(+II)、
SaCV́XCándje(+I).

B型：SaCV́XCá(+I)、SeÓ$_1$XCá、SeÓ$_2$XCá、SiíXCá、SaCV́XCándje.

kakwali ndalyá「私はまだ食べていなかった」、～ndatála、～ndamánga、
～ndazáleká、～ndatáalithá、～ndazálekithá；

kakwali ndemúlya、〜 ndemútalá、〜 ndemúmangá、〜 ndemúzaleká、
〜 ndemútaalithá、〜 ndemúzalekithá；
kakwali ndeyálya、〜 ndeyátalá、〜 ndeyámangá、〜 ndeyázaleká、
〜 ndeyátaalithá、〜 ndeyázalekithá；
kakwali ndiílya、〜 ndiítalá、〜 ndiímangá、〜 ndiízaleká、〜 ndiítaalithá、
〜 ndiízalekithá；
kakwali yalyándje、〜 yatálandje、〜 yamángandje、〜 yazálekándje、
〜 yatáalithándje、〜 yazálekithándje.　（以上 A 型）
kakwali ndagwá、〜 ndalóga、〜 ndalónga、〜 ndadhípagá、〜 ndadhípagithá；
kakwali ndemúlogá、〜 ndemúlongá、〜 ndemúdhipagá、〜 ndemúdhipagithá；
kakwali ndeyálogá、〜 ndeyálongá、〜 ndeyádhipagá、〜 ndeyádhipagithá；
kakwali ndiílogá、〜 ndiílongá、〜 ndiídhipagá、〜 ndiídhipagithá；
kakwali yalógandje、〜 yalóngandje、〜 yadhípagándje、〜 yadhípagithándje.
（以上 B 型）

今日の過去形は、実は、この形にあらわれる過去分詞的なものを、前に o をつけて直説法形にしたものではないかと思われる。「過去分詞的なもの」のほうは、A 型 B 型のアクセント上の区別はなく（というより、B 型が A 型に吸収合併されていた）、直説法形になってもその区別は生じなかったらしい。

不定形および語尾 a を用いる直説法形のアクセントから次のような仮定が可能である。

(1)今日の過去形は、A 型のアクセントに B 型の動詞も一致する。

(2)再帰接辞があらわれる場合、A 型のアクセントに B 型の動詞も一致する。

(2) は、これまで見たデータおよびこれから見るデータから一般的にいえることである。

次に、不定形のアクセント表示を再掲する。これ以後、再掲の場合は調整規則は省略する。

A 型：okuCV́XCá、okuÓ$_1$XCá、okuÓ$_2$XCá、okwiíXCá、okuCV́XCándje.

B 型：okuCV́X、okuÓ$_1$X、okuÓ$_2$CV (N) CV́X、okwiíXCá、okuCV (N) CV́Xndje.

不定形のアクセントからいえることをあげる。

(3)o は低い。

(4)ku は低い。

語幹＋a のアクセントは、活用形によってさまざまであるので、とりあえず、次のように仮定する。

(5)A 型の語幹＋a は、ku の後方では CV́XCá をアクセントとする。

O_1 と O_2 の高さも活用形によってさまざまであるが、低い場合があり、A型の語幹+aの前で高くなっているが、語幹+aのほうはXCáになっている。O_1 と O_2 が高いのは、A型の語幹+aのCV́XCáの冒頭の高が移動したと考えておく。

(6)O_1 は低い。

(6-1) kuの直後では、CV́XCáをアクセントとするA型の語幹+aの冒頭の高が移動し、高くなる。

(7)O_2 は低い。

(7-1) kuの直後では、CV́XCáをアクセントとするA型の語幹+aの冒頭の高が移動し、高くなる。

これまで見たデータおよびこれから見るデータから、再帰接辞はA型において O_1 に同じアクセントを示す。ただし、(2)参照。

(8)再帰接辞iは、A型において O_1 と同じアクセントをとる。

(9)対格接尾辞は低い。

B型の語幹+aは、CV́X、X、CV(N)CV́Xの3つのあらわれかたをするが、これを統一的に説明しようとすると、次のように仮定できよう。

(10)B型の語幹+aは、kuの後方ではCV(N)CV́Xをアクセントとする。

(10-1)対格接尾辞が続かず、kuに直接、または O_1 を隔てて続くと、高い箇所が1音節前に移動する。

O_2 は、介在することによってこの移動を妨げるし、対格接尾辞も存在することによって後ろから引っ張って前の移動を妨げると考えるわけである。O_1 について、(6-1)のあとに次のものを付け加える。

(6-2) kuの直後では、CV́XをアクセントとするようになったB型の語幹+aの冒頭の高が移動し、高くなる。

さらに、O_2 について、(7-1)のあとに次のものを付け加える。

(7-2) kuの直後では、CV(N)CV́XをアクセントとするB型の語幹+aの前で高くなる。

やや異質さを感じさせる仮定ではある。再帰接辞iについては、上記(2)を参照。

こうした仮定は、O_1 と O_2 が高いのは他からの影響という考え方に立っているが、それが妥当だという確たる根拠があるわけではない。O_1 と O_2 は高いとし、そのあとのCV́X～の冒頭の高を消すという考え方もできる。しかし、O_1 と O_2 は、他の活用形にあらわれる場合には低くあらわれることが多く、そういうものが基軸となって、CV́X～の冒頭の高を消すと考えるのは少し無理があるようである。

次に、1)の今日の過去形のアクセント表示を再掲する。

A型：oSaCV́XCá、oSeÓ$_1$XCá、oSeÓ$_2$XCá、oSiíXCá、oSaCV́XCándje.

B 型：oSaCV́XCá、oSeÓ$_1$XCá、oSeÓ$_2$XCá、oSiíXCá、oSaCV́XCándje.
今日の過去形のデータからは、まず、次の仮定を付け加える必要がある。

(11) Sa/Se は低い。

さらに、(5)について次の修正が必要である。

(5) A 型の語幹+a は、ku/Sa/Se の後方では CV́XCá をアクセントとする。

また、O$_1$、O$_2$ について次の修正が必要である。

(6-1) ku/Se の直後では、CV́XCá をアクセントとする A 型の語幹+a の冒頭の高が移動し、高くなる。

(7-1) ku/Se の直後では、CV́XCá をアクセントとする A 型の語幹+a の冒頭の高が移動し、高くなる。

B 型については、(1)参照。

次に、2)の未来形のアクセント表示を再掲する。

A 型：otáSkáXCá、otáSkéO$_1$XCá、otáSkéO$_2$XCá、otáSkíiXCá、otáSkáXCándje；
otŚkaXCá、otŚkeO$_1$XCá、otŚkeO$_2$XCá、otŚkiiXCá、otŚkaXCándje.

B 型：otáSkaCV́X、otáSkeÓ$_1$X、otáSkéO$_2$CV(N)CV́X、otáSkíiXCá、otáSkaCV́Xndje；
otŚkaCV́X、otŚkeÓ$_1$X、otŚkeO$_2$CV(N)CV́X、otŚkiiXCá、otŚkaCV́Xndje.

未来形のデータからは、次の仮定を付け加える必要がある。

(12) ta は高い。

(13) 主格接辞は低い。

(14) tS は高い。

ta が高いので、ta+S が 1 音節となった時に、ta の高を引き継ぐわけである。

ka/ke、O$_1$、O$_2$ の高さは、あとの語幹+a のアクセントと直接間接に関係しているようなので、語幹+a のアクセントをまず考える。

未来形においては、A 型の語幹+a は常に XCá であらわれている。あとで見るように、ここまで見た活用形だけからは、A 型の語幹+a のアクセントを、今まで同様 CV́XCá と考えて仮定を組みたてることも不可能ではないが、未来形で常に XCá であらわれているとを重視し、かつ、あとに検討する過去否定形では、今度は CV́X のようなものを仮定しなければならないので、A 型の語幹+a のアクセントを単一のものと考えることは放棄しなければならず、ここではまず次のように仮定する。

(15) A 型の語幹+a は、ka/ke の後方では XCá をアクセントとする。

(16) ka/ke は高い。

(16-1) 直前が高いと低くなる。

O_1、O_2 については、A 型に関する限り、これまでの仮定で十分である。

B 型の語幹＋a は、CV（N）CV́X をアクセントとする場合があるので、仮定（10）を次のように修正する。

（10）B 型の語幹＋a は、ku、ka/ke の後方では CV（N）CV́X をアクセントとする。

ka/ke に関係して、次の付け加えが必要になる。

（10-2）ka/ke に直接、または O_1 を隔てて続くと、高い箇所が 1 音節前に移動する。

ku のあとと違って、対格接尾辞の存在が、前への移動を妨げないことに注意せよ。O_2 の介在が前への移動を妨げるのである。O_1 について、次の修正が必要になる。

（6-2）ku、ke の直後では、CV́X をアクセントとするようになった B 型の語幹＋a の冒頭の高が移動し、高くなる。

ka/ke について、次の付け加えが必要になる。

（16-2）直後が高いと低くなる。

一番ややこしい B 型の otáSkeÓ$_1$X の形成仮定を示す。

o-tá-S-ké-O_1-CV（N）CV́X → otá-S-ké-O_1CV́X → otáSké-Ó$_1$X → otáSkeÓ$_1$X

なお、いうまでもないことだが、この活用形についても、（2）に注意せよ。

少し横道して、こうした推論と異なり、A 型の語幹＋a のアクセントを今まで同様 CV́XCá と考えて仮定を積み重ねてみよう。

まず、（α）O_1、O_2 については、本来高いが、直前が本来高いと低くなると仮定しなおす。そうすると（β）A 型の語幹＋a の CV́XCá については、直前が本来高いと XCá になる、とせねばならない。ka/ke は本来高いが直前が高いと低くなると、これは（16）、（16-1）を引き継ぐ。これで、アクセント形成過程を見てみる。

o-tá-S-ká-CV́XCá → otá-S-káXCá → otáSkáXCá

o-tá-S-ké-Ó$_1$-CV́XCá → o-tá-S-ké-Ó$_1$XCá → o-tá-S-kéO$_1$XCá → otáSkéO$_1$XCá

o-tá-S-ké-Ó$_2$-CV́XCá → o-tá-S-ké-Ó$_2$XCá → o-tá-S-kéO$_2$XCá → otáSkéO$_2$XCá

o-tá-S-ká-CV́XCá-ndje → otá-S-káXCándje → otáSkáXCándje

o-tŚ-ká-CV́XCá → otŚ-káXCá → otŚkaXCá、etc.

あるいは、「直前が本来高いと」を「直前が高いと」に直し、その規定を伴う規則は、後方から順に適用されるという大仮定を追加しても、同じ結果が得られる。

この考え方は、3）の過去否定形において、特に B 型で inaSO_1CV（N）CV́X、inaSO_2CV（N）CV́X という、どう考えても、O_1、O_2 が「本来高い」と考える根拠に乏しい形が存在することから、（α）が成立せず、廃棄したほうがよさそうである。

次に、3）の過去否定形のアクセント表示を再掲する。

A 型：inaŚX、inaSO_1CV́X、inaŚO_2X、inaSiCV́X、inaŚXndje；

inSCV́X、inSO$_1$CV́X、inSÓ$_2$X、inSiCV́X、inSCV́Xndje.

B 型：inaSCV（N）CV́X、inaSO$_1$CV（N）CV́X、inaSO$_2$CV（N）CV́X、
inaSiCV́X、inaSCV（N）CV́Xndje；
inSCV（N）CV́X、inSO$_1$CV（N）CV́X、inSO$_2$CV（N）CV́X、inSiCV́X、
inSCV（N）CV́Xndje.

過去否定形のデータからは、次の仮定を付け加える必要がある。

(17) i は低い。

(18) na は低い。

(19) nS は低い。

(13)にいうように、S は低いが、na と 1 音節になっても当然低い。

(20) A 型の語幹＋a は、S の後方で時称接辞が介在しない場合には、CV́X をアクセントとする。

S については、(13)に次の付け加えが必要になる。

(13-1) i＋na に続く S は、na と 1 音節にならない場合には、O$_1$ や再帰接辞が介在しない限り、A 型の語幹＋a の CV́X の冒頭の高が（O$_2$ があっても通過して）移動して高くなる。

S が na と 1 音節になって nS であらわれる場合は、これは適用外なので、(19)に次の付け加えが必要になる。

(19-1) O$_1$ や再帰接辞が介在せず、A 型の語幹＋a の CV́X の冒頭の高が（O$_2$ があっても通過して）移動して高くなろうとしても高くならず、1 つ後ろが高くなる。

(13-1)の「（O$_2$ があっても通過して）」については、O$_2$ が一旦高くなり、さらに 1 つ前に移ると考えることも可能かも知れない。

B 型の語幹＋a については、

(10) B 型の語幹＋a は、ku、ka/ke の後方では CV（N）CV́X をアクセントとする。

の、「ku、ka/ke の後方では」の部分を削除してよさそうである。今見ている形でも、CV（N）CV́X があらわれるからである。過去否定形では、CV（N）CV́X というをアクセントは、再帰接辞があらわれる場合（(2)を見よ）を除き変わらず、O$_1$、O$_2$ も低いから、これ以上の付け加えや修正は必要でない。

次に、未来否定形のアクセント表示を再掲する。

A 型：itaSkaCV́XCá、itaSkeO$_1$CV́XCá、itaSkeÓ$_2$XCá、itaSkiiCV́XCá、
itaSkaCV́XCándje；
itSkaCV́XCá、itSkeO$_1$CV́XCá、itSkeÓ$_2$XCá、itSkiiCV́XCá、
itSkaCV́XCándje.

B型：itaSkaCV(N)CV́X、itaSkeO₁CV(N)CV́X、itaSkeÓ₂CV(N)CV́X、
itaSkiiCV́XCá、itaSkaCV(N)CV́Xndje；
itSkaCV(N)CV́X、itSkeO₁CV(N)CV́X、itSkeÓ₂CV(N)CV́X、
itSkiiCV́XCá、itSkaCV(N)CV́Xndje.

まず、ta/tSが低くなっているので、(12)と(14)を次のように変える必要がある。

(12)taは、oの直後で高い。

(12-1)iの直後で低い。

(14)tSは、oの直後で高い。

(14-1)iの直後で低い。

iが高いta/tSを低くするのか、oがta/tSを高くするのか分からない。さらに、ka/keが低くあらわれているので、

(16)ka/keは高い。

を、

(16)ka/keは、oではじまる形においては高い。

とし、

(21)ka/keは、iではじまる形においては低い。

とする。(16)と(21)をまとめることも考えられるが、統一的な規則が働いているとも考えられないので、一応別立てとする。

A型の語幹+aは、CV́XCáをアクセントとしているので、(5)を

(5)A型の語幹+aは、ku/Sa/Se/itaS/itSの後方ではCV́XCáをアクセントとする。

と改める必要がある。

(7)O_2は低い。

のあとの(7-1)を、

(7-1) ku、keの直後では、CV́XCáをアクセントとするA型の語幹+aの冒頭の高が移動し、高くなる。

と訂正する必要がある。O_1については、こういうことは起こらないことに注意せよ。

B型の語幹+aは、CV(N)CV́Xをアクセントとしているので、仮定はそのままでよいが、

(10-2) ka/keに直接、またはO_1を隔てて続くと、高い箇所が1音節前に移動する。

を、

(10-2) otaS/otS+ka/keに直接、または、O_1を隔てて続くと、高い箇所が1音節前に移動する。

と訂正し、O_2 について

(7-2) ku の直後では、CV (N) CV́X をアクセントとする B 型の語幹＋a の前で高くなる。

を、

(7-2) ku の直後と低い ke の直後では、CV (N) CV́X をアクセントとする B 型の語幹＋a の前で高くなる。

に変える必要がある。「ku の直後と低い ke の直後」を「低いものの直後」に書き換えられればすっきりするのだが、過去否定形では、低い S の直後で CV (N) CV́X の直前であっても高くなってないので、それはできない。

最後に見た過去完了否定形については、

(22) kakwali は低く平らである。

を付け加えれば、あとの部分は今日の過去形と同じだから、付け加えるものはない。もっとも、kakwali は分析的に記述できるはずだが、人称にかかわらず単数3人称形なので、そうする意味は少ないであろう。

以上で、語尾を a とする直説法形はすべて見たが、次のような感じを受ける。

全体的にあまりにややこしく、前後のものとの関係で同じ形態素が高くあらわれたり低くあらわれたりするので、このような規則群が安定的に維持できるものなのか、不安がある。ということは、これらが本当にこの言語の中に存在するのかどうか、若干の危惧を感じるのである。ただし、こうした動詞アクセントを分析的に解釈しようとすれば、ここで見たような方法、もしくは、それに何らかの修正を加えたものしかないであろう。

2.2.　語尾 ile を用いる直説法形

次に、語尾 ile があらわれる形を見る。ile は、語幹内最終母音が a/e/o の時 ele/ene となり、語幹末子音が m/n の時 ine/ene となる。そういう活用形は過去形のみである。

5) 過去形 (o＋主格接辞＋a＋語幹＋ile (＋対格接尾辞) or
　　　　o＋主格接辞＋e＋対格接辞＋語幹＋ile)

A 型：

ondálilé (o＋ndi＋a＋l＋ile)「私は食べた」、ondátalelé、ondámangelé、ondázalekelé、ondátaalithilé、ondázalekithilé；

ondémulilé「私は彼を食べた」、ondémutalelé、ondémumangelé、ondémuzalekelé、ondémutaalithilé、ondémuzalekithilé；

ondéyalilé「私は彼らを食べた」、ondéyatalelé、ondéyamangelé、

ondéyazalekelé、ondéyataalithilé、ondéyazalekithilé；

ondíililé「私は自分を食べた」、ondíitalelé、ondíimangelé、ondíizalekelé、ondíitaalithilé、ondíizalekithilé；

oyáliléndje「彼らは私を食べた」、oyátaleléndje、oyámangeléndje、oyázalekeléndje、oyátaalithiléndje、oyázalekithiléndje.

アクセントは、次のように表示できる。

oSáXCé、oSéO_1XCé、oSéO_2XCé、oSíiXCé、oSáXCéndje.

B 型：

ondágwilé「私は倒れた」、ondálogéle「私は呪いをかけた」、ondálongéle、ondádhipágile、ondádhipágithile；

ondémulógele「私は彼に呪いをかけた」、ondémulóngele、ondémudhípagile、ondémudhípagithile；

ondéyalogéle「私は彼らに呪いをかけた」、ondéyalongéle、ondéyadhipágile、ondéyadhipágithile；

ondíilogelé「私は自分に呪いをかけた」、ondíilongelé、ondíidhipagilé、ondíidhipagithilé；

oyálogélendje「彼らは私に呪いをかけた」、oyálongélendje、oyádhipágilendje、oyádhipágithilendje.

アクセントは、次のように表示できる。

oSáCV(N)CV́X、oSéO_1CV́X、oSéO_2CV(N)CV́X、oSíiXCé、oSáCV(N)CV́Xndje.

この形を見て付け加えるべきは、まず、Sa/Se が、今日の過去形とは異なり、高くあらわれていることから、

(11)Sa/Se は低い。

を、

(11)Sa/Se は、語幹＋a の前で低く、語幹＋ile の前で高い。

に修正する必要があり、

(23)A 型の語幹＋ile は VCé をアクセントとする。

(24)B 型の語幹＋ile は CV(N)CV́X をアクセントとする。

(24-1)直前に O_1 があると、高い箇所が 1 音節前に移る。

を付け加える必要がある。

2.3.　語尾 V を用いる直説法形

V は、語幹最終母音と同じ母音をあらわすが、長くなると a であらわれることが

多い。なお、ややこしいことだが、B 型の場合語尾が a であらわれると、それ以外の場合とは異なるアクセントをとる。さらにややこしいことに、語幹が il/el/in/en で延長された「適用動詞」(〜のために／にむかって・・するの意) の場合 V は e となるが、il/el/in/en で延長される前の形の V 語尾が a なら、語尾が a の場合のアクセントをとる。

6) たった今の過去形 (o＋主格接辞＋a＋語幹＋V (＋対格接尾辞) or
o＋主格接辞＋e＋対格接辞＋語幹＋V)

A 型：

ondáli「私は食べた」、ondátala、ondámono (okumóna「見る」)、ondámanga、ondázaleke、ondátaalitha、ondázalekitha；
ondémuli「私は彼を食べた」、ondémutala、ondémumono、ondémumanga、ondémuzaleke、ondémutaalitha、ondémuzalekitha；
ondéyali「私は彼らを食べた」、ondéyatala、ondéyamono、ondéyamanga、ondéyazaleke、ondéyataalitha、ondéyazalekitha；
ondíili「私は自分を食べた」、ondíitala、ondíimono、ondíimanga、ondíizaleke、ondíitaalitha、ondíizalekitha.
oyálindje「彼らは私を食べた」、oyátalandje、oyámonondje、oyámangandje、oyázalekendje、oyátaalithandje、oyázalekithandje.

アクセントは、次のように表示できる。

oSáX、oSéO$_1$X、oSéO$_2$X、oSíiX、oSáXndje.

ついでにいえば、ondátala、ondámanga、ondátaalitha、ondázalekitha、etc. の V が a であらわれている形が 1) に見た今日の過去形と区別されるのは、単にアクセントの違いによってであり、そういうことは特に珍しいことではないが、今日の過去形とたった今の過去形という「意味の近い」2 つの形が、こういうことで区別されるというのは、逆に珍しいといえよう。

B 型：

まず、V が a であらわれるもの、a でなくても、適用動詞へ延長される前の動詞なら V が a であらわれるものを見る。仮に B (a) 型と呼ぶ。

ondálanda「私は買った」、ondádhipaga、ondádhipagitha；
ondémulandele「私は彼に買ってやった」(okulandela「〜に買ってやる」)、ondémudhipaga、ondémudhipagitha；
ondéyalándele「私は彼らに買ってやった」、ondéyadhípaga、ondéyadhípagitha；
ondíilandele「私は自分に買った」、ondíidhipaga、ondíidhipagitha；
oyálandelendje「彼らは私に買ってくれた」、oyádhipagandje、

oyádhipagithandje.

アクセントは、次のように表示できる。

oSáX、oSéO$_1$X、oSéO$_2$CV́X、oSíiX、oSáXndje.

ondálanda、ondádhipaga、ondádhipagitha、etc. はアクセントのみによって、今日の過去形と区別される。

それ以外の動詞を見る。仮にB(v)型と呼ぶ。この場合、何か(目的語等)が続くとアクセントが変わる。

ondágu「私は倒れた」、ondálogó「私は呪いをかけた」、ondálongó、
ondálongéle「私は～のために～に教えた」;
ondálogo ～、ondálongo ～、ondálongele ～;
ondémulógo、ondémulóngo、ondémulóngele;
ondémulongo ～、ondémulongele ～;
ondéyalogó、ondéyalongó、ondéyalongéle;ondéyalóngo ～、ondéyalóngele ～;
ondíilogo、ondíilongo、ondíilongele;
oyálogondje、oyálongondje、oyálongelendje.

アクセントは、次のように表示できる。

oSáCV(N)CV́X(X＝Ø なら、(N)CV́ も Ø でありうる。調整規則VI)/
oSáX ～、oSéO$_1$CV́X / oSéO$_1$X ～、oSéO$_2$CV(N)CV́X / oSéO$_2$CV́X ～、
oSíiX、oSáXndje.

7)現在進行形(o＋ta＋主格接辞＋(対格接辞＋)語幹＋V(＋対格接尾辞))

A 型:

otándili「私は食べている」、otánditala、otándimono、otándimanga、
otándizaleke、otánditaalitha、otándizalekitha;
otándimúli「私は彼を食べている」、otándimútala、otándimúmono、
otándimúmanga、otándimúzaleke、otándimútaalitha、otándimúzalekitha;
otándiyali「私は彼らを食べている」、otándiyatala、otándiyamono、
otándiyamanga、otándiyazaleke、otándiyataalitha、otándiyazalekitha;
otándiíli「私は自分を食べている」、otándiítala、otándiímono、otándiímanga、
otándiízaleke、otándiítaalitha、otándiízalekitha;
otáyalindje「彼らは私を食べている」、otáyatalandje、otáyamonondje、
otáyamangandje、otáyazalekendje、otáyataalithandje、otáyazalekithandje.

以上の形のアクセントは、次のように表示できる。

otáSX、otáSÓ$_1$X、otáSO$_2$X、otáSíX、otáSXndje.

ta＋S が1音節になる場合は、次の如くである。

otáli「彼は食べている」、otátala、otámono、otámanga、otázaleke、otátaalitha、otázalekitha；
otémuli「彼は彼を食べている」、otémutala、otémumono、otémumanga、otémuzaleke、otémutaalitha、otémuzalekitha；
otéyali「彼は彼らを食べている」、otéyatala、otéyamono、otéyamanga、otéyazaleke、otéyataalitha、otéyazalekitha；
otíili「彼は自分を食べている」、otíitala、otíimono、otíimanga、otíizaleke、otíitaalitha、otíizalekitha；
otálindje「彼は私を食べている」、otátalandje、otámonondje、otámangandje、otázalekendje、otátaalithandje、otázalekithandje.

以上の形のアクセントは、次のように表示できる。

otŚX、otŚO_1X、otŚO_2X、otŚiX、otŚXndje.

B́(a)型：

otándilánda「私は買っている」、otándidhípaga、otándidhípagitha；
otándimúlandele「私は彼に買っている」、otándimúdhipaga、otándimúdhipagitha；
otándiyalándele「私は彼らに買っている」、otandiyadhípaga、otándiyadhípagitha；
otándiílandele「私は自分に買っている」、otándiídhipaga、otándiídhipagitha；
otáyalándelendje「彼らは私に買っている」、otáyadhípagandje、otáyadhípagithandje.

以上の形のアクセントは、次のように表示できる。

otáSCV́X、otáS$\acute{O}_1$X、otáSO_2CV́X、otáSíX、otáSCV́Xndje.

ta＋Sが1音節になる場合は、次の如くである。

otálanda「彼は買っている」、otádhipaga、otádhipagitha；
otémulandele「彼は彼に買っている」、otémudhipaga、otémudhipagitha；
otéyalándele「彼は彼らに買っている」、otéyadhípaga、otéyadhípagitha；
otíilandele「彼は自分に買っている」、otíidhipaga、otíidhipagitha；
otálandelendje「彼は私に買っている」、otádhipagandje、otádhipagithandje.

以上の形のアクセントは、次のように表示できる。

otŚX、otŚO_1X、otŚO_2CV́X、otŚiX、otŚXndje.

B(v)型：

otándigú「私は倒れつつある」、otándilogó「私は呪いをかけている」、otándilongó、otándilongéle「私は～のために～に教えている」；

otándilógo ～、otándilóngo ～、otándilóngele ～；

otándimulógo、otándimulóngo、otándimulóngele；

otándimúlongo ～、otándimúlongele ～；

otándiyalogó、otándiyalongó、otándiyalongéle；

otándiyalóngo ～、otándiyalóngele ～；

otándiílogo、otándiílongo、otándiílongele；

otáyalógondje、otáyalóngondje、otáyalóngelendje.

以上の形のアクセントは、次のように表示できる。

otáSCV（N）CV́X（X＝Ø なら、（N）CV́ も Ø でありうるが、前の CV は CV́ となる。調整規則Ⅶ）/ otáSCV́X ～、otáSO_1CV́X / otáS$Ó_1$X ～、otáSO_2CV（N）CV́X / otáSO_2CV́X ～、otáSíX、otáSCV́Xndje.

ta＋S が 1 音節になる場合は、次の如くである。

otágu「彼は倒れつつある」、otálogó「彼は呪いをかけている」、otálongó、otálongéle；otálogo ～、otálongo ～、otálongele ～；

otémulógo、otémulóngo、otémulóngele；otémulongo ～、otémulongele ～；

otéyalogó、otéyalongó、otéyalongéle；otéyalóngo ～、otéyalóngele ～；

otíilogo、otíilongo、otíilongele；

otálogondje、otálongondje、otálongelendje.

以上の形のアクセントは、次のように表示できる。

otŚCV（N）CV́X（＋Ⅵ）/ otŚX ～、otŚO_1CV́X / otŚO_1X ～、otŚO_2CV（N）CV́X / otŚO_2CV́X ～、otŚiX、otŚXndje.

8）現在形（o＋ha＋主格接辞＋（対格接辞＋）語幹＋V（＋対格接尾辞））

A 型：

ohandíli「私は食べる」、ohandítala、ohandímono、ohandímanga、ohandízaleke、ohandítaalitha、ohandízalekitha；

ohandímuli「私は彼を食べる」、ohandímutala、ohandímumono、ohandímumanga、ohandímuzaleke、ohandímutaalitha、ohandímuzalekitha；

ohandíyali「私は彼らを食べる」、ohandíyatala、ohandíyamono、ohandíyamanga、ohandíyazaleke、ohandíyataalitha、ohandíyazalekitha；

ohandíili「私は自分を食べる」、ohandíitala、ohandíimono、ohandíimanga、ohandíizaleke、ohandíitaalitha、ohandíizalekitha；

ohayálindje「彼らは私を食べる」、ohayátalandje、ohayámonondje、ohayámangandje、ohayázalekendje、ohayátaalithandje、ohayázalekithandje.

以上の形のアクセントは、次のように表示できる。

ohaŚX、ohaŚO_1X、ohaŚO_2X、ohaŚiX、ohaŚXndje.

ha＋S が１音節になる場合は、次の如くである。この場合の ha＋S を hS であらわす。

ohalí「彼は食べる」、ohatála、ohamóno、ohamánga、ohazáleke、ohatáalitha、ohazálekitha；

ohemúli「彼は彼を食べる」、ohemútala、ohemúmono、ohemúmanga、ohemúzaleke、ohemútaalitha、ohemúzalekitha；

oheyáli「彼は彼らを食べる」、oheyátala、oheyámono、oheyámanga、oheyázaleke、oheyátaalitha、oheyázalekitha；

ohiíli「彼は自分を食べる」、ohiítala、ohiímono、ohiímanga、ohiízaleke、ohiítaalitha、ohiízalekitha；

ohalíndje「彼は私を食べる」、ohatálandje、ohamónondje、ohamángandje、ohazálekendje、ohatáalithandje、ohazálekithandje.

以上の形のアクセントは、次のように表示できる。

ohSCV́X、ohSÓ$_1$X、ohSÓ$_2$X、ohSíX、ohSCV́Xndje.

B (a)型：

ohandílanda「私は買う」、ohandídhipaga、ohandídhipagitha；

ohandímulandele「私は彼に買う」、ohandímudhipaga、ohandímudhipagitha；

ohandíyalándele「私は彼らに買う」、ohandíyadhípaga、ohandíyadhípagitha；

ohandíilandele「私は自分に買う」、ohandíidhipaga、ohandíidhipagitha；

ohayálandelendje「彼らは私に買う」、ohayádhipagandje、ohayádhipagithandje.

以上の形のアクセントは、次のように表示できる。

ohaŚX、ohaŚO_1X、ohaŚO_2CV́X、ohaŚiX、ohaŚXndje.

ha＋S が１音節になる場合は、次の如くである。

ohalánda「彼は買う」、ohadhípaga、ohadhípagitha；

ohemúlandele「彼は彼に買う」、ohemúdhipaga、ohemúdhipagitha；

oheyálandele「彼は彼らに買う」、oheyádhipaga、oheyádhipagitha；

ohiílandele「彼は自分に買う」、ohiídhipaga、ohiídhipagitha；

ohalándelendje「彼は私に買っている」、ohadhípagandje、ohadhípagithandje.

以上の形のアクセントは、次のように表示できる。

ohSCV́X、ohSÓ$_1$X、ohSÓ$_2$X、ohSíX、ohSCV́Xndje.

B (v)型：

ohandígu「私は倒れる」、ohandílogó「私は呪いをかける」、ohandílongó、ohandílongéle「私は～のために～に教える」；

ohandílogo ～、ohandílongo ～、ohandílongele ～；
ohandímulógo、ohandímulóngo、ohandímulóngele；
ohandímulongo ～、ohandímulongele ～；
ohandíyalogó、ohandíyalongó、ohandíyalongéle；
ohandíyalóngo ～、ohandíyalóngele ～；
ohandíilogo、ohandíilongo、ohandíilongele；
ohayálogondje、ohayálongondje、ohayálongelendje.

以上の形のアクセントは、次のように表示できる。

ohaŚCV(N)CV́X(+VI) / ohaŚX ～、ohaŚO_1CV́X / ohaŚO_1X ～、
ohaŚO_2CV(N)CV́X / ohaŚO_2CV́X ～、ohaŚiX、ohaŚXndje.

ha + S が 1 音節になる場合は、次の如くである。

ohagú「彼は倒れる」、ohalógo「彼は呪いをかける」、ohalóngo、ohalóngele；
ohalógo ～、ohalóngo ～、ohalóngele ～；
ohemúlogo、ohemúlongo、ohemúlongele；ohemúlongo ～、ohemúlongele ～；
oheyálogó、oheyálongó、oheyálongéle；oheyálongo ～、oheyálongele ～；
ohiílogo、ohiílongo、ohiílongele；
ohalógondje、ohalóngondje、ohalóngelendje.

以上の形のアクセントは、次のように表示できる。

ohSCV́X / ohSCV́X ～、ohS$\acute{O}_1$X / ohS$\acute{O}_1$X ～、ohS$\acute{O}_2$CV(N)CV́X / ohS$\acute{O}_2$X ～、
ohSíX、ohSCV́Xndje.

9)現在進行否定形（i + ta + 主格接辞 +（対格接辞 +）語幹 + V（+ 対格接尾辞））

この形の場合は、B 型でも語尾 V が何であらわれるかでアクセントの違いは生じない。

A 型：

itandíli「私は食べていない」、itandítala、itandímono、itandímanga、
itandízaleke、itandítaalitha、itandízalekitha；
itandimulí「私は彼を食べていない」、itandimutála、itandimumóno、
itandimumánga、itandimuzáleke、itandimutáalitha、itandimuzálekitha；
itandíyali「私は彼らを食べていない」、itandíyatala、itandíyamono、
itandíyamanga、itandíyazaleke、itandíyataalitha、itandíyazalekitha；
itandiilí「私は自分を食べていない」、itandiitála、itandiimóno、itandiimánga、
itandiizáleke、itandiitáalitha、itandiizálekitha；
itayálindje「彼らは私を食べていない」、itayátalandje、itayámonondje、
itayámangandje、itayázalekendje、itayátaalithandje、itayázalekithandje.

以上の形のアクセントは、次のように表示できる。

itaŚX、itaSO$_1$CV́X、itaSÓ$_2$X、itaSiCV́X、itaŚXndje.

ta＋S が1音節になる場合は、次の如くである。

italí「彼は食べていない」、itatála、itamóno、itamánga、itazáleke、itatáalitha、itazálekitha；

itemulí「彼は彼を食べていない」、itemutála、itemumóno、itemumánga、itemuzáleke、itemutáalitha、itemuzálekitha；

iteyáli「彼は彼らを食べていない」、iteyátala、iteyámono、iteyámanga、iteyázaleke、iteyátaalitha、iteyázalekitha；

itiilí「彼は自分を食べていない」、itiitála、itiimóno、itiimánga、itiizáleke、itiitáalitha、itiizálekitha；

italíndje「彼は私を食べていない」、itatálandje、itamónondje、itamángandje、itazálekendje、itatáalithandje、itazálekithandje.

以上の形のアクセントは、次のように表示できる。

itSCV́X、itSO$_1$CV́X、itSÓ$_2$X、itSiCV́X、itSCV́Xndje.

B型：

itandigú「私は倒れていない」、itandilandá「私は買っていない」、itandilogó、itandilongó、itandidhipága、itandilongéle、itandidhipágitha；

itandimulogó、itandimulongó、itandimudhipága、itandimulongéle、itandimudhipágitha；

itandiyalogó、itandiyalongó、itandiyadhipága、itandiyalongéle、itandiyadhipágitha；

itandiilógo、itandiilóngo、itandiidhípaga、itandiilóngele、itandiidhípagitha；

itayalogóndje、itayalongóndje、itayadhipágandje、itayalongélendje、itayadhipágithandje.

以上の形のアクセントは、次のように表示できる。

itaSCV(N)CV́X(＋Ⅶ)、itaSO$_1$CV(N)CV́X、itaSO$_2$CV(N)CV́X、itaSiCV́X、itaSCV(N)CV́Xndje.

ta＋S が1音節になる場合は、次の如くである。

itagú「彼は倒れていない」、italandá、italogó、italongó、itadhipága、italongéle、itadhipágitha；

itemulogó、itemulongó、itemudhipága、itemulongéle、itemudhipágitha；

iteyalogó、iteyalongó、iteyadhipága、iteyalongéle、iteyadhipágitha；

itiilógo、itiilóngo、itiidhípaga、itiilóngele、itiidhípagitha；

italogóndje、italongóndje、itadhipágandje、italongélendje、itadhipágithandje.

以上の形のアクセントは、次のように表示できる。

itSCV(N)CV́X(＋Ⅶ)、itSO$_1$CV(N)CV́X、itSO$_2$CV(N)CV́X、itSiCV́X、itSCV(N)CV́Xndje.

10)現在否定形(i＋ha＋主格接辞＋(対格接辞＋)語幹＋V(＋対格接尾辞))

アクセントは、上の形のtaをhaに置き換えたものである。念のため例示する。

A型：

ihandíli「私は食べない」、ihandítala、ihandímono、ihandímanga、ihandízaleke、ihandítaalitha、ihandízalekitha；

ihandimulí「私は彼を食べない」、ihandimutála、ihandimumóno、ihandimumánga、ihandimuzáleke、ihandimutáalitha、ihandimuzálekitha；

ihandiyáli「私は彼らを食べない」、ihandiyátala、ihandiyámono、ihandiyámanga、ihandiyázaleke、ihandiyátaalitha、ihandiyázalekitha；

ihandiilí「私は自分を食べない」、ihandiitála、ihandiimóno、ihandiimánga、ihandiizáleke、ihandiitáalitha、ihandiizálekitha；

ihayálindje「彼らは私を食べない」、ihayátalandje、ihayámonondje、ihayámangandje、ihayázalekendje、ihayátaalithandje、ihayázalekithandje.

ha＋Sが1音節になる場合は、次の如くである。

ihalí「彼は食べない」、ihatála、ihamóno、ihamánga、ihazáleke、ihatáalitha、ihazálekitha；

ihemulí「彼は彼を食べない」、ihemutála、ihemumóno、ihemumánga、ihemuzáleke、ihemutáalitha、ihemuzálekitha；

iheyáli「彼は彼らを食べない」、iheyátala、iheyámono、iheyámanga、iheyázaleke、iheyátaalitha、iheyázalekitha；

ihiilí「彼は自分を食べない」、ihiitála、ihiimóno、ihiimánga、ihiizáleke、ihiitáalitha、ihiizálekitha；

ihalíndje「彼は私を食べない」、ihatálandje、ihamónondje、ihamángandje、ihazálekendje、ihatáalithandje、ihazálekithandje.

アクセントは、次のように表示できる。

ihaŚX、ihaSO$_1$CV́X、ihaSÓ$_2$X、ihaSiCV́X、ihaŚXndje.

ihSCV́X、ihSO$_1$CV́X、ihSÓ$_2$X、ihSiCV́X、ihSCV́Xndje.

B型：

ihandigú「私は倒れない」、ihandilandá「私は買わない」、ihandilogó、ihandilongó、ihandidhipága、ihandilongéle、ihandidhipágitha；

ihandimulogó、ihandimulongó、ihandimudhipága、ihandimulongéle、
ihandimudhipágitha；
ihandiyalogó、ithndiyalongó、ihandiyadhipága、ihandiyalongéle、
ihandiyadhipágitha；
ihandiilógo、ihandiilóngo、ihandiidhípaga、ihandiilóngele、ihandiidhípagitha；
ihayalogóndje、ihayalongóndje、ihayadhipágandje、ihayalongélendje、
ihayadhipágithandje.

ha + S が1音節になる場合は、次の如くである。

ihagú「彼は倒れない」、ihalandá、ihalogó、ihalongó、ihadhipága、ihalongéle、
ihadhipágitha；
ihemulogó、ihemulongó、ihemudhipága、ihemulongéle、ihemudhipágitha；
iheyalogó、iheyalongó、iheyadhipága、iheyalongéle、iheyadhipágitha；
ihiilógo、ihiilóngo、ihiidhípaga、ihiilóngele、ihiidhípagitha；
ihalogóndje、ihalongóndje、ihadhipágandje、ihalongélendje、ihadhipágithandje.

アクセントは、次のように表示できる。

ihaSCV(N)CV́X(+Ⅶ)、ihaSO_1CV(N)CV́X、ihaSO_2CV(N)CV́X、
ihaSiCV́X、ihaSCV(N)CV́Xndje.
ihSCV(N)CV́X(+Ⅶ)、ihSO_1CV(N)CV́X、ihSO_2CV(N)CV́X、ihSiCV́X、
ihSCV(N)CV́Xndje.

語尾がVの活用形のアクセントから、可能な仮定を考える。

まず、6)のたった今の過去形のアクセント表示を再掲する。

A型

oSáX、oSéO_1X、oSéO_2X、oSíiX、oSáXndje.

B(a)型

oSáX、oSéO_1X、oSéO_2CV́X、oSíiX、oSáXndje.

B(v)型

oSáCV(N)CV́X / oSáX ～、oSéO_1CV́X / oSéO_1X ～、
oSéO_2CV(N)CV́X / oSéO_2CV́X ～、oSíiX、oSáXndje.

たった今の過去形の形から付け加えるべき仮定は次のようなものである。Sa/Seが高いことから、(11)を次のように修正する必要がある。

(11)Sa/Seは、語幹+aの前で低く、語幹+ile/Vの前で高い。

さらに、次の仮定が必要である。

(25)A型の語幹+Vは、Sa/Seの後方ではXをアクセントとする。

(26)B(a)型の語幹+Vは、Sa/Seの後方ではCV́Xをアクセントとする。

(26-1) CV́X の高は、直前が高いと消滅し、O$_2$ が前になければ高は 1 音節前に移動し、その直前が高いと消滅する。

要するに、oSéO$_2$CV́X を除き、次のような過程を考えるわけである。

oSá-CV́X (ndje) → oSáX (ndje)

oSé-O$_1$-CV́X → oSé-Ó$_1$X → oSéO$_1$X

(27) B (v) 型の語幹＋V は、Sa/Se の後方では CV (N) CV́X をアクセントとする。

(27-1) CV (N) CV́X 起源の高は、O$_1$ が前にあれば 1 音節前に移動する。

(27-2) CV(N) CV́X 起源の高は、あとに目的語等が続けば 1 音節前に移動する。

(27-3) CV (N) CV́X 起源の高は、直前が高いと消滅する。

要するに、次のような過程を考えるわけである。

oSá-CV (N) CV́X (ndje) ～→ oSá-CV́X (ndje) ～→ oSáX (ndje) ～

これには (27-2) (27-3) が働いている。

oSé-O$_1$-CV (N) CV́X → oSé-O$_1$CV́X → oSéO$_1$CV́X

oSé-O$_1$-CV (N) CV́X ～→ oSé-O$_1$CV́X ～→ oSéÓ$_1$X ～→ oSéO$_1$X ～

これには (27-1) (27-2) (27-3) が働いている。

oSé-O$_2$-CV (N) CV́X ～→ oSéO$_2$CV (N) CV́X ～→ oSéO$_2$CV́X ～

次に、7) の現在進行形のアクセント表示を再掲する。

A 型：

otáSX、otáSÓ$_1$X、otáSO$_2$X、otáSíX、otáSXndje；

otŚX、otŚO$_1$X、otŚO$_2$X、otŚiX、otŚXndje.

B (a) 型：

otáSCV́X、otáSÓ$_1$X、otáSO$_2$CV́X、otáSíX、otáSCV́Xndje；

otŚX、otŚO$_1$X、otŚO$_2$CV́X、otŚiX、otŚXndje.

B (v) 型：

otáSCV (N) CV́X / otáSCV́X ～、otáSO$_1$CV́X / otáSÓ$_1$X ～、

otáSO$_2$CV (N) CV́X / otáSO$_2$CV́X ～、otáSiX、otáSCV́Xndje；

otŚCV (N) CV́X / otŚX ～、otŚO$_1$CV́X / otŚO$_1$X ～、

otŚO$_2$CV (N) CV́X / otŚO$_2$CV́X ～、otŚiX、otŚXndje.

現在進行形の形から付け加えるべき仮定は次のようなものである。(3)、(12)、(13) の他に次の仮定を行う。まず、(25) を次のように修正する。

(25) A 型の語幹＋V は、Sa/Se あるいは o＋ta＋S の後方では X をアクセントとする。

さらに、O$_1$ が高いことについて、次の仮定を行う。

(6-3) 低い S と X をアクセントとする A 型の語幹＋V の間で高くなる。

o＋ta＋S の後方の A 型の語幹＋V のアクセントを CV́X とし、O$_1$ が高いのはその高が移動したと考えられる可能性も否定できないが、低い S や O$_2$ の直後にその高があらわれない理由が見つからないので、A 型の語幹＋V はここでも X をアクセントとするとせざるをえないであろう。

(26)は、次のように修正すべきである。

(26)B (a) 型の語幹＋V は、Sa/Se あるいは o＋ta＋S の後方では CV́X をアクセントとする。

なお、(26-1)はそのまま適用できる。

(27)は、次のように修正すべきである。

(27)B (v) 型の語幹＋V は、Sa/Se あるいは o＋ta＋S の後方では CV (N) CV́X をアクセントとする。

なお、(27-1)、(27-2)、(27-3)はそのまま適用できる。

次に、8)の現在形のアクセント表示を再掲する。

A 型：

ohaŚX、ohaŚO$_1$X、ohaŚO$_2$X、ohaŚiX、ohaŚXndje；

ohSCV́X、ohSÓ$_1$X、ohSÓ$_2$X、ohSíX、ohSCV́Xndje.

B (a)型：

ohaŚX、ohaŚO$_1$X、ohaŚO$_2$CV́X、ohaŚiX、ohaŚXndje；

ohSCV́X、ohSÓ$_1$X、ohSÓ$_2$X、ohSíX、ohSCV́Xndje.

B (v)型：

ohaŚCV (N) CV́X/ohaŚX ～、ohaŚO$_1$CV́X/ohaŚO$_1$X ～、

ohaŚO$_2$CV (N) CV́X/ohaŚO$_2$CV́X ～、ohaŚiX、ohaŚXndje；

ohSCV́X/ohSCV́X ～、ohSÓ$_1$X/ohSÓ$_1$X ～、ohSÓ$_2$CV (N) CV́X/ohSÓ$_2$X ～、

ohSíX、ohSCV́Xndje.

現在形の形から付け加えるべき仮定と修正は次のようなものである。

(28)ha は低い。

S が高いことについて、次の仮定をつけ加える必要がある。

(13-2)S は o＋ha の直後では高い。

(29)o の直後の hS は低い。

(29-1)その直後を高くする。

(25)を次のように修正する。

(25)A 型の語幹＋V は、Sa/Se あるいは o＋ta＋S あるいは o＋ha＋S の後方では X をアクセントとする。

ohaŚX では S は高いが、hS となると ha の低さが勝って低くなる。その代わり、も

との高が 1 つ後ろに移動する。(29-1)はそのことをいっている。

ohaŚX　vs.　ohSCV́X

(26)は、次のように修正すべきである。

(26)B (a) 型の語幹＋V は、Sa/Se あるいは o＋ta＋S、o＋ha＋S の後方では CV́X をアクセントとする。

なお、(26-1)はそのまま適用できる。

(27)は、次のように修正すべきである。

(27)B (v) 型の語幹＋V は、Sa/Se あるいは o＋ta＋S あるいは o＋ha＋S の後方では CV (N) CV́X をアクセントとする。

なお、(27-1)、(27-2)、(27-3) はそのまま適用できる。ohSCV́X 等の形成過程を説明する。

ohS-CV (N) CV́X → ohS-CV́ (N) CV́X → ohSCV́X

ohSCV́X ～は、CV́X の高が前に進もうとするが、hS が直後を高くしようとするため、そのままであり、結果として、あとに目的語等が続くものと続かないものが同じになっているわけである。

ohS-Ó$_2$-CV (N) CV́X ～→ ohSÓ$_2$-CV́X ～→ ohSÓ$_2$X ～

次に、9)の現在進行否定形のアクセント表示を再掲する。

A 型：

itaŚX、itaSO$_1$CV́X、itaŚO$_2$X、itaSiCV́X、itaŚXndje；

itSCV́X、itSO$_1$CV́X、itSÓ$_2$X、itSiCV́X、itSCV́Xndje.

B 型：

itaSCV (N) CV́X、itaSO$_1$CV (N) CV́X、itaSO$_2$CV (N) CV́X、itaSiCV́X、itaSCV (N) CV́Xndje；

itSCV (N) CV́X、itSO$_1$CV (N) CV́X、itSO$_2$CV (N) CV́X、itSiCV́X、itSCV (N) CV́Xndje.

次に、10)の現在否定形のアクセント表示を再掲する。

A 型：

ihaŚX、ihaSO$_1$CV́X、ihaŚO$_2$X、ihaSiCV́X、ihaŚXndje；

ihSCV́X、ihSO$_1$CV́X、ihSÓ$_2$X、ihSiCV́X、ihSCV́Xndje.

B 型：

ihaSCV (N) CV́X、ihaSO$_1$CV (N) CV́X、ihaSO$_2$CV (N) CV́X、ihaSiCV́X、ihaSCV (N) CV́Xndje；

ihSCV (N) CV́X、ihSO$_1$CV (N) CV́X、ihSO$_2$CV (N) CV́X、ihSiCV́X、ihSCV (N) CV́Xndje.

現在進行否定形、現在否定形の形から付け加えるべき仮定は次のようなものである。なお、(12-1)に注意せよ。

(30) A 型の語幹＋V は、i＋ta＋S あるいは i＋ha＋S の後方では CV́X をアクセントとする。

また、語尾は異なるが、アクセントは過去否定形と同様なので、(13-1)を次のように修正する必要がある。

(13-1) i＋na/ta/ha に続く S は、na/ta/ha と 1 音節にならない場合、O_1 や再帰接辞が介在しない限り、A 型語幹＋語尾の CVX の冒頭の高が（O_2 があっても通過して）移動して高くなる。

また、次の仮定が必要になる。

(31) i のあとの tS、hS は低い。

(31-1) O_1 や再帰接辞が介在せず、A 型語幹＋語尾の CV́X の冒頭の高が（O_2 があっても通過して）移動して高くなろうとしても高くならず、1 つ後ろが高くなる。

また、次の仮定が必要になる。

(32) B 型の語幹＋V は、i＋ta＋S あるいは i＋ha＋S の後方では CV(N)CV́X をアクセントとする。

2.4.　複合直説法形

最後に、直説法形として用いられる 3 つの複合形を見る。

11) 過去進行形

構造：o＋主格接辞＋a＋li＋ta＋主格接辞＋（対格接辞＋）語幹＋V（＋対格接尾辞）

前半部分のアクセント：oSáli

後半部分のアクセント：

A 型：　taSX、taSÓ$_1$X、taSO$_2$X、taSíX、taSXndje；
tSX、tSÓ$_1$X、tSO$_2$X、tSíX、tSXndje.

例：　ondáli tandizaleke「私は着せていた」、
ondáli tandimúzaleke「私は彼に着せていた」、
ondáli tandiyazaleke「私は彼らに着せていた」、
ondáli tandiízaleke「私は自分に着せていた」、
oyáli tayazalekendje「彼らは私に着せていた」；
okwáli tazaleke「彼は着せていた」、
okwáli temúzaleke「彼は彼に着せていた」.
okwáli teyazaleke「彼は彼らに着せていた」、

okwáli tiízaleke「彼は自分に着せていた」、
okwáli tazalekendje「彼は私に着せていた」.

B(a)型：　taSCV́X、taSÓ$_1$X、taSO$_2$CV́X、taSíX、taSCV́Xndje；
tSCV́X、tSÓ$_1$X、tSO$_2$CV́X、tSíX、tSCV́Xndje.

例：　ondáli tandidhípaga「私は殺していた」、
ondáli tandimúdhipaga「私は彼を殺していた」、
ondáli tandiyadhípaga「私は彼らを殺していた」、
ondáli tandiídhipaga「私は自分を殺していた」、
oyáli tayadhípagandje「彼らは私を殺していた」；
okwáli tadhípaga「彼は殺していた」、
okwáli temúdhipaga「彼は彼を殺していた」、
okwáli teyadhípaga「彼は彼らを殺していた」、
okwáli tiídhipaga「彼は自分を殺していた」、
okwáli tadhípagandje「彼は私を殺していた」.

B(v)型：　taSCV(N)CV́X(+Ⅶ) / taSCV́X ～、taSO$_1$CV́X / taSÓ$_1$X ～、
taSO$_2$CV(N)CV́X / taSO$_2$CV́X ～、taSíX、taSCV́Xndje；
tSCV(N)CV́X(+Ⅶ) / tSCV́X ～、tSO$_1$CV́X / tSÓ$_1$X ～、
tSO$_2$CV(N)CV́X / tSO$_2$CV́X ～、tSíX、tSCV́Xndje.

例：　ondáli tandilongó「私は教えていた」、ondáli tandilóngo ～、
ondáli tandimulóngo「私は彼に教えていた」、
ondáli tandimúlongo ～、
ondáli tandiyalongó「私は彼らに教えていた」、
ondáli tandiyalóngo ～、
ondáli tandiílongo「私は自分に教えていた」、
oyáli tayalóngondje「彼らは私に教えていた」；
okwáli talongó「彼は教えていた」、okwáli talóngo ～、
okwáli temulóngo「彼は彼に教えていた」、
okwáli temúlongo ～、
okwáli teyalongó「彼は彼らに教えていた」、
okwáli teyalóngo ～「彼は彼らに教えていた」、
okwáli tiílongo「彼は自分に教えていた」、
okwáli talóngondje「彼は私に教えていた」.

12)過去進行否定形

構造：ka＋単数3人称主格接辞＋a＋li＋

ta＋主格接辞＋(対格接辞＋)語幹＋V(＋対格接尾辞)

前半部分のアクセント：kakwali

後半部分のアクセント：

A型：　táSX、táSÓ$_1$X、táSO$_2$X、táSíX、táSXndje；
tŚX、tŚO$_1$X、tŚO$_2$X、tŚiX、tŚXndje.

例：　kakwali tándizaleke「私は着せていなかった」、
kakwali tándimúzaleke「私は彼に着せていなかった」、
kakwali tándiyazaleke「私は彼らに着せていなかった」、
kakwali tándiízaleke「私は自分に着せていなかった」、
kakwali táyazalekendje「彼らは私に着せていなかった」；
kakwali tázaleke「彼は着せていなかった」、
kakwali témuzaleke「彼は彼に着せていなかった」.
kakwali téyazaleke「彼は彼らに着せていなかった」、
kakwali tíizaleke「彼は自分に着せていなかった」、
kakwali tázalekendje「彼は私に着せていなかった」.

B(a)型：　táSCV́X、táSÓ$_1$X、táSO$_2$CV́X、táSíX、táSCV́Xndje；
tŚX、tŚO$_1$X、tŚO$_2$CV́X、tŚiX、tŚXndje.

例：　kakwali tándidhípaga「私は殺していなかった」、
kakwali tándimúdhipaga「私は彼を殺していなかった」、
kakwali tándiyadhípaga「私は彼らを殺していなかった」、
kakwali tándiídhipaga「私は自分を殺していなかった」、
kakwali táyadhípagandje「彼らは私を殺していなかった」；
kakwali tádhipaga「彼は殺していなかった」、
kakwali témudhipaga「彼は彼を殺していなかった」、
kakwali téyadhípaga「彼は彼らを殺していなかった」、
kakwali tíidhipagazaleke「彼は自分を殺していなかった」、
kakwali tádhipagazandje「彼は私を殺していなかった」.

B(v)型：　táSCV(N)CV́X(＋Ⅶ) / táSCV́X ～、táSO$_1$CV́X / táSÓ$_1$X ～、
táSO$_2$CV(N)CV́X / táSO$_2$CV́X ～、táSíX、táSCV́Xndje；
tŚCV(N)CV́X(＋Ⅶ) / tŚX ～、tŚO$_1$CV́X / tŚO$_1$X ～、
tŚO$_2$CV(N)CV́X / tŚO$_2$CV́X ～、tŚiX、tŚXndje.

例：　kakwali tándilongó「私は教えていなかった」、
kakwali tándilóngo ～、
kakwali tándimulóngo「私は彼に教えていなかった」、

kakwali tándimúlongo ～、
kakwali tándiyalongó「私は彼らに教えていなかった」、
kakwali tándiyalóngo ～、
kakwali tándiílongo「私は自分に教えていなかった」、
kakwali táyalóngondje「彼らは私に教えていなかった」；
kakwali tálongó「彼は教えていなかった」、
kakwali tálongo ～、
kakwali témulóngo「彼は彼に教えていなかった」、
kakwali témulongo ～、
kakwali téyalongó「彼は彼らに教えていなかった」、
kakwali téyalóngo ～「彼は彼らに教えていなかった」、
kakwali tíilongo「彼は自分に教えていなかった」、
kakwali tálongondje「彼は私に教えていかった」.

13)過去完了形

構造：o＋主格接辞＋a＋li＋
主格接辞＋a＋語幹＋V（＋対格接尾辞）　or
主格接辞＋e（＋対格接辞＋）語幹＋V

前半部分のアクセント：oSáli

後半部分のアクセント：

A型：　SaX、Se$\acute{O}_1$X、SeO_2X、SiíX、SaXndje.

例：　ondáli ndazaleke「私は既に着せていた」、
ondáli ndemúzaleke「私は既に彼に着せていた」、
ondáli ndeyazaleke「私は既に彼らに着せていた」、
ondáli ndiízaleke「私は既に自分に着せていた」、
oyáli yazalekendje「彼らは既に私に着せていた」.

B(a)型：　SaCV́X、Se$\acute{O}_1$X、SeO_2CV́X、SiíX、SaCV́Xndje.

例：　ondáli ndadhípaga「私は既に殺していた」、
ondáli ndemúdhipaga「私は既に彼を殺していた」、
ondáli ndeyadhípaga「私は既に彼らを殺していた」、
ondáli ndiídhipaga「私は既に自分を殺していた」、
oyáli yadhípagandje「彼らは既に私を殺していた」.

B(v)型：　SaCV(N)CV́X(＋Ⅶ) / SaCV́X ～、SeO_1CV́X / Se$\acute{O}_1$X ～、
SeO_2CV(N)CV́X / SeO_2CV́X ～、SiíX、SaCV́Xndje.

例：　ondáli ndalongó「私は既に教えていた」、ondáli ndalóngo ～、

ondáli ndemulóngo「私は既に彼に教えていた」、
ondáli ndemúlongo 〜、
ondáli ndeyalongó「私は既に彼らに教えていた」、
ondáli ndeyalóngo 〜、
ondáli ndiílongo「私は既に自分に教えていた」、
oyáli yalóngondje「彼らは既に私に教えていた」.

過去進行形、過去進行否定形から次の仮定が必要になる。

(12-2) ta は、oSáli のあとに続く時は低い。

(12-3) ta は、kakwali のあとに続く時は高い。

その他の点では、7) の現在進行形と同じである。その点は A 型の otáS$Ó_1$X、oSáli taS$Ó_1$X、kakwali táS$Ó_1$X という、O_1 が高い点でやや奇妙なものを含めていえる。従って、これ以外には、

(32) o + S + a + li は、oSáli をアクセントとする。

という、okulí という繋辞動詞のたった今の過去形らしいものの、当然とるアクセントを仮定すればよい。

過去完了形からは、今見た oSáli についての仮定以外には、(11) を次のように修正する必要がある。

(11) Sa/Se は、語幹 + a の前で高く、語幹 + ile の前で高く、語幹 + V の前では、o に続く場合高く、続かない場合は低い。

やや複雑な仮定である。さらに、O_1 について、

(6-4) 低い Se と X をアクセントとする A 型の語幹 + V の間で高くなる。

という、(6-3) 同様の、やや奇妙な仮定を付け加えれば、あとはすべてこれまでの仮定で説明できる。

3.　若干のコメント

上掲の拙論では、動詞活用形のその他の形についても記述しているが、本書で扱った限りでもその特徴がかなり分かる。

この言語の動詞アクセントの決定のされ方には、いくつかの奇妙な点がある。

まず、第一に指摘すべきは、全体としては A 型・B 型に違いがあるのに、直説法形の 1) の今日の過去形だけその違いがない、という事実である。このことは、それぞれの活用形は、全体の傾向にかなり従いながらも、時に一定程度独自性を主張することがある、ということを示しているようである。各活用形のアクセントを一定の規則に従って決定しようとする「力」からいえば、それに反する力が働いて

いる、ということである。その働き方は、前半がo＋主格接辞＋a/e、後半の語尾がaの場合に限られ、前半が同じでも語尾が異なったり、語尾が同じくaであっても前半が異なれば、A型・B型の区別があるように、かなり不徹底である。

第二に指摘すべきは、O_1もO_2も、本来は低く、高い場合は前または後からの影響によると大部分の場合は説明できるのに、一部そうでない場合があるという事実である。

O_1が高くなるのは、(6-1) ku/Seの直後にある場合、A型CV́XCáの最初の高が移動する、(6-2) ku/keの直後にある場合、B型CV́Xの最初の高が移動する、(26-1) Sa/Se/o＋ta＋Sの直後にある場合、B(a)型CV́Xの最初の高が移動する、(27-2) Seの直後にある場合、B(v)型のCV́Xの高が、あとに目的語等が続く時、前に移動する、ことにより、後方からの力により高くなり、(30-1) ohSの直後の位置で、元来高いSの高さが移ることにより、前方からの力により高くなる。これらは、規則的な理由によると考えられる。

しかし、(6-3) 低いSとA型のXとの間、(6-4) 低いSeとA型のXとの間で高くなるというのは、それだけとれば規則的に見えるが、他の、O_1が高くなる場合とは異質である。

O_2が高くなるのは、(7-1) ku/keの直後にある場合、A型CV́XCáの最初の高が移動する、(29-1) itS/ihSのあとで、後ろから高が移動してくるが、tS/hSが高くなれないために直後のものとして高くなる、ことにより、後方からの力により高くなり、(30-1) ohSの直後の位置で、元来高いSの高さが移ることにより、前方からの力により高くなる。これらは規則的な理由によると考えられる。

しかし、(7-2) kuとB型のCV(N)CV́Xとの間で高くなるというのは、他の、O_2が高くなる場合とは異質である。

こうした不規則な事実は、O_1もO_2も高くあらわれることがよくあるので、条件を満たさないのに、類推によりたまたま高くなっているのではないかと思わせる。

第三に指摘すべきは、1.にも触れたように、再帰接辞があらわれた形のアクセントにおいて、B型がA型に一致してしまっているということである。別にどうということはないと思うかも知れないが、バントゥ諸語の動詞アクセントを記述してきた者としては、異常さを感じざるをえない。

2.1.の末尾に述べた印象が、すべての語尾のあらわれる直説法形を検討したのちでも、同様に残る。つまり、あまりにややこしく、維持できる規則体系なのか、そもそもこの言語の中に存在するものなのか、という疑問である。しかし、規則的と感じさせる部分は確かにあり、ここに掲げた規則群が、あながち幻想ともいえない感じも、一方では強くある。

ただ、念頭に置くべきは、すべての活用形のアクセントは、それだけをとれば統一的に説明できることである。しかし、全体を通しての決定のされ方となると、A型の語幹＋aのアクセントはCV́XCáの他にXCáやCV́Xを認めなければならず、規則的とはいえない。B型の語幹＋aのアクセントはCV(N)CV́Xだけでよいので、この点は規則的である。さらに、上に述べたような問題点があり、全体を通しての決定のされ方は、かなり不規則なものを含んでいると評価できよう。

第 8 章　マチャメ語の動詞アクセント

タンザニア北部に話される Chaga（チャガ語）の一方言 Machame（マチャメ語. スワヒリ語では kimachame. 本人たちは kimashami）の動詞アクセントを見る。

この言語の動詞も、アクセントにより 2 種類(A 型、B 型)に分けられる。

この言語の動詞アクセントは極めて複雑であり、細かい正確さを期することは、話をさらに複雑にするので、例とする動詞を最小限に絞る。その他の若干の動詞の実例に関しては拙論 “A Tonological Study of Machame Verbs”（*Bantu Linguistics (ILCAA)Vol. 2 Studies in Tanzanian Languages*）を見られたい。

1.　不定形

まず、不定形から見る。不定形は i +（対格接辞 + ）語幹 + a という構造を有する。対格接辞は、アクセントの面から 2 種類に分けられる。単数 1 ～ 3 人称（m/n を接頭辞とする動物名詞のあらわすものを含む）のものとそれ以外である。前者を O_1、後者を O_2 であらわす。

「自分を（に）」という意味の再帰接辞もあり、ku を音価とする。O_2 に属する。

A 型：

iveghéa「待つ」、iseléisa「止める」；

ikuveghéa「あなたを待つ」、ikuseléisa；

ivavéghéa「彼らを待つ」、ivaséléisa.

アクセント表示は、次のようになる。上述の理由でやや簡単化している。

iCV（N）CV́X、iO_1CV（N）CV́X、iO_2CV́（N）CV́X.

B 型：

isarya「許す」、isoora「ついて行く」、imanyisya「知らせる」；

ikusarya「あなたを許す」、ikusoora「あなたについて行く」、

ikumanyisya「あなたに知らせる」；

ivasárya「彼らを許す」、ivasóóra、ivamányisya.

アクセント表示は、次のようになる。

iX、iO$_1$X、iO$_2$CV́(V́)X.

2.　直説法形

次に、直説法各形のアクセントを見る。直説法活用形の構造は、

(N＋)主格接辞＋時称接辞＋(対格接辞＋)語幹＋語尾

という構造である。N のあらわれない形は、主として質問に答える場合にあらわれるようであるので、応答～形と呼ぶことにする。語尾としては、a/aa/ye が用いられる。否定形は、文末に fo を置くが、動詞部分は肯定形とアクセント的に同じではない。しかし、それを含めて考えると、複雑になりすぎるので、本書では肯定形のみを扱うことにする。否定形については、前掲論文参照。

2.1.　語尾 a を用いる直説法形

まず、語尾 a を用いる直説法活用形を見る。

1)遠過去形 (N＋主格接辞＋ee＋(対格接辞＋)語幹＋a)

この活用形の場合は、主格接辞の如何はアクセントの違いを生まない。S であらわす。

A 型

nshéévéghéa (N＋shi＋ee＋veghe＋a)「私は待った」、nshééséléisa；

nshéékuveghéa「私はあなたを(-ku-)待った」、nshéékuseléisa；

nshéévávéghéa「私は彼らを(-va-)待った」、nshéévásèléisa.

アクセント表示は、次のようになる。

NSééCV́(Ń)CV́X、NSééO$_1$CV(N)CV́X、NSééÓ$_2$CV́(Ń)CV́X.

だが、このアクセントはあとに目的語が続かないか、低く平らな名詞が目的語として続く場合のそれである。第一形と呼ぶことにする。

nshéévéghéa ndu「私は人(ndu)を待った」；

nshéékukekélya ndu「私はあなたのために人をくすぐった」

(kukekélya「～のためにくすぐる」＜kukekéla「くすぐる」)

nshéévákékélya ndu「私は彼らのために人をくすぐった」

一方、どこかが高い名詞が目的語として続く場合は次のようになる。第二形と呼ぶことにする。^ は、高から低への下降調である。

nshééveghea moonâ「私は子供(moonâ)を待った」；

nshéékukékélya moonâ「私はあなたのために子供をくすぐった」；

nshéévakékélya moonâ「私は彼らのために子供をくすぐった」.

アクセント表示は、次のようになる。

NSééX、NSééO_1CV́(Ń)CV́X、NSééO_2CV́(Ń)CV́X.

B 型：

第一形

nshéésárya「私は許した」、nshéésóóra、nshéémányisya；

nshéékúsarya「私はあなたを許した」、nshéékúsoora、nshéékúmanyisya；

nshéévásárya「私は彼らを許した」、nshéévásóóra、nshéévámányisya.

nshéésóóra ndu「私は人について行った」；

nshéékúghingya ndu「私はあなたのために人を見守った」

(kughingya「～のために見守る」＜kughinga「見守る」)；

nshéévághíngya ndu「私は彼らのために人を見守った」.

アクセント表示は、次のようになる。

NSééCV́(V́)X、NSééÓ$_1$X、NSééÓ$_2$CV́(V́)X.

第二形

nshéésoora moonâ「私は子供について行った」；

nshéékughingya moonâ「私はあなたのために子供を見守った」；

nshéévaghíngya moonâ「私は彼らのために子供を見守った」.

アクセント表示は、次のようになる。

NSééX、NSééO_1X、NSééO_2CV́(V́)X.

2)応答遠過去形（主格接辞＋e＋(対格接辞＋)語幹＋a）

A 型：

第一形

shevéghéa (shi＋e＋veghe＋a)「私は待った」、sheséléisa；

shekuveghéa「私はあなたを待った」、shekuseléisa；

shevávéghéa「私は彼らを待った」、shevárséléisa.

shevéghéa ndu「私は人を待った」；

shekukekélya ndu「私はあなたのために人をくすぐった」

shevákékélya ndu「私は彼らのために人をくすぐった」

アクセント表示は、次のようになる。

SeCV́(Ń)CV́X、SeO_1CV(N)CV́X、SeÓ$_2$CV́(Ń)CV́X.

第二形

shévéghéa moonâ「私は子供を待った」；

shékúkékélya moonâ「私はあなたのために子供をくすぐった」；

shévákékélya moonâ「私は彼らのために子供をくすぐった」.

アクセント表示は、次のようになる。

SéCV́(Ń)CV́X、SéÓ$_1$CV́(Ń)CV́X、SéÓ$_2$CV́(Ń)CV́X.

B型：

第一形

shesárya「私は許した」、shesóóra、shemányisya；

shekúsarya「私はあなたを許した」、shekúsoora、shekúmanyisya；

shevásárya「私は彼らを許した」、shevásóóra、shevámányisya.

shesóóra ndu「私は人について行った」；

shekúghingya ndu「私はあなたのために人を見守った」；

shevághíngya ndu「私は彼らのために人を見守った」.

アクセント表示は、次のようになる。

SeCV́(V́)X、SeÓ$_1$X、SeÓ$_2$CV́(V́)X.

第二形

shésóóra moonâ「私は子供について行った」；

shékúghingya moonâ「私はあなたのために子供を見守った」；

shévághíngya moonâ「私は彼らのために子供を見守った」.

アクセント表示は、次のようになる。

SéCV́(V́)X、SéÓ$_1$X、SéÓ$_2$CV́(V́)X.

3)過去形（N＋主格接辞＋le＋(対格接辞＋)語幹＋a）

主格接辞は単数複数1・2人称、単数3人称(m/nを接頭辞とする動物名詞のあらわすものを含む)とそれ以外ではアクセント上違いがあるので、前者をS_1、後者をS_2であらわす。

A型：

$S=S_1$の場合：

第一形

nshílevéghéa「私は待った」、nshíleséléisa；

nshílekuveghéa「私はあなたを待った」、nshílekuseléisa；

nshílevávéghéa「私は彼らを待った」、nshíleváséléisa.

nshílevéghéa ndu「私は人を待った」；

nshílekukekélya ndu「私はあなたのために人をくすぐった」

nshílevákékélya ndu「私は彼らのために人をくすぐった」

アクセント表示は、次のようになる。

NŚ$_1$leCV́(Ń)CV́X、NŚ$_1$leO$_1$CV(N)CV́X、NŚ$_1$leÓ$_2$CV́(Ń)CV́X.

第二形

nshílevéghéa moonâ「私は子供を待った」；
nshílekúkékélya moonâ「私はあなたのために子供をくすぐった」；
nshílevákékélya moonâ「私は彼らのために子供をくすぐった」.

アクセント表示は、次のようになる。

NŚ$_1$leCV́(Ń)CV́X、NŚ$_1$leÓ$_1$CV́(Ń)CV́X、NŚ$_1$leÓ$_2$CV́(Ń)CV́X.

S＝S$_2$ の場合：

第一形

mbálévéghéa (N＋va＋le＋veghe＋a)「彼らは待った」、mbáléséléisa；
mbálekuveghéa「彼らはあなたを待った」、mbálekuseléisa；
mbálévávéghéa「彼らは彼ら(別人)を待った」、mbálévásóéléisa.
mbálévéghéa ndu「彼らは人を待った」；
mbálekukekélya ndu「彼らはあなたのために人をくすぐった」；
mbálévákékélya ndu「彼らは彼ら(別人)のために人をくすぐった」.

アクセント表示は、次のようになる。

NŚ$_2$léCV́(Ń)CV́X、NŚ$_2$leO$_1$CV(N)CV́X、NŚ$_2$léÓ$_2$CV́(Ń)CV́X.

第二形

mbálevéghéa moonâ「彼らは子供を待った」；
mbálekúkékélya moonâ「彼らはあなたのために子供をくすぐった」；
mbálevákékélya moonâ「彼らは彼ら(別人)のために子供をくすぐった」.

アクセント表示は、次のようになる。

NŚ$_2$leCV́(Ń)CV́X、NŚ$_2$leÓ$_1$CV́(Ń)CV́X、NŚ$_2$leÓ$_2$CV́(Ń)CV́X.

B 型：

S＝S$_1$ の場合：

第一形

nshílesárya「私は許した」、nshílesóóra、nshílemányisya；
nshílekúsarya「私はあなたを許した」、nshílekúsoora、nshílekúmanyisya；
nshílevásárya「私は彼らを許した」、nshílevásóóra、nshílevámányisya.
nshílesóóra ndu「私は人について行った」；
nshílekúghingya ndu「私はあなたのために人を見守った」；
nshílevághíngya ndu「私は彼らのために人を見守った」.

アクセント表示は、次のようになる。

NŚ$_1$leCV́(V́)X、NŚ$_1$leÓ$_1$X、NŚ$_1$leÓ$_2$CV́(V́)X.

第二形

nshílesóóra moonâ「私は子供について行った」；

nshílekúghingya moonâ「私はあなたのために子供を見守った」；
nshílevághíngya moonâ「私は彼らのために子供を見守った」.

アクセント表示は、同じく次のようになる。

N$\acute{S}_1$leC$\acute{V}$($\acute{V}$)X、N$\acute{S}_1$le$\acute{O}_1$X、N$\acute{S}_1$le$\acute{O}_2$C$\acute{V}$($\acute{V}$)X、

S＝S_2 の場合：

第一形

mbálésárya「彼らは許した」、mbálésóóra、mbálémányisya；
mbálékúsarya「彼らはあなたを許した」、mbálékúsoora、mbálékúmanyisya；
mbálévásárya「彼らは彼らを許した」、mbálévásóóra、mbálévámányisya.
mbálésóóra ndu「彼らは人について行った」；
mbálékúghingya ndu「彼らはあなたのために人を見守った」；
mbálévághíngya ndu「彼らは彼らのために人を見守った」.

アクセント表示は、次のようになる。

N$\acute{S}_2$léC$\acute{V}$($\acute{V}$)X、N$\acute{S}_2$lé$\acute{O}_1$X、N$\acute{S}_2$lé$\acute{O}_2$C$\acute{V}$($\acute{V}$)X.

第二形

mbálesóóra moonâ「彼らは子供について行った」；
mbálekúghingya moonâ「彼らはあなたのために子供を見守った」；
mbálevághíngya moonâ「彼らは彼らのために子供を見守った」.

アクセント表示は、同じく次のようになる。

N$\acute{S}_2$leC$\acute{V}$($\acute{V}$)X、N$\acute{S}_2$le$\acute{O}_1$X、N$\acute{S}_2$le$\acute{O}_2$C$\acute{V}$($\acute{V}$)X.

4)応答過去形（主格接辞＋le＋(対格接辞＋)語幹＋a）

A型：

S＝S_1 の場合：

第一形

shileveghéa「私は待った」、shileseléisa；
shilekuveghéa「私はあなたを待った」、shilekuseléisa；
shilevavéghéa「私は彼らを待った」、shilevaséléisa.
shileveghéa ndu「私は人を待った」；
shilekukekélya ndu「私はあなたのために人をくすぐった」；
shilevakékélya ndu「私は彼らのために人をくすぐった」.

アクセント表示は、次のようになる。

S_1leCV(N)C$\acute{V}$X、S_1leO_1CV(N)C$\acute{V}$X、S_1leO_2C$\acute{V}$($\acute{N}$)C$\acute{V}$X.

第二形

shileveghéa moonâ「私は子供を待った」；

shilekukekélya moonâ「私はあなたのために子供をくすぐった」;
shilevakékélya moonâ「私は彼らのために子供をくすぐった」.

アクセント表示は、同じく次のようになる。

S$_1$leCV (N) CV́X、S$_1$leO$_1$CV (N) CV́X、S$_1$leO$_2$CV́ (Ń) CV́X.

S = S$_2$ の場合：

第一形

valeveghéa「彼らは待った」、valeseléisa;
válékuveghéa「彼らはあなたを待った」、válékuseléisa;
valevavéghéa「彼らは彼ら(別人)を待った」、valevaséléisa.
valeveghéa ndu「彼らは人を待った」;
válékukekélya ndu「彼らはあなたのために人をくすぐった」;
valevakékélya ndu「彼らは彼ら(別人)のために人をくすぐった」.

アクセント表示は、次のようになる。

S$_2$leCV (N) CV́X、Ś$_2$léO$_1$CV (N) CV́X、S$_2$leO$_2$CV́ (Ń) CV́X.

第二形

válévéghéa moonâ「彼らは子供を待った」;
válékukekélya moonâ「彼らはあなたのために子供をくすぐった」;
válévákékélya moonâ「彼らは彼ら(別人)のために子供をくすぐった」.

アクセント表示は、次のようになる。

Ś$_2$léCV́ (Ń) CV́X、Ś$_2$léO$_1$CV (N) CV́X、Ś$_2$léÓ$_2$CV́ (Ń) CV́X.

B 型：

S = S$_1$ の場合：

第一形

shilesarya「私は許した」、shilesoora、shilemanyisya;
shilekusarya「私はあなたを許した」、shilekusoora、shilekumanyisya;
shilevasárya「私は彼らを許した」、shilevasóóra、shilevamányisya.
shilesoora ndu「私は人について行った」;
shilekughingya ndu「私はあなたのために人を見守った」;
shilevaghíngya ndu「私は彼らのために人を見守った」.

アクセント表示は、次のようになる。

S$_1$leX、S$_1$leO$_1$X、S$_1$leO$_2$CV́ (V́) X.

第二形

shilesoora moonâ「私は子供について行った」;
shilekughingya moonâ「私はあなたのために子供を見守った」;

shilevaghíngya moonâ「私は彼らのために子供を見守った」.

アクセント表示は、同じく次のようになる。

S_1leX、S_1leO_1X、S_1leO_2CV́（V́）X.

S＝S_2 の場合：

第一形

valésarya「彼らは許した」、valésoora、valémanyisya；

valékusarya「彼らはあなたを許した」、valékusoora、valékumanyisya；

valevasárya「彼らは彼らを許した」、valevasóóra、valevamányisya.

valésoora ndu「彼らは人について行った」；

valékughingya ndu「彼らはあなたのために人を見守った」；

valevaghíngya ndu「彼らは彼らのために人を見守ったた」.

アクセント表示は、次のようになる。

S_2léX、S_2léO_1X、S_2leO_2CV́（V́）X.

第二形

válésoora moonâ「彼らは子供について行った」；

válékughingya moonâ「彼らはあなたのために子供を見守った」；

válévághíngya moonâ「彼らは彼らのために子供を見守った」.

アクセント表示は、次のようになる。

$\acute{S}_2$léX、$\acute{S}_2$léO_1X、$\acute{S}_2$lé$\acute{O}_2$CV́（V́）X.

5）今日の過去形（N＋主格接辞＋a＋（対格接辞＋）語幹＋a）

この活用形の場合は、主格接辞の如何はアクセントの違いを生まない。また、あとに何が続こうと続かまいと、変わりはない。

A型：

第一形＆第二形

nsháveghea（N＋shi＋a＋veghe＋a）「私は待った」、nsháseleisa；

nshákuvéghéa「私はあなたを待った」、nshákuséléisa；

nshávavéghéa「私は彼らを待った」、nshávaséléisa.

nsháveghea ndu「私は人を待った」；

nshákukékélya ndu「私はあなたのために人をくすぐった」；

nshávakékélya ndu「私は彼らのために人をくすぐった」.

nsháveghea moonâ「私は子供を待った」；

nshákukékélya moonâ「私はあなたのために子供をくすぐった」；

nshávakékélya moonâ「私は彼らのために子供をくすぐった」.

mbáveghea（N＋va＋a＋veghe＋a）「彼らは待った」、etc.

アクセント表示は、次のようになる。

NSáX、NSáO_1CV́(Ń)CV́X、NSáO_2CV́(Ń)CV́X.

B 型：

第一形＆第二形

nshásarya「私は許した」、nshásoora、nshámanyisya；

nshákusarya「私はあなたを許した」、nshákusoora、nshákumanyisya；

nshávasárya「私は彼らを許した」、nshávasóóra、nshávamányisya.

nshásoora ndu「私は人について行った」；

nshákughingya ndu「私はあなたのために人を見守った」；

nshávaghíngya ndu「私は彼らのために人を見守った」.

nshásarya moonâ「私は子供を許した」、etc.

mbásarya「彼らは許した」、etc.

アクセント表示は、次のようになる。

NSáX、NSáO_1X、NSáO_2CV́(V́)X.

6)応答今日の過去形（主格接辞＋a＋(対格接辞＋)語幹＋a)

この活用形の場合も、主格接辞の如何はアクセントの違いを生まないが、第一形と第二形の違いはある。

A 型：

第一形

shavéghéa「私は待った」、shaséléisa；

shakuveghéa「私はあなたを待った」、shakuseléisa；

shavávéghéa「私は彼らを待った」、shaváséléisa.

shavéghéa ndu「私は人を待った」；

shakukekélya ndu「私はあなたのために人をくすぐった」

shavákékélya ndu「私は彼らのために人をくすぐった」

アクセント表示は、次のようになる。

SaCV́(Ń)CV́X、SaO_1CV(N)CV́X、Sa$\acute{O}_2$CV́(Ń)CV́X.

第二形

shávéghéa moonâ「私は子供を待った」；

shákúkékélya moonâ「私はあなたのために子供をくすぐった」；

shávákékélya moonâ「私は彼らのために子供をくすぐった」.

アクセント表示は、次のようになる。

SáCV́(Ń)CV́X、Sá$\acute{O}_1$CV́(Ń)CV́X、Sá$\acute{O}_2$CV́(Ń)CV́X.

B 型：

第一形

shasárya「私は許した」、shasóóra、shamányisya；

shakúsarya「私はあなたを許した」、shakúsoora、shakúmanyisya；

shavásárya「私は彼らを許した」、shavásóóra、shavámányisya.

shasóóra ndu「私は人について行った」；

shakúghingya ndu「私はあなたのために人を見守った」；

shavághíngya ndu「私は彼らのために人を見守った」.

アクセント表示は、次のようになる。

SaCV́ (V́)X、SaÓ$_1$X、SaÓ$_2$CV́ (V́)X.

第二形

shásóóra moonâ「私は子供について行った」；

shákúghingya moonâ「私はあなたのために子供を見守った」；

shávághíngya moonâ「私は彼らのために子供を見守った」.

アクセント表示は、次のようになる。

SáCV́ (V́)X、SáÓ$_1$X、SáÓ$_2$CV́ (V́)X.

7)現在進行形（N＋主格接辞＋kee＋(対格接辞＋)語幹＋a)

A型の場合、主格接辞の如何はアクセントの違いを生まないが、第一形と第二形の違いはある。B型の場合、主格接辞の如何がアクセントの違いを生み、S＝S$_1$の場合は第一形と第二形の違いはないが、S＝S$_2$の場合は違いがある。

A型：

第一形

nshíkeeveghéa「私は待っている」、nshíkeeseléisa；

nshíkeeékuveghéa「私はあなたを待っている」、nshíkeeékuseléisa；

nshíkeevavéghéa「私は彼らを待っている」、nshíkeevaséléisa.

nshíkeeveghéa ndu「私は人を待っている」；

nshíkeeékukekélya ndu「私はあなたのために人をくすぐっている」；

nshíkeevakékélya ndu「私は彼らのために人をくすぐっている」.

mbákeeveghéa「彼らは待っている」、etc.

アクセント表示は、次のようになる。

NŚkeeCV (N)CV́X、NŚkeeéO$_1$CV (N)CV́X、NŚkeeO$_2$CV́ (Ń)CV́X.

第二形

nshíkeevéghéa moonâ「私は子供を待っている」；

nshíkeeékukekélya moonâ「私はあなたのために子供をくすぐっている」；

nshíkeevákékélya moonâ「私は彼らのために子供をくすぐっている」.

アクセント表示は、次のようになる。

NŚkeeCV́(Ń)CV́X、NŚkeeéO_1CV(N)CV́X、NŚkeeÓ$_2$CV́(Ń)CV́X.

B 型：

$S = S_1$ の場合：

nshíkeésarya「私は許している」、nshíkeésoora、nshíkeémanyisya；

nshíkeékusarya「私はあなたを許している」、nshíkeékusoora、

nshíkeékumanyisya；

nshíkeevasárya「私は彼らを許している」、nshíkeevasóóra、nshíkeevamányisya.

nshíkeésoora ndu「私は人のあとに従っている」、

nshíkeékughingya ndu「私はあなたのために人を見守っている」；

nshíkeevaghíngya ndu「私は彼らのために人を見守っている」.

nshíkeésoora moonâ「私は子供のあとに従っている」、

nshíkeékughingya moonâ「私はあなたのために子供を見守っている」；

nshíkeevaghíngya moonâ「私は彼らのために子供を見守っている」.

第一形も第二形も、アクセント表示は次のようになる。

NŚ$_1$keéX、NŚ$_1$keéO_1X、NŚ$_1$keeO_2CV́(V́)X.

$S = S_2$ の場合：

第一形

mbákéésarya「彼らは許している」、mbákéésoora、mbákéémanyisya；

mbákéékusarya「彼らはあなたを許している」、mbákéékusoora、

mbákéékumanyisya；

mbákeevasárya「彼らは彼らを許している」、mbákeevasóóra、mbákeevamányisya.

mbákéésoora ndu「彼らは人のあとに従っている」；

mbákéékughingya ndu「彼らはあなたのために人を見守っている」；

mbákeevaghíngya ndu「彼らは彼らのために人を見守っている」.

アクセント表示は、次のようになる。

NŚ$_2$kééX、NŚ$_2$kééO_1X、NŚ$_2$keeO_2CV́(V́)X.

第二形

mbákeesoora moonâ「彼らは子供のあとに従っている」、etc.

mbákeekughingya moonâ「彼らはあなたのために子供を見守っている」；

mbákeevaghíngya moonâ「彼らは彼らのために子供を見守っている」.

アクセント表示は、次のようになる。

NŚ$_2$keeX、NŚ$_2$keeO_1X、NŚ$_2$keeO_2CV́(V́)X.

8)応答現在進行形（主格接辞＋kee＋(対格接辞＋)語幹＋a）

この形の場合、A 型も B 型も主格接辞の如何がアクセントの違いを生み、第一形と第二形の違いもある。

A 型：

$S=S_1$ の場合：

第一形

shikeeveghéa「私は待っている」、shikeeseléisa；

shikéékuveghéa「私はあなたを待っている」、shikéékuseléisa；

shikeevavéghéa「私は彼らを待っている」、shikeevaséléisa.

shikeeveghéa ndu「私は人を待っている」；

shikéékukekélya ndu「私はあなたのために人をくすぐっている」；

shikeevakékélya ndu「私は彼らのために人をくすぐっている」.

アクセント表示は、次のようになる。

S_1keeCV（N）CV́X、S_1kééO$_1$CV（N）CV́X、S_1keeO$_2$CV́（Ń）CV́X.

第二形

shikéévéghéa moonâ「私は子供を待っている」；

shikéékukekélya moonâ「私はあなたのために子供をくすぐっている」；

shikéévákékélya moonâ「私は彼らのために子供をくすぐっている」.

アクセント表示は、次のようになる。

S_1kééCV́（Ń）CV́X、S_1kééO$_1$CV（N）CV́X、S_1kééÓ$_2$CV́（Ń）CV́X.

$S=S_2$ の場合：

第一形

vakeeveghéa「彼らは待っている」、vakeeseléisa；

vákéékuveghéa「彼らはあなたを待っている」、vákéékuseléisa；

vakeevavéghéa「彼らは彼らを待っている」、vakeevaséléisa.

vakeeveghéa ndu「彼らは人を待っている」；

vákéékukekélya ndu「彼らはあなたのために人をくすぐっている」；

vakeevakékélya ndu「彼らは彼らのために人をくすぐっている」.

アクセント表示は、次のようになる。

S_2keeCV（N）CV́X、Ś$_2$kééO$_1$CV（N）CV́X、S_2keeO$_2$CV́（Ń）CV́X.

第二形

vákéévéghéa moonâ「彼らは子供を待っている」；

vákéékukekélya moonâ「彼らはあなたのために子供をくすぐっている」；

vákéévákékélya moonâ「彼らは彼らのために子供をくすぐっている」.

アクセント表示は、次のようになる。

Ś$_2$kééCV́ (Ń) CV́X、Ś$_2$kééO$_1$CV (N) CV́X、Ś$_2$kééÓ$_2$CV́ (Ń) CV́X.

B 型：

S = S$_1$ の場合：

第一形

shikeésarya「私は許している」、shikeésoora、shikeémanyisya；

shikeékusarya「私はあなたを許している」、shikeékusoora、shikeékumanyisya；

shikeevasárya「私は彼らを許している」、shikeevasóóra、shikeevamányisya.

shikeésoora ndu「私は人のあとに従っている」；

shikeékughingya ndu「私はあなたのために人を見守っている」；

shikeevaghíngya ndu「私は彼らのために人を見守っている」.

アクセント表示は、次のようになる。

S$_1$keéX、S$_1$keéO$_1$X、S$_1$keeO$_2$CV́ (V́) X.

第二形

shikéésoora moonâ「私は子供のあとに従っている」；

shikéékughingya moonâ「私はあなたのために子供を見守っている」；

shikéévághíngya moonâ「私は彼らのために子供を見守っている」.

アクセント表示は、次のようになる。

S$_1$kééX、S$_1$kééO$_1$X、S$_1$kééÓ$_2$CV́ (V́) X.

S = S$_2$ の場合：

第一形

vakéésarya「彼らは許している」、vakéésoora、vakéémanyisya；

vakéékusarya「彼らはあなたを許している」、vakéékusoora、vakéékumanyisya；

vaakeevasárya「彼らは彼らを許している」、vakeevasóóra、vakeevamányisya.

vakéésoora ndu「彼らは人のあとに従っている」；

vakéékughingya ndu「彼らはあなたのために人を見守っている」；

vakeevaghíngya ndu「彼らは彼らのために人を見守っている」.

アクセント表示は、次のようになる。

S$_2$kééX、S$_2$kééO$_1$X、S$_2$keeO$_2$CV́ (V́) X.

第二形

vákéésoora moonâ「彼らは子供のあとに従っている」；

vákéékughingya moonâ「彼らはあなたのために子供を見守っている」；

vákéévághíngya moonâ「彼らは彼らのために子供を見守っている」.

アクセント表示は、次のようになる。

Ś$_2$kééX、Ś$_2$kééO$_1$X、Ś$_2$kééÓ$_2$CV́ (V́) X.

9)過去進行形（N＋主格接辞＋ee＋kee＋(対格接辞＋)語幹＋a)

主格接辞の如何は、アクセントの違いを生まない。

A型：

第一形

nshéekeeveghéa「私は待っていた」、nshéekeeseléisa；

nshéekéékuveghéa「私はあなたを待っていた」、nshéekéékuseléisa；

nshéekeevavéghéa「私は彼らを待っていた」、nshéekeevaséléisa.

nshéekeeveghéa ndu「私は人を待っていた」；

nshéekéékukekélya ndu「私はあなたのために人をくすぐっていた」

nshéekeevakékélya ndu「私は彼らのために人をくすぐっていた」.

mbéekeeveghéa「彼らは待っていた」、etc.

アクセント表示は、次のようになる。

NSéekeeCV(N)CV́X、NSéekééO_1CV(N)CV́X、NSéekeeO_2CV́(Ń)CV́X.

第二形

nshéekéévéghéa moonâ「私は子供を待っていた」；

nshéekéékukekélya moonâ「私はあなたのために子供をくすぐっていた」；

nshéekéévákékélya moonâ「私は彼らのために子供をくすぐっていた」.

アクセント表示は、次のようになる。

NSéekééCV́(Ń)CV́X、NSéekééO_1CV(N)CV́X、NSéekééÓ$_2$CV́(Ń)CV́X.

B型：

第一形

nshéekeésarya「私は許していた」、nshéekeésoora、nshéekeémanyisya；

nshéekeékusarya「私はあなたを許していた」、nshéekeékusoora、nshéekeékumanyisya；

nshéekeevasárya「私は彼らを許していた」、nshéekeevasóóra、nshéekeevamányisya.

nshéekeésoora ndu「私は人のあとを追っていた」；

nshéekeékughingya ndu「私はあなたのために人を見守っていた」；

nshéekeevaghíngya ndu「私は彼らのために人を見守っていた」.

mbéekeésarya「彼らは許していた」、etc.

アクセント表示は、次のようになる。

NSéekeéX、NSéekeéO_1X、NSéekeeO_2CV́(V́)X.

第二形

nshéekéésoora moonâ「私は子供のあとを追っていた」；

nshéekéékughingya moonâ「私はあなたのために子供を見守っていた」;

nshéekéévághíngya moona「私は彼らのために子供を見守っていた」.

アクセント表示は、次のようになる。

NSéekééX、NSéekééO_1X、NSéekééÓ$_2$CV́（V́）X.

10)応答過去進行形（主格接辞＋ee＋kee＋（対格接辞＋）語幹＋a）

やはり、主格接辞の如何はアクセントの違いを生まない。

A型：

第一形

sheekeeveghéa「私は待っていた」、sheekeeseléisa;

shéékéékuveghéa「私はあなたを待っていた」、shéékéékuseléisa;

sheekeevavéghéa「私は彼らを待っていた」、sheekeevaséléisa.

sheekeeveghéa ndu「私は人を待っていた」;

shéékéékukekélya ndu「私はあなたのために人をくすぐっていた」

sheekeevakékélya ndu「私は彼らのために人をくすぐっていた」.

veekeeveghéa「彼らは待っていた」、etc.

アクセント表示は、次のようになる。

SeekeeCV（N）CV́X、SéékééO_1CV（N）CV́X、SeekeeO_2CV́（Ń）CV́X.

第二形

shéékéévéghéa moonâ「私は子供を待っていた」;

shéékéékukekélya moonâ「私はあなたのために子供をくすぐっていた」;

shéékéévákékélya moonâ「私は彼らのために子供をくすぐっていた」.

アクセント表示は、次のようになる。

SéékééCV́（Ń）CV́X、SéékééO_1CV（N）CV́X、SéékééÓ$_2$CV́（Ń）CV́X.

B型：

第一形

sheekeésarya「私は許していた」、sheekeésoora、sheekeémanyisya;

sheekeékusarya「私はあなたを許していた」、sheekeékusoora、

sheekeékumanyisya;

sheekeevasárya「私は彼らを許していた」、sheekeevasóóra、sheekeevamányisya.

sheekeésoora ndu「私は人のあとを追っていた」;

sheekeékughingya ndu「私はあなたのために人を見守っていた」;

sheekeevaghíngya ndu「私は彼らのために人を見守っていた」.

veekeesárya「彼らは許していた」、etc.

アクセント表示は、次のようになる。

SeekeéX、SeekeéO_1X、SeekeeO_2CV́（V́）X.

第二形

shéékéésoora moonâ「私は子供のあとを追っていた」；

shéékéékughingya moonâ「私はあなたのために子供を見守っていた」；

shéékéévághíngya moonâ「私は彼らのために子供を見守っていた」.

アクセント表示は、同じく次のようになる。

SéékééX、SéékééO_1X、SéékééÓ$_2$CV́（V́）X、

11）現在完了形（主格接辞＋a＋mmee＋（対格接辞＋）語幹＋a）

この活用形の場合は、主格接辞の如何はアクセントの違いを生まない。また、あとに何が続こうと、変わりはない。なお、この形の前にNのつく活用形はないようである。

A型：

sháḿmeeveghéa「私はもう待った」、sháḿmeeseléisa；

sháḿmeekuveghéa「私はもうあなたを待った」、sháḿmeekuseléisa；

sháḿmeevavéghéa「私はもう彼らを待った」、sháḿmeevaséléisa.

sháḿmeeveghéa ndu「私はもう人を待った」；

sháḿmeekukekélya ndu「私はもうあなたのために人をくすぐった」、

sháḿmeevakékélya ndu「私はもう彼らのために人をくすぐった」.

sháḿmeeveghéa moonâ「私はもう子供を待った」、etc.

váḿmeeveghéa「彼らはもう待った」、etc.

アクセント表示は、次のようになる。

SáḿmeeCV（N）CV́X、SáḿmeeO_1CV（N）CV́X、SáḿmeeO_2CV́（Ń）CV́X.

B型：

sháḿmeesarya「私はもう許した」、sháḿmeesoora、sháḿmeemanyisya；

sháḿmeekusarya「私はもうあなたを許した」、sháḿmeekusoora、sháḿmeekumanyisya；

sháḿmeevasárya「私はもう彼らを許した」、sháḿmeevasóóra、sháḿmeevamányisya.

sháḿmeesoora ndu「私はもう人のあとを追った」；

sháḿmeekughingya ndu「私はもうあなたのために人を見守った」；

sháḿmeevaghíngya ndu「私はもう彼らのために人を見守った」.

sháḿmeesoora moonâ「私はもう子供のあとを追った」、etc.

váḿmeesarya「彼らはもう許した」、etc.

アクセント表示は、次のようになる。

SáḿmeeX、SáḿmeeO$_1$X、SáḿmeeO$_2$CV́ (V́)X.

12)過去完了形(1)（主格接辞 + le + mmee + (対格接辞 +)語幹 + a)

この活用形の場合は、主格接辞の如何はアクセントの違いを生むが、あとに何が続こうと変わりはない。この形の前に N のつく活用形はないようである。

A 型：

S = S$_1$ の場合：

shilemmeeveghéa「私はもう待っていた」、shilemmeeseléisa；

shilemmeekuveghéa「私はもうあなたを待っていた」、shilemmeekuseléisa；

shilemmeevavéghéa「私はもう彼らを待っていた」、shilemmeevaséléisa.

shilemmeeveghéa ndu「私はもう人を待っていた」；

shilemmeekukekélya ndu「私はもうあなたのために人をくすぐっていた」；

shilemmeevakékéya ndu「私はもう彼らのために人をくすぐっていた」；

shilemmeeveghéa moonâ「私はもう子供を待っていた」、etc.

アクセント表示は、次のようになる。

S$_1$lemmeeCV (N) CV́X、S$_1$lemmeeO$_1$CV (N) CV́X、S$_1$lemmeeO$_2$CV́ (Ń) CV́X.

S = S$_2$ の場合：

válémmeeveghéa「彼らはもう待っていた」、válémmeeseléisa；

válémmeekuveghéa「彼らはもうあなたを待っていた」、válémmeekuseléisa；

válémmeevavéghéa「彼らはもう彼らを待っていた」、válémmeevaséléisa.

válémmeeveghéa ndu「彼らはもう人を待っていた」；

válémmeekukekélya ndu「彼らはもうあなたのために人をくすぐっていた」；

válémmeevakékélya ndu「彼らはもう彼らのために人をくすぐっていた」.

válémmeeveghéa moonâ「彼らはもう子供を待っていた」、etc.

アクセント表示は、次のようになる。

Ś$_2$léḿmeeCV (N) CV́X、Ś$_2$léḿmeeO$_1$CV (N) CV́X、Ś$_2$léḿmeeO$_2$CV́ (Ń) CV́X.

B 型：

S = S$_1$ の場合：

shilemmeesarya「私はもう許していた」、shilemmeesoora、shilemmeemanyisya；

shilemmeekusarya「私はもうあなたを許していた」、shilemmeekusoora、shilemmeekumanyisya；

shilemmeevasárya「私はもう彼らを許していた」、shilemmeevasóóra、shilemmeenvamányisya.

shilemmeesoora ndu「私はもう人について行っていた」；

shilemmeekughingya ndu「私はもうあなたのために人を見守っていた」；

shilemmeevaghíngya ndu「私はもう彼らのために人を見守っていた」.

shilemmeesoora moonâ「私はもう子供について行っていた」、etc.

アクセント表示は、次のようになる。

S_1lemmeeX、S_1lemmeeO_1X、S_1lemmeeO_2CV́ (V́)X.

S = S_2 の場合：

第一形

valéḿmeesarya「彼らはもう許していた」、valéḿmeesoora、valéḿmeemanyisya；

valéḿmeekusarya「彼らはもうあなたを許していた」、valéḿmeekusoora、valéḿmeekumanyisya；

váléḿmeevasárya「彼らはもう彼らを許していた」、váléḿmeevasóóra、váléḿmeevamányisya.

valéḿmeesoora ndu「彼らはもう人について行っていた」；

valéḿmeekughingya ndu「彼らはもうあなたのために人を見守っていた」；

váléḿmeevaghíngya ndu「彼らはもう彼らのために人を見守っていた」.

アクセント表示は、次のようになる。

S_2léḿmeeX、S_2léḿmeeO_1X、Ś$_2$léḿmeeO_2CV́ (V́)X.

第二形

váléḿmeesoora moonâ「彼らはもう子供について行っていた」；

váléḿmeekughingya moonâ「彼らはもうあなたのために子供を見守っていた」；

váléḿmeevaghíngya moonâ「彼らはもう彼らのために子供を見守っていた」.

アクセント表示は、次のようになる。

Ś$_2$léḿmeeX、Ś$_2$léḿmeeO_1X、Ś$_2$léḿmeeO_2CV́ (V́)X.

S = S_2 で第一形の O_2 があらわれる場合のアクセントは、第二形の対応するもののアクセントにひきずられたと見るべきか。

これまでに見た、語尾 a を用いる活用形(不定形、直説法形)から、どういうことがいえるかを見る。

まず、不定形から見る。アクセント表示を再掲する。

A 型：iCV (N)CV́X、iO_1CV (N)CV́X、iO_2CV́ (Ń)CV́X.

B 型：iX、iO_1X、iO_2CV́ (V́)X.

ここから次の仮定が可能になる。

(1)A 型の語幹＋a は、CV (N)CV́X をアクセントとする。

(2)B 型の語幹＋a は、X をアクセントとする。

(3) i は低い。

(4)O_1 は低い。

(5) O_2 は低い。

(5–1) O_2 は、次の CV (R) を高くする (R = N or V)。

次に、直説法形を見る。まず、8)の応答現在進行形を見る。

	第一形	第二形
A 型：	S_1keeCV (N) CV́X、	S_1kééCV́ (Ń) CV́X、
	S_1kééO$_1$CV (N) CV́X、	S_1kééO$_1$CV (N) CV́X、
	S_1keeO$_2$CV́ (Ń) CV́X.	S_1kéé$\acute{O}_2$CV́ (Ń) CV́X.
	S_2keeCV (N) CV́X、	$\acute{S}_2$kééCV́ (Ń) CV́X、
	$\acute{S}_2$kééO$_1$CV (N) CV́X、	$\acute{S}_2$kééO$_1$CV (N) CV́X、
	S_2keeO$_2$CV́ (Ń) CV́X.	$\acute{S}_2$kéé$\acute{O}_2$CV́ (Ń) CV́X.
B 型：	S_1keéX、	S_1kééX、
	S_1keéO$_1$X、	S_1kééO$_1$X、
	S_1keeO$_2$CV́ (V́) X.	S_1kéé$\acute{O}_2$CV́ (V́) X.
	S_2kééX、	$\acute{S}_2$kééX、
	S_2kééO$_1$X、	$\acute{S}_2$kééO$_1$X、
	S_2keeO$_2$CV́ (V́) X.	$\acute{S}_2$kéé$\acute{O}_2$CV́ (V́) X.

不定形に比べてひどく複雑である。

(6) kee は低い。

(6–1) kee は、第二形において kéé となり、直後に、その直後が高いところの低い１音節 (O_2/CV (R)) があれば、それを高くする。

(6–2) kee は、A 型第一形において、O_1 の直前で kéé となる。

(6–3) kee は、B 型第一形において、S_2 の直後で、O_2 が続かなければ kéé となる。

(6–4) kee は、B 型第一形において、S_1 の直後で、O_2 が続かなければ keé となる。

(7) S_1 は低い。

(8) S_2 は低い。

(8–1) S_2 は、B 型第一形を除き、高い kee の前では高くなる。

上に見た (6–1) は、A 型の第二形 S_1kééCV́ (Ń) CV́X、S_1kéé$\acute{O}_2$CV́ (Ń) CV́X、$\acute{S}_2$kééCV́ (Ń) CV́X、B 型の第二形 S_1kéé$\acute{O}_2$CV́ (V́) X、$\acute{S}_2$kéé$\acute{O}_2$CV́ (V́) X を説明する。

次に、7)の現在進行形を見る。

	第一形	第二形
A 型：	NŚkeeCV (N) CV́X、	NŚkeeCV́ (Ń) CV́X、
	NŚkeéO$_1$CV (N) CV́X、	NŚkeéO$_1$CV (N) CV́X、

	NŚkeeO$_2$CV́ (Ń) CV́X.	NŚkeeÓ$_2$CV́ (Ń) CV́X.
B 型：	NŚ$_1$keéX、	NŚ$_1$keéX、
	NŚ$_1$keéO$_1$X、	NŚ$_1$keéO$_1$X、
	NŚ$_1$keeO$_2$CV́ (V́) X.	NŚ$_1$keeO$_2$CV́ (V́) X.
	NŚ$_2$kééX、	NŚ$_2$keeX、
	NŚ$_2$kééO$_1$X、	NŚ$_2$keeO$_1$X、
	NŚ$_2$keeO$_2$CV́ (V́) X.	NŚ$_2$keeO$_2$CV́ (V́) X.

A 型では、第一形と第二形のちがいはあるが、S$_1$ と S$_2$ のちがいは出ず、B 型では、S = S$_1$ の場合、第一形と第二形のちがいは出ない。

これを、応答現在進行形と比較して、次のような仮定が可能になる。

(9) N は、S が低ければ高くし、高ければ高いままにとどめる。

(9–1) S が低い場合、その後に kéé があれば、(a) kéé の直後が低いがそのあとに高いところがあると keé にし、(b) kéé の直後が高いと kee にしてあとが 1 音節のみ高いところの高い O$_2$ があれば、それも低くするが、(c) あとがずっと低いと、S = S$_1$ なら keé にし、S = S$_2$ なら kéé のままにとどめる。

(9–2) S が高い場合、その後に kéé があれば、(a) kéé の直後が低いがそのあとに高いところがあると keé にし、(b) kéé の直後が高いと kee にしてあとが 1 音節のみ高いところの高い O$_2$ があれば、それも低くし、(c) あとがずっと低いと kee にする。

応答現在進行形については、(1)、(2)、(4)、(5)、(6) ～ (8–1) で説明できることは容易に分かる ((6–1) については上述) はずなので、現在進行形の形が (9) ～ (9–2) によって応答現在進行形の対応する形から導き出される過程を示す。

A 型：

S = S$_1$ の場合：

第一形

N + S$_1$keeCV (N) CV́X → NŚ$_1$keeCV (N) CV́X　　cf. (9).

N + S$_1$kééO$_1$CV (N) CV́X → NŚ$_1$keéO$_1$CV (N) CV́X　　cf. (9)、(9–1) (a).

N + S$_1$keeO$_2$CV́ (Ń) CV́X → NŚ$_1$keeO$_2$CV́ (Ń) CV́X　　cf. (9).

第二形

N + S$_1$kééCV́ (Ń) CV́X → NŚ$_1$keeCV́ (Ń) CV́X　　cf. (9)、(9–1) (b).

N + S$_1$kééO$_1$CV (N) CV́X → NŚ$_1$keéO$_1$CV (N) CV́X　　cf. (9)、(9–1) (a).

N + S$_1$kééÓ$_2$CV́ (Ń) CV́X → NŚ$_1$keeÓ$_2$CV́ (Ń) CV́X　　cf. (9)、(9–1) (b).

S = S$_2$ の場合：

第一形

N + S_2keeCV (N) CV́X → N$\acute{S}_2$keeCV (N) CV́X　　cf. (9).

N + $\acute{S}_2$kééO$_1$CV (N) CV́X → N$\acute{S}_2$keéO$_1$CV (N) CV́X　　cf. (9)、(9–2) (a).

N + S_2keeO$_2$CV́ (Ń) CV́X → N$\acute{S}_2$keeO$_2$CV́ (Ń) CV́X　　cf. (9).

第二形

N + S_2keeCV (N) CV́X → N$\acute{S}_2$keeCV́ (Ń) CV́X　　cf. (9).

N + $\acute{S}_2$kééO$_1$CV (N) CV́X → N$\acute{S}_2$keéO$_1$CV (N) CV́X　　cf. (9)、(9–2) (a).

N + $\acute{S}_2$kéé$\acute{O}_2$CV́ (Ń) CV́X → N$\acute{S}_2$kee$\acute{O}_2$CV́ (Ń) CV́X　　cf. (9)、(9–2) (b).

結果として、$S = S_1$ の場合と $S = S_2$ の場合の差異が消える。

B 型：

$S = S_1$ の場合：

第一形

N + S_1keéX → N$\acute{S}_1$keéX　　cf. (9).

N + S_1keéO$_1$X → N$\acute{S}_1$keéO$_1$X　　cf. (9).

N + S_1keeO$_2$CV́ (V́) X → N$\acute{S}_1$keeO$_2$CV́ (V́) X　　cf. (9).

第二形

N + S_1kééX → N$\acute{S}_1$keéX　　cf. (9)、(9–1) (c).

N + S_1kééO$_1$X → N$\acute{S}_1$keéO$_1$X　　cf. (9)、(9–1) (c).

N + S_1kéé$\acute{O}_2$CV́ (V́) X → N$\acute{S}_1$keeO$_2$CV́ (V́) X　　cf. (9)、(9–1) (b).

結果として、第一形と第二形の差異が消える。

$S = S_2$ の場合：

第一形

N + S_2kééX → N$\acute{S}_2$kééX　　cf. (9)、(9–1) (c).

N + S_2kééO$_1$X → N$\acute{S}_2$kééO$_1$X　　cf. (9)、(9–1) (c).

N + S_2keeO$_2$CV́ (V́) X → N$\acute{S}_2$keeO$_2$CV́ (V́) X　　cf. (9).

第二形

N + $\acute{S}_2$kééX → N$\acute{S}_2$keeX　　cf. (9)、(9–2) (c).

N + $\acute{S}_2$kééO$_1$X → N$\acute{S}_2$keeO$_1$X　　cf. (9)、(9–2) (c).

N + $\acute{S}_2$kéé$\acute{O}_2$CV́ (V́) X → N$\acute{S}_2$keeO$_2$CV́ (V́) X　　cf. (9)、(9–2) (b).

次に、4) の応答過去形を見る。$S = S_1$ の場合は、第一形・第二形の区別はないが、両方別個にあげる。

	第一形	第二形
A 型：	S_1leCV (N) CV́X、	S_1leCV (N) CV́X、
	S_1leO$_1$CV (N) CV́X、	S_1leO$_1$CV (N) CV́X、

	S_1leO_2CV́ (Ń) CV́X.	S_1leO_2CV́ (Ń) CV́X.
	S_2leCV (N) CV́X、	Ś$_2$léCV́ (Ń) CV́X、
	Ś$_2$léO_1CV (N) CV́X、	Ś$_2$léO_1CV (N) CV́X、
	S_2leO_2CV́ (Ń) CV́X.	Ś$_2$léÓ$_2$CV́ (Ń) CV́X.
B 型：	S_1leX、	S_1leX、
	S_1leO_1X、	S_1leO_1X、
	S_1leO_2CV́ (V́) X.	S_1leO_2CV́ (V́) X.
	S_2léX、	Ś$_2$léX、
	S_2léO_1X、	Ś$_2$léO_1X、
	S_2leO_2CV́ (V́) X.	Ś$_2$léÓ$_2$CV́ (V́) X.

ここから導かれる仮定、および、付け加えるべき仮定は次のようなものである。

(10) le は低い。

(10–1) le は、(a) A 型第一形において、S_2 と O_1 の間で、(b) B 型第一形において、S_2 のあとで、O_2 が続かなければ、(c) 両型第二形において、S_2 のあとで、高くなる。

(10–2) 高い le は、後続する、直後に、その直後が高いところの低い 1 音節 (O_2 を含む) があれば、それを高くする。

(8–2) S_2 は、B 型第一形を除き、高い le の前で高くなる。

応答過去形のアクセントは、応答現在進行形に比してややこしいので、上の仮定のどれで説明できるかを示す。

A 型：

$S = S_1$ の場合：

第一形・第二形

S_1leCV (N) CV́X	(1)、(7)、(10).
S_1leO_1CV (N) CV́X	(1)、(4)、(7)、(10).
S_1leO_2CV́ (Ń) CV́X	(1)、(5) (5–1)、(7)、(10).

$S = S_2$ の場合：

第一形

S_2leCV (N) CV́X	(1)、(8)、(10).
Ś$_2$léO_1CV (N) CV́X	(1)、(4)、(10–1) (a)、(8–2).
S_2leO_2CV́ (Ń) CV́X	(1)、(5) (5–1)、(8)、(10).

第二形

Ś$_2$léCV́ (Ń) CV́X	(1)、(10–1) (c)、(10–2)、(8–2).
Ś$_2$léO_1CV (N) CV́X	(1)、(4)、(10–1) (c)、(8–2).

Ś$_2$léÓ$_2$CV́(Ń)CV́X　　(1)、(5)(5–1)、(10–1)(c)、(10–2)、(8–2).

B 型：

S = S$_1$ の場合：

第一形・第二形

S$_1$leX　　(2)、(7)、(10).

S$_1$leO$_1$X　　(2)、(4)、(7)、(10).

S$_1$leO$_2$CV́(V́)X　　(2)、(5)(5–1)、(7)、(10).

S = S$_2$ の場合：

第一形

S$_2$léX　　(2)、(8)、(10–1)(b).

S$_2$léO$_1$X　　(2)、(4)、(8)、(10–1)(b).

S$_2$leO$_2$CV́(V́)X　　(2)、(5)(5–1)、(8)、(10).（cf.(10–1)(b).）

第二形

Ś$_2$léX　　(2)、(10–1)(c)、(8–2).

Ś$_2$léO$_1$X　　(2)、(4)、(10–1)(c)、(8–2).

Ś$_2$léÓ$_2$CV́(V́)X　　(2)、(5)(5–1)、(10–1)(c)、(10–2)、(8–2).

これで一応説明できるわけではあるが、こうした仮定自体、あまりにも場当たり的すぎる。しかも、仮定の中では「A 型第一形において」、「B 型第一形において」、「両型第二形において」、「B 型第一形を除き」といった、それがどういう音韻的環境を意味するのか不明のものへの言及を必要とする。また、(10–1)(a)(b)(c)において、S$_2$ の存在が le を高くするのに貢献しているのに、(8–2)では、そうして高くなった le の前という環境で S$_2$ 自体が高くなっている。

従って、これらの仮定が妥当なものであるかどうかかなりの程度に疑わしい。しかし、他の仮定を考えても、この点改善されそうにない。

次に、3)の過去形を見る。

	第一形	第二形
A 型：	NŚ$_1$leCV́(Ń)CV́X、	NŚ$_1$leCV́(Ń)CV́X、
	NŚ$_1$leO$_1$CV(N)CV́X、	NŚ$_1$leÓ$_1$CV́(Ń)CV́X、
	NŚ$_1$leÓ$_2$CV́(Ń)CV́X.	NŚ$_1$leÓ$_2$CV́(Ń)CV́X.
	NŚ$_2$léCV́(Ń)CV́X、	NŚ$_2$leCV́(Ń)CV́X、
	NŚ$_2$leO$_1$CV(N)CV́X、	NŚ$_2$leÓ$_1$CV́(Ń)CV́X、
	NŚ$_2$leÓ$_2$CV́(Ń)CV́X.	NŚ$_2$leÓ$_2$CV́(Ń)CV́X.
B 型：	NŚ$_1$leCV́(V́)X、	NŚ$_1$leCV́(V́)X、
	NŚ$_1$leÓ$_1$X、	NŚ$_1$leÓ$_1$X、

NŚ$_1$leÓ$_2$CV́(V́)X.　　NŚ$_1$leÓ$_2$CV́(V́)X.
NŚ$_2$léCV́(V́)X、　　NŚ$_2$leCV́(V́)X、
NŚ$_2$léÓ$_1$X、　　NŚ$_2$leÓ$_1$X、
NŚ$_2$léÓ$_2$CV́(V́)X.　　NŚ$_2$leÓ$_2$CV́(V́)X.

応答過去形からこれらの形を得るには、次のような仮定が必要になる。なお、応答過去形のA型で $S=S_1$ の場合、第一形と第二形では違いがないのに、前にNを置いた過去形では違いが生じている（O_1 があらわれた形）ので、仮定自体に第一形と第二形という条件規定がどうしても必要になることに注意されたい。また、応答過去形A型で $S=S_2$ の場合で O_1 があらわれた形では第一形と第二形に違いがないのに、過去形では違いが生じていることにも注意。まず、上掲の(9)はそのまま維持できる。

(9–3) Sのあとに低いleがあるA型で $S=S_1$ の第一形では、次の低い音節を高くするが、直後に O_1 があれば妨げられる。
(9–4) Sのあとに低いleがあるA型で $S=S_1$ の第二形では、次の低い音節(列)を高くする。
(9–5) Sのあとに低いleがあるA型で $S=S_2$ の場合、leを高くしないが、その次の低い1音節を高くする。
(9–6) Sのあとに高いleがあるA型で $S=S_2$ の場合、leを低くするが、第二形では、次に低い音節(列)があれば高くする。
(9–7) Sのあとに低いleがあるB型で $S=S_1$ の場合、leは低いままだが、次の低い1音節を高くする。
(9–8) Sのあとに高いleがあるB型で $S=S_2$ の場合、S_2 が元来低いと、leは高いままで、次の1音節を高くする。
(9–9) Sのあとに高いleがあるB型で $S=S_2$ の場合、S_2 が元来高いと、leは低くなって、次の1音節が低ければ高くする。
(9–10) Sのあとに低いleがあるB型で $S=S_2$ の場合、S_2 が元来低いと、leは高くなって、次の1音節が低ければ、高くする。

応答過去形から、以上の仮定によって、どのように過去形が導き出されるかを示す。

A型：

$S=S_1$ の場合：

第一形

N＋S$_1$leCV(N)CV́X → NŚ$_1$leCV́(Ń)CV́X　　(9–3).
N＋S$_1$leO$_1$CV(N)CV́X → NŚ$_1$leO$_1$CV(N)CV́X　　(9–3).

$N + S_1leO_2C\acute{V}(\acute{N})C\acute{V}X \rightarrow N\acute{S}_1le\acute{O}_2C\acute{V}(\acute{N})C\acute{V}X$　(9–3).

第二形

$N + S_1leCV(N)C\acute{V}X \rightarrow N\acute{S}_1leC\acute{V}(\acute{N})C\acute{V}X$　(9–4).

$N + S_1leO_1CV(N)C\acute{V}X \rightarrow N\acute{S}_1le\acute{O}_1C\acute{V}(\acute{N})C\acute{V}X$　(9–4).

$N + S_1leO_2C\acute{V}(\acute{N})C\acute{V}X \rightarrow N\acute{S}_1le\acute{O}_2C\acute{V}(\acute{N})C\acute{V}X$　(9–4).

$S = S_2$ の場合：

第一形

$N + S_2leCV(N)C\acute{V}X \rightarrow N\acute{S}_2leC\acute{V}(\acute{N})C\acute{V}X$　(9–5).

$N + \acute{S}_2l\acute{e}O_1CV(N)C\acute{V}X \rightarrow N\acute{S}_2leO_1CV(N)C\acute{V}X$　(9–6).

$N + S_2leO_2C\acute{V}(\acute{N})C\acute{V}X \rightarrow N\acute{S}_2le\acute{O}_2C\acute{V}(\acute{N})C\acute{V}X$　(9–5).

第二形

$N + \acute{S}_2l\acute{e}C\acute{V}(\acute{N})C\acute{V}X \rightarrow N\acute{S}_2leC\acute{V}(\acute{N})C\acute{V}X$　(9–6).

$N + \acute{S}_2l\acute{e}O_1CV(N)C\acute{V}X \rightarrow N\acute{S}_2le\acute{O}_1C\acute{V}(\acute{N})C\acute{V}X$　(9–6).

$N + \acute{S}_2l\acute{e}\acute{O}_2C\acute{V}(\acute{N})C\acute{V}X \rightarrow N\acute{S}_2le\acute{O}_2C\acute{V}(\acute{N})C\acute{V}X$　(9–6).

B 型：

$S = S_1$ の場合：

第一形・第二形

$N + S_1leX \rightarrow N\acute{S}_1leC\acute{V}(\acute{V})X$　(9–7).

$N + S_1leO_1X \rightarrow N\acute{S}_1le\acute{O}_1X$　(9–7).

$N + S_1leO_2C\acute{V}(\acute{V})X \rightarrow N\acute{S}_1le\acute{O}_2C\acute{V}(\acute{V})X$　(9–7).

$S = S_2$ の場合：

第一形

$N + S_2l\acute{e}X \rightarrow N\acute{S}_2l\acute{e}C\acute{V}(\acute{V})X$　(9–8).

$N + S_2l\acute{e}O_1X \rightarrow N\acute{S}_2l\acute{e}\acute{O}_1X$　(9–8).

$N + S_2leO_2C\acute{V}(\acute{V})X \rightarrow N\acute{S}_2l\acute{e}\acute{O}_2C\acute{V}(\acute{V})X$　(9–10).

第二形

$N + \acute{S}_2l\acute{e}X \rightarrow N\acute{S}_2leC\acute{V}(\acute{V})X$　(9–9).

$N + \acute{S}_2l\acute{e}O_1X \rightarrow N\acute{S}_2le\acute{O}_1X$　(9–9).

$N + \acute{S}_2l\acute{e}\acute{O}_2C\acute{V}(\acute{V})X \rightarrow N\acute{S}_2le\acute{O}_2C\acute{V}(\acute{V})X$　(9–9).

既に述べたように、A 型では、第一形と第二形では違った規則が働いている。このことは、(9–3)～(9–10) の仮定が、そもそも、存在する規則を反映しているのか、それとも「規則」といえるようなものはなく、かなり行き当たりばったりに対応しているだけなのか、疑問を抱かせるものである。ただし、(9–8)～(9–10) は、S_2 と le の高低の組み合わせに対応した過程を示していて、多少の規則性を感じさせる。ただし、全体として、A型かB型かとか、$S=S_1$か$S=S_2$かとか、第一形か第二形かとかの条件を指定しなければならないというのは、(9–3)〜(9–10)の仮定が、存在する規則を反映しているとしても、純粋に音韻的な規則ではないことを示している。

次に、12)の過去完了形(1)を見る。上述の如く、B型で$S=S_2$の場合を除き、第一形と第二形の区別はない。

A型：

第一形・第二形

S_1lemmeeCV(N)CV́X　S_1lemmeeO_1CV(N)CV́X　S_1lemmeeO_2CV́(Ń)CV́X

Ś$_2$lémḿmeeCV(N)CV́X　Ś$_2$lémḿmeeO_1CV(N)CV́X　Ś$_2$lémḿmeeO_2CV́(Ń)CV́X

B型：

$S=S_1$の場合：

第一形・第二形

S_1lemmeeX　S_1lemmeeO_1X　S_1lemmeeO_2CV́(V́)X

$S=S_2$の場合：

第一形

S_2lémḿmeeX　S_2lémḿmeeO_1X　Ś$_2$lémḿmeeO_2CV́(V́)X

第二形

Ś$_2$lémḿmeeX　Ś$_2$lémḿmeeO_1X　Ś$_2$lémḿmeeO_2CV́(V́)X

上にあげた(1)(2)(4)(5)以外には、次のことを仮定する必要がある。まず、leについて、

(10–3)leは、mmeeの前では、S_2のあとで高くなる。

次に、mmeeについて、

(11)mmeeは低い。

(11–1)直前が高いとḿmeeとなる。

S_2について、

(8–3)lemmeeの前のS_2は、A型とB型第二形の場合、高いleの前で高くなる。

B型第一形の場合、O_2があらわれれば、高いleの前で高くなる。

この仮定の後半は、前にも述べたように、奇妙である。

次に、6)の応答今日の過去形をみる。S_1とS_2でアクセントの違いはないが、第一形と第二形の区別はある。

A型：

第一形

SaCV́(Ń)CV́X　SaO_1CV(N)CV́X　SaÓ$_2$CV́(Ń)CV́X

第二形

SáCV́(Ń)CV́X　　SáÓ$_1$CV́(Ń)CV́X　　SáÓ$_2$CV́(Ń)CV́X

B 型：

第一形

SaCV́(V́)X　　SaÓ$_1$X　　SaÓ$_2$CV́(V́)X

第二形

SáCV́(V́)X　　SáÓ$_1$X　　SáÓ$_2$CV́(V́)X

(1) (2) (4) (4–1) 以外には、次の仮定を行えばよい。

(12) Sa は、第一形において低く、第二形において高い。

(12–1) 低い Sa は、後方に高いものがあるが直後は低いところの低い O_1 が続く場合を除き、次の 1 音節を高くする。

(12–2) 高い Sa は、次の 1 音節を高くするが、さらにそのあとに、後方に高いものがある低い音節がある場合、それも高くする。

第一形か第二形かが問題になることを除けば、かなり規則的である。

次に、5) の今日の過去形をみる。S_1 と S_2 のアクセントの違いはなく、第一形と第二形の区別もない。

A 型：

NSáX　　NSáO$_1$CV́(Ń)CV́X　　NSáO$_2$CV́(Ń)CV́X

B 型：

NSáX　　NSáO$_1$X　　NSáO$_2$CV́(V́)X

応答今日の過去形からこの形を導くには、次の仮定をすればよい。(9) に加えて、

(9–11) N は、Sa が続くと、低ければ高くし、高ければ高いままにとどめるが、(a) 次の高い 1 音節を低くし、(b) O_1 も O_2 もなく、さらにそのあとが高い音節の場合、それも低くする。

A 型の NSáX は、(9–11) (b) の適用による。

次に、2) の応答遠過去形をみる。S_1 と S_2 のアクセントの違いはない。

A 型：

第一形

SeCV́(Ń)CV́X　　SeO$_1$CV(N)CV́X　　SeÓ$_2$CV́(Ń)CV́X

第二形

SéCV́(Ń)CV́X　　SéÓ$_1$CV́(Ń)CV́X　　SéÓ$_2$CV́(Ń)CV́X

B 型：

第一形

SeCV́(V́)X　　SeÓ$_1$X　　SeÓ$_2$CV́(V́)X

第二形

SéCV́ (V́)X　　SéÓ$_1$X　　SéÓ$_2$CV́ (V́)X

応答今日の過去形と比較すると、Sa が Se に入れ代わっているだけである。

(13)Se は、第一形において低く、第二形において高い。

(13–1)低い Se は、後方に高いものがあるが直後は低いところの低い O$_1$ が続く場合を除き、次の 1 音節を高くする。

(13–2)高い Se は、次の 1 音節を高くするが、さらにそのあとに、後方に高いものがある低い音節がある場合、それも高くする。

次に、1)の遠過去形をみる。S$_1$ と S$_2$ のアクセントの違いはない。

A 型：

第一形

NSééCV́ (Ń)CV́X　　NSééO$_1$CV (N)CV́X　　NSééÓ$_2$CV́ (Ń)CV́X

第二形

NSééX　　NSééO$_1$CV́ (Ń)CV́X　　NSééO$_2$CV́ (Ń)CV́X

B 型：

第一形

NSééCV́ (V́)X　　NSééÓ$_1$X　　NSééÓ$_2$CV́ (V́)X

第二形

NSééX　　NSééO$_1$X　　NSééO$_2$CV́ (V́)X

(14)N + See は、NSéé をアクセントとする。

(14–1) NSee は、第二形の場合、Se にはじまる形に対し、(a) 次の高い 1 音節を低くして、(b) O$_1$ も O$_2$ もなく、さらにそのあとが高い音節の場合、それをも低くする。

第一形の場合は、(14)のみが適用される。

次に、10)の応答過去進行形をみる。S$_1$ と S$_2$ でアクセントの違いはない。

第一形

SeekeeCV (N)CV́X　　SéékééO$_1$CV (N)CV́X　　SeekeeO$_2$CV́ (Ń)CV́X

第二形

SéékééCV́ (Ń)CV́X　　SéékééO$_1$CV (N)CV́X　　SéékééÓ$_2$CV́ (Ń)CV́X

B 型：

第一形

SeekeéX　　SeekeéO$_1$X　　SeekeeO$_2$CV́ (V́)X

第二形

SéékééX　　SéékééO$_1$X　　SéékééÓ$_2$CV́ (V́)X

必要な仮定は次のようなものである。

(15) See は、kee の前では低いが、

(15–1) 第二形、および、O_1 のあらわれる A 型第一形で O_1 の前で Séé となる。

kee については、

(6–5) kee は、高い See のあとでは高くなり、直後に高い音節が続くところの次の低い 1 音節を高くする。

(6–6) kee は、低い See のあとでは、B 型第一形において O_2 が続かなければ keé となる。

次に、9) の過去進行形をみる。S_1 と S_2 でアクセントの違いはない。

第一形

NSéekeeCV (N) CV́X　　NSéekééO_1CV (N) CV́X　　NSéekeeO_2CV́ (Ń) CV́X

第二形

NSéekééCV́ (Ń) CV́X　　NSéekééO_1CV (N) CV́X　　NSéekééÓ$_2$CV́ (Ń) CV́X

B 型：

第一形

NSéekeéX　　NSéekeéO_1X　　NSéekeeO_2CV́ (V́) X

第二形

NSéekééX　　NSéekééO_1X　　NSéekééÓ$_2$CV́ (V́) X

応答過去進行形のアクセントに対して次のような規則が働いて、過去進行形が導きだされると仮定する。

(9–12) N は kee の前の See の前に立つと、See のアクセントにかかわらず、Sée にする。

これは、珍しく、規則的な仮定である。

2.2.　語尾 aa を用いる直説法形

次に、語尾 aa を用いる直説法活用形を見る。

13) 未来形（N + 主格接辞 + (対格接辞 +) 語幹 + aa）

この活用形の場合、主格接辞の如何はアクセントの差異を生まない。

A 型：

第一形

nshívéghéaa「私は待つ」、nshíséléisaa；

nshíkuveghéaa「私はあなたを待つ」、nshíkuseléisaa；

nshívávéghéaa「私は彼らを待つ」、nshíváséléisaa.

nshívéghéaa ndu「私は人を待つ」；

nshíkukekélyaa ndu「私はあなたのために人をくすぐる」;
nshívákékélyaa ndu「私は彼らのために人をくすぐる」.
mbávéghéaa「彼らは待つ」、etc.

アクセント表示は、次のようになる。

NŚCV́ (Ń) CV́X、NŚO$_1$CV (N) CV́X、NŚÓ$_2$CV́ (Ń) CV́X.

第二形

nshívegheaa moonâ「私は子供を待つ」;
nshíkukékélyaa moonâ「私はあなたのために子供をくすぐる」;
nshívakékélyaa moonâ「私は彼らのために子供をくすぐる」.

アクセント表示は、次のようになる。

NŚX、NŚO$_1$CV́ (Ń) CV́X、NŚO$_2$CV́ (Ń) CV́X.

B 型：

第一形

nshísáryaa「私は許す」、nshísóóraa、nshímányisyaa;
nshíkúsaryaa「私はあなたを許す」、nshíkúsooraa、nshíkúmanyisyaa;
nshívásáryaa「私は彼らを許す」、nshívásóóraa、nshívámányisyaa.
nshísóóraa ndu「私は人について行く」;
nshíkúghingyaa ndu「私はあなたのために人を見守る」;
nshívághíngyaa ndu「私は彼らのために人を見守る」.
mbásáryaa「彼らは許す」、etc.

アクセント表示は、次のようになる。

NŚCV́ (V́) X、NŚÓ$_1$X、NŚÓ$_2$CV́ (V́) X.

第二形

nshísooraa moonâ「私は子供について行く」;
nshíkughingyaa moonâ「私はあなたのために子供を見守る」;
nshívaghíngyaa moonâ「私は彼らのために子供を見守る」.

アクセント表示は、同じく次のようになる。

NŚX、NŚO$_1$X、NŚO$_2$CV́ (V́) X、

14）応答未来形（主格接辞＋(対格接辞＋) 語幹＋aa)

やはり、主格接辞の如何はアクセントの差異を生まない。

A 型：

第一形

shivéghéaa「私は待つ」、shiséléisaa;
shikuveghéaa「私はあなたを待つ」、shikuseléisaa;

shivávéghéaa「私は彼らを待つ」、shiváséléisaa.

shivéghéaa ndu「私は人を待つ」；

shikukekélyaa ndu「私はあなたのために人をくすぐる」；

shivákékélyaa ndu「私は彼らのために人をくすぐる」.

vavéghéaa「彼らは待つ」、etc.

アクセント表示は、次のようになる。

SCV́(Ń)CV́X、SO$_1$CV(N)CV́X、SÓ$_2$CV́(Ń)CV́X.

第二形

shívéghéaa moonâ「私は子供を待つ」；

shíkúkékélyaa moonâ「私はあなたのために子供をくすぐる」；

shívákékélyaa moonâ「私は彼らのために子供をくすぐる」.

アクセント表示は、次のようになる。

ŚCV́(Ń)CV́X、ŚÓ$_1$CV́(Ń)CV́X、ŚÓ$_2$CV́(Ń)CV́X.

B 型：

第一形

shisáryaa「私は許す」、shisóóraa、shimányisyaa；

shikúsaryaa「私はあなたを許す」、shikúsooraa、shikúmanyisyaa；

shivásáryaa「私は彼らを許す」、shivásóóraa、shivámányisyaa.

shisóóraa ndu「私は人について行く」；

shikúghingyaa ndu「私はあなたのために人を見守る」；

shivághíngyaa ndu「私は彼らのために人を見守る」.

vasáryaa「彼らは許す」、etc.

アクセント表示は、次のようになる。

SCV́(V́)X、SÓ$_1$X、SÓ$_2$CV́(V́)X.

第二形

shísóóraa moonâ「私は子供について行く」；

shíkúghingyaa moonâ「私はあなたのために子供を見守る」；

shívághíngyaa moonâ「私は彼らのために子供を見守る」.

アクセント表示は、同じく次のようになる。

ŚCV́(V́)X、ŚÓ$_1$X、ŚÓ$_2$CV́(V́)X、

15)現在習慣形（N＋主格接辞＋(対格接辞＋)語幹＋aa）

構造は、未来形と同じではあるが、アクセントが異なる。主格接辞の如何はアクセントの差異を生まない。あとに何がつづいても変化はないが、少しややこしい現象がある。

A型：

nshíveghéaá「私は待つ」、nshíseléisaá；

nshíkuveghéaá「私はあなたを待つ」、nshíkuseléisaá；

nshívavéghéaá「私は彼らを待つ」、nshívaséléisaá.

nshíveghéaa ńdu「私は人を待つ」；

nshíkukekélyaa ńdu「私はあなたのために人をくすぐる」；

nshívakékélyaa ńdu「私は彼らのために人をくすぐる」.

nshíveghéaa móónâ「私は子供を待つ」；

nshíkukekélyaa móónâ「私はあなたのために子供をくすぐる」；

nshívakékélyaa móónâ「私は彼らのために子供をくすぐる」.

mbáveghéaá「彼らは待つ」、etc.

これらを観察すると、次のようなことがいえる。この活用形は、次に名詞が続くと、その冒頭音節(ndu の n は音節主音的鼻音)を高くし、自らは高い語末を低くする。従って、アクセント表示は、次のようになる。

NŚCV (N) CV́X´、NŚO$_1$CV (N) CV́X´、NŚO$_2$CV́ (Ń) CV́X´.

末尾の´は、あとに目的語等が続かなければ動詞末尾にあらわれる。

B型：

nshísaryaá「私は許す」、nshísooraá、nshímanyisyaá；

nshíkusaryaá「私はあなたを許す」、nshíkusooraá、nshíkumanyisyaá；

nshívasáryaá「私は彼らを許す」、nshívasóóraá、nshívamányisyaá.

nshísooraa ńdu「私は人について行く」；

nshíkughingyaa ńdu「私はあなたのために人を見守る」；

nshívaghíngyaa ńdu「私は彼らのために人を見守る」.

nshísooraa móónâ「私は子供について行く」；

nshíkughingyaa móónâ「私はあなたのために子供を見守る」；

nshívaghíngyaa móónâ「私は彼らのために子供を見守る」.

mbásaryaá「彼らは許す」、etc.

やはり、次に名詞が続くと、その冒頭音節を高くし、自らは高い語末を低くする。アクセント表示は、次のようになる。

NŚX´、NŚO$_1$X´、NŚO$_2$CV́ (V́) X´.

末尾の´は、あとに目的語等が続かなければ動詞末尾にあらわれる。

16)応答現在習慣形（主格接辞＋(対格接辞＋)語幹＋aa)

構造は、応答未来形と同じであるが、アクセントが異なる。主格接辞の如何はアクセントの差異を生む。あとに何がつづいても変化はないが、現在習慣形と同じ現象がある。

A 型：

S = S_1 の場合：

shiveghéaá「私は待つ」、shiseléisaá；

shikuveghéaá「私はあなたを待つ」、shikuseléisaá；

shivavéghéaá「私は彼らを待つ」、shivaséléisaá.

shiveghéaa ńdu「私は人を待つ」；

shikukekélyaa ńdu「私はあなたのために人をくすぐる」；

shivakékélyaa ńdu「私は彼らのために人をくすぐる」.

shiveghéaa móónâ「私は子供を待つ」；

shikukekélyaa móónâ「私はあなたのために子供をくすぐる」；

shivakékélyaa móónâ「私は彼らのために子供をくすぐる」.

やはり、次に名詞が続くと、その冒頭音節を高くし自らは高い語末を低くする。従って、アクセント表示は、次のようになる。

S_1CV (N) CV́X´、S_1O_1CV (N) CV́X´、S_1O_2CV́ (Ń) CV́X´.

S = S_2 の場合：

vávéghéaá「彼らは待つ」、váséléisaá；

vákúvéghéaá「彼らはあなたを待つ」、vákúséléisaá；

vávávéghéaá「彼らは彼らを待つ」、váváséléisaá.

vávéghéaa ńdu「彼らは人を待つ」；

vákúkékélyaa ńdu「彼らはあなたのために人をくすぐる」；

vávákékélyaa ńdu「彼らは彼らのために人をくすぐる」.

vávéghéaa móónâ「彼らは子供を待つ」；

vákúkékélyaa móónâ「彼らはあなたのために子供をくすぐる」；

vávákékélyaa móónâ「彼らは彼らのために子供をくすぐる」.

アクセント表示は、次のようになる。

$\acute{S}_2$CV́ (Ń) CV́X´、$\acute{S}_2\acute{O}_1$CV́ (Ń) CV́X´、$\acute{S}_2\acute{O}_2$CV́ (Ń) CV́X´.

B 型：

S = S_1 の場合：

shisaryaá「私は許す」、shisooraá、shimanyisyaá；

shikusaryaá「私はあなたを許す」、shikusooraá、shikumanyisyaá；

shivasáryaá「私は彼らを許す」、shivasóóraá、shivamányisyaá.

shisooraa ńdu「私は人について行く」；

shikughingyaa ńdu「私はあなたのために人を見守る」；

shivaghíngyaa ńdu「私は彼らのために人を見守る」.

shisooraa móónâ「私は子供について行く」;

shikughingyaa móónâ「私はあなたのために子供を見守る」;

shivaghíngyaa móónâ「私は彼らのために子供を見守る」.

アクセント表示は、次のようになる。

S_1X'、S_1O_1X'、$S_1O_2C\acute{V}(\acute{V})X'$.

$S=S_2$ の場合：

vásáryaá「彼らは許す」、vásóóraá、vámányisyaá;

vákúsaryaá「彼らはあなたを許す」、vákúsooraá、vákúmanyisyaá;

vávásáryaá「彼らは彼らを許す」、vávásóóraá、vávámányisyaá.

vásóóraa ńdu「彼らは人について行く」;

vákúghingyaa ńdu「彼らはあなたのために人を見守る」;

vávághíngyaa ńdu「彼らは彼らのために人を見守る」.

vásóóraa móónâ「彼らは子供について行く」;

vákúghingyaa móónâ「彼らはあなたのために子供を見守る」;

vávághíngyaa móónâ「彼らは彼らのために子供を見守る」.

アクセント表示は、次のようになる。

$\acute{S}_2C\acute{V}(\acute{V})X'$、$\acute{S}_2\acute{O}_1X'$、$\acute{S}_2\acute{O}_2C\acute{V}(\acute{V})X'$.

いずれの場合も、末尾の ´ は、あとに目的語等が続かなければ動詞末尾にあらわれる。

17)過去習慣形（N＋主格接辞＋ee＋(対格接辞＋)語幹＋aa）

主格接辞の如何はアクセントの差異を生まない。

A型：

第一形

nshéeveghéaa「私はいつも待った」、nshéeseléisaa;

nshéékuveghéaa「私はいつもあなたを待った」、nshéékuseléisaa;

nshéevavéghéaa「私はいつも彼らを待った」、nshéevaséléisaa.

nshéeveghéaa ndu「私はいつも人を待った」;

nshéékukekélyaa ndu「私はいつもあなたのために人をくすぐった」;

nshéévakékélyaa ndu「私はいつも彼らのために人をくすぐった」.

mbéeveghéaa「彼らはいつも待った」、etc.

アクセント表示は、次のようになる。

NSéeCV(N)CV́X、NSééO$_1$CV(N)CV́X、NSéeO$_2$CV́(Ń)CV́X.

第二形

nshéevéghéaa moonâ「私はいつも子供を待った」;
nshéékukekélyaa moonâ「私はいつもあなたのために子供をくすぐった」;
nshéevákékélyaa moonâ「私はいつも彼らのために子供をくすぐった」.

アクセント表示は、次のようになる。

NSéeCV́ (Ń) CV́X、NSééO$_1$CV (N) CV́X、NSéeÓ$_2$CV́ (Ń) CV́X.

B 型：

B 型の場合は、あとに何がつづいても変化はない。

nshéésaryaa「私はいつも許した」、nshéésooraa、nshéémanyisyaa;
nshéékusaryaa「私はいつもあなたを許した」、nshéékusooraa、nshéékumanyisyaa;
nshéevasáryaa「私はいつも彼らを許した」、nshéevasóóraa、nshéevamányisyaa.
nshéésooraa ndu「私はいつも人について行った」;
nshéékughingyaa ndu「私はいつもあなたのために人を見守った」;
nshéevaghíngyaa ndu「私はいつも彼らのために人を見守った」.
nshéésooraa moonâ「私はいつも子供について行った」、etc.
mbéésaryaa「彼らはいつも許した」、etc.

アクセント表示は、次のようになる。

NSééX、NSééO$_1$X、NSéeO$_2$CV́ (V́) X.

18) 応答過去習慣形（主格接辞＋ee＋(対格接辞＋) 語幹＋aa）

主格接辞の如何はアクセントの差異を生まない。

A 型：

第一形

sheeveghéaa「私はいつも待った」、sheeseléisaa;
shéékuveghéaa「私はいつもあなたを待った」、shéékuseléisaa;
sheevavéghéaa「私はいつも彼らを待った」、sheevaséléisaa.
sheeveghéaa ndu「私はいつも人を待った」;
shéékukekélyaa ndu「私はいつもあなたのために人をくすぐった」;
sheevakékélyaa ndu「私はいつも彼らのために人をくすぐった」.
veeveghéaa「彼らはいつも待った」、etc.

アクセント表示は、次のようになる。

SeeCV (N) CV́X、SééO$_1$CV (N) CV́X、SeeO$_2$CV́ (Ń) CV́X.

第二形

shéévéghéaa moonâ「私はいつも子供を待った」;
shéékukekélyaa moonâ「私はいつもあなたのために子供をくすぐった」;

shéévákékélyaa moonâ「私はいつも彼らのために子供をくすぐった」.

アクセント表示は、次のようになる。

SééCV́(N)CV́X、SééO$_1$CV(N)CV́X、SééÓ$_2$CV́(N)CV́X.

B型：

第一形

sheésaryaa「私はいつも許した」、sheésooraa、sheémanyisyaa；

sheékusaryaa「私はいつもあなたを許した」、sheékusooraa、sheékumanyisyaa；

sheevasáryaa「私はいつも彼らを許した」、sheevasóóraa、sheevamányisyaa.

sheésooraa ndu「私はいつも人について行った」；

sheékughingyaa ndu「私はいつもあなたのために人を見守った」；

sheevaghíngyaa ndu「私はいつも彼らのために人を見守った」.

veésaryaa「彼らはいつも許した」、etc.

アクセント表示は、次のようになる。

SeéX、SeéO$_1$X、SeeO$_2$CV́(V́)X.

第二形

shéésooraa moonâ「私はいつも子供について行った」；

shéékughingyaa moonâ「私はいつもあなたのために子供を見守った」；

shéévághíngyaa moonâ「私はいつも彼らのために子供を見守った」.

アクセント表示は、次のようになる。

SééX、SééO$_1$X、SééÓ$_2$CV́(V́)X.

語尾aaを用いる形から、どういう仮定が必要か見てみる。

まず、14)の応答未来形を見る。

A型：

第一形

SCV́(Ń)CV́X、SO$_1$CV(N)CV́X、SÓ$_2$CV́(Ń)CV́X.

第二形

ŚCV́(Ń)CV́X、ŚÓ$_1$CV́(Ń)CV́X、ŚÓ$_2$CV́(Ń)CV́X.

B型：

第一形

SCV́(V́)X、SÓ$_1$X、SÓ$_2$CV́(V́)X.

第二形

ŚCV́(V́)X、ŚÓ$_1$X、ŚÓ$_2$CV́(V́)X.

これまでの仮定((4)、(5)(5–1))に加えて、次のような仮定が必要であろう。

(16)A型の語幹＋aaは、応答未来形ではCV(N)CV́Xをアクセントとする。

(17)B 型の語幹＋aa は、応答未来形では X をアクセントとする。

(18)応答未来形の語幹＋aa の前方の S は、第一形において低く、第二形において高い。

(18–1)A 型の語幹＋aa の前に立つ時は、(a) 自ら低い時は、O_1 が続かなければ、次の低い音節を高くし、(b) 自ら高い時は、あとの高い音節の前の低い音節(列)を高くする。

(18–2)B 型の語幹＋aa の前に立つ時は、続く 1 音節を高くする。

次に、13)の未来形を見る。

A 型：

第一形

NŚCV́(Ń)CV́X、NŚO_1CV(N)CV́X、NŚ$\acute{O}_2$CV́(Ń)CV́X.

第二形

NŚX、NŚO_1CV́(Ń)CV́X、NŚO_2CV́(Ń)CV́X.

B 型：

第一形

NŚCV́(V́)X、NŚ$\acute{O}_1$X、NŚ$\acute{O}_2$CV́(V́)X.

第二形

NŚX、NŚO_1X、NŚO_2CV́(V́)X.

応答未来形と比較して、次のような仮定が必要であろう。(9) はやはり維持される。

(9–10)S＋語幹＋aa の前方の N は、第二形において、O_1/O_2 が続けば O_1/O_2 を、続かなければあとの高い音節(列)を低くする。

次に、16)の応答現在習慣形を見る。

A 型：

S_1CV(N)CV́X´、S_1O_1CV(N)CV́X´、S_1O_2CV́(Ń)CV́X´；

$\acute{S}_2$CV́(Ń)CV́X´、$\acute{S}_2\acute{O}_1$CV́(Ń)CV́X´、$\acute{S}_2\acute{O}_2$CV́(Ń)CV́X´.

B 型：

S_1X´、S_1O_1X´、S_1O_2CV́(V́)X´；

$\acute{S}_2$CV́(V́)X´、$\acute{S}_2\acute{O}_1$X´、$\acute{S}_2\acute{O}_2$CV́(V́)X´.

(19)A 型の語幹＋aa は、応答現在習慣形では CV(N)CV́X´ をアクセントとする。

(20)B 型の語幹＋aa は、応答現在習慣形では X´ をアクセントとする。

S_1 が低いのは、(7)で述べている。

(21)S_2 は、応答現在習慣形では高く、続く 1 音節を高くするが、その音節の 2 つ後ろに高い音節がある場合、間の 1 音節が低ければ高くする。

次に、15)の現在習慣形を見る。

A 型：

NŚCV (N) CV́X´、NŚO$_1$CV (N) CV́X´、NŚO$_2$CV́ (Ń) CV́X´.

B 型：

NŚX´、NŚO$_1$X´、NŚO$_2$CV́ (V́) X´.

応答現在習慣形の形に対して働く規則は次のように仮定できる。S = S_1 の場合は、N が S を高くするだけ ((9) 参照) なので、現在習慣形では S_2 は S_1 に合流すると仮定すれば、すべて説明できることになるが、そう仮定するのでなくでなく、S = S_2 の場合にも同じ規則が働いて、結果として S = S_1 の場合と同じアクセントになるとするには、(9)に加えて、次のように仮定すればよい。

(9–11)現在習慣形において、N は S の直後の 1 音節を高ければ低くし、それが O_1 ならその直後の 1 音節も高ければ低くする。

S = S_1 の場合は、2 つの「高ければ」という条件が満たされていないので、(9–11)が適用されず、(9)だけが適用されるわけである。

応答未来形・未来形と応答現在習慣形・現在習慣形は、アクセントの違いだけで区別されるのであるが、語尾 aa を互いに別のものであるとできる可能性もこの段階では残されている。

18)の応答過去習慣形を見る。

A 型：

第一形

SeeCV (N) CV́X、SééO$_1$CV (N) CV́X、SeeO$_2$CV́ (Ń) CV́X.

第二形

SééCV́ (Ń) CV́X、SééO$_1$CV (N) CV́X、SééÓ$_2$CV́ (Ń) CV́X.

B 型：

第一形

SeéX、SeéO$_1$X、SeeO$_2$CV́ (V́) X.

第二形

SééX、SééO$_1$X、SééÓ$_2$CV́ (V́) X.

まず、(16) (17) を次のように修正する。

(16) A 型の語幹 + aa は、応答未来形・応答過去習慣形で CV (N) CV́X をアクセントとする。

(17) B 型の語幹 + aa は、応答未来形・応答過去習慣形で X をアクセントとする。

See については、次の仮定が必要である。

(18) See は、語幹 + aa の前では、次のようなアクセントをとる。

(1) A 型第一形では、(a) O_1 の前で Séé、(b) その他で See となる。
(2) B 型第一形では、(a) O_2 の前で See、(b) その他で Seé となる。
(3) 第二形では Séé となり、そのあとの音節が高いところの直後の低い1音節を高くする。

語尾 aa を用いる形の最後に、17) の過去習慣形を見る。

A 型：

第一形

NSéeCV (N) CV́X、NSééO_1CV (N) CV́X、NSéeO_2CV́ (Ń) CV́X.

第二形

NSéeCV́ (Ń) CV́X、NSééO_1CV (N) CV́X、NSéeÓ$_2$CV́ (Ń) CV́X.

B 型：

NSééX、NSééO_1X、NSéeO_2CV́ (V́) X.

応答過去習慣形の形に対して働く規則は次のように仮定できる。

(9–12) 過去習慣形において、N は、(a) See は Sée とし、(b) Séé は、あとに O_1 がないかあとが低く平らでなければ、Sée とし、うしろに1音節しか高いものがない高い O_2 を低くし、(c) Seé は Séé とする。

さて、ここで、上に「応答未来形・未来形と応答現在習慣形・現在習慣形は、アクセントの違いだけで区別されるのであるが、語尾 aa を互いに別のものであるとできる可能性も残されている」とした問題について考えてみよう。この4つの形だけからは、そういう考え方もでき、語尾 aa を、「未来の aa」と「習慣の aa」の2つに区別することが意味的にも可能のように思われるが、応答過去習慣形・過去習慣形のアクセントを考えあわせると、それは難しいことになる。なぜなら、「習慣の aa」があらわれているはずの応答過去習慣形・過去習慣形においては、語幹＋aa のアクセントが、応答現在習慣形・現在習慣形と同様の CV (N) CV́X′ / X′ ではなく、応答未来形・未来形と同様の CV (N) CV́X / X だからである。

ここでの仮定において、あまりに多くの場合に活用形を特定しなければならない（つまり、その場限りの仮定をしなければならない）ことを、とりあえず指摘しておく。

2.3.　語尾 ye を用いる直説法形

次に、語尾 ye を用いる形を見る。

19) 完了形（N＋主格接辞＋(対格接辞＋) 語幹＋ye）

主格接辞の如何はアクセントの差異を生まない。奇妙なことに、あとにどこにも高いところのない名詞が続く場合が他のすべての場合と異なるようである。前者の形をβ形、他の場合の形をα形と呼ぶ。

A型：

α形

nshíveghéyé「私は既に待った」、nshíseléísyé；

nshíkuveghéyé「私は既にあなたを待った」、nshíkuseléísyé；

nshívavéghéyé「私は既に彼らを待った」、nshívaséléísyé.

nshíveghéyé moonâ「私は既に子供を待った」；

nshíkukekélyé moonâ「私は既にあなたのために子供をくすぐった」；

nshívakékélyé moonâ「私は既に彼らのために子供をくすぐった」.

mbáveghéyé「彼らは既に待った」、etc.

アクセント表示は、次のようになる。

NŚCV(N)X́、NŚO_1CV(N)X́、NŚO_2X́.

なお、～CV(N)X́という表示が正当であることは、A型動詞のikuḿbwa「覚える」、iruúya「さがす」のこの活用形の形がnshíkumbúyé、nshíruúyéであることから分かる。

どこにも高いところのない名詞が続く場合(採取データにある形をあげる)：

β形

nnyávéghéyé ńdu「彼は既に人を待った」；

nnyákukekélyé ńdu「彼は既にあなたのために人をくすぐった」；

nnyálúkékélyé ńdu「彼は既に私たちのために人をくすぐった」.

アクセント表示は、次のようになる。O_1があらわれる場合は、α形と変わらない。

NŚX́、NŚO_1CV(N)X́、NŚÓ$_2$X.

ただし、他と同じアクセントも記録されている。本章では無視するが、一応あげておく。

nshíveghéyé ńdu「私は既に人を待った」；

nshíkukekélyé ńdu「私は既にあなたのために人をくすぐった」；

nshívakékélyé ńdu 私は既に彼らのために人をくすぐった」.

なお、nduのnが高いのは、ある条件の下で、高に続くnが高くなるという規則があるらしいことによる。

B型：

α形

nshísaryé「私は既に許した」、nshísooryé、nshímanyísyé；

nshíkusaryé「私は既にあなたを許した」、nshíkusooryé、nshíkumanyísyé；

nshívasáryé「私は既に彼らを許した」、nshívasóóryé、nshívamányísyé.

nshísooryé moonâ「私は既に子供について行った」；
nshíkughingyé moonâ「私は既にあなたのために子供を見守った」；
nshívaghíngyé moonâ「私は既に彼らのために子供を見守ったった」.
mbásaryé「私は既に許した」、etc.

アクセント表示は、次のようになる。R は V または N をあらわす。

NŚCV (R) X́、NŚO_1CV (R) X́、NŚO_2X́.

どこにも高いところのない名詞が続く場合：

β 形

nshísooryé ńdu「私は既に人について行った」；
nshíkughingyé ńdu「私は既にあなたのために人を見守った」；
nshívaghingyé ńdu「私は既に彼らのために人を見守ったった」.

アクセント表示は、次のようになる。

NŚCV (R) X́、NŚO_1CV (R) X́、NŚO_2CV (R) X́.

O_2 があらわれている場合が問題なのである。

20)応答完了形（主格接辞＋（対格接辞＋）語幹＋ye）

A 型：

S＝S_1 の場合、あとに何がつづいても変化はない。

shiveghéyê「私は既に待った」、shiseléísyê；
shikuveghéyê「私は既にあなたを待った」、shikuseléísyê；
shivavéghéyê「私は既に彼らを待った」、shivaséléísyê.
shiveghéyé ndu「私は既に人を待った」；
shikukekélyé ndu「私は既にあなたのために人をくすぐった」；
shivakékélyé ndu 私は既に彼らのために人をくすぐった」.
shiveghéyé moonâ「私は既に子供を待った」；
shikukekélyé moonâ「私は既にあなたのために子供をくすぐった」；
shivakékélyé moonâ「私は既に彼らのために子供をくすぐった」.

アクセント表示は、次のようになる。

S_1CV (N) X́Cê、S_1O_1CV (N) X́Cê、S_1O_2X́Cê.

末尾の ^ は、何かが続けば高になる。以下、同様である。

S＝S_2 の場合、第一形と第二形の区別がある。

第一形

vavéghéyê「彼らは既に待った」、vaséléísyê；
vakuveghéyê「彼らは既にあなたを待った」、vakuseléísyê；
vavavéghéyê「彼らは既に彼らを待った」、vavaséléísyê.

vavéghéyé ndu「彼らは既に人を待った」;

vakukekélyé ndu「彼らは既にあなたのために人をくすぐった」;

vavákékélyé ndu「彼らは既に彼らのために人をくすぐった」.

アクセント表示は、次のようになる。

$S_2\acute{X}C\hat{e}$、$S_2O_1CV(N)\acute{X}C\hat{e}$、$S_2\acute{O}_2\acute{X}C\hat{e}$.

第二形

vávéghéyé moonâ「彼らは既に子供を待った」;

vákúkékélyé moonâ「彼らは既にあなたのために子供をくすぐった」;

vávákékélyé moonâ「彼らは既に彼らのために子供をくすぐった」.

アクセント表示は、次のようになる。後に何も続かない形(実は存在しない)を想像して表示する。

$\acute{S}_2\acute{X}C\hat{e}$、$\acute{S}_2\acute{O}_1\acute{X}C\hat{e}$、$\acute{S}_2\acute{O}_2\acute{X}C\hat{e}$.

B型:

$S=S_1$ の場合、どこにも高いところのない名詞が続く場合が他と異なる。

α形

shisaryê「私は既に許した」、shisooryê、shimanyísyê;

shikusaryê「私は既にあなたを許した」、shikusooryê、shikumanyísyê;

shivasáryê「私は既に彼らを許した」、shivasóóryê、shivamányísyê.

shisooryé moonâ「私は既に子供について行った」;

shikughingyé moonâ「私は既にあなたのために子供を見守った」;

shivaghíńgyé moonâ「私は既に彼らのために子供を見守った」.

アクセント表示は、次のようになる。

$S_1CV(R)\acute{X}C\hat{e}$、$S_1O_1CV(R)\acute{X}C\hat{e}$、$S_1O_2\acute{X}C\hat{e}$.

どこにも高いところのない名詞が続く場合:

β形

shisooryé ndu「私は既に人について行った」;

shikughingyé ndu「私は既にあなたのために人を見守った」;

shivaghingyé ndu「私は既に彼らのために人を見守った」.

アクセント表示は、次のようになる。やはり、想像上の表示である。

$S_1CV(R)\acute{X}C\hat{e}$、$S_1O_1CV(R)\acute{X}C\hat{e}$、$S_1O_2CV(R)\acute{X}C\hat{e}$.

ところが、$S=S_2$ の場合は、第一形と第二形の区別である。

第一形

vasaryê「彼らは既に許した」、vasooryê、vamanyísyê;

vákúsaryê「彼らは既にあなたを許した」、vákúsooryê、vákúmanyísyê;

vavasaryê「彼らは既に彼らを許した」、vavasooryê、vavamanyísyê.

vasooryé ndu「彼らは既に人について行った」；

vákúghingyé ndu「彼らは既にあなたのために人を見守った」；

vavaghingyé ndu「彼らは既に彼らのために人を見守った」.

アクセント表示は、次のようになる。

S_2CV（R）X́Cê、$\acute{S}_2\acute{O}_1$CV（R）X́Cê、S_2O_2CV（R）X́Cê.

第二形

vásóóryé moonâ「彼らは既に子供について行った」；

vákúghingyé moonâ「彼らは既にあなたのために子供を見守った」；

vávághíngyé moonâ「彼らは既に彼らのために子供を見守った」.

アクセント表示は、次のようになる。やはり、想像上の表示である。

$\acute{S}_2$X́Cê、$\acute{S}_2\acute{O}_1$CV（R）X́Cê、$\acute{S}_2\acute{O}_2$X́Cê.

21）過去完了形(2)（N＋主格接辞＋ee＋（対格接辞＋）語幹＋ye）

主格接辞の如何や、あとに何が続くかなどは、アクセントの違いを生まない。

A 型：

nshéeveghéyê「私は既に待っていた」、nshéeseléísyê；

nshéékuveghéyê「私は既にあなたを待っていた」、nshéékuseléísyê；

nshéevavéghéyê「私は既に彼らを待っていた」、nshéevaséléísyê.

nshéeveghéyé ndu「私は既に人を待っていた」；

nshéékukekélyé ndu「私は既にあなたのために人をくすぐっていた」；

nshéevakékélyé ndu 私は既に彼らのために人をくすぐっていた」.

nshéeveghéyé moonâ「私は既に子供を待っていた」；

nshéékukekélyé moonâ「私は既にあなたのために子供をくすぐっていた」；

nshéevakékélyé moonâ「私は既に彼らのために子供をくすぐっていた」.

mbéeveghéyê「彼らは既に待っていた」、etc.

アクセント表示は、次のようになる。

NSéeCV（N）X́Cê、NSééO_1CV（N）X́Cê、NSéeO_2X́Cê.

B 型：

nshéésaryê「私は既に許していた」、nshéésooryê、nshéémanyísyê；

nshéékusaryê「私は既にあなたを許していた」、nshéékusooryê、

nshéékumanyísyê；

nshéevasaryê「私は既に彼らを許していた」、nshéevasooryê、nshéevamanyísyê.

nshéésooryé ndu「私は既に人について行っていた」；

nshéékughingyé ndu「私は既にあなたのために人を見守っていた」；

nshéevaghingyé ndu「私は既に彼らのために人を見守っていた」.

nshéésooryé moonâ「私は既に子供について行っていた」;

nshéékughingyé moonâ「私は既にあなたのために子供を見守っていた」;

nshéevaghingyé moonâ「私は既に彼らのために子供を見守っていた」.

アクセント表示は、次のようになる。

NSééCV(R)X́Cê、NSééO_1CV(R)X́Cê、NSéeO_2CV(R)X́Cê.

22)応答過去完了形（主格接辞＋ee＋(対格接辞＋)語幹＋ye)

主格接辞の如何は、アクセントの違いを生まない。第一形と第二形の区別がある。

A型：

第一形

sheeveghéyê「私は既に待っていた」、sheeseléísyê；

shéékuveghéyê「私は既にあなたを待っていた」、shéékuseléísyê；

sheevavéghéyê「私は既に彼らを待っていた」、sheevaséléísyê.

sheeveghéyé ndu「私は既に人を待っていた」;

shéékukekélyé ndu「私は既にあなたのために人をくすぐっていた」;

sheevakékélyé ndu「私は既に彼らのために人をくすぐっていた」.

veeveghéyê「彼らは既に待っていた」、etc.

アクセント表示は、次のようになる。想像上の表示である。

SeeCV(N)X́Cê、SééO_1CV(N)X́Cê、SeeO_2X́Cê.

第二形

shééveghéyé moonâ「私は既に子供を待っていた」;

shéékukekélyé moonâ「私は既にあなたのために子供をくすぐっていた」;

shéévákékélyé moonâ「私は既に彼らのために子供をくすぐっていた」.

アクセント表示は、次のようになる。想像上の表示である。

SééCV(N)X́Cê、SééO_1CV(N)X́Cê、SééÓ$_2$X́Cê.

B型：

第一形

shéésaryê「私は既に許していた」、shéésooryê、shéémanyísyê；

shéékusaryê「私は既にあなたを許していた」、shéékusooryê、shéékumanyísyê；

sheevasaryê「私は既に彼らを許していた」、sheevasooryê、sheevamanyísyê.

shéésooryé ndu「私は既に人について行っていた」;

shéékughingyé ndu「私は既にあなたのために人を見守っていた」;

sheevaghingyé ndu「私は既に彼らのために人を見守っていた」.

アクセント表示は、次のようになる。想像上の表示である。

SééCV(R)X́Cê、SééO$_1$CV(R)X́Cê、SeeO$_2$CV(R)X́Cê.

第二形

shéésooryé moonâ「私は既に子供について行っていた」;

shéékughingyé moonâ「私は既にあなたのために子供を見守っていた」;

shéévághíngyé moonâ「私は既に彼らのために子供を見守っていた」.

アクセント表示は、次のようになる。想像上の表示である。

SééCV(R)X́Cê、SééO$_1$CV(R)X́Cê、SééÓ$_2$X́Cê.

語尾 ye があらわれる形からどういう仮定が必要かを見てみる。

まず、20)の応答完了形を見る。

A 型：

S$_1$CV(N)X́Cê、S$_1$O$_1$CV(N)X́Cê、S$_1$Ó$_2$X́Cê.

第一形

S$_2$X́Cê、S$_2$O$_1$CV(N)X́Cê、S$_2$Ó$_2$X́Cê.

第二形

Ś$_2$X́Cê、Ś$_2$Ó$_1$X́Cê、Ś$_2$Ó$_2$X́Cê.

B 型：

α 形

S$_1$CV(R)X́Cê、S$_1$O$_1$CV(R)X́Cê、S$_1$O$_2$X́Cê.

β 形

S$_1$CV(R)X́Cê、S$_1$O$_1$CV(R)X́Cê、S$_1$O$_2$CV(R)X́Cê.

第一形

S$_2$CV(R)X́Cê、Ś$_2$Ó$_1$CV(R)X́Cê、S$_2$O$_2$CV(R)X́Cê.

第二形

Ś$_2$X́Cê、Ś$_2$Ó$_1$CV(R)X́Cê、Ś$_2$Ó$_2$X́Cê.

奇妙なことに、第一形・第二形の対立と α 形・β 形の対立と無対立が混在している。

(19)A 型語幹＋ye は、CV(N)X́Cê をアクセントとする。

(20)B 型語幹＋ye は、CV(R)X́Cê をアクセントとする。

O$_2$ については、次の付け加えを必要とする。

(5–2)O$_2$ は、応答完了形の B 型の S＝S$_1$ の場合の β 形および S＝S$_2$ の場合の第一形において、続く低い音節を高くしない。

S$_1$ については、これまでの仮定で十分である。要するに、低いのである。

(8–4)S$_2$ は、応答完了形の場合、(1) 第一形においては、(a) B 型において O$_1$

が後続する場合は高く、かつ、O_1 をも高くし、(b) その他の場合は低いが、A型においては、O_1 が後続しなければ、後続する1音節を高くする。(2) 第二形においては高く、続く1音節を高くするが、(a) B型において O_1 が後続する場合を除き、直後の1音節のあとの音節が低ければ高くする。

次に、19)の完了形を見る。

A型：

α形

NŚCV(N)X́、NŚO_1CV(N)X́、NŚO_2X́.

β形

NŚX́、NŚO_1CV(N)X́、NŚÓ$_2$X́.

B型：

α形

NŚCV(R)X́、NŚO_1CV(R)X́、NŚO_2X́.

β形

NŚCV(R)X́、NŚO_1CV(R)X́、NŚO_2CV(R)X́.

これを応答完了形と比較する場合、分かれ方が異なっているので、このままでは比較のしようがないが、アクセントだけから見ると、次のようなことがいえる。

完了形A型のα形は、応答完了形の $S=S_1$ の形に対し、Nが S_1 を高くし、末尾の下降調を高に変える。S_2 は、S_1 に合流する。

完了形A型のβ形は、応答完了形の $S=S_2$ の第一形に対し、Nが S_2 を高くし、末尾の下降調を高に変える。S_1 は、S_2 に合流する。

完了形B型のα形は、応答完了形の $S=S_1$ のα形に対し、Nが S_1 を高くし、末尾の下降調を高に変える。S_2 は、S_1 に合流する。

完了形B型のβ形は、応答完了形の $S=S_1$ のβ形に対し、Nが S_1 を高くし、末尾の下降調を高に変える。S_2 は、S_1 に合流する。

末尾の下降調を高に変えるというのは、〜X́Cê を〜X́ にするということである。これが実際に存在する規則なのかどうか分からない。しかし、対応する相手が、

	完了形		応答完了形
A型：	α形	vs.	$S=S_1$ の形
	β形	vs.	$S=S_2$ の第一形
B型：	α形	vs.	$S=S_1$ のα形
	β形	vs.	$S=S_1$ のβ形

というのは、何か規則的なものを感じさせる。

次に、22)の応答過去完了形を見る。

A 型：

第一形

SeeCV(N)X́Cê、SééO_1CV(N)X́Cê、SeeO_2X́Cê.

第二形

SééCV(N)X́Cê、SééO_1CV(N)X́Cê、SééÓ$_2$X́Cê.

B 型：

第一形

SééCV(R)X́Cê、SééO_1CV(R)X́Cê、SeeO_2CV(R)X́Cê.

第二形

SééCV(R)X́Cê、SééO_1CV(R)X́Cê、SééÓ$_2$X́Cê.

これを説明する仮定は次のようなものである。(19)(20)は継承する。

(21)See は、語幹＋ye の前では、

(1)A 型第一形では、(a)O_1 の前で Séé、(b)その他で See となる。cf.(18)(1).

(2)B 型第一形では、(a)O_2 の前で See、(b)その他で Séé となる。

(3)第二形で Séé となり、直後の O_2 を高くする。

これは、(18)に少し似ている。

次に、21)の過去完了形(2)を見る。

A 型：

NSéeCV(N)X́Cê、NSééO_1CV(N)X́Cê、NSéeO_2X́Cê

B 型：

NSééCV(R)X́Cê、NSééO_1CV(R)X́Cê、NSéeO_2CV(R)X́Cê.

応答過去完了形の形に対し、過去完了形を得るには、最も簡単に考えると、次のような規則が働くと仮定すればよい。N が前置され、

第一形に対し、Se が低ければ高くする。第二形は第一形に合流する。

もし、「第二形は第一形に合流する」というふうな規定を不要としたいなら、問題は、第二形の、次のような対応である。

A 型：SééÓ$_2$X́Cê → NSéeO_2X́Cê.

B 型：SééÓ$_2$X́Cê → NSéeO_2CV(R)X́Cê

つまり、出発点が同じなのに終着点が異なるのである。これを説明するには、

N は、O_2 の前の Séé を Sée とし、あとの CV(N)を高くしている O_2 は O_2 のみを、あとの CV(R)を高くしている O_2 は、CV(R)とともに O_2 を低くする。

つまり、O_2 の過去の経歴を組み込むか、

N は、O_2 の前の Séé を Sée とし、A 型では O_2 のみを、B 型では CV(R) とともに O_2 を低くする。

と、A 型か B 型かを有意味とする仮定を行うことになる。

この言語の動詞活用形のアクセントの決定のされ方は複雑至極であるが、語尾 ye を用いるものは、他の語尾を用いる形の場合よりさらに複雑である。

以上のデータは、確かに調査で得たものであるが、あとから考えてやや不審なものもある。特に、他の語尾の場合には認められないのに、O_2 の直後が低いものが出てくる。

20)応答完了形

B 型：β形（S_1O_2CV(R)X́Cê）

第一形（S_2O_2CV(R)X́Cê）

19)完了形

B 型：β形（NŚO_2CV(R)X́）

22)応答過去完了形

B 型：第一形（SeeO_2CV(R)X́Cê）

21)過去完了形

B 型：第一形 & 第二形（NSéeO_2CV(R)X́Cê）

ただし、かなりの程度に対応が目をひくので、観察の誤りとも考えにくい。これも、語尾 ye を用いる形のアクセントの複雑さ(不規則性)のあらわれのようである。

3.　若干のコメント

3.1.　第一形と第二形

これまでは、冒頭に N のつかない活用形とついた活用形の関係を主に見てきたが、第一形と第二形は互いに独立のものと見て、その間の関係は見てこなかった。その理由は、あとに続く名詞のアクセントによって、先行する動詞活用形のアクセントが(名詞に近い後半部でなくて)名詞から遠い前半部に違いが出ているという異常さからであった。

ここでは、その異常さはさておいて、第一形と第二形の関係を見てみる。

3.1.1.

まず、冒頭に N のつかない活用形を見る。

<u>語尾 a を用いる形</u>

8)応答現在進行形

	第一形	第二形
A 型：	S_1keeCV (N) CV́X	S_1kééCV́ (Ń) CV́X
	S_1kééO_1CV (N) CV́X	S_1kééO_1CV (N) CV́X
	S_1keeO_2CV́ (Ń) CV́X	S_1kéé$\acute{O}_2$CV́ (Ń) CV́X
	S_2keeCV (N) CV́X	$\acute{S}_2$kééCV́ (Ń) CV́X
	$\acute{S}_2$kééO_1CV (N) CV́X	$\acute{S}_2$kééO_1CV (N) CV́X
	S_2keeO_2CV́ (Ń) CV́X	$\acute{S}_2$kéé$\acute{O}_2$CV́ (Ń) CV́X
B 型：	S_1keéX	S_1kééX
	S_1keéO_1X	S_1kééO_1X
	S_1keeO_2CV́ (V́) X	S_1kéé$\acute{O}_2$CV́ (V́) X
	S_2kééX	$\acute{S}_2$kééX
	S_2kééO_1X	$\acute{S}_2$kééO_1X
	S_2keeO_2CV́ (V́) X	$\acute{S}_2$kéé$\acute{O}_2$CV́ (V́) X

この形の第一形から第二形を導き出すには、次の仮定をすればよい。

(ア) kee のアクセントを kéé にし、その kéé は、直後が高いところの低い音節を高くする。

cf. (6–1).

(イ) S_2 は高くなる。(あるいは、kéé は S_2 を高くする。)

cf. (8–1).

4) 応答過去形

$S = S_1$ の場合は、第一形・第二形の区別はないが、両方別個にあげる。

	第一形	第二形
A 型：	S_1leCV (N) CV́X	S_1leCV (N) CV́X
	S_1leO_1CV (N) CV́X	S_1leO_1CV (N) CV́X
	S_1leO_2CV́ (Ń) CV́X	S_1leO_2CV́ (Ń) CV́X
	S_2leCV (N) CV́X	$\acute{S}_2$léCV́ (Ń) CV́X
	$\acute{S}_2$léO_1CV (N) CV́X	$\acute{S}_2$léO_1CV (N) CV́X
	S_2leO_2CV́ (Ń) CV́X	$\acute{S}_2$lé$\acute{O}_2$CV́ (Ń) CV́X
B 型：	S_1leX	S_1leX
	S_1leO_1X	S_1leO_1X
	S_1leO_2CV́ (V́) X	S_1leO_2CV́ (V́) X
	S_2léX	$\acute{S}_2$léX
	S_2léO_1X	$\acute{S}_2$léO_1X
	S_2leO_2CV́ (V́) X	$\acute{S}_2$lé$\acute{O}_2$CV́ (V́) X

この形の第一形から第二形を導き出すには、次の仮定をすればよい。

（ウ）S$_2$ のあとの le を高くし、その高い le は、直後が高いところの低い音節を高くする。

cf.（10–1）（c）、（10–2）.

（エ）S$_2$ は、高い le の前で高くなる。（あるいは、lé は S$_2$ を高くする。）

cf.（8–2）.

12）過去完了形（1）

B 型で S＝S$_2$ の場合を除き、第一形と第二形の区別はないが、別個にあげる。

	第一形	第二形
A 型：	S$_1$lemmeeCV（N）CV́X	S$_1$lemmeeCV（N）CV́X
	S$_1$lemmeeO$_1$CV（N）CV́X	S$_1$lemmeeO$_1$CV（N）CV́X
	S$_1$lemmeeO$_2$CV́（Ń）CV́X	S$_1$lemmeeO$_2$CV́（Ń）CV́X
	Ś$_2$léḿmeeCV（N）CV́X	Ś$_2$léḿmeeCV（N）CV́X
	Ś$_2$léḿmeeO$_1$CV（N）CV́X	Ś$_2$léḿmeeO$_1$CV（N）CV́X
	Ś$_2$léḿmeeO$_2$CV́（Ń）CV́X	Ś$_2$léḿmeeO$_2$CV́（Ń）CV́X
B 型：	S$_1$lemmeeX	S$_1$lemmeeX
	S$_1$lemmeeO$_1$X	S$_1$lemmeeO$_1$X
	S$_1$lemmeeO$_2$CV́（V́）X	S$_1$lemmeeO$_2$CV́（V́）X
	S$_2$léḿmeeX	Ś$_2$léḿmeeX
	S$_2$léḿmeeO$_1$X	Ś$_2$léḿmeeO$_1$X
	Ś$_2$léḿmeeO$_2$CV́（V́）X	Ś$_2$léḿmeeO$_2$CV́（V́）X

この形の第一形から第二形を導き出すには、上の（エ）を仮定するだけでよい。

6）応答今日の過去形

S$_1$ と S$_2$ でアクセントの違いはないが、第一形と第二形の区別はある。

	第一形	第二形
A 型：	SaCV́（Ń）CV́X	SáCV́（Ń）CV́X
	SaO$_1$CV（N）CV́X	SáÓ$_1$CV́（Ń）CV́X
	SaÓ$_2$CV́（Ń）CV́X	SáÓ$_2$CV́（Ń）CV́X
B 型：	SaCV́（V́）X	SáCV́（V́）X
	SaÓ$_1$X	SáÓ$_1$X
	SaÓ$_2$CV́（V́）X	SáÓ$_2$CV́（V́）X

この形の第一形から第二形を導き出すには、次の仮定をすればよい。

（オ）高いものの前をすべて高くする。

この仮定は、主格接辞＋a があらわれる形に限定しておく。

2)応答遠過去形

S_1 と S_2 のアクセントの違いはない。

	第一形	第二形
A 型：	SeCV́(Ń)CV́X	SéCV́(Ń)CV́X
	SeO_1CV(N)CV́X	SéÓ$_1$CV́(Ń)CV́X
	SeÓ$_2$CV́(Ń)CV́X	SéÓ$_2$CV́(Ń)CV́X
B 型：	SeCV́(V́)X	SéCV́(V́)X
	SeÓ$_1$X	SéÓ$_1$X
	SeÓ$_2$CV́(V́)X	SéÓ$_2$CV́(V́)X

この形の第一形から第二形を導き出すには、上の(オ)を、主格接辞＋e があらわれる形にまで適用範囲を拡大するだけでよい。

10)応答過去進行形

S_1 と S_2 でアクセントの違いはない。

	第一形	第二形
A 型：	SeekeeCV(N)CV́X	SéékééCV́(Ń)CV́X
	SééképéO_1CV(N)CV́X	SéékééO_1CV(N)CV́X
	SeekeeO_2CV́(Ń)CV́X	SéékééÓ$_2$CV́(Ń)CV́X
B 型：	SeekeéX	SéékééX
	SeekeéO_1X	SéékééO_1X
	SeekeeO_2CV́(V́)X	SéékééÓ$_2$CV́(V́)X

この形の第一形から第二形を導き出すには、上の(ア)の他に次の仮定をすればよい。

(カ)kéé の直前の See のアクセントを Séé にする。

<u>語尾 aa を用いる形</u>

14)応答未来形

S_1 と S_2 でアクセントの違いはない。

	第一形	第二形
A 型：	SCV́(Ń)CV́X	ŚCV́(Ń)CV́X
	SO_1CV(N)CV́X	ŚÓ$_1$CV́(Ń)CV́X
	SÓ$_2$CV́(Ń)CV́X	ŚÓ$_2$CV́(Ń)CV́X
B 型：	SCV́(V́)X	ŚCV́(V́)X
	SÓ$_1$X	ŚÓ$_1$X
	SÓ$_2$CV́(V́)X	ŚÓ$_2$CV́(V́)X

16)応答現在習慣形

第一形・第二形の違いなし。念のため、アクセントを示す。

A 型：　$S_1CV(N)C\acute{V}X'$

$S_1O_1CV(N)C\acute{V}X'$

$S_1O_2C\acute{V}(\acute{N})C\acute{V}X'$

$\acute{S}_2C\acute{V}(\acute{N})C\acute{V}X'$

$\acute{S}_2\acute{O}_1C\acute{V}(\acute{N})C\acute{V}X'$

$\acute{S}_2\acute{O}_2C\acute{V}(\acute{N})C\acute{V}X'$

B 型：　S_1X'

S_1O_1X'

$S_1O_2C\acute{V}(\acute{V})X'$

$\acute{S}_2C\acute{V}(\acute{V})X'$

$\acute{S}_2\acute{O}_1X'$

$\acute{S}_2\acute{O}_2C\acute{V}(\acute{V})X'$

これらの形の第一形から第二形を導き出すには、上の（オ）を、時称接辞があらわれず末尾が高くならない語尾 aa を用いる形に拡大し、念のため、次の仮定を行う。

（キ）～ X' をアクセントとする活用形は、第二形は第一形に等しい。

18）応答過去習慣形

	第一形	第二形
A 型：	$SeeCV(N)C\acute{V}X$	$S\acute{e}\acute{e}C\acute{V}(\acute{N})C\acute{V}X$
	$S\acute{e}\acute{e}O_1CV(N)C\acute{V}X$	$S\acute{e}\acute{e}O_1CV(N)C\acute{V}X$
	$SeeO_2C\acute{V}(\acute{N})C\acute{V}X$	$S\acute{e}\acute{e}\acute{O}_2C\acute{V}(\acute{N})C\acute{V}X$
B 型：	$Se\acute{e}X$	$S\acute{e}\acute{e}X$
	$Se\acute{e}O_1X$	$S\acute{e}\acute{e}O_1X$
	$SeeO_2C\acute{V}(\acute{V})X$	$S\acute{e}\acute{e}O_2C\acute{V}(\acute{V})X$

（ク）語幹＋aa の前方の See のアクセントを Séé にし、その Séé は、直後が高いところの低い 1 音節を高くする。

<u>語尾 ye を用いる形</u>

語尾 ye を用いる形のみにあらわれる α/β 形の違いは、β 形が何らかの逸脱の結果あらわれたものと仮定し、一応無視して α 形で考える。

20）応答完了形

$S=S_1$ の場合、第一形・第二形の違いがないが、一応両方の形をあげる。

	第一形	第二形
A 型：	$S_1CV(N)\acute{X}C\hat{e}$	$S_1CV(N)\acute{X}C\hat{e}$
	$S_1O_1CV(N)\acute{X}C\hat{e}$	$S_1O_1CV(N)\acute{X}C\hat{e}$

	$S_1O_2\acute{X}C\hat{e}$	$S_1O_2\acute{X}C\hat{e}$
	$S_2\acute{X}C\hat{e}$	$\acute{S}_2\acute{X}C\hat{e}$
	$S_2O_1CV(N)\acute{X}C\hat{e}$	$\acute{S}_2\acute{O}_1\acute{X}C\hat{e}$
	$S_2\acute{O}_2\acute{X}C\hat{e}$	$\acute{S}_2\acute{O}_2\acute{X}C\hat{e}$
B 型：	$S_1CV(R)\acute{X}C\hat{e}$	$S_1CV(R)\acute{X}C\hat{e}$
	$S_1O_1CV(R)\acute{X}C\hat{e}$	$S_1O_1CV(R)\acute{X}C\hat{e}$
	$S_1O_2\acute{X}C\hat{e}$	$S_1O_2\acute{X}C\hat{e}$
	$S_2CV(R)\acute{X}C\hat{e}$	$\acute{S}_2\acute{X}C\hat{e}$
	$\acute{S}_2\acute{O}_1CV(R)\acute{X}C\hat{e}$	$\acute{S}_2\acute{O}_1CV(R)\acute{X}C\hat{e}$
	$S_2O_2CV(R)\acute{X}C\hat{e}$	$\acute{S}_2\acute{O}_2\acute{X}C\hat{e}$.

この形の第一形から第二形を導き出すには、上の（オ）の適用範囲を、低い S_2 のあらわれる語尾 ye を用いる形に拡大すればよい。

22）応答過去完了形

主格接辞の如何は、アクセントの違いを生まない。

	第一形	第二形
A 型：	$SeeCV(N)\acute{X}C\hat{e}$	$S\acute{e}\acute{e}CV(N)\acute{X}C\hat{e}$
	$S\acute{e}\acute{e}O_1CV(N)\acute{X}C\hat{e}$	$S\acute{e}\acute{e}O_1CV(N)\acute{X}C\hat{e}$
	$SeeO_2\acute{X}C\hat{e}$	$S\acute{e}\acute{e}\acute{O}_2\acute{X}C\hat{e}$
B 型：	$S\acute{e}\acute{e}CV(R)\acute{X}C\hat{e}$	$S\acute{e}\acute{e}CV(R)\acute{X}C\hat{e}$
	$S\acute{e}\acute{e}O_1CV(R)\acute{X}C\hat{e}$	$S\acute{e}\acute{e}O_1CV(R)\acute{X}C\hat{e}$
	$SeeO_2CV(R)\acute{X}C\hat{e}$	$S\acute{e}\acute{e}\acute{O}_2\acute{X}C\hat{e}$

この形の第一形から第二形を導き出すには、

（ケ）語幹＋ye の前方の See のアクセントを Séé にし、その Séé は、O_2 が続けば、そのの O_2 を高くし、その後ろに低い CV（R）があればそれも高くする。

を仮定すればよいが、低い CV（R）（定義上 CV（N）を含む）が高くなる（前に同化する）条件として前に高くなる O_2 の存在を求めており、やや不自然である。同化は直接接触のほうがずっと起こりやすいからである。

3.1.2.

次に、冒頭に N のつく活用形の第一形と第二形を見る。

<u>語尾 a を用いる形</u>

7）現在進行形

A 型では S_1 と S_2 の差異がない。B 型では、$S=S_1$ の場合、第一形と第二形の差異はないが、両方をあげておく。

	第一形	第二形
A 型：	NŚkeeCV (N) CV́X	NŚkeeCV́ (Ń) CV́X
	NŚkeéO$_1$CV (N) CV́X	NŚkeéO$_1$CV (N) CV́X
	NŚkeeO$_2$CV́ (Ń) CV́X	NŚkeeÓ$_2$CV́ (Ń) CV́X
B 型：	NŚ$_1$keéX	NŚ$_1$keéX
	NŚ$_1$keéO$_1$X	NŚ$_1$keéO$_1$X
	NŚ$_1$keeO$_2$CV́ (V́) X	NŚ$_1$keeO$_2$CV́ (V́) X
	NŚ$_2$kééX	NŚ$_2$keeX
	NŚ$_2$kééO$_1$X	NŚ$_2$keeO$_1$X
	NŚ$_2$keeO$_2$CV́ (V́) X	NŚ$_2$keeO$_2$CV́ (V́) X

この形の第一形から第二形を導き出すには、

(コ)kéé を kee にする。

(サ)A 型では低い kee の直後の音節を高くする。

という仮定をすればよいけれども、(コ) には問題がないように見えるが、A 型第一形に高い kee がそもそもあらわれないので、これが矛盾なくいえるのは偶然かも知れない。これに対して (サ) は奇妙である。B 型では、NS$_1$keeO$_2$CV́ (V́) X と NS$_2$keeO$_2$CV́ (V́) X でそうなっていないのである。kee が低く、第一形で O$_2$ が低く、そのあとが高いという共通点が A 型と B 型の双方にありながら、第二形の O$_2$ の高さがちがっているのである。従って、(サ) は、それ自体に矛盾を含んでいて、採用できない仮定である。

3) 過去形

	第一形	第二形
A 型：	NŚ$_1$leCV́ (Ń) CV́X	NŚ$_1$leCV́ (Ń) CV́X
	NŚ$_1$leO$_1$CV (N) CV́X	NŚ$_1$leÓ$_1$CV́ (Ń) CV́X
	NŚ$_1$leÓ$_2$CV́ (Ń) CV́X	NŚ$_1$leÓ$_2$CV́ (Ń) CV́X
	NŚ$_2$léCV́ (Ń) CV́X	NŚ$_2$leCV́ (Ń) CV́X
	NŚ$_2$leO$_1$CV (N) CV́X	NŚ$_2$leÓ$_1$CV́ (N) CV́X
	NŚ$_2$léÓ$_2$CV́ (Ń) CV́X	NŚ$_2$leÓ$_2$CV́ (Ń) CV́X
B 型：	NŚ$_1$leCV́ (V́) X	NŚ$_1$leCV́ (V́) X
	NŚ$_1$leÓ$_1$X	NŚ$_1$leÓ$_1$X
	NŚ$_1$leÓ$_2$CV́ (V́) X	NŚ$_1$leÓ$_2$CV́ (V́) X
	NŚ$_2$léCV́ (V́) X	NŚ$_2$leCV́ (V́) X
	NŚ$_2$léÓ$_1$X	NŚ$_2$leÓ$_1$X

NŚ$_2$léÓ$_2$CV́(V́)X　　NŚ$_2$leÓ$_2$CV́(V́)X

この形の第一形から第二形を導き出すには、

(シ) le が高ければ低くし、また、le の直後に低い音節(列)) があれば、それを高くする。

という仮定をすればよい。これは、比較的スッキリしている。

5)今日の過去形

S$_1$ と S$_2$ のアクセントの違いはなく、第一形と第二形の区別もないが、同じものを第一形と第二形としてあげる。

	第一形	第二形
A 型：	NSáX	NSáX
	NSáO$_1$CV(N)CV́X	NSáO$_1$CV(N)CV́X
	NSáO$_2$CV́(Ń)CV́X	NSáO$_2$CV́(Ń)CV́X
B 型：	NSáX	NSáX
	NSáO$_1$X	NSáO$_1$X
	NSáO$_2$CV́(V́)X	NSáO$_2$CV́(V́)X

(ス) N＋主格接辞＋a のあらわれる形は、第二形は第一形に等しい。

この仮定は、矛盾はないが、そもそも無意味かも知れない。N＋主格接辞＋a のあらわれる形ならどうして第二形が第一形に等しいのか、何も説明していないからである。

1)遠過去形

S$_1$ と S$_2$ のアクセントの違いはない。

	第一形	第二形
A 型：	NSééCV́(Ń)CV́X	NSééX
	NSééO$_1$CV(N)CV́X	NSééO$_1$CV́(Ń)CV́X
	NSééÓ$_2$CV́(Ń)CV́X	NSééO$_2$CV́(Ń)CV́X
B 型：	NSééCV́(V́)X	NSééX
	NSééÓ$_1$X	NSééO$_1$X
	NSééÓ$_2$CV́(V́)X	NSééO$_2$CV́(V́)X

(セ) 第二形は、(a) NSéé のあとの高い音節を低くするが、(b) 直後に対格接辞があらわれなければ高い音節列を低くする。(c) 直後に低い O$_1$ があれば、そのあとの低い音節を高くする。

(a) と (b) とはそうおかしくないが、(c) は (a) (b) と方向が逆であり、奇妙である。

9)過去進行形

S$_1$ と S$_2$ でアクセントの違いはない。

	第一形	第二形
A型：	NSéekeeCV(N)CV́X	NSéekééCV́(Ń)CV́X
	NSéekééO$_1$CV(N)CV́X	NSéekééO$_1$CV(N)CV́X
	NSéekeeO$_2$CV́(Ń)CV́X	NSéekééO$_2$CV́(Ń)CV́X
B型：	NSéekeéX	NSéekééX
	NSéekeéO$_1$X	NSéekééO$_1$X
	NSéekeeO$_2$CV́(V́)X	NSéekééÓ$_2$CV́(V́)X

この形の第一形から第二形を導き出すには、

(ソ)keeを高くし、直後にO_1がなければ、直後が高いところの低い音節を高くする。

という(ア)と同じ仮定をすればよいが、7)の現在進行形に関して仮定した、

(コ)高いkeeを低くする。

と互いに相反する。

<u>語尾aaを用いる形</u>

13)未来形

S_1とS_2でアクセントの違いはない。

	第一形	第二形
A型：	NŚCV́(Ń)CV́X	NŚX
	NŚO$_1$CV(N)CV́X	NŚO$_1$CV́(Ń)CV́X
	NŚÓ$_2$CV́(Ń)CV́X	NŚO$_2$CV́(Ń)CV́X
B型：	NŚCV́(V́)X	NŚX
	NŚÓ$_1$X	NŚO$_1$X
	NŚÓ$_2$CV́(V́)X	NŚO$_2$CV́(V́)X

(対格接辞+)語幹+語尾の部分のアクセントの第一形と第二形の対応関係は、eeの有無と語尾の違いにもかかわらず、1)の遠過去形と同じである。従って、そこでの(セ)にならって、

(タ)第二形は、(a)NŚのあとの高い音節を低くするが、(b)直後に対格接辞があらわれなければ高い音節列を低くする。(c)直後に低いO_1があれば、そのあとの低い音節を高くする。

を仮定すればよいが、(セ)に関して見た、(c)と(a)(b)が逆方向である奇妙さは同じである。

15)現在習慣形

S_1とS_2でアクセントの違いはなく、第一形と第二形の違いもなく、次のごとくである。

A型：

NŚCV(N)CV́X´、NŚO_1CV(N)CV́X´、NŚO_2CV́(Ń)CV́X´.

B型：

NŚX´、NŚO_1X´、NŚO_2CV́(V́)X´.

第一形と第二形の違いがないことは、16)の応答現在習慣形に等しいので、この形の場合も、

(キ)〜X´をアクセントとする活用形は、第二形は第一形に等しい。

が適用されると考えればよい。

17)過去習慣形

S_1とS_2でアクセントの違いはない。B型には第一形と第二形の違いがない。

	第一形	第二形
A型：	NSéeCV(N)CV́X	NSéeCV́(Ń)CV́X
	NSééO_1CV(N)CV́X	NSééO_1CV(N)CV́X
	NSéeO_2CV́(Ń)CV́X	NSéeÓ$_2$CV́(Ń)CV́X
B型：	NSééX	NSéeX
	NSééO_1X	NSééO_1X
	NSéeO_2CV́(V́)X	NSéeO_2CV́(V́)X

この形の第一形から第二形を導き出すには、(サ)に似た、

(チ)A型ではNSéeの直後の音節を高くする。

という仮定をすればよいけれどもやはり奇妙である。B型では、NSéeO_2CV́(V́)Xが第二形でNSéeÓ$_2$CV́(V́)Xになっていないのである。第一形で、前がNSéeで、O_2が低く、そのあとが高いという共通点がA型とB型の双方にありながら、第二形のO_2の高さがちがっているのである。従って、(チ)も、それ自体に矛盾を含んでいて、採用できない仮定である。

<u>語尾yeを用いる形</u>

Nのつかない形の場合と同様、β形は除外する。

19)完了形

S_1とS_2でアクセントの違いはなく、第一形と第二形の違いもない。

A型：

NŚCV(N)X́、NŚO_1CV(N)X́、NŚO_2X́.

B型：

NŚCV(R)X́、NŚO_1CV(R)X́、NŚO_2X́.

21)過去完了形

S_1とS_2でアクセントの違いはなく、第一形と第二形の違いもない。

A型：

NSéeCV(N)X́Cê、NSééO$_1$CV(N)X́Cê、NSéeO$_2$X́Cê.

B型：

NSééCV(R)X́Cê、NSééO$_1$CV(R)X́Cê、NSéeO$_2$CV(R)X́Cê.

次の仮定をすればよい。

(ツ)Nで始まり、語尾yeを用いる形は、第一形と第二形の区別がない。

3.2.　全体的コメント

この言語の動詞のアクセントの場合、活用形、動詞がA型かB型か、主格接辞がS_1かS_2か、あとに目的語が続くか、続くならどこかに高い部分があるか否か、が決まれば、統一的に表示できるのは、規則的といえる。

しかし、あとに目的語が続くならどこかに高い部分があるか否かがアクセントの規定要因となっていることは、極めて異様である。話者は、あとに目的語が続くか否かぐらいなら、それを(無意識のうちに)考慮して、動詞活用形の発音をアクセントもろとも正確に発音できるであろう。しかし、目的語のアクセント的特徴を前もって考慮して、動詞活用形の発音を行うことができる(この言語に関しては、そう解釈するしかない)というのは驚きである。話者の頭の中で何がおこっているのか、知りたいものである。

動詞アクセントそのものについては、語幹+語尾のアクセントをとると、次のようになっている。他からの影響で変異する前の形を見る。

	A型	B型
語幹+a	CV(N)CV́X	X
語幹+aa	CV(N)CV́X	X
	CV(N)CV́X´	X´
語幹+ye	CV(N)X́Cê	CV(R)X́Cê

このように、一応、1種類のアクセントを仮定することで多くの場合が説明できることも、規則性のあらわれと評価できよう。ただし、語幹+aaの場合は、不規則性が混入している。

本章では、冒頭にNのない形とある形の対応関係、第一形と第二形の対応関係という観点から検討したが、一定の傾向は認められる(前者については、(9)およびそれに付随する仮定参照)ものの、規則というには複雑すぎる。それも含めて、各形態素のアクセント的特徴の総和として各活用形の全体アクセントが説明できるというにはほど遠い。

結論としていえることは、この言語の動詞アクセントは、言語として許容できるギリギリの不規則性を含んでいるということではないだろうか。

本章は、前掲の拙論（“A Tonological Study of Machame Verbs”）の重要部分を、事実の分析としても、また、一般言語学的にも、さらに深く考察したものである。

第9章　スワティ語の動詞アクセント

多くのバントゥ諸語は動詞のアクセントの2つの型(A型、B型)を保持しているが、その差異が小さくなっている言語の例として、南部アフリカのスワジランド(Swaziland)やその周辺の南アフリカ共和国内に話されるSwati(スワティ語)について見てみよう。

1.　不定形

この言語の動詞不定形の構造は、

uku＋(対格接辞＋)語幹＋a

である。対格接辞(O)にアクセントの区別はない。´、^、ˇは、それぞれ、高、下降調、上昇調を示す。

A型

úkûphá「与える」、úkúbóna「見る」úkúbúlála「殺す」、

úkúsúkúmisa「立たせる」、úkúlálélísisa「聴く」;

úkúbǎpha「彼らに与える」、úkúbabóna「彼らを見る」、úkúbabulála、

úkúbasukúmisa、úkúbalalelísisa「彼らの言っていることを聴く」.

アクセントは、次のように表示できる。語形が短い時にはどうなるかをあらわす「調整規則」を(　)内に示す。

úkúX́CVCa(X＝CVあるいはX＝Øなら、CVはCV́となる。X＝Øなら、CVもØでありうるが、CaはCáとなり、kúはkûとなる。調整規則Iと呼ぶ)、

úkúOXCV́CVCa(X＝Øなら、直後のCV́はCVとなり、その次のCVはCV́となる。X＝Øなら、直後のCV́もØでありうるが、やはりその次のCVはCV́となる。X＝Øで直後のCV́もØなら、その次のCVもØでありうるが、OはǑとなる。調整規則IIと呼ぶ).

B型

úkúlwa「喧嘩する」、úkúshaya「なぐる」、úkúkháhlela「蹴る」、

úkúnákékela「看護する」;
úkúbasháya「彼らをなぐる」、úkúbakhháhlela、úkúbanakékela.

アクセントは、次のように表示できる。

úkúX́CVCa (X=Ø なら、CV も Ø でありうる。調整規則Ⅲと呼ぶ)、
úkúOXCV́CVCa (X=Ø なら、直後の CV́ も Ø でありうるが、その次の CV は CV́ となる。調整規則Ⅳと呼ぶ).

興味深いことは、アクセント表示自体はA型B型の区別がなく、語形が短い場合のみA型B型の区別が明らかになるということである。すなわち、úkúsúkúmisa、úkúlálélísisa と úkúnákékela はアクセント的に区別できず、また、úkúbasukúmisa、úkúbalalelísisa と úkúbanakékela もアクセント的に区別できないのである。この場合、語形が長い場合にA型B型の区別がないという解釈も不可能ではないが、A型B型の区別は全体的に存在し、語形が短い場合のみその差が顕在化する、と考えたほうが妥当であろう。つまり、調整規則としたものもそのアクセントの性格の一部をなしていると考えるわけである。

2.　直説法形

次に、直説法形を見る。

2.1.　語尾 a を用いる形

1)遠過去形　構造：主格接辞＋a＋(対格接辞＋)語幹＋a

この形の場合、主格接辞にアクセントの区別はない。S であらわす。

A型

sâphá「私たちは与えた」、sǎbóna、sǎbúlála、sǎsúkúmisa、sǎlálélísisa;
sǎbâphá「私たちは彼らに与えた」、sǎbábóna「私たちは彼らを見た」、sǎbábúlála、sǎbásúkúmisa、sǎbálálélísisa.

アクセントは、次のように表示できる。

SǎX́CVCa (X=CV あるいは X=Ø なら、CV は CV́ となる。X=Ø なら、CV も Ø でありうるが、Ca は Cá となり、Sǎ は Sâ となる。)、
SǎÓX́CVCa (X=CV あるいは X=Ø なら、CV は CV́ となる。X=Ø なら、CV も Ø でありうるが、Ca は Cá となり、Ó は Ô となる。).

これらの調整規則は、「Sǎ は Sâ となる」「Ó は Ô となる」を、「直前の音節は下降調になる」と直せば調整規則Ⅰとまとめられる。それを調整規則Ⅰと呼ぶことにする。

B型

sâlwá「私たちは喧嘩した」、săshaya、săkháhlela、sănákékela；

săbáshaya「私たちは彼らをなぐった」、săbákháhlela、săbánákékela.

アクセントは、次のように表示できる。

SăX́CVCa（X＝Øなら、CVもØでありうるが、CaはCáとなり、SăはSâとなる。調整規則Vと呼ぶ）、

SăÓX́CVCa.

調整規則Vは修正後の調整規則Iに似ているが、「X＝CVあるいはX＝Øなら、CVはCV́となる」がなく、săshaya、săkhálelaはsăbóna、săbúlálaとは明らかに異なるアクセントである。

2）過去進行形　構造：be＋主格接辞＋（対格接辞＋）語幹＋a

この形の場合も、主格接辞にアクセントの区別はない。

A型

besîpha「私たちは与えていた」、besíbona、besíbúlála、besísúkúmisa、besílálélísisa；

besíbăpha「私たちは彼らに与えていた」、

besíbábóna「私たちは彼らを見ていた」、besíbábúlála、besíbásúkúmisa、besíbálálélísisa.

アクセントは、次のように表示できる。

beŚX́CVCa（X＝CVなら、CVはCV́となる。X＝Øなら、CVもØでありうるが、直前の音節は下降調になる。調整規則VIと呼ぶ）、

beŚÓX́CVCa（X＝CVあるいはX＝Øなら、CVはCV́となる。X＝Øなら、CVもØでありうるが、直前の音節は上昇調になる。調整規則VIIと呼ぶ）.

B型

besílwa「私たちは喧嘩していた」、besísháya、besíkháhlela、besínákékela；

besíbásháya「私たちは彼らをなぐっていた」、besíbákháhlela、besíbánákékela.

アクセントは、次のように表示できる。

beŚX́CVCa（X＝Øなら、CVはCV́となる。X＝Øなら、CVもØでありうる。調整規則VIIIと呼ぶ）、

beŚÓX́CVCa（X＝Øなら、CVはCV́となる。調整規則IXと呼ぶ）.

3）現在長形　構造：主格接辞＋ya＋（対格接辞＋）語幹＋a

この形の場合、1～2人称の主格接辞とそれ以外の主格接辞はアクセント的に異なる。前者をS_1、後者をS_2と呼ぶことにする。

A 型

$S=S_1$ の場合

siyaphá「私たちは与えている」、siyabóna、siyabulála、siyasukúmisa、siyalalelísisa；

siyabápha「私たちは彼らに与えている」、

siyababóna「私たちは彼らを見ている」、siyababulála、siyabasukúmisa、siyabalalelísisa.

アクセントは、次のように表示できる。

S_1yaXCV́CVCa（X＝Ø なら、直後の CV́ は CV となり、そのあとの CV は CV́ となる。X＝Ø なら、直後の CV́ も Ø でありうるが、そのあとの CV は CV́ となる。X＝Ø で、直後の CV́ も Ø なら、そのあとの CV も Ø でありうるが、Ca は Cá となる。調整規則 X と呼ぶ）、

S_1yaOXCV́CVCa（X＝Ø なら、直後の CV́ は CV となり、そのあとの CV は CV́ となる。X＝Ø なら、直後の CV́ も Ø でありうるが、そのあとの CV は CV́ となる。さらに、X＝Ø で直後の CV́ も Ø なら、そのあとの CV も Ø でありうるが、O は Ó となる。調整規則 XI と呼ぶ）.

$S=S_2$ の場合

báyâphá「彼らは与えている」、báyábóna、báyábúlála、báyásúkúmisa、báyálálélísisa；

báyábăpha「彼らは彼ら（別人）に与えている」、

báyábabóna「彼らは彼らを見ている」、báyábabulála、báyábasukúmisa、báyábalalelísisa.

アクセントは、次のように表示できる。

Ś$_2$yáX́CVCa（＋I）、Ś$_2$yáOXCV́CVCa（＋II）.

B 型

$S=S_1$ の場合

siyalwa「私たちは喧嘩している」、siyashaya、siyakhahlela、siyanakekela；

siyabasháya「私たちは彼らをなぐっている」、siyabakhálela、siyabanakékela.

アクセントは、次のように表示できる。

S_1yaX、S_1yaOXCV́CVCa（＋IV）.

$S=S_2$ の場合

báyálwa「彼らは喧嘩している」、báyáshaya、báyákháhlela、báyánákékela；

báyábasháya「彼らは彼らをなぐっている」、báyábakháhlela、báyábanakékela.

アクセントは、次のように表示できる。

Ś$_2$yáX́CVCa（＋Ⅲ）、Ś$_2$yáOXCV́CVCa（＋IV）.

4）現在短形（通常、目的語等を伴う）　構造：主格接辞＋（対格接辞＋）語幹＋a

A 型

S＝S$_1$ の場合

siphá ～「私たちは～を与え（てい）る」、sibóná ～、sibulálá ～、

sisukumísá ～、silalelisísá ～；

sibaphá ～「私たちは彼らに～を与え（てい）る」、

sibabophélá ～「私たちは彼らのために～を縛（ってい）る」

（úkúbóphéla「～のために縛る」）、

sibabulalélá ～「私たちは彼らのために～を殺している / 殺す」

（úkúbúlálela「～のために殺す」）、

sibasukumisélá ～「私たちは彼らのために～を立たせ（てい）る」

（úkúsúkúmísela「～のためにを立たせる」.

アクセントは、次のように表示できる。

S$_1$XCV́Cá（X＝Ø なら、CV́ も Ø でありうる。調整規則 XII と呼ぶ）、

S$_1$OXCV́Cá（＋XII）.

S＝S$_2$ の場合

báphá ～「彼らは～を与え（てい）る」、bábóná ～、bábúlálá ～、

básúkúmísá ～、bálálélísísá ～；

bábáphá ～「彼らは彼ら（別人）に～を与え（てい）る」、

bábábóphélá ～「彼らは彼らのために～を縛（ってい）る」、

bábábúlálélá ～「彼らは彼らのために～を殺している／殺す」、

bábásúkúmísélá ～「彼らは彼らのために～を立たせ（てい）る」.

アクセントは、次のように表示できる。

Ś$_2$X́、Ś$_2$ÓX́.

B 型

S＝S$_1$ の場合

silwa nyaló「私たちは今（nyaló）喧嘩している」、

sishaya ～「私たちは～を殴（ってい）る」、sikhahlela ～、sinakekela ～；

sibasháyá nyaló「私たちは今彼らを殴っている」、「

sibasháyela ～「私たちは彼らのために～を殴っている」

（úkúsháyela「～のために殴る」）、

sibanakekélisa ～「私たちは彼に～を看護させ（てい）る」.

（úkúnákékélisa「～を看護させる」）.

アクセントは、次のように表示できる。

S_1X、

S_1OXCV́CVCa (X＝Ø なら、直後の CV́ も Ø でありうるが、その次の CV は CV́ となり、Ca も Cá となる。調整規則 XIII と呼ぶ).

S＝S_2 の場合

bálwa nyaló「彼らは今喧嘩している」、

básháyá ～「彼らは～を殴(ってい)る」、bákháhlela ～、bánákékela ～；

bábásháyá nyaló「彼らは今彼らを殴っている」、

bábásháyela ～「彼らは彼らのために～を殴っている」、

bábánákékélisa ～「彼らは彼に～を看護させ(てい)る」..

アクセントは、次のように表示できる。

Ś$_2$X́CVCa (X＝Ø なら、CV は CV́ となり、Ca も Cá となる。X＝Ø なら、CV も Ø でありうるが、Ca は Cá とならない。調整規則 XIV と呼ぶ)、

Ś$_2$ÓX́CVCa (X＝Ø なら、CV は CV́ となり、Ca も Cá となる。調整規則 XV と呼ぶ).

5)未来形　構造：主格接辞＋to＋(対格接辞＋)語幹＋a

A 型

S＝S_1 の場合

sitophá「私たちは与える」、sitobóna、sitobulála、sitosukúmisa、sitolalelísisa；

sitobápha「私たちは彼らに与える」、sitobabóna「私たちは彼らを見る」、

sitobabulála、sitobasukúmisa、sitobalalelísisa.

アクセントは、次のように表示できる。

S_1toXCV́CVCa (＋X)、S_1toOXCV́CVCa (＋XI).

S＝S_2 の場合

bátôphá「彼らは与える」、bátóbóna、bátóbúlála、bátósúkúmisa、

bátólálélísisa；

bátóbǎpha「彼らは彼らに与える」、bátóbabóna、bátóbabulála、

bátóbasukúmisa、bátóbalalelísisa.

アクセントは、次のように表示できる。

Ś$_2$tóX́CVCa (＋I)、Ś$_2$tóOXCV́CVCa (＋II).

B 型

S＝S_1 の場合

sitolwa「私たちは喧嘩する」、sitoshaya、sitokhalela、sitonakekela；

sitobasháya「私たちは彼らをなぐる」、sitobakhálela、sitobanakékela.

アクセントは、次のように表示できる。

S_1toX、S_1toOXCV́CVCa（+IV）.

S = S_2 の場合

bátólwa「彼らは喧嘩する」、bátóshaya、bátókháhlela、bátónákékela；

bátóbasháya「彼らは彼らを殴る」、bátóbakháhlela、bátóbanakékela.

アクセントは、次のように表示できる。

Ś$_2$tóX́CVCa（+III）、Ś$_2$tóOXCV́CVCa（+IV）.

6）現在継続形　構造：主格接辞 + sa +（対格接辞 +）語幹 + a

A 型

S = S_1 の場合

sisápha「私たちはまだ与えている」、sisábóna、sisábúlála、sisásúkúmisa、sisálálélísisa；

sisábăpha「私たちはまだ彼らに与えている」、sisábábóna、sisábábúlála、sisábásúkúmisa、sisábálálélísisa.

アクセントは、次のように表示できる。

S_1sáX́CVCa（X = CV あるいは X = Ø なら、CV は CV́ となる。X = Ø なら、CV も Ø でありうる。調整規則 XVI と呼ぶ）、S_1sáÓX́CVCa（+VII）.

S = S_2 の場合

básápha「彼らはまだ与えている」、básábóna、básábúlála、básásúkúmisa、básálálélísisa；

básábăpha「彼らはまだ彼らに与えている」、básábábóna、básábábúlála、básábásúkúmisa、básábálálélísisa.

アクセントは、次のように表示できる。

Ś$_2$sáX́CVCa（+XVI）、Ś$_2$sáÓX́CVCa（+VII）.

B 型

S = S_1 の場合

sisálwa「私たちはまだ喧嘩している」、sisáshaya、sisákháhlela、sisánákékela；

sisábásháya「私たちは彼らを殴っている」、sisábákháhlela、sisábánákékela.

アクセントは、次のように表示できる。

S_1sáX́CVCa（+III）、S_1sáÓX́CVCa（+IX）.

S = S_2 の場合

básálwa「彼らはまだ喧嘩している」、básáshaya、básákháhlela、básánákékela；

básábásháya「彼らはまだ彼らを殴っている」、básábákháhlela、

básábánákékela.

アクセントは、次のように表示できる。

Ś$_2$sáX́CVCa（＋III）、Ś$_2$sáÓX́CVCa（＋IX）.

7）過去継続形　構造：be＋主格接辞＋sa＋（対格接辞＋）語幹＋a

主格接辞の如何はアクセントの違いを生まない。

A 型

besísápha「私たちはまだ与えていた」、besísábóna、besísábúlála、

besísásúkúmisa、besísálálélísisa；

besísábăpha「私たちはまだ彼らに与えていた」、

besísábábóna、besísábábúlála、besísábásúkúmisa、besísábálálélísisa.

bebásápha「彼らはまだ与えていた」、etc.

アクセントは、次のように表示できる。

beŚsáX́CVCa（＋XVI）、beŚsáÓX́CVCa（＋VII）.

B 型

besísálwa「私たちはまだ喧嘩していた」、besísáshaya、besísákháhlela、

besísánákékela；

besísábásháya「私たちは彼らを殴っていた」、besísábákháhlela、

besísábánákékela.

bebásálwa「彼らはまだ喧嘩していた」、etc.

アクセントは、次のように表示できる。

beŚsáX́CVCa（＋III）、beŚsáÓX́CVCa（＋IX）.

不定形を含む、語尾 a が用いられる形のアクセントにどういう規則が働いているかを見る。調整規則については、後で検討することにする。

<u>不定形</u>

A 型：úkúX́CVCa（＋I）、úkúOXCV́CVCa（＋II）.

B 型：úkúX́CVCa（＋III）、úkúOXCV́CVCa（＋IV）.

これらから可能な仮定は次のようなものである。

（1）uku は úkú をアクセントとする。

（2）A 型語幹＋a は、X́CVCa をアクセントとする。

（3）B 型語幹＋a は、X́CVCa をアクセントとする。

上述のように、X́CVCa というふうに同じではあるが、調整規則が別なので、（2）と（3）の X́CVCa は異なる。

（4）O は、（4–1）uku のあとで低く、続く X́CVCa の高を、X の最後の音節に限定する。

つまり、X́CVCa を XCV́CVCa にするということである。

1)遠過去形

A 型：SăX́CVCa（+I）、SăÓX́CVCa（+I）.

B 型：SăX́CVCa（+V）、SăÓX́CVCa.

これらから付け加えが必要な仮定は次のようなものである。

(5)S+a は Să をアクセントとする。

O の直後で XCV́CVCa になっていないことに注意しよう。(4)を拡大する。

(4)O は、(4–2)Sá のあとで高く、続く X́CVCa には影響を及ぼさない。

ここで、順序を少し変える。

3)現在長形

A 型：S_1yaXCV́CVCa（+X）、S_1yaOXCV́CVCa（+XI）；

Ś$_2$yáX́CVCa（+I）、Ś$_2$yáOXCV́CVCa（+II）.

B 型：S_1yaX、S_1yaOXCV́CVCa（+IV）；

Ś$_2$yáX́CVCa（+III）、Ś$_2$yáOXCV́CVCa（+IV）.

これらから付け加えが必要な仮定は次のようなものである。

(6)S_1 は低い。

(7)S_2 は高い。

(8) ya は、(8–1) S_1 のあとで低く、(a) 直後の A 型の X́CVCa の X の高を、X の最後の音節に限定し、(b)直後の B 型の X́CVCa の高を消滅させる。

(8–2)S_2 のあとで高く、直後の X́CVCa には影響を及ぼさない。

(4) O は、(4–3) ya のあとで低く、直後の X́CVCa の高を、X の最後の音節に限定する。

2)過去進行形

A 型：beŚX́CVCa（+VI）、beŚÓX́CVCa（+VII）.

B 型：beŚX́CVCa（+VIII）、beŚÓX́CVCa（+IX）.

これらから付け加えが必要な仮定は次のようなものである。

(9)be は低く、次の S が低ければ高くする。

(4)O は、(4–4)高い S のあとで高く、直後の X́CVCa には影響を及ぼさない。

4)現在短形

A 型：S_1XCV́Cá（+XII）、S_1OXCV́Cá（+XII）；

Ś$_2$X́、Ś$_2$ÓX́.

B 型：S_1X、S_1OXCV́CVCa（+XIII）；

Ś$_2$X́CVCa（+XIV）、Ś$_2$ÓX́CVCa（+XV）.

これらから付け加えが必要な仮定は次のようなものである。

(10)現在短形における A 型語幹＋a は、XCV́Cá をアクセントとする。

(7)S_2 は高い。(再掲)

(7–1)直後の XCV́Cá の X を高くする。

(4)O は、(4–5)低い S_1 の直後で低く、直後の XCV́Cá には影響を及ぼさない。

(4–6)高い S_2 の直後で高く、直後の XCV́Cá の X を高くする。

(11)現在短形における B 型語幹＋a は、X́CVCa をアクセントとする。

(6)S_1 は低い。(再掲)

(6–1)直後の現在短形の X́CVCa の X を低くする。

(4) O は、(4–7) 低い S_1 の直後で低く、直後の現在短形の X́CVCa の高を X の最後の音節に限定する。

(4–8)高い S_2 のあとで高く、直後の X́CVCa には影響を及ぼさない。

5)未来形

A 型：S_1toXCV́CVCa(＋X)、S_1toOXCV́CVCa(＋XI);
Ś$_2$tóX́CVCa(＋I)、Ś$_2$tóOXCV́CVCa(＋II).

B 型：S_1toX、S_1toOXCV́CVCa(＋IV);
Ś$_2$tóX́CVCa(＋III)、Ś$_2$tóOXCV́CVCa(＋IV).

現在長形の ya を to に置き換えた形である。

(12) to は、(12–1) S_1 のあとで低く、(a) 直後の A 型の X́CVCa の X の高を、X の最後の音節に限定し、(b)直後の B 型の X́CVCa の高を消滅させる。

(12–2)S_2 のあとで高く、直後の X́CVCa には影響を及ぼさない。

また、(4–3)を次のように修正する。

(4) O は、(4–3) ya/to のあとで低く、直後の X́CVCa の高を、X の最後の音節に限定する。

6)現在継続形

A 型：S_1sáX́CVCa(＋XVI)、S_1sáÓX́CVCa(＋VII);
Ś$_2$sáX́CVCa(＋XVI)、Ś$_2$sáÓX́CVCa(＋VII).

B 型：S_1sáX́CVCa(＋III)、S_1sáÓX́CVCa(＋IX);
Ś$_2$sáX́CVCa(＋III)、Ś$_2$sáÓX́CVCa(＋IX).

これらから付け加えが必要な仮定は次のようなものである。

(13)sa は高い。

(4)O は、(4–9)sa の直後で高く、直後の X́CVCa には影響を及ぼさない。

7)過去継続形

A 型：beŚsáX́CVCa(＋XVI)、beŚsáÓX́CVCa(＋VII).

B 型：beŚsáX́CVCa(＋III)、beŚsáÓX́CVCa(＋IX).

必要な仮定は、これまでのもので十分である。be については、

(9)be は低く、次の S が低ければ高くする。

を参照のこと。

これらの仮定自体にはかなり妥当性が感じられる。

たとえば、O の高さについてであるが、高くなるのは、Sá の直後、$\acute{S}_2$ の直後、beŚ の直後、sá の直後であり、Sa、S_2、beS の S、sa はいずれも末尾が高いものである。その他では O は低い。S_2 の後方でも ya/to によって隔てられていると高くはならない。その O は、低い場合に、かつその時にのみ、直後が X́CVCa なら X の高をその最後の音節に限定する、つまり XCV́CVCa にする。極めて規則的である。

少々気になるのは、低い ya/to/S_1 が直後の B 型の語幹＋a の X́CVCa を X(つまり、XCVCa) にするという点である。X は任意の音素列であり、理論上は無限の長さを持ちうる。それを低くする力を、低いからといって ya/to/S_1 に仮定するのはどうかということであるが、そうであって悪い理由も見つからない。

問題は、調整規則である。

調整規則 I を見てみよう。これが該当するのは、不定形 A 型 (úkúX́CVCa)、1) の遠過去形 A 型 (SáX́CVCa、SáÓX́CVCa)、3) の現在長形 A 型 ($\acute{S}_2$yáX́CVCa)、5) の未来形 A 型 ($\acute{S}_2$tóX́CVCa) である。再掲する。

> X＝CV あるいは X＝Ø なら、CV は CV́ となる。X＝Ø なら、CV も Ø でありうるが、Ca は Cá となり、直前の音節は下降調となる。

不定形 A 型を例にとると、úkúsúkúmisa、úkúlálélísisa が何の調整規則も必要としない úkúX́CVCa のあらわれである。さて、調整規則 I の最初の部分「X＝CV... なら、CV は CV́ となる」が適用されるのは、úkúbúlála である。すなわち、最低 2 音節高くなろうとしており、おかしくはない。次の「X＝Ø なら、CV は CV́ となる」は、その高い部分が X の内部にありえない場合は 1 つ後ろの CV にうつるということで、これも妥当性が感じさせる。問題は、「X＝Ø なら、CV も Ø でありうるが、Ca は Cá となり、直前の音節は下降調となる」の部分である。「Ca は Cá となり」はよい (Cá とならなくてもよい) が、なぜその「直前の音節は下降調となる」のかということである。なお、この言語には、「高い音節の直後の低い音節は、語末にない限り、その前半が高くなる」つまり音声的には下降調と区別できなくなる。「遅下がり」現象である。つまり、「下降調」としたのは「低」(úkuphá) かも知れない。しかし、それが「低」であったとしてもおかしい点ではかわりがない。従って、調整規則 I の最後の部分はひどく奇妙なものだということである。(なお、ku を遅下がりでなく下降調と考える理由は後に見る。)

同じようなことは、この言語に近いいくつかの言語にも見られる。

Xhosa（コサ語）

úkuphá「与える」、úkubéka「置く」/úkubôna「見る」、úkubúlála「殺す」/

úkubúlísa「挨拶する」、úkufúmánela「得てやる」、etc.

この言語は少し異なるので、著者はこの言語の分析の際は、A型を3つに細分した。

A_1型　úkuX́CV(N)Ca(X=Øなら、X́の´は^となってCVにうつる。)

例：úkubôna、úkubúlisa.

A_2型　úkuX́Ca

例：úkubéka、úkubúlála.

A_3型　úkuCá

例：úkuphá

úkupháのkuは、音声的には下降調であるが、この言語の分析の際には、遅下がりと解釈した。úkubéka/úkubôna、úkubúlála/úkubúlisaという対立があるので、細分はやむをえないが、úkupháをA_3型としたのは、それで矛盾はないとしても、妥当かどうかは問題である。しかし、A_1型とA_2型のどちらにいれようとも、調整規則が必要になる。

Zulu（ズールー語）

úkûphá「与える」、úkúbóna「見る」、úkúbúlála「殺す」、

úkúqálésisa「呪いをかける」、úkúlálélísisa「聴く」.

Swatiそっくりである。

Southern Ndebele（南ンデベレ語．南アフリカ）

úkûphá「与える」、úkúbóna「見る」、úkúbúlála「殺す」、

úkúthéthélela「赦す」、úkúcébísánisa「相談させる」.

これもSwatiそっくりである。

Northern Ndebele（北ンデベレ語．ジンバブエ）

úkûpha「与える」、úkúbóna「見る」、úkúbulála「殺す」、

úkúqotshámisa「しゃがませる」、úkúkhokhelísisa「先導させる」.

アクセント表示は次のようになろう。

úkúXCV́CVCa(X=Øなら、直後のCV́はCVとなり、その次のCVはCV́となる。X=Øなら直後のCV́もØでありうるが、やはりその次のCVはCV́となる。X=Øで直後のCV́もØの場合、その次のCVもØでありうるが、kúはkûとなる。)

kúはkûとなるというところが奇妙である。短い形の場合、次末まで高くしようと

しているのに、úkûphaのような場合に何でkuが下降調にならなければならないのか。なお、この場合も、kuは下降調でなく遅下がりで音韻的には低かも知れないが、奇妙な点はかかわりがない。

このように、若干の言語間差異があるけれども、奇妙な事実がこのあたりの言語(Zulu系諸語．Nguni諸語とも呼ぶ)に存在することは事実である。

調整規則Iは、A型のSáX́CVCaにもあらわれる。調整規則Iの最後の部分が適用される場合、Sáは上昇調から下降調に変わる。Saの前に高い音節があるわけではないので、この下降調は遅下がりによるものでなく、音韻的にも下降調である。こういうことがあるのでúkûpháの場合も、kuを遅下がりでなく下降調と考えたのである。

なお、調整規則Iは、A型のŚ$_2$yáX́CVCa/Ś$_2$tóX́CVCaにもあらわれるが、特に付け加えるべきことはない。

次に、調整規則IIを見てみよう。これが該当するのは、A型で～OXCV́CVCaの場合(不定形、3)の現在長形、5)の未来形)であるが、この調整規則は、妥当性を感じさせる。再掲する。

> X＝Øなら、直後のCV́はCVとなり、その次のCVはCV́となる。X＝Øなら、直後のCV́もØでありうるが、やはりその次のCVはCV́となる。X＝Øで直後のCV́もØなら、その次のCVもØでありうるが、OはǑとなる。

まず最初の規定であるが、低いOは、高い音節をできるだけ後ろへ押すので、X＝Øならその次の高を1つ後ろへ押すということで、問題はない。次の規定は、X＝Øで直後のCV́もØの場合、さらに1つ後ろへ押したいところだが、末尾のCaは、この場合低くなければならないらしく、高は次末音節にとどまる。最後の規定は、Xも直後のCV́もその次のCVもØの場合、Oのあとには、低くなければならないCaしかないので、Oそのものの後半を高くする、つまり上昇調になるというわけである。

次に、調整規則IIIを見てみよう。これが該当するのは、B型でX́CVCaの場合(不定形、3)の現在長形、5)の未来形、6)の現在継続形、7)の過去継続形)である。再掲する。

> X＝Øなら、CVもØでありうる。

これは、B型にも短い語形のものがあるということをいっているにすぎない。それよりもX＝ØでCVがØでない場合に、X́の高が消え去ることのほうが注目され、それについても妥当性が感じられる。

次に、調整規則IVを見てみよう。これが該当するのは、B型で～OXCV́CVCaの場合(不定形、3)の現在長形、5)の未来形)であるが、この調整規則も、妥当性を感じさせる。再掲する。

X＝Ø なら、直後の CV́ も Ø でありうるが、その次の CV は CV́ となる。

X の直後の CV́ が Ø の場合（それは X が Ø の場合にありうる）、高はそれでも必要なので、その次に移るわけである。調整規則 II と異なり「X＝Ø で直後の CV́ も Ø なら、その次の CV も Ø でありうるが、O は Ǒ となる」というのがないのは、〜OXCV́CVCa で表示されても A 型と B 型とでは本質的に違うことによるのかも知れないが、B 型には、O があらわれその後が Ca だけの動詞がないのであり、それだけのことかも知れない。

次に、調整規則 V を見てみよう。これが該当するのは、B 型で SǎX́CVCa の場合（1）の遠過去形）である。

X＝Ø なら、直後の CV も Ø でありうるが、Ca は Cá となり、Sǎ は Sâ となる。

この調整規則は、特に「Ca は Cá となる」が奇妙である。X＝Ø で直後の CV が Ø でない場合に SǎCVCa（実例では、sǎshaya）であり、語幹＋a の部分に高いものがないのに、である。

近隣の言語を見てみよう。

Xhosa

sâwá「私たちは倒れた」、sâkhabá「〜蹴った」、sâranêla「〜疑った」、
sâkhohlakâla「〜酷い態度をとった」、sâkhohlakalêla「〜いじめた」.

アクセントは、SâXCV̂（N）Ca で表示でき、調整規則は次のようになる。

X＝Ø なら、CV̂ の ^ は ´ となって Ca にうつる。X＝Ø なら、CV̂ も Ø でありうるが、やはり、CV̂ の ^ は ´ となって Ca にうつる。

これは別に奇妙でもない。

Zulu

sâwa「私たちは倒れた」、sǎshaya「〜殴った」、sǎkháhlela「〜蹴った」、
sǎnákékela「〜看護した」.

アクセントは、SǎX́CV（N）Ca で表示でき、調整規則は次のようになる。

X＝Ø なら、CV も Ø でありうるが、Sǎ は Sâ となる。

これは別に奇妙でもない。sâwa の場合、wa の前に低い CV があらわれないためその低が Sa の後半にうつり、Sa が上昇調から下降調になるわけである。

Southern Ndebele

sáawá「私たちは倒れた」、sáalwisá「〜倒した」、sáalayezá「〜命じた」、
sáavalelisá「〜別れを告げた」.

アクセントは、ŚaXCá で表示でき、何の調整規則もいらない。

Northern Ndebele

sâwa「私たちは倒れた」、sátshaya「〜殴った」、sátshayisa「〜殴らせた」、sátshayanisa「〜殴りあわせた」.

アクセントは、SáX で表示でき、調整規則は次のようになる。

X＝Ca なら、Sá は Sâ となる。

これは別に奇妙でもない。X が短いので、その低の要素が、少し前からはじまるだけである。

こうして見ると、調整規則 I の場合と異なり、奇妙なのは Swati だけである。SăX́CVCa で、X も CV も Ø の場合に Ca が Cá となり、Să が Sâ となるというのは、ことによると、A 型からの類推かも知れない。

次に、調整規則 VI を見てみよう。これが該当するのは、2) の過去進行形 A 型で beŚX́CVCa の場合である。

X＝CV なら、CV は CV́ となる。X＝Ø なら、CV も Ø でありうるが、直前の音節は下降調になる。

調整規則 I にやや似ているが、調整規則 I が必要なケースの一つ、A 型不定形と対照させて見ると、微妙に違う。

úkûphá	vs.	besîpha
úkúbóna	vs.	besíbona
úkúbúlála	vs.	besíbúlála
úkúsúkúmisa	vs.	besísúkúmisa

「X＝CV なら、CV は CV́ となる」の部分は同じである。しかし、X＝Ø で、CV が Ø でない場合、不定形では CV́ は高いのに、過去進行形では低い。X＝CV の場合には、過去進行形も 1 つ後ろまで高くするのに、X＝Ø だと何もしないので、奇妙である。その代わり、X＝Ø で CV も Ø の場合、直前の音節が下降調になる (besíbona との比較からいうと自然である) だけで、調整規則 I にいう Ca が高くなるという奇妙さはない。

次に、調整規則 VII を見てみよう。これが該当するのは、2) の過去進行形 A 型 beŚÓX́CVCa および 6) の現在継続形 A 型 S_1sáÓX́CVCa/$Ś_2$sáÓX́CVCa、7) の過去継続形 A 型 beŚsáÓX́CVCa の場合である。

X＝CV あるいは X＝Ø なら、CV は CV́ となる。X＝Ø なら、CV も Ø でありうるが、直前の音節は上昇調になる。

Ó のあとが XCV́CVCa でなく (上述の如く、O は、低い場合に、かつその時にのみ、直後が X́CVCa なら X́ の高をその最後の音節に限定する、つまり XCV́CVCa にするが、この場合高いのでそうしない) X́CVCa なので、調整規則 II ではなく、調整規則 I に似ている。最後のところが、Ca が高くなるのでなく、低いままで、代わりに、本来高いOが上昇調になる。このことは、Oが高いのは、前が高いので受動的にそうなっていることを暗示するが、同時に、X́CVCaが非常に短くなると、低高の音調があらわれる（úkûphá の場合には ku の後半と pha に渡って、besíbǎpha の場合はその前のOの内部に）という特徴がこの言語にあるらしいことも示している。奇妙だけれども、事実らしい。

次に、調整規則VIIIを見てみよう。これが該当するのは、2）の過去進行形B型beŚX́CVCaの場合である。

X＝Øなら、CVはCV́となる。X＝Øなら、CVもØでありうる。

これは、CVがØでなければ、X＝Øの場合に高を受け継ぐということで、妥当である。

次に、調整規則IXを見てみよう。これが該当するのは、2）の過去進行形のB型beŚÓX́CVCa、6）の現在継続形B型S_1sáÓX́CVCaと$Ś_2$sáÓX́CVCa、7）の過去継続形B型beŚsáÓX́CVCaの場合である。

X＝Øなら、CVはCV́となる。

これは、CVがØでなければ、X＝Øの場合に高を受け継ぐということで、妥当である。なお、Oがあらわれ、そのあとがCaだけであるB型動詞は存在しない。

次に、調整規則Xを見てみよう。これが該当するのは、3）の現在長形A型S_1yaXCV́CVCaの場合である。

X＝CVなら、直後のCV́はCVとなり、そのあとのCVはCV́となる。X＝Øなら、直後のCV́もØでありうるが、そのあとのCVはCV́となる。X＝Øで、直後のCV́もØなら、そのあとのCVもØでありうるが、CaはCáとなる。

これは、最後の部分を除いて調整規則IIに等しい。異なる部分の例を、少し他の例とともにあげる。

úkúbabulála　vs.　siyabulála
úkúbabóna　vs.　siyabóna
úkúbǎpha　vs.　siyaphá

要するに、最後の例で語幹前の音節が上昇調になるのとそうでなくCaが高くなるのとの違いである。その直前が高いのと低いのの違いはあるが、それが語幹前の音節が上昇調になるかならないかに関係するとは思えない。Oとyaの間のアクセント的特徴の違いかも知れない。

次に、調整規則XIを見てみよう。これが該当するのは、3）の現在長形A型でS_1yaOXCV́CVCaの場合である。

X＝CVなら、直後のCV́はCVとなり、そのあとのCVはCV́となる。X＝Ø

なら、直後の CV́ も Ø でありうるが、そのあとの CV は CV́ となる。X＝Ø で、直後の CV́ も Ø なら、そのあとの CV も Ø でありうるが、O は Ó となる。

これは、最後の部分を除いて調整規則 II に等しい。異なる部分の例を、少し他の例とともにあげる。

úkúbabuláIa　vs.　siyababuláIa

úkúbabóna　vs.　siyababóna

úkúbǎpha　vs.　siyabápha

違いは、最後の例で O が上昇調になるか高くなるかの違いである。直前が高い場合は上昇調、低い場合は高くなるというのは、本来低い O に高くする力が後ろからかかる（語幹＋a の内部の高い要素が、Ca を高くしないでやむをえず直前にあらわれる）時、こういうあらわれかたの違いとなるのは理解できることである。

調整規則の問題はないが、3) の現在長形 B 型で S_1yaX というアクセントについては問題がある。B 型の語幹＋a のアクセントは、X́CVCa であるはず（(3)）で、直前の S_1 が X́CVCa の高を低くした（(8–1) (b)）と考えられるが、それは ya が低い場合の話で、ya が低いのは直前の S_1 が低いことによる（(8–1)）。表面的には同じ X́CVCa であっても、A 型の場合は語幹＋a にできるだけ高い要素があることに固執するのに対し、B 型の場合は場合によってはそれが無くなってもよいものである、ということのようである。

次に、調整規則 XII を見てみよう。これが該当するのは、4) の現在短形 A 型 S_1XCV́Cá の場合である。

X＝Ø なら、CV́ も Ø でありうる。

これには何の問題もない。

ただし、現在短形自体のアクセントは特異に思われるので、S_1XCV́Cá という表示の意味するものを考える。

A 型の語幹＋a は、本来 X́CVCa をアクセントとするらしい。しかし、現在短形が必ず何かを従えなければあらわれえないものであるため、末尾と次末が高くなり、その前が低くなったものであろう。O があらわれても同じ (S_1OXCV́Cá) である。Ś$_2$ のあとだと、S_2 が高いことにより X も高くなり、表示としては Ś$_2$X́ となる、O があらわれても同じ (Ś$_2$ÓX́) である。

次に、調整規則 XIII を見てみよう。これが該当するのは、4) の現在短形 B 型で S_1OXCV́CVCa の場合である。

X＝Ø なら直後の CV́ も Ø でありうるが、そのあとの CV は CV́ となり、Ca も Cá となる。

不定形 B 型で úkúOXCV́CVCa の調整規則 IV と似ているが、「Ca も Cá となる」

点が異なる。

úkúbasháya　vs.　sibasháyá ～

あとに目的語等を必要とする形は、うしろのほうから高くする力が働くようであるが、低い部分が大きいと高くすることができないと考えられる。上に見たように、B型の語幹＋aのアクセントはX́CVCaであるが、場合によっては低く平らになりうる。低く平らになっていたり、後ろから2音節低いものは高くすることができないようである。従って、現在短形B型は、Oがあらわれなければ、S_1Xとどこも高くならず、また、sibasháyelaのように少し長いもの(-yela)は高くならないのであろう。

次に、調整規則XIVを見てみよう。これが該当するのは、現在短形B型でŚ$_2$X́CVCaの場合である。

X＝Øなら、CVはCV́となり、CaもCáとなる。X＝Øなら、CVもØでありうる。

前半部分は、今見たことから説明できる。

básháyá ～　　cf. bákháhlela ～.

問題は後半部分である。「X＝Øなら、CVもØでありうる」のは奇妙でも何でもないが、「CaはCáとなる」というのがないのが気になる。うしろのほうから高くする力が働くのなら、1音節しかない場合、bálwá ～となってよさそうなのに、である。あえてそうならない理由を考えて見ると、básháyá ～の場合は、語幹＋aの冒頭が(後ろからの力が働く以前に)高くなっているが、bálwa ～の場合はlwaの前に語幹に属するものとしては何もないことが関係しているのではないかと思われる。つまり、「低く平らになっていたり、後ろから2音節低いものは高くすることができない」という規則があり、この場合は「低く平らになってい」るものと扱われるのではないかと思われる。

次に、調整規則XVを見てみよう。これが該当するのは、4)の現在短形B型でŚ$_2$ÓX́CVCaの場合である。

X＝Øなら、CVはCV́となり、CaもCáとなる。

X＝ØでCVがØでない場合のみCaがCáとなる理由は、上に見たことから説明できよう。

次に、調整規則XVIを見てみよう。これが該当するのは6)の現在継続形A型S_1sáX́CVCa/Ś$_2$sáX́CVCaの場合である。

X＝CVあるいはX＝Øなら、CVはCV́となる。X＝Øなら、CVもØでありうる。

これは調整規則VIIに似ている。異なるのは、最後のところである。調整規則VII

にある「X＝Ø なら、CV も Ø でありうる」のあとの「が、直前の音節は上昇調になる」が、調整規則 XVI にはない。同じところと異なる所を例示する。

besíbábóna vs.　sisábóna

besíbǎpha　vs.　sisápha

この違いの理由は、高い sa が高いか高くされた対格接辞とは異なり、上昇調にならない性質を持っているということにあろう。

このように、語形が短くなったらどうなるかに対応する調整規則にはかなり微妙な問題があるが、真に奇妙だといえるのはそう多くはない。

2.2.　語尾 anga を用いる形

8）過去否定形　構造：a＋主格接辞＋（対格接辞＋）語幹＋anga

この形の場合、主格接辞にアクセントの区別はない。

A 型

asiphánga「私たちは与えなかった」、asibonánga、asibulalánga、
asisukumisánga、asilalelisisánga；
asibaphánga「私たちは彼らに与えなかった」、asibabonánga、
asibabulalánga、asibasukumisánga、asibalalelisisánga；
abaphánga「彼らは与えなかった」、etc.

アクセントは、次のように表示できる。

aSXCánga、aSOXCánga.

B 型

asilwánga「私たちは喧嘩しなかった」、asishayánga、asikhahlelánga、
asinakekelánga；
asibashayánga「私たちは彼らをなぐらなかった」、asibakhahlelánga、
asibanakekelánga；
abalwánga「彼らは喧嘩しなかった」、etc.

アクセントは、次のように表示できる。

aSXCánga、aSOXCánga.

A 型と B 型の違いはあらわれない。

anga を語尾とする形から、付け加えるべき仮定は次のようなものである。

（14）a は低く、続く主格接辞が高ければ低くする。

（15）A 型の語幹＋anga は XCánga をアクセントとする。

（16）B 型の語幹＋anga は XCánga をアクセントとする。

特にコメントすべきことはない。

2.3. 語尾 ile を用いる形

9)過去長形　構造：主格接辞＋(対格接辞＋)語幹＋ile

A 型

siphíle「私たちは与えた」、siboníle、sibuléle、sisukumísile、silalelisísile；

sibaphíle「私たちは彼らに与えた」、sibaboníle、sibabuléle、sibasukumísile、sibalalelisísile；

báphíle「彼らは与えた」、bábóníle、bábúléle、básúkúmísile、bálálélísísile；

bábáphíle「彼らは彼らに与えた」、bábábóníle、bábábúléle、bábásúkúmísile、bábálálélísísile.

アクセントは、次のように表示できる。

S_1XCV́CVCe(X＝Ø なら、直後の CV́ は CV となり、その次の CV は CV́ となる。X＝Ø なら直後の CV́ も Ø でありうるが、その次の CV は CV́ となる。調整規則 XVII と呼ぶ)、

S_1OXCV́CVCe(＋XVII)；

$\acute{S}_2$X́CVCe(X＝CV あるいは X＝Ø なら、CV は CV́ となる。調整規則 XVIII と呼ぶ)、

$\acute{S}_2$ÓX́CVCe(＋XVIII).

B 型

silwile「私たちは喧嘩した」、sishayile、sikhahlele、sinakekele；

sibasháyile「私たちは彼らをなぐった」、sibakháhlele、sibanakékele；

bálwile「彼らは喧嘩した」、básháyile、bákháhlele、bánákékele；

bábásháyile「彼らは彼らをなぐった」、bábákháhlele、bábánákékele.

アクセントは、次のように表示できる。

S_1X、S_1OXCV́CVCe；$\acute{S}_2$X́CVCe、$\acute{S}_2$ÓX́CVCe.

ile を語尾とする形から、付け加えるべき仮定は次のようなものである。

(17)A 型の語幹＋ile は X́CVCe をアクセントとする。

(18)B 型の語幹＋ile は X́CVCe をアクセントとする。

さらに、(6)に付け加える。

(6–2) S_1 は、(a) 直後の A 型の X́CVCe の X́ の高を、X の最後の音節に限定し、(b)直後の B 型の X́CVCe の X́ の高を消滅させる。

また、O について、(4)に付け加える。

(4–9) 低い S_1 のあとで低く、直後の X́CVCe の X́ の高を、X の最後の音節に限定する。

(4–10)高い S_2 のあとで高く、直後の X́CVCe には影響を与えない。
これは、(4–7)(4–8)と本質的に同じであるが、語尾が異なるので別立てにした。
この過去長形の前に sé を置くと、「現在完了形」となる。

sésiphíle「私たちはもう与えた」、etc.

これらの仮定および調整規則については、語尾 a を用いる形について述べたことを考慮すれば、特に問題はない。

2.4. 語尾 e を用いる形

10)過去短形(通常、目的語等を伴う)　　構造：主格接辞＋(対格接辞＋)語幹＋e

A 型

siphé ～「私たちは～を与えた」、siboné ～、sibulalé ～、sisukumisé ～、silalelisisé ～；
sibaphé ～「私たちは彼らに～を与えた」、
sibabophelé ～「私たちは彼らのために～を縛った」、
sibabulalelé ～「私たちは彼らのために～を殺した」、
sibasukumiselé ～「私たちは彼らのために～を立たせた」；
bâphé ～「彼らは～を与えた」、báboné ～、bábúlalé ～、básúkúmisé ～、bálálélísisé ～；
bábâphé ～「彼らは彼らに～を与えた」、bábábóphelé ～、bábábúlálelé ～、bábásúkúmíselé ～「彼らは彼らのために～を立たせた」.

アクセントは、次のように表示できる。

S_1XCé、S_1OXCé；
$\acute{S}_2$X́CVCé(X＝Ø なら、CV も Ø でありうるが、直前の音節は下降調になる。調整規則 XIX と呼ぶ)、
$\acute{S}_2$ÓX́CVCé(＋XIX).

B 型

silwé ～「私たちは喧嘩した」、sishayé ～、sikhahlelé ～、sinakekelé ～；
sibalwisé ～「私たちは彼らに喧嘩させた」、
sibashayelé ～「私たちは彼らのために～を殴った」、
sibanakekelisé ～「私たちは彼らに～を看護させた」；
bâlwé ～「彼らは喧嘩した」、báshayé ～、bákháhlelé ～、bánákékelé ～；
bábálwisé ～「彼らは彼らに喧嘩させた」、bábásháyelé ～、bábánákékélisé ～.

アクセントは、次のように表示できる。「～を」と書いていないところは、副詞などが続く。

S_1XCé、S_1OXCé；

$\acute{S}_2$X́CVCé（＋XIX）、$\acute{S}_2$ÓX́CVCé.

A型・B型の違いはあらわれないようである。

eを語尾とする形から、付け加えるべき仮定は次のようなものである。

(19)A型の語幹＋eはX́CVCéをアクセントとする。

(20)B型の語幹＋eはX́CVCéをアクセントとする。

S_1について、

(6–3)S_1は、直後のX́CVCéのXの高を消滅させる。

また、Oに関してつけ加える。

(4–11)低いS_1のあとで低く、直後のX́CVCéのX́の高を消滅させる。

(4–12)高いS_2のあとで高く、直後のX́CVCéには影響を与えない。

これらの仮定および調整規則についても、語尾aを用いる形について述べたことを考慮すれば、特に問題はない。

2.5.　語尾iを用いる形

11)過去進行否定形　　構造：be＋主格接辞＋nga＋(対格接辞＋)語幹＋i

A型

besíngaphí「私たちは与えていなかった」、besíngabôní、besíngabulâlí、besíngasukumîsí、besíngalalelisîsí；

besíngabâphí「私たちは彼らに与えていなかった」、besíngababôní、besíngababulâlí、besíngabasukumîsí、besíngabalalelisîsí；

bebángaphí「彼らは与えていなかった」、etc.

アクセントは、次のように表示できる。

beŚngaXCV̂Cí(X＝Øなら、CV̂もØでありうる。調整規則XXと呼ぶ)、

beŚngaOXCV̂Cí(X＝Øなら、CV̂もØでありうるが、直前の音節は下降調になる。調整規則XXIと呼ぶ).

B型

besíngalwí「私たちは喧嘩していなかった」、besíngashayí、besíngakhahlêlí、besínganakekêlí；

besíngabashâyí「私たちは彼らをなぐっていなかった」、besíngabakhahlêlí、besíngabanakekêlí；

bebángalwí「彼らは喧嘩していなかった」、etc.

アクセントは、次のように表示できる。

beŚngaXCV̂Cí(X＝Øなら、CV̂はCVとなる。X＝Øなら、CV̂もØであり

うる。調整規則XXIIと呼ぶ)、

beŚngaOXCV̂Cí.

12)完了否定形　構造：a＋主格接辞＋ka＋(対格接辞＋)語幹＋i

A型

asíkaphí「私たちはまだ与えていない」、asíkabôní、asíkabulâlí、

asíkasukumîsí、asíkalalelisîsí；

asíkabâphí「私たちはまだ彼らに与えていない」、asíkababôní、asíkababulâlí、

asíkabasukumîsí、asíkabalalelisîsí；

abákaphí「彼らはまだ与えていない」、etc.

アクセントは、次のように表示できる。

aŚkaXCV̂Cí(＋XX)、aŚkaOXCV̂Cí(＋XXI).

B型

asíkalwí「私たちはまだ喧嘩していない」、asíkashayí、asíkakhahlêlí、

asíkanakekêlí；

asíkabashâyí「私たちはまだ彼らをなぐっていない」、asíkabakhahlêlí、

asíkabanakekêlí；

abákalwí「彼らはまだ喧嘩していない」、etc.

アクセントは、次のように表示できる。

aŚkaXCV̂Cí(＋XXII)、aŚkaOXCV̂Cí.

13)経験否定形　　構造：a＋主格接辞＋ka＋ka＋(対格接辞＋)語幹＋i

A型

asíkákaphí「私たちは与えたことがない」、asíkákabôní、asíkákabulâlí、

asíkákasukumîsí、asíkákalalelisîsí；

asíkákabâphí「私たちは彼らに与えたことがない」、asíkákababôní、

asíkákababulâlí、asíkákabasukumîsí、asíkákabalalelisîsí；

abákákaphí「彼らは与えたことがない」、etc.

アクセントは、次のように表示できる。

aŚkákaXCV̂Cí(＋XX)、aŚkákaOXCV̂Cí(＋XXI).

B型

asíkákalwí「私たちは喧嘩したことがない」、asíkákashayí、asíkákakhahlêlí、

asíkákanakekêlí；

asíkákabashâyí「私たちは彼らをなぐったことがない」、asíkákabakhahlêlí、

asíkákabanakekêlí；

abákákalwí「彼らは喧嘩したことがない」、etc.

アクセントは、次のように表示できる。

aŚkákaXCV̂Cí（＋XXII）、aŚkákaOXCV̂Cí.

14）現在否定形　構造：a＋主格接辞＋（対格接辞＋）語幹＋i

A型

asîphí「私たちは与えない」、asibóni、asibuláli、asisukumísi、asilalelisísi；

asibáphi「私たちは彼らに与えない」、asibabóni、asibabuláli、asibasukumísi、asibalalelisísi；

abâphí「彼らは与えない」、etc.

アクセントは、次のように表示できる。

aSXCV́Ci（X＝Øなら、CV́もØでありうるが、CiはCíとなり、直前の音節は下降調となる。調整規則XXIIIと呼ぶ）、

aSOXCV́Ci（X＝Øなら、CV́もØでありうるが、直前の音節は高となる。調整規則XXIVと呼ぶ）.

B型

asîlwí「私たちは喧嘩しない」、asisháyi、asikhahléli、asinakekéli；

asibasháyi「私たちは彼らをなぐらない」、asibakhahléli、asibanakekéli；

abâlwí「彼らは喧嘩しない」、etc.

アクセントは、次のように表示できる。

aSXCV́Ci（＋XXIII）、aSOXCV́Ci.

15）現在継続否定形　構造：a＋主格接辞＋sa＋（対格接辞＋）語幹＋i

A型

asisâphí「私たちはもう与えていない」、asisabóni、asisabuláli、asisasukumísi、asisalalelisísi；

asisabáphi「私たちはもう彼らに与えていない」、asisababóni、asisababuláli、asisasukumísi、asisabalalelisísi；

abasâphí「彼らはもう与えていない」、etc.

アクセントは、次のように表示できる。

aSsaXCV́Ci（＋XXIII）、aSsaOXCV́Ci（＋XXIV）.

B型

asisálwi「私たちはもう喧嘩していない」、asisasháyi、asisakhahléli、asisanakekéli；

asisabasháyi「私たちはもう彼らをなぐっていない」、asisabakhahléli、asisabanakekéli；

abasálwi「彼らはもう喧嘩していない」、etc.

アクセントは、次のように表示できる。

aSsaXCV́Ci（＋XXIV）、aSsaOXCV́Ci.

16）過去継続否定形　　構造：be＋主格接辞＋nga＋sa＋（対格接辞＋）語幹＋i

A 型

besíngasâphí「私たちはもう与えていなかった」、besíngasábôní、

besíngasábúlâlí、besíngasásúkúmîsí、besíngasálálelísîsí；

besíngasábâphí「私たちはもう彼らに与えていなかった」、besíngasábábôní、

besíngasábábúlâlí、besíngasásúkúmîsí、besíngasábálálélísîsí；

bebángasâphí「彼らはもう与えていなかった」、etc.

アクセントは、次のように表示できる。

beŚngasáX́CV̂Cí（X＝Ø なら、CV̂ も Ø でありうるが、直前の音節は下降調になる。調整規則 XXV と呼ぶ）、beŚngasáÓX́CV̂Cí（＋XXV）.

XXV は XXI と同文であるが、「直前の音節」の高さが異なる。

B 型

besíngasâlwí「私たちはもう喧嘩していなかった」、besíngasáshâyí、

besíngasákháhlêlí、besíngasánákékêlí；

besíngasábáshâyí「私たちはもう彼らをなぐっていなかった」、

besíngasábákháhlêlí、besíngasábánákékêlí；

bebángasâlwí「彼らはもう喧嘩していなかった」、etc.

アクセントは、次のように表示できる。

beŚngasáX́CV̂Cí（＋XXV）、beŚngasáÓX́CV̂Cí.

最後のものには調整規則 XXV がつかないが、対格接辞をとれる語幹が C だけの動詞が B 型にはないのである。i を語尾とする形から、付け加えるべき仮定は次のようなものである。

（21）nga は低い。

（22）既遂の行為を否定する形の A 型の語幹＋i は XCV̂Cí をアクセントとする。

（23）既遂の行為を否定する形の B 型の語幹＋i は XCV̂Cí をアクセントとする。

（24）後ろに ka が続く S は高い。

（25）ka は単独では低いが、2 つ並ぶと前の ka が高くなる。

（26）現在の行為を否定する形の A 型の語幹＋i は XCV̂Ci をアクセントとする。

（27）現在の行為を否定する形の B 型の語幹＋i は XCV̂Ci をアクセントとする。

さらに、sa について、

（13–1）語幹＋i の前方では低いが、

（13–2）nga に続く時は高くなり、かつ、あとの低い列を高くする。

これらの仮定のうちで問題なのは、(22) (23) と (26) (27) であろう。なお、16) の過去継続否定形についてはあとで見る。

まず、(22) と (23) の関係であるが、XCV̂Cí で表示される点では同じでも、調整規則が異なる。その違いは、11) の過去進行否定形、12) の完了否定形、13) の経験否定形で、

besíngabôní　vs.　besíngashayí

asíkabôní　vs.　asíkashayí

asíkakabôní　vs.　asíkákashayí

にあらわれているが、XCV̂Cí の前が高い時は、その違いがあらわれない。16) の過去継続否定形で、

besíngasábôní　vs.　besíngasáshâyí

ただ、前が高い時は、～ shâyí は、そう聞こえるけれど、前が高いので、sha は実は低くて、遅下がりによって下降調になっているだけかも知れない。だとすれば、(22) と (23) の違いはあらゆる場合にそうである。従って、A 型の XCV̂Cí と B 型の XCV̂Cí は、わずかであるといえ、本質的に異なるのである。

次に、A 型の XCV̂Cí に付属する調整規則の違いについて考える。11) の過去進行否定形、12)の完了否定形、13)の経験否定形を見よ。

beŚngaXCV̂Cí (X＝Ø なら、CV̂ も Ø でありうる。調整規則 XX)、

beŚngaOXCV̂Cí (X＝Ø なら、CV̂ も Ø でありうるが、直前の音節は下降調になる。調整規則 XXI)；

aŚkaXCV̂Cí (＋XX)、aŚkaOXCV̂Cí (＋XXI)；

aŚkákaXCV̂Cí (＋XX)、aŚkákaOXCV̂Cí (＋XXI).

XX と XXI の文言上の違いはあるが、XX がつけられている場合は、nga/ka/ka が語幹＋i の直前にあり、これらが下降調になれないものであると考えれば納得できる。従って、調整規則 XX と調整規則 XXI には本質的な違いがないのである。

次に、B 型の XCV̂Cí に付属する調整規則について考える。上と同じ形を見よ。

beŚngaXCV̂Cí (X＝Ø なら、CV̂ は CV となる。X＝Ø なら、CV̂ も Ø でありうる。調整規則 XXII)、beŚngaOXCV̂Cí；

aŚkaXCV̂Cí (＋XXII)、aŚkaOXCV̂Cí；

aŚkákaXCV̂Cí (＋XXII)、aŚkákaOXCV̂Cí.

調整規則は、すべて同じである。

次に、(26) と (27) であるが、O があらわれない場合は、調整規則も A 型 B 型とも同じである。14)の現在否定形で見る。

A 型

aSXCV́Ci（X＝Ø なら、CV́ も Ø でありうるが、Ci は Cí となり、直前の音節は下降調となる。調整規則 XXIII）.

B 型

aSXCV́Ci（＋XXIII）.

O があらわれる場合、表面的には異なる。

A 型

aSOXCV́Ci（X＝Ø なら、CV́ も Ø でありうるが、直前の音節は高となる。調整規則 XX IV）.

B 型

aSOXCV́Ci.

つまり、B 型の場合は、調整規則 XXIV がつかず表面的には異なるようであるが、前日の如く、O があらわれ、X も CV́ も Ø である場合というのが B 型動詞には存在しないのである。従って、A 型 B 型の違いは実際には存在しないようである。

調整規則 XXIII と調整規則 XXIV の違いであるが、調整規則 XXIV はごく自然である。つまり、次末音節が高いのであるが、次末音節が語幹＋i の内部にない場合その前が高くなる。問題は調整規則 XXIII で、奇妙である。

近隣の言語の現在否定形（対格接辞のあらわれないもの）を見てみよう。

Xhosa

A 型

asíphi「私たちは与えない」、asibóni「～見ない」、

asibúlísi「～挨拶しない」、asifúmánéli「～得てやらない」.

まとめれば、アクセント表示は次のようになる。

aSX́Ci（X＝Ø なら、S は Ś となる）.

B 型

asíwí「私たちは倒れない」、asikhábi「～蹴らない」、

así̱ranéli「～疑わない」、asíkhohlakaléli「～いじめない」.

アクセント表示は、次のようになる。

aŚXCV́Ci（X＝Ø なら、S は低くなる。X＝Ø なら、次の CV́ も Ø でありうるが、Ci は Cí となり、かつ、S は低くならない）.

Swati とはことなり、A 型 B 型の違いがあり、B 型の調整規則は奇妙である。いずれにしても、あまり参考にならない。

Zulu

A 型

asîphí「私たちは与えない」、asibóni「～見ない」、

asibuláli「～殺さない」、asiqalekísi「～呪いをかけない」.

アクセント表示は、次のようになる。

aSXCV́Ci（X＝Ø なら、CV も Ø でありうるが、Ci は Cí となり、直前の音節は下降調となる）.

B 型

asîwí「私たちは倒れない」、asisháyi「～殴らない」、

asikhaléli「～蹴らない」、asinakekéli「～看護しない」.

アクセント表示は、次のようになる。

aSXCV́Ci（A 型に同じ）.

Swati と同じように奇妙である。

Southern Ndebele

A 型

asîphí「私たちは与えない」、asibóni「～見ない」、

asibuláli「～殺さない」、asicebisanísi「～相談させない」.

アクセント表示は、次のようになる。

aSXCV́Ci（X＝Ø なら、CV́ も Ø でありうるが、Ci は Cí となり、直前の音節は下降調となる）.

B 型

asíwi「私たちは倒れない」、asilwísi「～喧嘩させない」、

asilayézi「～命じない」、asivalelísi「～別れを告げない」.

アクセント表示は、次のようになる。

aSXCV́Ci（X＝Ø なら、CV́ も Ø でありうるが、直前の音節は高くなる）.

A 型 B 型の違いがあり、A 型の調整規則は、Swati と同じように奇妙である。

Northern Ndebele

A 型

asíphi/asîphi「私たちは与えない」、asibóni「～見ない」、

asibuláli「～殺さない」、asiqotshamísi「～しゃがませない」.

アクセント表示は、次のようになる。

aSXCV́Ci（X＝Ø なら、CV́ も Ø でありうるが、直前の音節は高く、あるいは、下降調となる）.

B 型

asíwi/asîwi「私たちは倒れない」、asitsháyi「～殴らない」、

asitshayísi「～殴らせない」、asitshayanísi「～殴り合わせない」.

アクセント表示は、次のようになる。

aSXCV́Ci (A 型に同じ).

A 型 B 型の違いはなく、調整規則は、奇妙ではない。

近隣の言語の一部には、Swati と同じように奇妙な現象を有するものがある、ということである。

いずれにしても、語幹 + i の XCV̂Cí というアクセントと XCV́Ci というアクセントは、似てはいるが異なるものであり、語幹 + i は、A 型 B 型とも、2 種類のアクセントを有する、ということになる。

16) の過去継続否定形について見る。(13–2) が関係する。A 型 B 型とも次のように考えられる。

be + Ś + nga + sá + XCV̂Cí → beŚngasáX́CV̂Cí、
be + Ś + nga + sá + O + XCV̂Cí → beŚngasáÓX́CV̂Cí.

3.　若干のコメント

この言語の動詞アクセントの特徴は、最初にも触れた通り、A 型と B 型の差が小さく、語尾によっては、無くなっていることにある。もちろん、各活用形のアクセントが、A 型と B 型の差の有無にかかわらず、統一的に表示できるという点では規則的であるといえるが、語尾が i の場合には、A 型と B 型とも 2 種類のアクセントを語幹 + i に仮定しなければならない (別に、アクセントの違いがなくても混同されることはないのに) 点は、不規則性のあらわれといえよう。

また、調整規則 I (書き換えたもの) の最後の部分の奇妙さは、不規則性のあらわれとしかいいようがない。

つまり、A 型と B 型の差が消滅寸前にある (その点では、より規則的になろうとしていると思われる) のに、このような不規則性のあらわれが厳然として存在することに、いささか違和感を感じさせる言語であるが、この言語にとってはそんなことは何でもないのかも知れない。

本章での考察は、「スワティ語動詞アクセント試論」(『アジア・アフリカ文法研究』26 所収) の記述の一部を、どういう規則が働いているかを中心に、さらに深めたものである。

第 10 章　サンバー語の動詞アクセント

タンザニア北東部に話される Sambaa（サンバー語）の動詞のアクセントを見る。´、¯、ˇで「高」「中（位の高さ）」「上昇調」、無印で「低」をあらわす。

1.　不定形

この言語の不定形の構造は ku＋（対格接辞＋）語幹＋a であり、対格接辞は、単数 1 ～ 3 人称のものとそれ以外とに分類される。前者を O_1、後者を O_2 であらす。

A_1 型

kujá「食べる」、kutúmá「使いにやる」、kukíngá「かばう」；

kumtúmá「彼（m. これは音節主音的 m）を使いにやる」、kumkíńgá；

kuchíjā「それ（chi）を食べる」、kuwátúmá「彼ら（wa）を使いにやる」、

kuwákíngá.（対格接辞 chi は、たとえば kintu（物、sg.）に対応する。）

アクセントは、次のように表示できる。

kuX́、kuO$_1$X́、kuÓ$_2$X́（X＝Ca なら、X の ´ は ¯ となる。調整規則 I と呼ぶ）.

A_2 型

kuzwíka「着せる」、kudéghésha「くすぐる」、kuwéwéséka「寝言をいう」；

kumzwíka「彼に着せる」、kumdéghésha「彼をくすぐる」；

kuwázwíka「彼らに着せる」、kuwádéghésha.

アクセントは、次のように表示できる。

kuX́Ca、kuO$_1$X́Ca、kuÓ$_2$X́Ca.

B 型

kughoja「待つ」、kukonta「殴る」、kunyang'anya「奪う」、

kukwekweteka「よろめく」；

kumghoja「彼を待つ」、kumkonta、kumnyang'anya；

kuwághója「彼らを待つ」、kuwákónta、kuwányáng'ánya.

アクセントは、次のように表示できる。

kuX、kuO_1X、$ku\acute{O}_2\acute{X}Ca$.

2.　直説法形

次に直説法形を見る。

2.1.　語尾 a を用いる形

1)過去形(1)　構造：主格接辞＋za＋(対格接辞＋)語幹＋a

主格接辞は、1・2人称のそれとそれ以外とに分けられる。前者を S_1、後者を S_2 であらわす。

A_1 型

$S=S_1$ の場合：

nizajá「私は食べた」、nizatúmá、nizakíngá；

nizamtúmá「私は彼を使いにやった」、nizamkíngá；

nizachíjā「私はそれを食べた」、nizawátúmá「私は彼らを使いにやった」、nizáwákíngá.

アクセントは、次のように表示できる。

$S_1za\acute{X}$、$S_1zaO_1\acute{X}$、$S_1za\acute{O}_2\acute{X}$(＋I).

$S=S_2$ の場合：

ázajá「彼は食べた」、ázatúmá、ázakíngá；

ázamtúmá「彼は彼(別人)を使いにやった」、ázamkíngá；

ázachíjā「彼はそれを食べた」、azawátúmá「彼は彼らを使いにやった」、azawákíngá.

アクセントは、次のように表示できる。

$\acute{S}_2za\acute{X}$、$\acute{S}_2zaO_1\acute{X}$、$\acute{S}_2za\acute{O}_2\acute{X}$(＋I).

A_2 型

$S=S_1$ の場合：

nizazwíka「私は着せた」、nizadéghésha、nizawéwéséka；

nizamzwíka「私は彼に着せた」、nizamdéghésha；

nizawázwíka「私は彼らに着せた」、nizawádéghésha.

アクセントは、次のように表示できる。

$S_1za\acute{X}Ca$、$S_1zaO_1\acute{X}Ca$、$S_1za\acute{O}_2\acute{X}Ca$.

$S=S_2$ の場合：

ázazwíka「彼は着せた」、ázadéghésha、ázawéwéséka；

ázamzwíka「彼は彼に着せた」、ázamdéghésha；

ázawázwíka「彼は彼らに着せた」、ázawádéghésha.

アクセントは、次のように表示できる。

$\acute{S}_2$zaX́Ca、$\acute{S}_2$zaO_1X́Ca、$\acute{S}_2$za$\acute{O}_2$X́Ca.

B型

$S=S_1$ の場合：

nizaghoja「私は待った」、nizakonta、nizanyang'anya、nizakwekweteka；

nizamghoja「私は彼を待った」、nizamkonta、nizamnyang'anya；

nizawághója「私は彼らを待った」、nizawákónta、nizawányáng'ánya.

アクセントは、次のように表示できる。

S_1zaX、S_1zaO_1X、S_1za$\acute{O}_2$X́Ca.

$S=S_2$ の場合：

ázaghoja「彼は待った」、ázakonta、ázanyang'anya、ázakwekweteka；

ázamghoja「彼は彼を待った」、ázamkonta、ázamnyang'anya；

ázawághója「彼は彼らを待った」、ázawákónta、ázawányáng'ánya.

アクセントは、次のように表示できる。

$\acute{S}_2$zaX、$\acute{S}_2$zaO_1X、$\acute{S}_2$za$\acute{O}_2$X́Ca.

2)特定過去形(話し手にもわかるある時に行われた行為をあらわす)

構造：主格接辞＋a＋(対格接辞＋)語幹＋a

S_1 と S_2 による違いはない。

A_1 型

najá(ni＋a＋j＋a)「私は食べた」、natúmá、nakíngá；

namtúmá「私は彼を使いにやった」、namkíngá；

nachíjā「私はそれを食べた」、nawátúmá「私は彼らを使いにやった」、nawákíngá.

ajá(a＋a＋j＋a)「彼は食べた」、etc.

アクセントは、次のように表示できる。

SaX́、SaO_1X́、Sa$\acute{O}_2$X́(＋I).

A_2 型

nazwíka「私は着せた」、nadéghésha、nawéwéséka；

namzwíka「私は彼に着せた」、namdéghésha；

nawázwíka「私は彼らに着せた」、nawádéghésha.

azwíka「彼は着せた」、etc.

アクセントは、次のように表示できる。

SaX́Ca、SaO$_1$X́Ca、SaÓ$_2$X́Ca.

B 型

naghoja「私は待った」、nakonta、nanyang'anya、nakwekweteka；

namghoja「私は彼を待った」、namkonta、namnyang'anya；

nawághója「私は彼らを待った」、nawákónta、nawányáng'ánya.

aghoja「彼は待った」、etc.

アクセントは、次のように表示できる。

SaX、SaO$_1$X、SaÓ$_2$X́Ca.

3）不特定過去形（特定されていないか特定する気のない過去の時点における行為をあらわす）

構造：主格接辞＋aa＋（対格接辞＋）語幹＋a

S$_1$ と S$_2$ の違いはあらわれない。

A$_1$ 型

náājā（ni＋aa＋j＋a）「私は食べた」、náātūmā、náākīngā；

náaḿtūmā「私は彼を使いにやった」、náaḿkīngā；

náachǐjā「私はそれを食べた」、náawátúmá、náawákíngá.

áājā「彼は食べた」、etc.

アクセントは、次のように表示できる。

SáāX̄、SáaÓ$_1$X̄、ŚaaÓ$_2$X́（X＝Ca なら、～ Ǒ$_2$X̄ となる。調整規則 I-1 と呼ぶ）.

A$_2$ 型

náazwǐka「私は着せた」、náadeghésha、náawewéséka；

náaḿzwǐka「私は彼に着せた」、náaḿdeghésha；

náawázwíka「私は彼らに着せた」、náawádéghésha.

áazwǐka「彼は着せた」、etc.

アクセントは、次のように表示できる。

SáaCVX́Ca（X＝Ø なら、´ は、ˇ となって CV にうつる。調整規則 II と呼ぶ）、

SáaÓ$_1$CVX́Ca（＋II）、SáaÓ$_2$X́Ca.

B 型

náaghója「私は待った」、náakónta、náanyáng'ánya、náakwékwétéka；

náaḿghója「私は彼を待った」、náaḿkónta、náaḿnyáng'ánya；

náawághója「私は彼らを待った」、náawákónta、náawányáng'ánya.

áaghója「彼は待った」、etc.

アクセントは、次のように表示できる。

SáaX́Ca、SáaÓ$_1$X́Ca、SáaÓ$_2$X́Ca.

4)理由過去形(ある出来事の理由となる、過去の行為をあらわす)

構造：主格接辞＋te＋(対格接辞＋)語幹＋a

S_1 と S_2 による違いはない。

A_1 型

nitéjā「私は食べた(から)」、nitétūmā、nitékīngā；

nitéḿtūmā「私は彼を使いにやった」、nitéḿkīngā；

nitéchǐjā「私はそれを食べた」、nitéwatúmá「私は彼らを使いにやった」、nitéwakíngá.

atéjā「彼は食べた」、etc.

アクセントは、次のように表示できる。

Sté$\bar{\mathrm{X}}$、Sté$\acute{\mathrm{O}}_1\bar{\mathrm{X}}$、Sté$\mathrm{O}_2\acute{\mathrm{X}}$(X＝Ca なら、～$\check{\mathrm{O}}_2\bar{\mathrm{X}}$ となる。調整規則 I-2 と呼ぶ).

A_2 型

nitézwǐka「私は着せた」、nitédeghésha、nitéweweséka；

nitéḿzwǐka「私は彼に着せた」、nitéḿdeghésha；

nitéwazwíka「私は彼らに着せた」、nitéwadéghésha.

atézwǐka「彼は着せた」、etc.

アクセントは、次のように表示できる。

StéCV$\check{\mathrm{X}}$Ca(＋II)、Sté$\acute{\mathrm{O}}_1$CV$\check{\mathrm{X}}$Ca(＋II)、Sté$\mathrm{O}_2\acute{\mathrm{X}}$Ca.

B 型

nitéghója「私は待った」、nitékónta、nitényáng'ánya、nitékwékwétéka；

nitéḿghója「私は彼を待った」、nitéḿkónta、nitéḿnyáng'ánya；

nitéwaghója「私は彼らを待った」、nitéwakónta、nitéwanyáng'ánya.

atéghója「彼は待った」、etc.

アクセントは、次のように表示できる。

Sté$\check{\mathrm{X}}$Ca、Sté$\acute{\mathrm{O}}_1\check{\mathrm{X}}$Ca、Sté$\mathrm{O}_2\acute{\mathrm{X}}$Ca.

5)理由過去否定形(ある出来事の理由となる、過去の行為の非存在をあらわす)

構造：he＋主格接辞＋te＋(対格接辞＋)語幹＋a

S_1 と S_2 による違いはない。he＋主格接辞は、単数 1 ～ 3 人称では、si、hu、ha と一音節になる。

A_1 型

hetítějā「私たちは食べなかった(のだから)」、hetítētūmā、hetítēkīngā；

hetíteḿtūmā「私たちは彼を使いにやらなかった」、hetíteḿkīngā；

hetítechǐjā「私たちはそれを食べなかった」、

hetítewatúmá「私は彼らを使いにやらなかった」、hetítewakíngá.

hátějā「彼は食べなかった」、etc.

アクセントは、次のように表示できる。

heŚtēX̄（X＝Ca なら、～ těX̄ となる。調整規則 III と呼ぶ）、

heŚteÓ$_1$X̄、heŚteO$_2$X́（＋I-2）.

A$_2$ 型

hetítezwǐka「私たちは着せなかった」、hetítedeghésha、hetítewewéséka；

hetítemḿzwǐka「私たちは彼に着せなかった」、hetítemḿdeghésha；

hetítewazwíka「私たちは彼らに着せなかった」、hetítewadéghésha.

hátezwǐka「彼は着せた」、etc.

アクセントは、次のように表示できる。

heŚteCVX́Ca（＋II）、heŚteÓ$_1$CVX́Ca（＋II）、heŚteO$_2$X́Ca.

B 型

hetíteghója「私たちは待たなかった」、hetítekónta、hetítenyáng’ánya、

hetítekwékwétéka；

hetítemḿghója「私たちは彼を待たなかった」、hetítemḿkónta、

hetítemḿnyáng’ánya；

hetítewaghója「私たちは彼らを待たなかった」、hetítewakónta、

hetítewanyáng’ánya.

háteghója「彼は待たなかった」、etc.

アクセントは、次のように表示できる。

heŚteX́Ca、heŚteÓ$_1$X́Ca、heŚteO$_2$X́Ca.

6）現在進行形　　構造：主格接辞＋aa＋（対格接辞＋）語幹＋a

不特定過去形と同じ構造だが、アクセントが異なる。

A$_1$ 型

S＝S$_1$ の場合：

naajá「私は食べている」、naatúmá、naakíngá；

naamtúmá「私は彼を使いにやっている」、naamkíngá；

naachíjā 私はそれを食べている」、naawátúmá、naawákíngá.

アクセントは、次のように表示できる。

S$_1$aaX́、S$_1$aaO$_1$X́、S$_1$aaÓ$_2$X́（＋I）.

S＝S$_2$ の場合：

áájā「彼は食べている」、áátūmā、áákīngā；

ááḿtūmā「彼は彼（別人）を使いにやっている」、ááḿkīngā；

áách ǐjā「彼はそれを食べている」、ááwatúmá、ááwakíngá.

アクセントは、次のように表示できる。

S_2ááX̄、S_2ááÓ$_1$X̄、S_2ááO$_2$X́（+I-2).

A_2 型

S = S_1 の場合：

naazwíka「私は着せている」、naadéghésha、naawéwéséka；

naamzwíka「私は彼に着せている」、naamdéghésha；

naawázwíka「私は彼らに着せている」、naawádéghésha.

アクセントは、次のように表示できる。

S_1aaX́Ca、S_1aaO$_1$X́Ca、S_1aaÓ$_2$X́Ca.

S = S_2 の場合：

áázwǐka「彼は着せている」、áádeghésha、ááweweséka；

ááḿzwǐka「彼は彼に着せている」、ááḿdeghésha；

ááwazwíka「彼は彼らに着せている」、ááwadéghésha.

アクセントは、次のように表示できる。

S_2ááCVX́Ca（+II)、S_2ááÓ$_1$CVX́Ca（+II)、S_2ááO$_2$X́Ca.

B 型

S = S_1 の場合：

naaghoja「私は待っている」、naakonta、naanyang'anya、naakwekweteka；

naamghoja「私は彼を待っている」、naamkonta、naamnyang'anya；

naawaghója「私は彼らを待っている」、naawakónta、naawanyáng'ánya.

アクセントは、次のように表示できる。

S_1aaX、S_1aaO$_1$X、S_1aaO$_2$X́Ca.

S = S_2 の場合：

áághója「彼は待っている」、áákónta、áányáng'ánya、áákwékwétéka；

ááḿghója「彼は彼を待っている」、ááḿkónta、ááḿnyáng'ánya；

ááwaghója「彼は彼らを待っている」、ááwakónta、ááwanyáng'ánya.

アクセントは、次のように表示できる。

S_2ááX́Ca、S_2ááÓ$_1$X́Ca、S_2ááO$_2$X́Ca.

7)応答現在進行形(何をしているか聞かれて答える形)

構造：主格接辞 + ta + (対格接辞 +)語幹 + a

S_1 と S_2 による違いはない。

A_1 型

nítajá「私は食べている」、nítatúmá、nítakíngá；

nítamtúmá「私は彼を使いにやっている」、nítamkíngá；

nítachíjā「私はそれを食べている」、nítawátúmá、nítawákíngá.

átajá「彼は食べている」、etc.

アクセントは、次のように表示できる。

ŚtaX́、ŚtaO$_1$X́、ŚtaÓ$_2$X́（+I).

A$_2$ 型

nítazwíka「私は着せている」、nítadéghésha、nítawéwéséka；

nítamzwíka「私は彼に着せている」、nítamdéghésha；

nítawázwíka「私は彼らに着せている」、nítawádéghésha.

átazwíka「彼は着せている」、etc.

アクセントは、次のように表示できる。

ŚtaX́Ca、ŚtaO$_1$X́Ca、ŚtaÓ$_2$X́Ca.

B 型

nítaghoja「私は待っている」、nítakonta、nítanyang'anya、nítakwekweteka；

nítamghoja「私は彼を待っている」、nítamkonta、nítamnyang'anya；

nítawághója「私は彼らを待っている」、nítawákónta、nítawányáng'ánya.

átaghoja「彼は待っている」、etc.

アクセントは、次のように表示できる。

ŚtaX、ŚtaO$_1$X、ŚtaÓ$_2$X́Ca.

8)現在形　構造：主格接辞+(対格接辞+)語幹+a

A$_1$ 型

S=S$_1$ の場合：

níja「私は食べる」、nitúma、nikínga；

níḿja「私はそれ(m)を食べる」、nimtúma「私は彼を使いにやる」、nimkínga；

nichíja「私はそれを食べる」、niwátúma「私は彼らを使いにやる」、niwákínga.

アクセントは、次のように表示できる。

S$_1$X́Ca(X=Ø なら、直前が高くなる。調整規則 IV と呼ぶ)、

S$_1$O$_1$X́Ca(X=Ø なら、直前およびその前が高くなる。調整規則 IV-1 と呼ぶ)、

S$_1$Ó$_2$X́Ca.

S=S$_2$ の場合：

ája「彼は食べる」、átúma、ákínga；

áḿtǔma「彼は彼を使いにやる」、áḿkǐnga；

áchíja「彼はそれを食べる」、áwátúma、áwákínga.

アクセントは、次のように表示できる。

Ś$_2$X́Ca、Ś$_2$Ó$_1$CVX́Ca(+II)、Ś$_2$Ó$_2$X́Ca.

A_2 型

$S=S_1$ の場合：

nizwíka「私は着せる」、nidéghésha、niwéwéséka；

nimzwíka「私は彼に着せる」、nimdéghésha；

niwázwíka「私は彼らに着せる」、niwádéghésha.

アクセントは、次のように表示できる。

$S_1\acute{X}Ca$、$S_1O_1\acute{X}Ca$、$S_1\acute{O}_2\acute{X}Ca$.

$S=S_2$ の場合：

ázwíka「彼は着せる」、ádéghésha、áwéwéséka；

áḿzwǐka「彼は彼に着せる」、áḿdeghésha；

áwázwíka「彼は彼らに着せる」、áwádéghésha.

アクセントは、次のように表示できる。

$\acute{S}_2\acute{X}Ca$、$\acute{S}_2\acute{O}_1CV\acute{X}Ca$ (+II)、$\acute{S}_2\acute{O}_2\acute{X}Ca$.

A_1 型にのみ調整規則 IV および IV-1 が必要な点を除いてアクセントは同じ表示ができる。さて、A_2 型においては $X=Ø$ となることがないので、結局、A_1 型と A_2 型の違いはないことになる。

B 型

$S=S_1$ の場合：

nighoja「私は待つ」、nikonta、ninyang'anya、nikwekweteka；

nimghoja「私は彼を待つ」、nimkonta、nimnyang'anya；

niwághója「私は彼らを待つ」、niwákónta、niwányáng'ánya.

アクセントは、次のように表示できる。

S_1X、S_1O_1X、$S_1\acute{O}_2\acute{X}Ca$.

$S=S_2$ の場合：

ághója「彼は待つ」、ákónta、ányáng'ánya、ákwékwétéka；

áḿghója「彼は彼を待つ」、áḿkónta、áḿnyáng'ánya；

áwághója「彼は彼らを待つ」、áwákónta、áwányáng'ánya.

アクセントは、次のように表示できる。

$\acute{S}_2\acute{X}Ca$、$\acute{S}_2\acute{O}_1\acute{X}Ca$、$\acute{S}_2\acute{O}_2\acute{X}Ca$.

9) 現在否定形　構造：he + 主格接辞 + (対格接辞 +) 語幹 + a

A_1 型と A_2 型の区別はなく、S_1 と S_2 の違いもアクセントにあらわれない。

A 型

hetíjā「私たちは食べない」、hetítúmá、hetízwíká、hetíkíngá、hetídéghéshá、hetíwéwéséká；

hetíḿtūmā「私たちは彼を使いにやらない」、hetíḿzwīkā、hetíḿkīngā、
hetíḿdēghēshā；
hetíchíjā「私たちはそれを食べない」、
hetíwátúmá「私たちは彼らを使いにやらない」、hetíwázwíká、hetíwákíngá、
hetíwádéghéshá.
hájā「彼は食べない」、etc.

アクセントは、次のように表示できる。調整規則Iを「CV́X́ のX＝Ca なら CV́X̄ となる」に一般化する。

heŚX́（＋I)、heŚÓ$_1$X̄、heŚÓ$_2$X́（＋I).

B 型

hetíghójā「私たちは待たない」、hetíkóntā、hetínyáng'ānyā、hetíkwékwētēkā；
hetíḿghójā「私たちは彼を待たない」、hetíḿkóntā、hetíḿnyáng'ānyā；
hetíwághójā「私たちは彼らを待たない」、hetíwákóntā、hetíwányáng'ānyā.
hághójā「彼は待たない」、etc.

アクセントは、次のように表示できる。

heŚCV́X̄、heŚÓ$_1$CV́X̄、heŚÓ$_2$CV́X̄.

10)過去進行形　構造：ne＋主格接辞＋ki＋(対格接辞＋)語幹＋a

S$_1$ と S$_2$ の違いはアクセントにあらわれない。

A$_1$ 型

neníkíjā「私は食べていた」、neníkítūmā、neníkíkīngā；
neníkíḿtūmā「私は彼を使いにやっていた」、neníkíḿkīngā；
neníkíchǐjā「私はそれを食べていた」、neníkíwatúmá、neníkíwakíngá.
neákíjā「彼は食べていた」、etc.

アクセントは、次のように表示できる。

neŚkíX̄、neŚkíÓ$_1$X̄、neŚkíO$_2$X́（＋I-2).

A$_2$ 型

neníkízwǐka「私は着せていた」、neníkídeghésha、neníkíwewéséka；
neníkíḿzwǐka「私は彼に着せていた」、neníkíḿdeghésha；
neníkíwazwíka「私は彼らに着せていた」、neníkíwadéghésha.
neákízwǐka「彼は着せていた」、etc.；

アクセントは、次のように表示できる。

neŚkíCVX̌Ca（＋II)、neŚkíÓ$_1$CVX̌Ca（＋II)、neŚkíO$_2$X̌Ca.

B 型

neníkíghója「私は待っていた」、neníkíkónta、neníkínyáng'ánya、

neníkíkwékwétéka；

neníkíḿghója「私は彼を待っていた」、neníkíḿkónta、neníkíḿnyáng’ánya；

neníkíwaghója「私は彼らを待っていた」、neníkíwakónta、neníkíwanyáng’ánya.

neákíghója「彼は待っていた」、etc.

アクセントは、次のように表示できる。

neŚkíX́Ca、neŚkíÓ$_1$X́Ca、neŚkíO$_2$X́Ca.

11）過去習慣否定形　　構造：ne＋主格接辞＋shi＋（対格接辞＋）語幹＋a

A$_1$ 型と A$_2$ 型の区別はなく、S$_1$ と S$_2$ の違いもアクセントにあらわれない。

A 型

neníshǐjā「私は食べなかった」、neníshǐtūmā、neníshǐzwīkā、neníshǐkīngā、

neníshǐdēghēshā、neníshǐwēwēsēkā；

neníshíḿtūmā「私は彼を使いにやらなかった」、neníshíḿzwīkā、

neníshíḿkīngā、neníshíḿdēghēshā；

neníshíchǐjā「私はそれを食べなかった」、neníshíwatúmá、neníshíwazwíká、

neníshíwakíngá、neníshíwadéghéshá.

neáshǐjā「彼は食べなかった」、etc.

アクセントは、次のように表示できる。

neŚshǐX̄、neŚshíÓ$_1$X̄、neŚshíO$_2$X́（＋I-2）.

B 型

neníshighójā「私は待たなかった」、neníshikóntā、neníshinyáng’ānyā、

neníshikwékwētēkā；

neníshíḿghójā「私は彼を待たなかった」、neníshíḿkóntā、neníshíḿnyáng’ānyā；

neníshíwaghójā「私は彼らを待たなかった」、neníshíwakóntā、

neníshíwanyáng’ānyā.

neáshighójā「彼は待たなかった」、etc.

アクセントは、次のように表示できる。

neŚshiCV́X̄、neŚshíÓ$_1$CV́X̄、neŚshíO$_2$CV́X̄.

12）過去進行否定形　　構造：ne＋主格接辞＋ki＋she＋（対格接辞＋）語幹＋a

S$_1$ と S$_2$ の違いはアクセントにあらわれない。

A$_1$ 型

neníkíshějā「私は食べていなかった」、neníkíshētūmā、neníkíshēkīngā；

neníkísheḿtūmā「私は彼を使いにやっていなかった」、neníkísheḿkīngā；

neníkíshechǐjā「私はそれを食べていなかった」、neníkíshewatúmá、

neníkíshewakíngá.

neákíshěja「彼は食べていなかった」、etc.

アクセントは、次のように表示できる。

neŚkíshēX̄ (X＝Ca なら、～ shěX̄ となる。調整規則 III-1 と呼ぶ)、

neŚkísheÓ$_1$X̄、neŚkísheO$_2$X́ (＋I-2).

A$_2$ 型

neníkíshezwǐka「私は着せていなかった」、neníkíshedeghésha、

neníkíshewewéséka；

neníkísheḿzwǐka「私は彼に着せていなかった」、neníkísheḿdeghésha；

neníkíshewazwíka「私は彼らに着せていなかった」、neníkíshewadéghésha.

neákíshezwǐka「彼は着せていなかった」、etc.；

アクセントは、次のように表示できる。

neŚkísheCVX̌Ca (＋II)、neŚkísheÓ$_1$CVX̌Ca (＋II)、neŚkísheO$_2$X̌Ca.

B 型

neníkísheghója「私は待っていなかった」、neníkíshekónta、

neníkíshenyáng'ánya、neníkíshekwékwétéka；

neníkísheḿghója「私は彼を待っていなかった」、neníkísheḿkónta、

neníkísheḿnyáng'ánya；

neníkíshewaghója「私は彼らを待っていなかった」、neníkíshewakónta、

neníkíshewanyáng'ánya.

neákísheghója「彼は待っていなかった」、etc.

アクセントは、次のように表示できる。

neŚkísheX́Ca、neŚkísheÓ$_1$X́Ca、neŚkísheO$_2$X́Ca.

13)現在継続形　構造：主格接辞＋ke＋(対格接辞＋)語幹＋a

S$_1$ と S$_2$ による違いはない。

A$_1$ 型

níkejá「私はまだ食べている」、níketúmá、níkekíngá；

níkemtúmá「私はまだ彼を使いにやっている」、níkemkíngá；

níkechíjā「私はまだそれを食べている」、

níkewátúmá「私はまだ彼らを使いにやっている」、níkewákíngá.

ákejá「彼はまだ食べている」、etc.

アクセントは、次のように表示できる。

ŚkeX́、ŚkeO$_1$X́、ŚkeÓ$_2$X́ (＋I).

A$_2$ 型

níkezwíka「私はまだ着せている」、níkedéghésha、níkewéwéséka；

níkemzwíka「私はまだ彼に着せている」、níkemdéghésha；

níkewázwíka「私はまだ彼らに着せている」、níkewádéghésha.

ákezwíka「彼はまだ着せている」、etc.

アクセントは、次のように表示できる。

ŚkeX́Ca、ŚkeO$_1$X́Ca、ŚkeÓ$_2$X́Ca.

B 型

níkeghoja「私はまだ待っている」、níkekonta、níkenyang'anya、

níkekwekweteka；

níkemghoja「私はまだ彼を待っている」、níkemkonta、níkemnyang'anya；

níkewághója「私はまだ彼らを待っている」、níkewákónta、níkewányáng'ánya.

ákeghoja「彼はまだ待っている」、etc.

アクセントは、次のように表示できる。

ŚkeX、ŚkeO$_1$X、ŚkeÓ$_2$X́Ca.

14)過去仮想形(ある条件が満たされていたら行われた行為をあらわす)

構造：主格接辞＋nge＋(対格接辞＋)語幹＋a

S_1 と S_2 による違いはない。

A_1 型

ningéjā「私は食べたろうに」、ningétūmā、ningékīngā；

ningéḿtūmā「私は彼を使いにやったろうに」、ningéḿkīngā；

ningéchǐjā「私はそれを食べたろうに」、

ningéwatúmá「私は彼らを使いにやったろうに」、ningéwakíngá.

angéjā「彼は食べたろうに」、etc.

アクセントは、次のように表示できる。

SngéX̄、SngéÓ$_1$X̄、SngéO$_2$X́(＋I-2).

A_2 型

ningézwǐka「私は着せたろうにている」、ningédeghésha、ningéwewéséka；

ningéḿzwǐka「私は彼に着せたろうに」、ningéḿdeghésha；

ningéwazwíka「私は彼らに着せたろうに」、ningéwadéghésha.

angézwǐka「彼は着せたろうに」、etc.

アクセントは、次のように表示できる。

SngéCVX̌Ca(＋II)、SngéÓ$_1$CVX̌Ca(＋II)、SngéO$_2$X́Ca.

B 型

ningéghója「私は待ったろうに」、ningékónta、ningényáng'ánya、

ningékwékwétéka；

ningéḿghója「私は彼を待ったろうに」、ningéḿkónta、ningéḿnyáng'ánya；

ningéwaghója「私は彼らを待ったろうに」、ningéwakónta、ningéwanyáng'ánya.

angéghója「彼は待ったろうに」、etc.

アクセントは、次のように表示できる。

SngéX́Ca、SngéÓ$_1$X́Ca、SngéO$_2$X́Ca.

15）過去仮想否定形（ある条件が満たされていたら行われなかった行為をあらわす）

構造：主格接辞＋nge＋she＋（対格接辞＋）語幹＋a

S$_1$ と S$_2$ による違いはない。

A$_1$ 型

ningéshějā「私は食べなかったろうに」、ningéshētūmā、ningéshēkīngā；

ningésheḿtūmā「私は彼を使いにやらなかったろうに」、ningésheḿkīngā；

ningéshechǐjā「私はそれを食べなかったろうに」、

ningéshewatúmá「私は彼らを使いにやらなかったろうに」、ningéshewakíngá.

angéshějā「彼は食べなかったろうに」、etc.

アクセントは、次のように表示できる。

SngéshēX̄（＋III-1）、SngésheÓ$_1$X̄、SngésheO$_2$X́（＋I-2）.

A$_2$ 型

ningéshezwǐka「私は着せなかったろうに」、ningéshedeghésha、ningéshewewéséka；

ningésheḿzwǐka「私は彼に着せなかったろうに」、ningésheḿdeghésha；

ningéshewazwíka「私は彼らに着せなかったろうに」、ningéshewadéghésha.

angéshezwǐka「彼は着せなかったろうに」、etc.

アクセントは、次のように表示できる。

SngésheCVX́Ca（＋II）、SngésheÓ$_1$CVX́Ca（＋II）、SngésheO$_2$X́Ca.

B 型

ningésheghója「私は待たなかったろうに」、ningéshekónta、ningéshenyáng'ánya、ningéshekwékwétéka；

ningésheḿghója「私は彼を待たなかったろうに」、ningésheḿkónta、ningésheḿnyáng'ánya；

ningéshewaghója「私は彼らを待たなかったろうに」、ningéshewakónta、ningéshewanyáng'ánya.

angésheghója「彼は待たなかったろうに」、etc.

アクセントは、次のように表示できる。

SngésheX́Ca、SngésheÓ$_1$X́Ca、SngésheO$_2$X́Ca.

不定形を含めて語尾 a があらわれる形からどういう仮定がえられるかを見る。

<u>不定形</u>

アクセントを再掲する。

A$_1$ 型　kuX́、kuO$_1$X́、kuÓ$_2$X́（+ I）

A$_2$ 型　kuX́Ca、kuO$_1$X́Ca、kuÓ$_2$X́Ca.

B 型　kuX、kuO$_1$X、kuÓ$_2$X́Ca.

とりあえず、次の仮定を行なう。調整規則については、後で検討する。

(1) ku は低い。

(2) A$_1$ 型の語幹 + a は X́ をアクセントとする。

(3) A$_2$ 型の語幹 + a は X́Ca をアクセントとする。

(4) B 型の語幹 + a は X をアクセントとする。

(5) O$_1$ は低い。

(6) O$_2$ は高い。

その上で、まず B 型 kuÓ$_2$X́Ca を考える。

第 2 章 3.1 のサンバー語名詞アクセントの分析において、次のようなアクセント変換規則があることを見た。

A のアクセントを B のアクセンに変換する規則は、次のように定式化できる。

［1］「高」がある場合、その直前までを「高」にし、

［1–1］最初の「高」から末尾まで「高」だと、「高」をすべて「中」にし、

［1–2］そうでない場合、最初の「高」を「低」にし、「高」が一つしかないとその「高」を「昇」にし、

その他は変えない。

［2］全体が「低」の場合、末尾音節を「低」のままにして、他をすべて「高」に変える。

A というのは、直前に何もないか、直前が低く終わっている場合の形、B というのは、直前が高いか中位の高さである場合の形である。これを α 変換と呼ぶことにする。動詞アクセントについても、この変換が、いくつかの条件を含みつつ、適用されると考えてみる。

さて、

ku + Ó$_2$ + X → kuÓ$_2$X́Ca

と変換されたと考えると、α 変換［2］が適用されたと考えられる。しかし、A$_1$ 型の kuX́/kuÓ$_2$X́、A$_2$ 型の kuX́Ca/kuÓ$_2$X́Ca を見ると、高い O$_2$ があるのに、α 変換［1］［1 − 1］［1 − 2］が適用されていないことに気づく。適用されれば、kuÓ$_2$X̄、 ku$\acute{O}_2$CVX́Ca となるはずだからである。従って、高い O_2 が α 変換を引き起こす条件を B 型の語幹＋a に限る必要がある。

(6)O_2 は高い。(再掲)

(6–1)B 型の語幹＋a を α 変換する。

これで、不定形アクセントは説明できた。

<u>1)過去形(1)</u>

A$_1$ 型　S_1zaX́、S_1zaO_1X́、S_1za$\acute{O}_2$X́ (＋I).
　　　　$\acute{S}_2$zaX́、$\acute{S}_2$zaO_1X́、S_2za$\acute{O}_2$X́ (＋I).

A$_2$ 型　S_1zaX́Ca、S_1zaO_1X́Ca、S_1za$\acute{O}_2$X́Ca.
　　　　$\acute{S}_2$zaX́Ca、$\acute{S}_2$zaO_1X́Ca、$\acute{S}_2$za$\acute{O}_2$X́Ca.

B 型　S_1zaX、S_1zaO_1X、S_1za$\acute{O}_2$X́Ca.
　　　　$\acute{S}_2$zaX、$\acute{S}_2$zaO_1X、$\acute{S}_2$za$\acute{O}_2$X́Ca.

(2)～(3)等々以外に、付け加えるべき仮定は、次の通りである。

(7)S_1 は低い。

(8)S_2 は高い。

(9)za は低い。

なお、S_2 は α 変換を引き起こしていない。引き起こすのなら、たとえば、A$_1$ 型の $\acute{S}_2$zaX́ は $\acute{S}_2$záX̄ に、A$_2$ 型の $\acute{S}_2$zaX́Ca は $\acute{S}_2$záCVX́Ca に、B 型の $\acute{S}_2$zaX は $\acute{S}_2$záX́Ca となっているはずである。α 変換を引き起こさない場合には、特に何も書かないことにする。

<u>2)特定過去形</u>

A$_1$ 型　SaX́、SaO_1X́、Sa$\acute{O}_2$X́ (＋I).

A$_2$ 型　SaX́Ca、SaO_1X́Ca、Sa$\acute{O}_2$X́Ca.

B 型　SaX、SaO_1X、Sa$\acute{O}_2$X́Ca.

付け加えるべき仮定は、次の通りである。

(10)S＋a は低い。

<u>3)不特定過去形</u>

A$_1$ 型　SáāX̄、Sáa$\acute{O}_1$X̄、Sáa$\acute{O}_2$X́ (＋I-1).

A$_2$ 型　SáaCVX́Ca (＋II)、Sáa$\acute{O}_1$CVX́Ca (＋II)、Sáa$\acute{O}_2$X́Ca.

B 型　SáaX́Ca、SáaO_1X́Ca、Sáa$\acute{O}_2$X́Ca.

Saa は、多くの場合に Sáa のように見えるが、あとに続くものの一部に α 変換を引き起こしているようなので、A$_1$ 型 SáāX̄ から見て、本来 Sáā であると考える。この形以外にも主格接辞＋aa はあらわれるので、付け加えるべき仮定は、まず次の通りである。

(11)不特定過去形の S + aa は、Sáā をアクセントとする。

O$_2$ があらわれる場合は α 変換していない。また、O$_1$ については、まず、O$_1$ と語幹 + a がむすびついたものを α 変換している。

(11–1)直後の語幹 + a、および、O$_1$ + 語幹 + a を α 変換する。

なお、次の一般的仮説も必要である。

後ろに高いものがある中位の音調は、低となる。

実は、中位のままであり、高の前で低と区別しにくいだけかも知れないが、一応、筆者の観察に従ってこう仮定する。これを β 変換と呼ぶ。β 変換は α 変換のあとで適用されると考える。

α 変換の適用のしかたを例示する。(　)内は、適用された変換を示す。

A$_1$ 型：

Sáā + X́ → SáāX̄ (α [1–1])、

Sáā + O$_1$ + X́ → Sáā + O$_1$X́ → SáāÓ$_1$X̄ (α [1] [1–1]) → SáaÓ$_1$X̄ (β).

A$_2$ 型

Sáā + X́Ca → SáāCVX́Ca (α [1–2]) → SáaCVX́Ca (β)、

Sáā + O$_1$ + X́Ca → Sáā + O$_1$X́Ca → SáāÓ$_1$CVX́Ca (α [1] [1–2])

→ SáaÓ$_1$CVX́Ca (β).

B 型

Sáā + X → SáāX́Ca (α [2]) → SáaX́Ca (β)、

Sáā + O$_1$ + X → Sáā + O$_1$X → SáāÓ$_1$X́Ca (α [2]) → SáaÓ$_1$X́Ca (β).

<u>4)理由過去形</u>

A$_1$ 型　　StéX̄、StéÓ$_1$X̄、StéO$_2$X́ (+ I-2).

A$_2$ 型　　StéCVX́Ca (+ II)、StéÓ$_1$CVX́Ca (+ II)、StéO$_2$X́Ca.

B 型　　StéX́Ca、StéÓ$_1$X́Ca、StéO$_2$X́Ca.

te が高く、後方のものを、O$_2$ がある場合を含めて、α 変換しているようであるが、A$_1$ 型の StéO$_2$X́ が奇妙である。まず奇妙でない α 変換を見る。適用された変換の表示は省略する。

A$_1$ 型

S + té + X́ → StéX̄、

S + té + O$_1$ + X́ → Sté + O$_1$X́ → StéÓ$_1$X̄.

A$_2$ 型

S + té + X́Ca → StéCVX́Ca、

S + té + O$_1$ + X́Ca → Sté + O$_1$X́Ca → StéÓ$_1$CVX́Ca、

S + té + Ó$_2$ + X́Ca → Sté + Ó$_2$X́Ca (O$_2$ は B 型語幹 + a しか α 変換しない)

→ StéO$_2$X́Ca.

B 型

S + té + X → S + té + X́Ca、

S + té + O$_1$ + X → Sté + O$_1$X → StéÓ$_1$X́Ca、

S + té + Ó$_2$ + X → Sté + Ó$_2$X́Ca → StéO$_2$X́Ca.

しかし、A$_1$ 型の StéO$_2$X́ の場合、通常の α 変換では次のようになる。

S + té + Ó$_2$ + X́ → Sté + Ó$_2$X́（O$_2$ は B 型語幹 + a しか α 変換しない）→ StéŌ$_2$X̄.

実際の形とは異なる。

A$_1$ 型の StéO$_2$X́ を引き出すには、té が A$_1$ 型の -Ó$_2$X́ を α 変換する場合には、第1音節を低くする、という仮定を行なうことも不可能ではないが、あまりに場当たり的な感じがする。例外とするのでない説明としては、次のように仮定するやり方がある。つまり、O$_2$ は、α 変換される場合には、O$_1$ のように語幹 + a と結びついてからされるのではなく、それ自体として変換されると考えるのである。

(12) te の前の S は低い。

(13) te は高く、続くものを α 変換する。

(6) O$_2$ は高い。(再掲)

(6–2) α 変換される時は、それ独自で変換される。

なお、これ以降、「それ独自で変換」という規定のない変換は、変換対象が結びついてから変換されることを意味する。

これですべての例がうまく説明されることを示す。

A$_1$ 型

S + té + Ó$_2$ + X́ → StéŌ$_2$ + X́ → StéŌ$_2$X́（O$_2$ は B 型語幹 + a しか α 変換しない）→ StéO$_2$X́（β）.

A$_2$ 型

S + té + Ó$_2$ + X́Ca → StéŌ$_2$ + X́Ca → StéŌ$_2$X́Ca（O$_2$ は B 型語幹 + a しか α 変換しない）→ StéO$_2$X́Ca（β）.

B 型

S + té + Ó$_2$ + X → StéŌ$_2$ + X → StéŌ$_2$X́Ca（α）→ StéO$_2$X́Ca（β）

なお、α 変換は、直前が中位の高さの場合でも起こることに注意されたい。

この仮定だと、A$_1$ 型と特に指定する必要がなく、一般性が確保できる。従って、最初にあげた変換過程の仮定のうち O$_2$ があらわれたものを今見たものに訂正する。

<u>5) 理由過去否定形</u>

A$_1$ 型　heŚtéX̄（+ III）、heŚteÓ$_1$X̄、heŚteO$_2$X́（+ I-2）.

A$_2$ 型　heŚteCVX́Ca（+ II）、heŚteO$_1$CVX́Ca（+ II）、heŚteO$_2$X́Ca.

B型　　heŚteX́Ca、heŚteÓ$_1$X́Ca、heŚteO$_2$X́Ca.

ほとんどの形でteが低くあらわれてはいるが、そのうしろは理由過去形とまったく同じで、teは、低くあらわれる場合でも、前の段階では中であったと考えられる。理由過去形については、teを高いと仮定したので、ここでもそれを継承する。

(14)heは低い。

(15)heの直後のSは高く、直後のteをα変換する。

(13)につけ加える。

(13–1)teは、α変換される時は、それ独自で変換される。

変換過程を示す。

A$_1$型

he＋Ś＋té＋X́ → heŚtē＋X́ → heŚtēX̄、

he＋Ś＋té＋O$_1$＋X́ → heŚtē＋O$_1$X́ → heŚtēÓ$_1$X̄ → heŚteÓ$_1$X̄(β).

he＋Ś＋té＋Ó$_2$＋X́ → heŚtē＋Ó$_2$＋X́ → heŚtēŌ$_2$＋X́ → heŚtēŌ$_2$X́(O$_2$はB型語幹＋aしかα変換しない)→ heŚteO$_2$X́(β).

A$_2$型

he＋Ś＋té＋X́Ca → heŚtē＋X́Ca → heŚtēCVX́Ca → heŚteCVX́Ca(β)、

he＋Ś＋té＋O$_1$＋X́Ca → heŚtē＋O$_1$X́Ca → heŚtēÓ$_1$CVX́Ca → heŚteÓ$_1$CVX́Ca(β)、

he＋Ś＋té＋Ó$_2$＋X́Ca → heŚtē＋Ó$_2$＋X́Ca → heŚtēŌ$_2$＋X́Ca → heŚtēŌ$_2$X́Ca (O$_2$はB型語幹＋aしかα変換しない)→ heŚteO$_2$X́Ca(β).

B型

he＋Ś＋té＋X → heŚtē＋X → heŚtēX́Ca → heŚteX́Ca(β)、

he＋Ś＋té＋O$_1$＋X → heŚtē＋O$_1$X → heŚtēÓ$_1$X́Ca → heŚteÓ$_1$X́Ca(β)、

he＋Ś＋té＋Ó$_2$＋X → heŚtē＋Ó$_2$＋X → heŚtēŌ$_2$＋X́ → heŚtēŌ$_2$X́Ca → heŚteO$_2$X́Ca(β).

6)現在進行形

A$_1$型　S$_1$aaX́、S$_1$aaO$_1$X́、S$_1$aaÓ$_2$X́(＋I).

　　S$_2$ááX̄、S$_2$ááÓ$_1$X̄、S$_2$ááO$_2$X́(＋I-2).

A$_2$型　S$_1$aaX́Ca、S$_1$aaO$_1$X́Ca、S$_1$aaÓ$_2$X́Ca.

　　S$_2$ááCVX́Ca(＋II)、S$_2$ááÓ$_1$CVX́Ca(＋II)、S$_2$ááO$_2$X́Ca.

B型　S$_1$aaX、S$_1$aaO$_1$X、S$_1$aaÓ$_2$X́Ca.

　　S$_2$ááX́Ca、S$_2$ááÓ$_1$X́Ca、S$_2$ááO$_2$X́Ca.

付け加えるべき仮定は、次の通りである。

(16)現在進行形の S_1 + aa は、S_1aa をアクセントとする。

(17)現在進行形の S_2 + aa は、S_2áá をアクセントとし、あとのものを α 変換する。

S = S_1 の場合については、今までの例に従って簡単に説明できるので、S = S_2 の場合の変換過程を説明する。

A_1 型

$S_2\acute{a}\acute{a} + \acute{X} \rightarrow S_2\acute{a}\acute{a}\bar{X}$、

$S_2\acute{a}\acute{a} + O_1 + \acute{X} \rightarrow S_2\acute{a}\acute{a} + O_1\acute{X} \rightarrow S_2\acute{a}\acute{a}\acute{O}_1\bar{X}$、

$S_2\acute{a}\acute{a} + \acute{O}_2 + \acute{X} \rightarrow S_2\acute{a}\acute{a}\bar{O}_2 + \acute{X} \rightarrow S_2\acute{a}\acute{a}\bar{O}_2\acute{X} \rightarrow S_2\acute{a}\acute{a}O_2\acute{X}$ (β).

A_2 型

$S_2\acute{a}\acute{a} + \acute{X}Ca \rightarrow S_2\acute{a}\acute{a}CV\acute{X}Ca$、

$S_2\acute{a}\acute{a} + O_1 + \acute{X}Ca \rightarrow S_2\acute{a}\acute{a} + O_1\acute{X}Ca \rightarrow S_2\acute{a}\acute{a}\acute{O}_1CV\acute{X}Ca$、

$S_2\acute{a}\acute{a} + \acute{O}_2 + \acute{X}Ca \rightarrow S_2\acute{a}\acute{a}\bar{O}_2 + \acute{X}Ca \rightarrow S_2\acute{a}\acute{a}\bar{O}_2\acute{X}Ca \rightarrow S_2\acute{a}\acute{a}O_2\acute{X}Ca$ (β).

B 型

$S_2\acute{a}\acute{a} + X \rightarrow S_2\acute{a}\acute{a}\acute{X}Ca$、

$S_2\acute{a}\acute{a} + O_1 + X \rightarrow S_2\acute{a}\acute{a} + O_1X \rightarrow S_2\acute{a}\acute{a}\acute{O}_1\acute{X}Ca$、

$S_2\acute{a}\acute{a} + \acute{O}_2 + X \rightarrow S_2\acute{a}\acute{a}\bar{O}_2 + X \rightarrow S_2\acute{a}\acute{a}\bar{O}_2\acute{X}Ca \rightarrow S_2\acute{a}\acute{a}O_2\acute{X}Ca$ (β).

7)応答現在進行形

A_1 型　$\acute{S}ta\acute{X}$、$\acute{S}taO_1\acute{X}$、$\acute{S}ta\acute{O}_2\acute{X}$ (+I).

A_2 型　$\acute{S}ta\acute{X}Ca$、$\acute{S}taO_1\acute{X}Ca$、$\acute{S}ta\acute{O}_2\acute{X}Ca$.

B 型　$\acute{S}taX$、$\acute{S}taO_1X$、$\acute{S}ta\acute{O}_2\acute{X}Ca$.

付け加えるべき仮定は、次の通りである。

(18)ta は低い。

(19)ta の直前の S は高い。

8)現在形

A 型　$S_1\acute{X}Ca$ (+IV)、$S_1O_1\acute{X}Ca$ (+IV-1)、$S_1\acute{O}_2\acute{X}Ca$.

$\acute{S}_2\acute{X}Ca$、$\acute{S}_2\acute{O}_1CV\acute{X}Ca$ (+II)、$\acute{S}_2\acute{O}_2\acute{X}Ca$.

B 型　S_1X、S_1O_1X、$S_1\acute{O}_2\acute{X}Ca$.

$\acute{S}_2\acute{X}Ca$、$\acute{S}_2\acute{O}_1\acute{X}Ca$、$\acute{S}_2\acute{O}_2\acute{X}Ca$.

上述の如く A_1 型と A_2 型の区別がないことに注意して、次のような付け加えが必要である。

(29)現在形において、A 型の語幹 + a は $\acute{X}Ca$ をアクセントとする。

(7) にいうように S_1 は低い。(8) にいうように S_2 は高い。za の前では S_2 は α 変換を引き起こさなかったが、

(8–1)S_2 は、A 型の O_1 + 語幹 + a が直接続く場合、B 型の (O_1 +) 語幹 + a が

直接続く場合にそれらをα変換する。

α変換の過程を、それがおこる場合について示す。

A型

$\acute{S}_2 + O_1 + \acute{X}Ca \rightarrow \acute{S}_2 + O_1\acute{X}Ca \rightarrow \acute{S}_2\acute{O}_1CV\acute{X}Ca.$

B型

$\acute{S}_2 + X \rightarrow \acute{S}_2\acute{X}Ca$、

$\acute{S}_2 + O_1 + X \rightarrow \acute{S}_2 + O_1X \rightarrow \acute{S}_2\acute{O}_1\acute{X}Ca.$

B型の$\acute{S}_2\acute{O}_2\acute{X}Ca$の語幹＋aが$\alpha$変換されているのは、$O_2$によるものである。なお、(8–1)の適用外なので、S_2はO_2をα変換しない。

9)現在否定形

A型　$he\acute{S}\acute{X}$(＋I)、$he\acute{S}\acute{O}_1\bar{X}$、$he\acute{S}\acute{O}_2\acute{X}$(＋I).

B型　$he\acute{S}C\acute{V}\bar{X}$、$he\acute{S}\acute{O}_1C\acute{V}\bar{X}$、$he\acute{S}\acute{O}_2C\acute{V}\bar{X}$.

A_1型とA_2型の区別がないことにも注意して、次のような付け加えが必要である。

(30)現在否定形において、A型の語幹＋aは$\acute{X}$をアクセントとする。

(31)現在否定形において、B型の語幹＋aは$CV\acute{X}$をアクセントとする。

(14)によりheは低く、(15)によりheの直後のSは高い。

(15–1)heの直後のSは、A型のO_1＋語幹＋aが直接続く場合、B型の(O_1＋)語幹＋aが直接続く場合にそれらをα変換する。

α変換の過程を、それがおこる場合について示す。

A型

$he + \acute{S} + O_1 + \acute{X} \rightarrow he\acute{S} + O_1\acute{X} \rightarrow he\acute{S}\acute{O}_1\bar{X}.$

B型

$he + \acute{S} + CV\acute{X} \rightarrow he\acute{S}C\acute{V}\bar{X}$、

$he + \acute{S} + O_1 + CV\acute{X} \rightarrow he\acute{S} + O_1CV\acute{X} \rightarrow he\acute{S}\acute{O}_1C\acute{V}\bar{X}.$

なお、B型の$he\acute{S}\acute{O}_2C\acute{V}\bar{X}$の語幹＋aが$\alpha$変換されているのは、$O_2$によるものである。なお、(15–1)の適用外なので、SはO_2をα変換しない。

10)過去進行形

A_1型　$ne\acute{S}k\acute{i}\bar{X}$、$ne\acute{S}k\acute{i}\acute{O}_1\bar{X}$、$ne\acute{S}k\acute{i}O_2\acute{X}$(＋I-2).

A_2型　$ne\acute{S}k\acute{i}CV\acute{X}Ca$(＋II)、$ne\acute{S}k\acute{i}\acute{O}_1CV\acute{X}Ca$(＋II)、$ne\acute{S}k\acute{i}O_2\acute{X}Ca$.

B型　$ne\acute{S}k\acute{i}\acute{X}Ca$、$ne\acute{S}k\acute{i}\acute{O}_1\acute{X}Ca$、$ne\acute{S}k\acute{i}O_2\acute{X}Ca$.

(2)～(6)等が適用される。付け加えるべき仮定は、次の通りである。

(32)neは低い。

(33)neの直後のSは高い。

(34)kiは高い。

(34–1)自らはα変換されず、あとのものをα変換する。

α変換の過程を示す。

A$_1$型

ne + Ś + kí + X́ → neŚkí + X́ → neŚkíX̄、

ne + Ś + kí + O$_1$ + X́ → neŚkí + O$_1$X́ → neŚkíÓ$_1$X̄、

ne + Ś + kí + Ó$_2$ + X́ → neŚkíŌ$_2$ + X́ → neŚkíŌ$_2$X́(O$_2$はB型語幹＋aしかα変換しない)→ neŚkíO$_2$X́(β).

A$_2$型

ne + Ś + kí + X́Ca → neŚkí + X́Ca → neŚkíCVX́Ca、

ne + Ś + kí + O$_1$ + X́Ca → neŚkí + O$_1$X́Ca → neŚkíÓ$_1$CVX́Ca、

ne + Ś + kí + Ó$_2$ + X́Ca → neŚkíŌ$_2$ + X́Ca → neŚkíŌ$_2$X́Ca(O$_2$はB型語幹＋aしかα変換しない)→ neŚkíO$_2$X́Ca(β).

B型

ne + Ś + kí + X → neŚkí + X → neŚkíX́Ca、

ne + Ś + kí + O$_1$ + X → neŚkí + O$_1$X → neŚkíÓ$_1$X́Ca、

ne + Ś + kí + Ó$_2$ + X → neŚkíŌ$_2$ + X → neŚkíŌ$_2$X́Ca → neŚkíO$_2$X́Ca(β).

11)過去習慣否定形

A型　　neŚshĭX̄、neŚshíÓ$_1$X̄、neŚshíO$_2$X́(＋I-2).

B型　　neŚshiCV́X̄、neŚshíÓ$_1$CV́X̄、neŚshíO$_2$CV́X̄.

neが低いこと、neの直後のSは高いことは既に見たが、やや奇妙なA型のneŚshĭX̄とB型のneŚshiCV́X̄をあとにまわして、付け加えるべき仮定は、次の通りである。

(35)過去習慣否定形において、A型の語幹＋aはX́をアクセントとする。

(36)過去習慣否定形において、B型の語幹＋aはCVX́をアクセントとする。

(37)shiは高い。

(37–1)後ろにOがある時は、自らはα変換されず、あとのものをα変換する。

α変換の過程を示す。

A型

ne + Ś + shí + O$_1$ + X́ → neŚshí + O$_1$X́ → neŚshíÓ$_1$X̄、

ne + Ś + shí + Ó$_2$ + X́ → neŚshí + Ó$_2$ + X́ → neŚshíŌ$_2$ + X́ → neŚshíŌ$_2$X́(O$_2$はB型語幹＋aしかα変換しない)→ neŚshíO$_2$X́(β).

B型

ne + Ś + shí + O$_1$ + CVX́ → neŚshí + O$_1$CVX́ → neŚshíÓ$_1$CV́X̄、

ne + Ś + shí + Ó$_2$ + CVX́ → neŚshí + Ó$_2$ + CVX́ → neŚshíŌ$_2$ + CVX́ →
neŚshíŌ$_2$CV́X̄ → neŚshíO$_2$CV́X̄ (β).

A型の neŚshǐX̄ と B型の neŚshiCV́X̄ を説明するには、shi について次のような付け加えが必要である。

(37–2)後ろに O がない時は、あとのものをα変換し、そのあとであとのものと結びついてα変換される。

α変換の過程を示す。

A型

ne + Ś + shí + X́ → neŚ + shíX̄ → neŚshǐX̄.

B型

ne + Ś + shí + CVX́ → neŚ + shíCV́X̄ → neŚshiCV́X̄.

このように、shi のα変換に関する特徴はややこしいが、こう説明するしかないであろうと思われる。

<u>12)過去進行否定形</u>

A$_1$型　neŚkíshēX̄ (+III-1)、neŚkísheÓ$_1$X̄、neŚkísheO$_2$X́ (+I-2).

A$_2$型　neŚkísheCVX́Ca (+II)、neŚkísheÓ$_1$CVX́Ca (+II)、neŚkísheO$_2$X́Ca.

B型　neŚkísheX́Ca、neŚkísheÓ$_1$X́Ca、neŚkísheO$_2$X́Ca.

(32) によって ne は低く、(33) によって ne の直後の S が高く、(34) によって ki は高く、さらに、(34–1) によって、ki は自らはα変換されず、あとのものをα変換する。(2)～(6)も適用され、付け加えるべき仮定は、次の通りである。

(38)she は高く、それ独自でα変換され、また、後ろのものをα変換する。

she は、ほとんどの場合、低くあらわれているが、A$_1$型 neŚkíshēX̄ を見ると、(本来は)高いと考えるしかない。

α変換の過程を示す。

A$_1$型

ne + Ś + kí + shé + X́ → neŚkí + shé + X́ → neŚkíshē + X́ → neŚkíshēX̄、
ne + Ś + kí + shé + O$_1$ + X́ → neŚkí + shé + O$_1$X́ → neŚkíshē + O$_1$X́ →
neŚkíshēÓ$_1$X̄ → neŚkísheÓ$_1$X̄ (β)、
ne + Ś + kí + shé + Ó$_2$ + X́ → neŚkí + shé + Ó$_2$ + X́ → neŚkíshē + Ó$_2$ + X́ →
neŚkíshēŌ$_2$ + X́ → neŚkíshēŌ$_2$X́ → neŚkísheO$_2$X́ (β).

A$_2$型

ne + Ś + kí + shé + X́Ca → neŚkí + shé + X́Ca → neŚkíshē + X́Ca →
neŚkíshēCVX́Ca → neŚkísheCVX́Ca (β)、
ne + Ś + kí + shé + O$_1$ + X́Ca → neŚkí + shé + O$_1$X́Ca → neŚkíshē + O$_1$X́Ca →

neŚkíshēÓ$_1$CVX́Ca → neŚkísheÓ$_1$CVX́Ca (β)、

ne + Ś + kí + shé + Ó$_2$ + X́Ca → neŚkí + shé + Ó$_2$ + X́Ca → neŚkíshē + Ó$_2$ + X́Ca → neŚkíshēŌ$_2$ + X́Ca → neŚkíshēŌ$_2$X́Ca → neŚkísheO$_2$X́Ca (β).

B 型

ne + Ś + kí + shé + X → neŚkí + shé + X → neŚkíshē + X → neŚkíshēX́Ca → neŚkísheX́Ca (β)、

ne + Ś + kí + shé + O$_1$ + X → neŚkí + shé + O$_1$X → neŚkíshē + O$_1$X → neŚkíshēÓ$_1$X́Ca → neŚkísheÓ$_1$X́Ca (β)、

ne + Ś + kí + shé + Ó$_2$ + X → neŚkí + shé + Ó$_2$ + X → neŚkíshē + Ó$_2$ + X → neŚkíshēŌ$_2$ + X → neŚkíshēŌ$_2$X́Ca → neŚkísheO$_2$X́Ca (β).

13)現在継続形

A$_1$ 型　ŚkeX́、ŚkeO$_1$X́、ŚkeÓ$_2$X́ (+I).

A$_2$ 型　ŚkeX́Ca、ŚkeO$_1$X́Ca、ŚkeÓ$_2$X́Ca.

B 型　ŚkeX、ŚkeO$_1$X、ŚkeÓ$_2$X́Ca.

(2)～(6)等が適用され、付け加えるべき仮定は、次の通りである。

(39)ke の前の S は高い。

(40)ke は低く、α 変換されない。

14)過去仮想形

A$_1$ 型　SngéX̄、SngéÓ$_1$X̄、SngéO$_2$X́ (+I-2).

A$_2$ 型　SngéCVX́Ca (+II)、SngéÓ$_1$CVX́Ca (+II)、SngéO$_2$X́Ca.

B 型　SngéX́Ca、SngéÓ$_1$X́Ca、SngéO$_2$X́Ca.

(2)～(6)等が適用され、付け加えるべき仮定は、次の通りである。

(41)nge の前の S は低い。

(42)nge は高く、後ろのものを α 変換する。

α 変換の過程は、理由過去形に等しい。一部のみ示す。

A$_1$ 型

S + ngé + X́ → Sngé + X́ → SngéX́.

A$_2$ 型

S + ngé + O$_1$ + X́Ca → Sngé + O$_1$X́Ca → SngéÓ$_1$CVX́Ca.

B 型

S + ngé + Ó$_2$ + X → Sngé + Ó$_2$ + X → SngéŌ$_2$ + X → SngéŌ$_2$X́Ca → SngéO$_2$X́Ca (β).

15)過去仮想否定形

A$_1$ 型　SngéshēX̄ (+III-1)、SngésheÓ$_1$X̄、SngésheO$_2$X́ (+I-1).

A_2 型　SngésheCVX́Ca（+II）、SngésheÓ$_1$CVX́Ca（+II）、SngésheO$_2$X́Ca.

B 型　SngésheX́Ca、SngésheÓ$_1$X́Ca、SngésheO$_2$X́Ca.

(2)～(6)等が適用される。(38)によって、she は高く、それ独自で α 変換され、また、後ろのものを α 変換する。(41)によって nge の前の S は低く、(42)によって nge は高く、後ろのものを α 変換する。

α 変換の過程は、過去進行否定形に等しい。一部のみ示す。

A_1 型

S + ngé + shé + X́ → Sngé + shé + X́ → Sngéshē + X́ → SngéshēX̄.

A_2 型

S + ngé + shé + O$_1$ + X́Ca → Sngé + shé + O$_1$X́Ca → Sngéshē + O$_1$X́Ca → SngéshēÓ$_1$CVX́Ca → SngésheÓ$_1$CVX́Ca（β）.

B 型

S + ngé + shé + Ó$_2$ + X → Sngé + shé + Ó$_2$ + X → Sngéshē + Ó$_2$ + X → SngéshēŌ$_2$ + X → SngéshēŌ$_2$X́Ca → SngésheO$_2$X́Ca（β）.

以上の仮定群について、若干考察する。

まず、(変換前の)語幹 + a のアクセントが複数あるということが目をひく。

	語幹 + a のアクセント			該当する活用形
イ）	A_1 型：X́	A_2 型：X́Ca	B 型：X	不定形、1)、2)、3)、4)、5)、6)、7)、10)、12)、13)、14)、15).
ロ）	A 型：X́Ca		B 型：X	8).
ハ）	A 型：X́		B 型：CVX́	9)、11).

イ)とロ)とは似ているが、イ)がロ)に、または、ロ)がイ)にならなければならない理由は見いだせない。ロ)がイ)に、というのは論外として、イ)がロ)になる(主格接辞 +（対格接辞 +）語幹 + a の場合)というのは、時称接辞がないということに関係づけられるかも知れないが、なぜその場合に A_1 型が X́ から X́Ca に変わらなければならないのか分からない。ハ)は、9)：he + 主格接辞 +（対格接辞 +）語幹 + a、11)：ne + 主格接辞 + shi +（対格接辞 +）語幹 + a の場合にあらわれるが、この 2 つの形に排他的共通点はない。従って、3 通りの選択肢があり、各活用形が恣意的にどれかを選択しているといった感じである。

次に、調整規則について検討する。

調整規則 I

たとえば、不定形 A_1 型において、kuÓ$_2$X́ で X が Ca なら、´ は ¯ となるというもので、これがなければ、たとえば kuchíjá となるところが、kuchíjā となっている。O$_2$ が B 型以外の語幹 + a を α 変換しないのを、X が Ca の場合には α 変換している。逸脱である。その他にも調整規則 I が働くところがある。

9) の現在否定形の A 型の hetíchíjā は今見たのと同じだが、hetíjā については、一般的には S は A 型語幹＋a を O_1 があらわれなければ α 変換しないのだが、語幹＋a が Ca なら α 変換するということで、やはり逸脱である。

調整規則 I-1

3) の不特定過去形 A_1 型において、Śaa$\acute{O}_2$X́ の X が Ca なら、～ $\check{O}_2\bar{X}$ となるというもので、これは O_2 が B 型以外の語幹＋a を α 変換しないのを、A_1 型でも X が Ca の場合には α 変換するようにし、その後、α 変換される場合には普通は独自に α 変換されるものを、O_2 と語幹＋a のむすびつきが Sáā によって α 変換される。

Sáā＋$\acute{O}_2$＋X́ → Sáā＋$\acute{O}_2\bar{X}$ → Sáā$\check{O}_2\bar{X}$ → Sáa$\check{O}_2\bar{X}$（β）

二重の意味で逸脱したものである。

調整規則 I-2

本質的には I-1 に同じ。I-1 と異なり、一般には O_2 が低くなるので、一応別にしただけである。例は 4) の理由過去形（A_1 型）等にある。

O_2 は A 型の語幹＋a を α 変換しないのが一般的だが、それが Ca なら α 変換し、かつ、あととむすびついて変換される。

S＋té＋$\acute{O}_2$＋Cá → Sté＋$\acute{O}_2$Cā → Sté$\check{O}_2$Cā

二重の意味で逸脱である。I と I-1/2 の違いは、I が O_2/S が α 変換されない環境にある点である。

調整規則 II

～ CVX̌Ca で X＝Ø なら X́ の ´ は ˇ となって前にうつるというものである。高い要素を、本来の持ち手がなくなると前の低い音節の後半部を高くする、という極めて当然の規則である。たとえば、3) の不特定過去形にある。α 変換の［I-2］の後半部分のあらわれといえる。

調整規則 III

5) の理由過去否定形にあらわれるが、A_1 型で heŚtēX̄ の X が Ca なら、～ těX̄ となるというもので、本来 té は、α 変換される時は独自で変換されるべきを、X が Ca なら、X́ を α 変換したのちに X̄ とむすびついて α 変換されるということである。

he＋Ś＋té＋X́ → heŚ＋téX̄ → heŚtěX̄

te は、独自で変換されるべきを、後ろとむすびついて変換されるという点で逸脱である。

調整規則 III-1

たとえば 12) の過去進行否定形において、A_1 型で～ shēX̄ の X が Ca ならば、～ shěX̄ となるというもので、she は高く、自ら独自に α 変換され、かつ、うしろ

のものを α 変換するのだが、X が Ca ならまず α 変換し（〜 shéCá →〜 shéCā）、その後にそれとむすびついて変換される（→〜 shěCā. α 変換［1–2］）。独自で変換されるべきを、後ろとむすびついて変換されるという点で逸脱である。

調整規則 IV と調整規則 IV-1

8）の現在形にあらわれるが、この 2 つは、調整規則 IV を「X = Ø なら、直前が高くなり、それが対格接辞ならその前も高くなる」と書き換えれば統一できる。高い X が Ø ならその高が前に移るのは自然であり、それが対格接辞ならもう 1 つ前まで高くなるというのは、自然とはいえないまでも、対格接辞がそれ独自のアクセント的特徴を有すると仮定すればそう不自然なことではない。

2.2.　語尾 ie を用いる形

語尾 ie を用いる形の場合、A_1 型と A_2 型の区別はない。

16）過去形（2）　構造：主格接辞 +（対格接辞 +）語幹 + ie

A 型

S = S_1 の場合：

nijíé「私は食べた」、nitúḿíé、nizwíkíé、nikíngíé、nidéghéshé、niwéwéséké；
nimtúmíé「私は彼を使いにやった」、nimzwíkíé、nimkíngíé、nimdéghéshé；
nichíjíé「私はそれを食べた」、niwátúmíé「私は彼らを使いにやった」、
niwázwíkíé、niwákéngíé、niwádéghéshé.

アクセントは、次のように表示できる。

$S_1\acute{X}$、$S_1O_1\acute{X}$、$S_1\acute{O}_2\acute{X}$.

S = S_2 の場合：

ájíé「彼は食べた」、átúmíé、ázwíkíé、ákíngíé、ádéghéshé、áwéwéséké；
áḿtūmīē「彼は彼を使いにやった」、áḿzwīkīē、áḿkīngīē、áḿdēghēshē；
áchíjíé「彼はそれを食べた」、áwátúmíé「彼は彼らを使いにやった」、
áwázwíkíé、áwákíngíé、áwádéghéshé.

アクセントは、次のように表示できる。

$\acute{S}_2\acute{X}$、$\acute{S}_2\acute{O}_1\bar{X}$、$\acute{S}_2\acute{O}_2\acute{X}$.

B 型

S = S_1 の場合：

nighojíé「私は待った」、nikontíé、ninyang'ányé、nikwekwétéké；
nimghojíé「私は彼を待った」、nimkontíé、nimnyang'ányé；
niwághójīē「私は彼らを待った」、níwákóntīē、níwányáng'ānyē.

アクセントは、次のように表示できる。

$S_1CV\acute{X}$、$S_1O_1CV\acute{X}$、$S_1\acute{O}_2C\acute{V}\bar{X}$.

$S=S_2$ の場合：

ághójīē「彼は待った」、ákóntīē、ányáng'ānyē、ákwékwētēkē；

áḿghójīē「彼は彼を待った」、áḿkóntīē、áḿnyáng'ānyē；

áwághójīē「彼は彼らを待った」、áwákóntīē、áwányáng'ānyē.

アクセントは、次のように表示できる。

$\acute{S}_2C\acute{V}\bar{X}$、$\acute{S}_2\acute{O}_1C\acute{V}\bar{X}$、$\acute{S}_2\acute{O}_2C\acute{V}\bar{X}$.

17)現在完了形　構造：主格接辞＋i＋(対格接辞＋)語幹＋ie

A 型

$S=S_1$ の場合：

niijíe「私はもう食べた」、niitúmíe、niizwíkíe、niikíngíe、niidéghéshe、niiwéwéséke；

niimtúmíe「私はもう彼を使いにやった」、niimzwíkíe、niimkíngíe、niimdéghéshe；

niichíjíe「私はもうそれを食べた」、

niiwátúmíe「私はもう彼らを使いにやった」、niiwázwíkíe、niiwákíngíe、niiwádéghéshe.

アクセントは、次のように表示できる。

$S_1i\acute{X}Ce$、$S_1iO_1\acute{X}Ce$、$S_1i\acute{O}_2\acute{X}Ce$.

$S=S_2$ の場合：

éíjǐe(a＋i＋j＋ie)「彼はもう食べた」、éítumíe、éízwikíe、éíkingíe、éídeghéshe、éíweweséke；

éíḿtumíe「彼はもう彼を使いにやった」、éíḿzwikíe、éíḿkingíe、éíḿdeghéshe；

éíchijíe「彼はもうそれを食べた」、éíwatúmíe、éíwazwíkíe、éíwakíngíe、éíwadéghéshe.

アクセントは、次のように表示できる。

$\acute{S}_2\acute{\imath}CV\acute{X}Ce$(X＝Ø なら、´ は ˇ となって前に移る。調整規則 V と呼ぶ)、

$\acute{S}_2\acute{\imath}\acute{O}_1CV\acute{X}Ce$(＋V)、$\acute{S}_2\acute{\imath}O_2\acute{X}Ce$.

B 型

$S=S_1$ の場合：

niighojie「私はもう待った」、niikontie、niinyang'anye、niikwekweteke；

niimghojie「私はもう彼を待った」、niimkontie、niimnyang'anye；

niiwághójíe「私はもう彼らを待った」、niiwákóntíe、niiwányáng'ánye.

アクセントは、次のように表示できる。

S_1iX、S_1iO_1X、S_1i$\acute{O}_2$X́Ce.

S＝S_2 の場合：

éíghójíe「彼はもう待った」、éíkóntíe、éínyáng'ánye、éíkwékwétéke；

éíḿghójíe「彼はもう彼を待った」、éíḿkóntíe、éíḿnyáng'ánye；

éíwaghójíe「彼はもう彼らを待った」、éíwakóntíe、éíwanyáng'ánye.

アクセントは、次のように表示できる。

$\acute{S}_2$íX́Ce、$\acute{S}_2$í$\acute{O}_1$X́Ce、S_2íO_2X́Ce.

18）過去完了形（1）（ある時点には行なわれていた行為をあらわす）

構造：ne＋主格接辞＋i＋（対格接辞＋）語幹＋ie

現在完了形の前に高い ne を置いたものである。

アクセントは、

A 型

néS_1iX́Ce、néS_1iO_1X́Ce、néS_1i$\acute{O}_2$X́Ce.

né$\acute{S}_2$íCVX́Ce（＋V）、né$\acute{S}_2$í$\acute{O}_1$CVX́Ce（＋V）、né$\acute{S}_2$íO_2X́Ce.

B 型

néS_1iX、néS_1iO_1X、néS_1i$\acute{O}_2$X́Ce.

né$\acute{S}_2$íX́Ce、né$\acute{S}_2$í$\acute{O}_1$X́Ce、né$\acute{S}_2$íO_2X́Ce.

例：

A 型

néniijíe「私はもう食べていた」、etc.；

néniimtúmíe「私はもう彼を使いにやっていた」、etc.；

néniichíjíe「私はもうそれを食べていた」、etc.

nééíjǐe「彼はもう食べていた」、etc.

nééíḿtumíe「彼はもう彼を使いにやっていた」、etc.；

nééíchijíe「彼はもうそれを食べていた」、etc.

B 型

néniighojie「私はもう待っていた」、etc.；

néniimghojie「私はもう彼を待っていた」、etc.；

néniiwághójíe「私はもう彼らを待っていた」、etc.；

nééíghójíe「彼はもう待っていた」、etc.

nééíḿghójíe「彼はもう彼を待っていた」、etc.

nééíwaghójíe「彼はもう彼らを待っていた」、etc.

19）過去完了形（2）（ある行為以前に行なわれていた行為をあらわす）

構造：ne＋主格接辞＋i＋（対格接辞＋）語幹＋ie

S_1 と S_2 による違いはない。18)の形と構造は同じだが、アクセントが異なる。

A 型

neníījīē「私はもう食べていた」、neníítūmīē、neníízwīkīē、neníīkīngīē、neníídēghēshē、neníīwēwēsēkē；

neníímtūmīē「私はもう彼を使いにやっていた」、neníímzwīkīē、neníímkīngīē、neníímdēghēshē；

neníichijíé「私はもうそれを食べていた」、

neníiwatúmíé「私はもう彼らを使いにやっていた」、neníiwazwíkíé、neníiwakíngíé、neníiwadéghéshé；

neéíjīē「彼はもう食べていた」、etc.

アクセントは、次のように表示できる。

neŚíX̄、neŚíÓ$_1$X̄、neŚíO$_2$X́.

B 型

neníighójīē「私はもう待っていた」、neníikóntīē、neníinyáng'ānyē、neníikwékwētēkē；

neníímghójīē「私はもう彼を待っていた」、neníímkóntīē、neníímnyáng'ānyē；

neníiwaghójīē「私はもう彼らを待っていた」、neníiwakóntīē、neníiwanyáng'ānyē；

neéíghójīē「彼はもう待っていた」、etc.

アクセントは、次のように表示できる。

neŚíCV́X̄、neŚíÓ$_1$CV́X̄、neŚíO$_2$CV́X̄.

20)過去完了否定形　構造：ne＋主格接辞＋i＋shi＋(対格接辞＋)語幹＋ie

S_1 と S_2 による違いはない。

A 型

neníishǐjīē「私はまだ食べていなかった」、neníishítumíē、neníishízwikíē、neníishíkingíē、neníishídeghéshē、neníishíwewésékē；

neníishímjīē「私はまだそれ(m. 例えば mnyama「動物」)を食べていなかった」、neníishímtumíē「私はまだ彼を使いにやっていなかった」、neníishímzwikíē、neníishímkingíē、neníishímdeghéshē；

neníishíchijíē「私はまだそれを食べていなかった」、

neníishíwatúmíē「私はまだ彼らを使いにやっていなかった」、neníishíwazwíkíē、neníishíwakíngíē、neníishíwadéghéshe；

neéíshǐjīē「彼はまだ食べていなかった」、etc.

アクセントは、次のように表示できる。

neŚíshíCVX́Cē（語幹が C のみでなる場合、〜 shǐX̄ となる。調整規則 VI と呼ぶ）、

neŚíshíÓ$_1$CVX́Cē（語幹が C のみでなる場合、〜 Ó$_1$X̄ となる。調整規則 VII と呼ぶ）、

neŚíshíO$_2$X́Cē.

B 型

neníishíghójǐē「私はまだ待っていなかった」、neníishíkóntǐē、
neníishínyáng’ǎnyē、neníishíkwékwetékē；
neníishíḿghójǐē「私はまだ彼を待っていなかった」、neníishíḿkóntǐē、
neníishíḿnyáng’ǎnyē；
neníishíwaghójǐē「私はまだ彼らを待っていなかった」、neníishíwakóntǐe、
neníishíwanyáng’ǎnyē；
neéíshíghójǐē「彼はまだ待っていなかった」、etc.

アクセントは、次のように表示できる。調整規則 V を末尾が「中」の場合にまで拡大する。

neŚíshíCV́CVX́Cē（＋V）、neŚíshíÓ$_1$CV́CVX́Cē（＋V）、
neŚíshíO$_2$CV́CVX́Cē（＋V）.

21）過去否定形（1）　構造：he＋主格接辞＋（対格接辞＋）語幹＋ie

S$_1$ と S$_2$ による違いはない。

A 型

hetíjíē「私たちは食べなかった」、hetítúmíē、hetízwíkíē、hetíkíngíē、
hetídéghéshē、hetíwéwésékē；
hétíḿjǐē「私たちはそれ（m）を食べなかった」、
hetíḿtumíē「私たちは彼を使いにやらなかった」、hetíḿzwikíē、hetíḿkingíē、
hetíḿdeghéshē；
hetíchíjíē「私たちはそれを食べなかった」、
hetíwátúmíē「私は彼らを使いにやらなかった」、hetíwázwíkíē、hetíwákíngíē、
hetíwádéghéshē.
hájíē「彼は食べなかった」、etc.

アクセントは、次のように表示できる。

heŚX́Cē、heŚÓ$_1$CVX́Cē（＋V）、heŚÓ$_2$X́Cē.

B 型

hetíghójǐē「私たちは待たなかった」、hetíkóntǐē、hetínyáng’ǎnyē、
hetíkwékwetékē；

hetíḿghójǐē「私たちは彼を待たなかった」、hetíḿkóntǐē、hetíḿnyáng'ǎnyē；
hetíwághójǐē「私たちは彼らを待たなかった」、hetíwákóntǐē、
hetíwányáng'ǎnyē；
hághójǐē「彼は待たなかった」、etc.

アクセントは、次のように表示できる。

heŚCV́CVX́Cē（＋V）、heŚÓ$_1$CV́CVX́Cē（＋V）、heŚÓ$_2$CV́CVX́Cē（＋V）.

22）過去否定形（2）　構造：he＋主格接辞＋aa＋（＋対格接辞＋）語幹＋ie

S_1 と S_2 による違いはない。

A 型

hétaajíé「私たちは食べなかった」、hétaatúmíé、hétaazwíkíé、hétaakíngíé、
hétaadéghéshé、hétaawéwéséké；
hétaamtúmíé「私たちは彼を使いにやらなかった」、hétaamzwíkíé、
hétaamkíngíé、hétaamdéghéshé；
hétaachíjíé「私たちはそれを食べなかった」、
hétaawátúmíé「私は彼らを使いにやらなかった」、hétaawázwíkíé、
hétaawákíngíé、hétaawádéghéshé.
haajíé「彼は食べなかった」、etc.

アクセントは、次のように表示できる。

héSaaX́、héSaaO$_1$X́、héSaaÓ$_2$X́.

B 型

hétaaghojíé「私たちは待たなかった」、hétaakontíé、hétaanyang'ányé、
hétaakwekwétéké；
hétaamghojíé「私たちは彼を待たなかった」、hétaamkontíé、
hétaamnyang'ányé；
hétaawághójīē「私たちは彼らを待たなかった」、hétaawákóntīē、
hétaawányáng'ānyē；
haaghojíé「彼は待たなかった」、etc.

アクセントは、次のように表示できる。

héSaaCVX́、héSaaO$_1$CVX́、héSaaÓ$_2$CV́X̄.

語尾 ie があらわれる形から必要な付け加えを見る。

<u>16）過去形（2）</u>

A 型

S$_1$X́、S$_1$O$_1$X́、S$_1$Ó$_2$X́.
Ś$_2$X́、Ś$_2$Ó$_1$X̄、Ś$_2$Ó$_2$X́.

B 型

$S_1CV\acute{X}$、$S_1O_1CV\acute{X}$、$S_1O_2C\acute{V}\bar{X}$.

$\acute{S}_2C\acute{V}\bar{X}$、$\acute{S}_2\acute{O}_1C\acute{V}\bar{X}$、$\acute{S}_2\acute{O}_2C\acute{V}\bar{X}$.

この形から必要な付け加えの仮定を見る。

(43)過去形(2)の A 型の語尾＋ie は、$\acute{X}$ をアクセントとする。

(44)過去形(2)の B 型の語尾＋ie は、$CV\acute{X}$ をアクセントとする。

S_2 については、次の付け加えが必要である。

(8–1) S_2 は、続く A 型の O_1＋語幹＋ie および B 型の（O_1＋）語幹＋ie を α 変換する。

O_2 については、次の付け加えが必要である。

(6–3) O_2 は、続く B 型の語幹＋ie を α 変換する。

O_2 は $\acute{S}_2$ によって α 変換されず、A 型の語幹＋ie を α 変換しないことに注意。

α 変換の過程を示す。

A 型

$\acute{S}_2 + O_1 + \acute{X} \rightarrow \acute{S}_2 + O_1\acute{X} \rightarrow \acute{S}_2\acute{O}_1\bar{X}$.

B 型

$\acute{S}_2 + CV\acute{X} \rightarrow \acute{S}_2C\acute{V}\bar{X}$、

$\acute{S}_2 + O_1 + CV\acute{X} \rightarrow \acute{S}_2 + O_1CV\acute{X} \rightarrow \acute{S}_2\acute{O}_1C\acute{V}\bar{X}$、

$\acute{S}_2 + \acute{O}_2 + CV\acute{X} \rightarrow \acute{S}_2 + \acute{O}_2C\acute{V}\bar{X} \rightarrow \acute{S}_2\acute{O}_2C\acute{V}\bar{X}$.

17)現在完了形

A 型

$S_1i\acute{X}Ce$、$S_1iO_1\acute{X}Ce$、$S_1i\acute{O}_2\acute{X}Ce$；

$\acute{S}_2\acute{i}CV\acute{X}Ce$（＋V）、$\acute{S}_2\acute{i}\acute{O}_1CV\acute{X}Ce$（＋V）、$\acute{S}_2\acute{i}O_2\acute{X}Ce$.

B 型

S_1iX、S_1iO_1X、$S_1i\acute{O}_2\acute{X}Ce$；

$\acute{S}_2\acute{i}\acute{X}Ce$、$\acute{S}_2\acute{i}\acute{O}_1\acute{X}Ce$、$\acute{S}_2\acute{i}O_2\acute{X}Ce$.

この形から必要な付け加えの仮定を見る。

(45)現在完了形の A 型の語尾＋ie は、$\acute{X}Ce$ をアクセントとする。

(46)現在完了形の B 型の語尾＋ie は、X をアクセントとする。

この場合、A 型の語尾＋ie の $\acute{X}Ce$ を X の α 変換されたものとしないのは、A 型の語尾＋ie には、低く平らなものである理由がなく、また、$S = S_1$ の時に語尾＋ie を α 変換する条件がないからである。

(47) S_1＋i は低い。

(48) S_2＋i は、$\acute{S}_2\acute{i}$ をアクセントとする。

　(48–1) $\acute{S}_2\acute{i}$ は、あとに続くものを α 変換する。

α 変換の過程を示す。

A 型

$\acute{S}_2\acute{i} + \acute{X}Ce \rightarrow \acute{S}_2\acute{i}CV\acute{X}Ce$、

$\acute{S}_2\acute{i} + O_1 + \acute{X}Ce \rightarrow \acute{S}_2\acute{i} + O_1\acute{X}Ce \rightarrow \acute{S}_2\acute{i}\acute{O}_1CV\acute{X}Ce$、

$\acute{S}_2\acute{i} + \acute{O}_2 + \acute{X}Ce \rightarrow \acute{S}_2\acute{i}\bar{O}_2 + \acute{X}Ce \rightarrow \acute{S}_2\acute{i}\bar{O}_2\acute{X}Ce \rightarrow \acute{S}_2\acute{i}O_2\acute{X}Ce\,(\beta)$.

B 型

$S_1i + \acute{O}_2 + X \rightarrow S_1i\acute{O}_2\acute{X}Ce$；

$\acute{S}_2\acute{i} + X \rightarrow \acute{S}_2\acute{i}\acute{X}Ce$、

$\acute{S}_2\acute{i} + O_1 + X \rightarrow \acute{S}_2\acute{i} + O_1X \rightarrow \acute{S}_2\acute{i}\acute{O}_1\acute{X}Ce$、

$\acute{S}_2\acute{i} + \acute{O}_2 + X \rightarrow \acute{S}_2\acute{i}\bar{O}_2 + X \rightarrow \acute{S}_2\acute{i}\bar{O}_2\acute{X}Ce \rightarrow \acute{S}_2\acute{i}O_2\acute{X}Ce\,(\beta)$.

<u>(18)過去完了形(1)</u>

過去完了形(1)は、現在完了形の前に高い ne を置いたものなので、この形から必要な付け加えの仮定は、次の通りである。

(49)過去完了形(1)の ne は高いが、あとに続くものを α 変換しない。

<u>(19)過去完了形(2)</u>

A 型

$ne\acute{S}\acute{i}\bar{X}$、$ne\acute{S}\acute{i}\acute{O}_1\bar{X}$、$ne\acute{S}\acute{i}O_2\acute{X}$.

B 型

$ne\acute{S}\acute{i}C\acute{V}\bar{X}$、$ne\acute{S}\acute{i}\acute{O}_1C\acute{V}\bar{X}$、$ne\acute{S}\acute{i}O_2C\acute{V}\bar{X}$.

この形から必要な付け加えの仮定は、次の通りである。

(50)過去完了形(2)の ne は低い。

(51)過去完了形(2)の ne に続く S＋i は $\acute{S}\acute{i}$ をアクセントとする。

　(51–1)過去完了形(2)の S＋i は、あとに続くものを α 変換する。

(52)過去完了形(2)の A 型の語尾＋ie は、$\acute{X}$ をアクセントとする。

(53)過去完了形(2)の B 型の語尾＋ie は、$CV\acute{X}$ をアクセントとする。

α 変換の過程を示す。

A 型

$ne + \acute{S}\acute{i} + \acute{X} \rightarrow ne\acute{S}\acute{i}\bar{X}$、

$ne + \acute{S}\acute{i} + O_1 + \acute{X} \rightarrow ne\acute{S}\acute{i} + O_1\acute{X} \rightarrow ne\acute{S}\acute{i}\acute{O}_1\bar{X}$、

$ne + \acute{S}\acute{i} + \acute{O}_2 + \acute{X} \rightarrow ne\acute{S}\acute{i}\bar{O}_2 + \acute{X} \rightarrow ne\acute{S}\acute{i}\bar{O}_2\acute{X} \rightarrow ne\acute{S}\acute{i}O_2\acute{X}\,(\beta)$.

B 型

$ne + \acute{S}\acute{i} + CV\acute{X} \rightarrow ne\acute{S}\acute{i}C\acute{V}\bar{X}$、

$ne + \acute{S}\acute{i} + O_1 + CV\acute{X} \rightarrow ne\acute{S}\acute{i} + O_1CV\acute{X} \rightarrow ne\acute{S}\acute{i}\acute{O}_1C\acute{V}\bar{X}$、 ne + Śí + Ó$_2$ + CVX́ → neŚíŌ$_2$ + CVX́ → neŚíŌ$_2$CV́X̄ → neŚíO$_2$CV́X̄（β）.

20）過去完了否定形

A 型

neŚíshíCVX́Cē（+VI）、neŚíshíÓ$_1$CVX́Cē（+VII）、neŚíshíO$_2$X́Cē.

B 型

neŚíshíCV́CVX́Cē（+V）、neŚíshíÓ$_1$CV́CVX́Cē（+V）、
neŚíshíO$_2$CV́CVX́Cē（+V）.

この形から必要な付け加えの仮定は、次の通りである。

（54）過去完了否定形の ne は低い。

（55）過去完了否定形の ne に続く S+i は Śí をアクセントとする。

（55–1）過去完了否定形の Śí は続く shí を α 変換しない。

shi が高く、かつ、うしろのものを α 変換することは、既に仮定ずみである。

（56）過去完了否定形の A 型の語尾 + ie は、X́Cē をアクセントとする。

（57）過去完了否定形の B 型の語尾 + ie は、CVX́Cē をアクセントとする。

α 変換の過程を示す。

A 型

ne + Śí + shí + X́Cē → neŚíshí + X́Cē → neŚíshíCVX́Cē、
ne + Śí + shí + O$_1$ + X́Cē → neŚíshí + O$_1$X́Cē → neŚíshíÓ$_1$CVX́Cē、
ne + Śí + shí + Ó$_2$ + X́Cē → neŚíshíŌ$_2$ + X́Cē → neŚíshíŌ$_2$X́Cē → neŚíshíO$_2$X́Cē
（β）.

B 型

ne + Śí + shí + CVX́Cē → neŚíshíCV́CVX́Cē、
ne + Śí + shí + O$_1$ + CVX́Cē → neŚíshí + O$_1$CVX́Cē → neŚíshíÓ$_1$CV́CVX́Cē、
ne + Śí + shí + Ó$_2$ + CVX́Cē → neŚíshíŌ$_2$ + CVX́Cē → neŚíshíŌ$_2$CV́CVX́Cē →
neŚíshíO$_2$CV́CVX́Cē（β）.

21）過去否定形（1）

A 型

heŚX́Cē、heŚÓ$_1$CVX́Cē（+V）、heŚÓ$_2$X́Cē.

B 型

heŚCV́CVX́Cē（+V）、heŚÓ$_1$CV́CVX́Cē（+V）、heŚÓ$_2$CV́CVX́Cē（+V）.

he が低いこと、それに続く S が高いことは既に見た。

（15–2）he のあとの S は、直接続く A 型の O$_1$ + 語幹 + ie および B 型の（O$_1$ +）語幹 + ie を α 変換する。

（58）過去否定形（1）の A 型の語尾 + ie は、X́Cē をアクセントとする。

(59)過去否定形(1)のB型の語尾＋ieは、CVX́Cēをアクセントとする。
α変換の過程を示す。
A型
he＋Ś＋X́Cē → heŚX́Cē（α変換なし）、
he＋Ś＋O_1＋X́Cē → heŚ＋O_1X́Cē → heŚ$\acute{O}_1$CVX́Cē、
he＋Ś＋$\acute{O}_2$＋X́Cē → heŚ$\acute{O}_2$X́Cē（α変換なし）.
B型
he＋Ś＋CVX́Cē → heŚCV́CVX́Cē、
he＋Ś＋O_1＋CVX́Cē → heŚ＋O_1CVX́Cē → heŚ$\acute{O}_1$CV́CVX́Cē、
he＋Ś＋$\acute{O}_2$＋CVX́Cē → heŚ＋$\acute{O}_2$CV́CVX́Cē → heŚ$\acute{O}_2$CV́CVX́Cē.

22)過去否定形(2)

A型
héSaaX́、héSaaO_1X́、héSaa$\acute{O}_2$X́.
B型
héSaaCVX́、héSaaO_1CVX́、héSaa$\acute{O}_2$CV́X̄.

この形から必要な付け加えの仮定は、次の通りである。
(60)過去否定形(2)のheは高い。
(61)過去否定形(2)のS＋aaは低い。
(62)過去否定形(2)のA型の語尾＋ieは、X́をアクセントとする。
(63)過去否定形(2)のB型の語尾＋ieは、CVX́をアクセントとする。
α変換がおこるのは、O_2によるB型hé＋Saa＋$\acute{O}_2$＋CVX́ → héSaa$\acute{O}_2$CV́X̄だけである。

語尾ieを用いる形の場合、目につくのは、A_1型とA_2型の区別がないということの他に、語尾＋ieのアクセントが一様ではないということである。表にしてみる。

A型	B型	活用形
X́	CVX́	過去形(2)、過去完了形(2)、過去否定形(2)
X́Ce	X	現在完了形、過去完了形
X́Cē	CVX́Cē	過去完了否定形、過去否定形(1)

A型のX́、X́Ce、X́Cēは、α変換によっては1つを別の1つから引き出すことはできず、B型のCVX́、X、CVX́Cēも、α変換によっては1つを別の1つから引き出すことはできない。つまり、異なる3つのペアを仮定しなければならないのである。A型とB型の対応関係は規則的といえるが、そもそも、異なる3つのペアになっていること自体は、あまり規則的とはいえないことを示している。

調整規則 V は極く自然である。VI と VII は、互いに同じものと考えられるが、V の場合と似た状態にもかかわらず、語幹が C のみなので、調整規則 V とはちがっているのであろう。

2.3.　語尾 e を用いる形

語尾 e を用いる直説法形には A_1 型と A_2 型の区別はない。S_1 と S_2 による違いもない。

23）未来形　構造：ne＋主格接辞＋（対格接辞＋）語幹＋e

A 型

neníje「私は食べる」、nenítúme、nenízwíke、neníkínge、nenídéghéshe、neníwéwéséke；

neníḿtume「私は彼を使いにやる」、neníḿzwike、neníḿkinge、neníḿdegheshe；

neníchǐje「私はそれを食べる」、neníwatume「私は彼らを使いにやる」、neníwazwikie、neníwakinge、neníwadegheshe；

neáje「彼は食べる」、etc.

アクセントは、次のように表示できる。

neŚX́Ce、neŚ$\acute{O}_1$X、neŚO_2X（X＝CV なら、～ $\check{O}_2$X となる。調整規則 VIII と呼ぶ）.

B 型

neníghóje「私は待つ」、neníkónte、nenínyáng'ánye、neníkwékwétéke；

neníḿghóje「私は彼を待つ」、neníḿkónte、neníḿnyáng'anye；

neníwaghóje「私は彼らを待つ」、neníwakónte、neníwanyáng'anye；

neághóje「彼は待つ」、etc.

アクセントは、次のように表示できる。

neŚX́Ce、neŚ$\acute{O}_1$CV́X、neŚO_2CV́X.

24）未来否定形　構造：he＋主格接辞＋（対格接辞＋）語幹＋e

A 型

hétǐje「私たちは食べない」、hétitúme、hétizwíke、hétikínge、hétidéghéshe、hétiwéwéséke；

hétiḿtume「私たちは彼を使いにやらない」、hétiḿzwike、hétiḿkinge、hétiḿdegheshe；

hétichǐje「私たちはそれを食べない」、

hétiwatume「私たちは彼らを使いにやらない」、hétiwazwike、hétiwakinge、

hétiwadegheshe；

héǎje「彼は食べない」、etc.

アクセントは、次のように表示できる。

héSX́Ce（X＝Ø なら、´は ˇ となって S にうつる。調整規則 IX と呼ぶ）、

héSÓ$_1$X、héSO$_2$X（＋VIII）.

B 型

hétighóje「私たちは待たない」、hétikónte、hétinyáng'ánye、hétikwékwétéke；

hétim̍ghóje「私たちは彼を待たない」、hétim̍kónte、hétim̍nyáng'anye；

hétiwaghóje「私たちは彼らを待たない」、hétiwakónte、hétiwanyáng'anye；

héaghóje「彼は待たない」、etc.

アクセントは、次のように表示できる。

héSX́Ce、héSÓ$_1$CV́X、héSO$_2$CV́X.

語尾 e があらわれる形から必要な付け加えの仮定を見る。

23）未来形

A 型

neŚX́Ce、neŚÓ$_1$X、neŚO$_2$X（＋VIII）.

B 型

neŚX́Ce、neŚÓ$_1$CV́X、neŚO$_2$CV́X.

この形から必要な付け加えの仮定を見る。

（64）未来形の ne は低い。

（65）未来形の ne の直後の S は高いが、あとのものを α 変換しない。

（66）A 型の語幹＋e は、S の直後で X́Ce、O の直後で X をアクセントとする。

（67）B 型の語幹＋e は、S の直後で X́Ce、O の直後で CV́X をアクセントとする。

（68）未来形における O$_1$ は高いが、あとのものを α 変換しない。

（69）未来形における O$_2$ は低い。

24）未来否定形

A 型

héSX́Ce（＋IX）、héSÓ$_1$X、héSO$_2$X（＋VIII）.

B 型

héSX́Ce、héSÓ$_1$CV́X、héSO$_2$CV́X.

この形から必要な付け加えの仮定を見る。

（70）未来否定形の he は高い。

（71）未来否定形の he の直後の S は低い。

（72）未来否定形における O$_1$ は高いが、あとのものを α 変換しない。

(73)未来否定形におけるO_2は低い。

要するに、α変換というのは、語尾eがあらわれる形にはないのである。一見驚くような仮定であるが、実は、主格接辞+(対格接辞+)語幹+eというのは、元来は直説法形でなく接続法形であり、未来形はその前に低いneがついたものであり、未来否定形はその前に高いheがついてSが低くなっただけのものであり、直説法形とは異なる法則が適用されても不思議ではないのである。

68)と72)は統一でき、69)と73)も統一できる。

もう一つ目につくのは、対格接辞が前にあるかないかで語幹+eのアクセントが異なり、A型もB型も一方から他方を既知の規則を使って導くことはできないことである。語幹+ieの場合に見られたような複数のアクセントが、ここでは1つの活用形にあらわれている(形は異なる)ようである。

調整規則IXは自然だが、調整規則VIIIは不可解である。O_2を上昇調にする理由が全くないのである。

3.　若干のコメント

この言語の場合、α規則と名づけた規則に気がつかなければ、動詞アクセント分析はまず不可能であろう。しかし、それに気づいても、名詞のようには扱えず、適用される場合とそうでない場合があり、α変換を受ける場合も、それ独自で受ける場合と結びついて受ける場合があり、かなり複雑である。しかし、複雑だからといって不規則ということではない。むしろ、一見不規則そのものに見える中に規則性が見いだされるというべきであろう。

不規則性は、主に次の場合に見られる。

1)語幹+aには3組のアクセントがあり、語幹+ieにも3組のアクセントがあり、語幹+eには、Oの有無に対応して2組のアクセントがある。

2)調整規則には、明らかに不規則な逸脱を含むものがある。

1)のうち、語幹+a/ieの複数のアクセントというのは、他の言語にもありうるが、語幹+eの複数のアクセントはかなり奇妙である。ただし、これは、語幹+eを用いる活用形は元来接続法形起源のものであることと関連がある。どういう訳かよく分からないが、接続法形(「～が～するように / ことを」といった意味の形)の語幹+語尾のアクセントがOの有無に対応して(一方から他方が妥当な規則によって導き出せない形で)異なる言語が、バントゥ諸語には多いのである。

本章は、『バントゥ諸語動詞アクセントの研究』第36章の内容を、分かりやすくするために叙述順序をあらため、かつ、考察をさらに深めたものである。

第11章　メル語の動詞アクセント

ケニアのケニア山の東方に話されるMeru(メル語)の動詞アクセントを見る。なお、以下の表記で、ĩ、ũはやや広いi、uをあらわす。これは、近隣のキクユ語の表記法である。

1.　不定形

まず、不定形を見る。

構造：kũ+(対格接辞+)語幹+a

対格接辞は、単数1～3人称のものおよびmĩであらわれるものと、それ以外のものとに分類される。前者をO_1、後者をO_2であらす。kは、kなど無声子音の(母音をへだてた)直前でgとなる。

A型

kũrĩ́á「食べる」、kũrátha「撃つ」、kũgwáata「捕まえる」、
gũkéethia「挨拶する」、gũkṹrṹka「追い越す」、kũrííngĩ́ĩria「送って行く」；
kũmĩrĩ́á「それ(mĩ)を食べる」、kũmũrátha「彼(mũ)を撃つ」、kũmũgwáata、
kũmũkéethia「彼に挨拶する」、kũmũkṹrṹka、kũmũrííngĩ́ĩria；
kũbírĩ́á「それ(bi)を食べる」、kũbárátha「彼ら(ba)を撃つ」、kũbágwáata、
kũbákẽ́ẽthia、kũbákṹrṹka、kũbárííngĩ́ĩria.

対格接辞mĩは、たとえばnjata(星、単数)、mbarika(雌山羊、単数)に、biは、たとえばikũyũ(魚、複数)に対応する。

アクセントは、次のように表示できる。

kũX́CV́(V)Ca(X=Øなら、(V)CaもØでありうる。調整規則Iと呼ぶ)、
kũO_1X́CV́(V)Ca(+I)、kũÓ$_2$X́CV́(V)Ca(+I).

この場合のrĩa、Ciaは1音節(Ca)と考えられる。

B型

kũthia「挽く」、gũkunya「つねる」、kũguuta「悪口をいう」、

kũrekera「許す」、kũrigĩĩria「とうせんぼする」、
kũthũũngũthĩra「とびかかる」；
kũmĩthia「それ(mĩ)を挽く」、kũmũkunya「彼をつねる」、
kũmũguuta「彼の悪口をいう」、kũmũrekera、kũmũrigĩĩria、
kũmũthũũngũthĩra；
kũbíthia「それ(bi)を挽く」、kũbákunya「彼らをつねる」、kũbáguuta、
kũbárekera、kũbárigĩĩria、kũbáthũũngũthĩra.

アクセントは、次のように表示できる。

kũX、kũO_1X、kũ$Ó_2$X.

2.　直説法形

次に直説法形を見る。

2.1.　語尾 a を用いる形

1)たった今の過去形　構造：主格接辞＋V＋kũ＋(対格接辞＋)語幹＋a

A 型

tṹũkũrĩ́á「私たちは食べた」、tṹũkũrátha、tṹũkũgwáata、tṹũgũkéethia、
tṹũgũkṹrṹka、tṹũkũríingĩ́ĩria；
tṹũkũmĩrĩ́á「私たちはそれ(mĩ)を食べた」、
tṹũkũmũrátha「私たちは彼を撃った」、tṹũkũmũgwáata、tṹũkũmũkéethia、
tṹũkũmũkṹrṹka、tṹũkũmũríingĩ́ĩria；
tṹũkũbírĩ́á「私たちはそれ(bi)を食べた」、
tṹũkũbárátha「私たちは彼らを撃った」、tṹũkũbágwáata、tṹũkũbákéethia、
tṹũkũbákṹrṹka、tṹũkũbáríingĩ́ĩria.
nkũrĩ́á「私は食べた」、ṹũkũrĩ́á「あなたは食べた」、áakũrĩ́á「彼は食べた」.

アクセントは、次のように表示できる。

ŚVkũX́CV́(V)Ca(＋I)、ŚVkũO_1X́CV́(V)Ca(＋I)、
ŚVkũ$Ó_2$X́CV́(V)Ca(＋I).

B 型

tṹũkũthia「私たちは挽いた」、tṹũgũkunya、tṹũkũguuta、tṹũkũrekera、
tṹũkũrigĩĩria、tṹũkũthũũngũthĩra；
tṹũkũmĩthia「私たちはそれを挽いた」、
tṹũkũmũkunya「私たちは彼をつねった」、tṹũkũmũguuta、tṹũkũmũrekera、

tṹũkũmũrigĩĩria、tṹũkũmũthũũngũthĩra；
tṹũkũbíthia「私たちはそれを挽いた」、
tṹũkũbákunya「私たちは彼らをつねった」、tṹũkũbáguuta、tṹũkũbárekera、
tṹũkũbárigĩĩria、tṹũkũbáthũũngũthĩra.

アクセントは、次のように表示できる。

ŚVkũX、ŚVkũO_1X、ŚVkũ$Ó_2$X.

2)現在形　構造：主格接辞＋rĩ＋(対格接辞＋)語幹＋a

A 型

tũrĩ́rĩ́á「私たちは食べている」、tũrĩ́ráthá、tũrĩ́gwáátá、tũrĩ́kééthíá、
tũrĩ́kṹrṹká、tũrĩ́rííngĩ́ĩ́ríá；
turĩ́mĩrĩ́á「私たちはそれを食べている」、
tũrĩ́mũráthá「私たちは彼を撃っている」、tũrĩ́mũgwáátá、tũrĩ́mũkééthíá、
tũrĩ́mũkṹrṹká、tũrĩ́mũrííngĩ́ĩ́ríá；
tũrĩ́bírĩ́á「私たちはそれを食べている」、
turĩ́báráthá「私たちは彼らを撃っている」、tũrĩ́bágwáátá、tũrĩ́bákééthíá、
tũrĩ́bákṹrṹká、tũrĩ́báríííngĩ́ĩ́ríá.
ndĩ́rĩ́á「私は食べている」.

アクセントは、次のように表示できる。

Srĩ́X́、Srĩ́O_1X́、Srĩ́$Ó_2$X́.

B 型

tũrĩ́thiá「私たちは挽いている」、tũrĩ́kunyá、tũrĩ́guútá、tũrĩ́rekérá、
tũrĩ́rigĩ́ĩ́ríá、tũrĩ́thũṹngṹthĩ́rá；
tũrĩ́mĩthiá「私たちはそれを挽いている」、
tũrĩ́mũkunyá「私たちは彼をつねっている」、tũrĩ́mũguútá、tũrĩ́mũrekérá、
tũrĩ́mũrigĩ́ĩ́ríá、tũrĩ́mũthũṹngṹthĩ́rá；
tũrĩ́bíthiá「私たちはそれを挽いている」、
tũrĩ́bákunyá「私たちは彼らをつねっている」、tũrĩ́báguútá、tũrĩ́bárekérá、
tũrĩ́bárigĩ́ĩ́ríá、tũrĩ́báthũṹngṹthĩ́rá.

アクセントは、次のように表示できる。～ thia は 2 音節と扱われている。

Srĩ́CVX́、Srĩ́$Ó_1$CVX́、Srĩ́$Ó_2$CVX́.

以下、語幹＋a のアクセントがこれまで見たもののどれかに同じ場合には、アクセント表示を先に置き、実例は最少限にとどめる。

3)現在進行形(1)　構造：i＋主格接辞＋kũ＋(対格接辞＋)語幹＋a

A 型

アクセント

íŚkũX́CV́(V)Ca(+I)、íŚkũO$_1$X́CV́(V)Ca(+I)、íŚkũÓ$_2$X́CV́(V)Ca(+I).

例

ítṹkũrĩ́á「私たちは食べている」、ítṹkũrátha、ítṹkũriíngĩ́ria；

ítṹkũmĩ́rĩ́á「私たちはそれを食べている」、

ítṹkũmũrátha「私たちは彼を撃っている」、ítṹkũmũriíngĩ́ria；

ítṹkũbírĩ́á「私たちはそれを食べている」、ítṹkũbarátha、ítṹkũbariíngĩ́ria.

ínkũrĩ́á「私は食べている」、nṹṹkũrĩ́á「あなたは食べている」、

náákũrĩ́á「彼は食べている」.

B型

アクセント

íŚkũX、íS̃́kũO$_1$X、íS̃́kũÓ$_2$X.

例

ítṹkũthia「私たちは挽いている」、ítṹgũkunya「私たちはつねっている」、

ítṹkũthũũngũthĩra；

ítṹkũmĩthia「私たちはそれを挽いている」、

ítṹkũmũkunya「私たちは彼をつねっている」、ítṹkṹmũthũũngũthĩra；

ítṹkũbíthia「私たちはそれを挽いている」、

ítṹkũbákunya「私たちは彼らをつねっている」、ítṹkũbáthũũngũthĩra.

4)現在進行形(2)　疑問詞を含む文、疑問詞を含む文に答える文に用いられる。

構造：a+主格接辞+kũ+(対格接辞+)語幹+a

現在進行形(1)のiをaに置き換えただけで、アクセントは同様である。ただし、a+主格接辞の形は、単数1～3人称で、an、goo、gaaである。

例

átṹkũrĩ́á「私たちは食べている」、etc.

átṹkũthia「私たちは挽いている」、etc.

5)未来形(1)　構造：主格接辞+kaa+(対格接辞+)語幹+a

kaaは、O$_1$の直前でkaとなる。

A型

アクセント

SkáaX́CV́(V)Ca(+I)、SkáO$_1$X́CV́(V)Ca(+I)、SkáaÓ$_2$X́CV́(V)Ca(+I).

例

tũkáarĩ́á「私たちは食べる」、tũkáarátha、tũkáariíngĩ́ria；

tũkámĩ́rĩ́á「私たちはそれを食べる」、tũkámũrátha「私たちは彼を撃つ」、

tũkámũríĩngĩ̃ĩria；

tũkáabírĩ́á「私たちはそれを食べる」、tũkáabáráthа、tũkáabáríĩngĩ̃ĩria.

nkáarĩ́á「私は食べる」、ũkáarĩ́á「あなたは食べる」、

akáarĩ́á「彼は食べる」.

B 型

アクセント

SkáaX、SkáO$_1$X、SkáaÓ$_2$X.

例

tũkáathia「私たちは挽く」、tũgáakunya「私たちはつねる」、

tũkáathũũngũthĩra；

tũkámĩthia「私たちはそれを挽く」、tũkámũkunya「私たちは彼をつねる」、

tũkámũthũũngũthĩra；

tũkáabíthia「私たちはそれを挽く」、tũkáabákunya「私たちは彼らをつねる」、

tũkáabáthũũngũthĩra.

6）未来形（2）　疑問詞を含む文、疑問詞を含む文に答える文に用いられる。

構造：a＋主格接辞＋kaa＋（対格接辞＋）語幹＋a

未来形（1）の前に á を置き、S を高くし、káa を kaa とする。O$_1$ の前でも kaa であらわれる。a＋主格接辞の形は、単数 1 ～ 3 人称で an、goo、gaa である。

例

átṹkaarĩ́á「私たちは食べる」、etc.

átṹkaathia「私たちは挽く」、etc.

あとに目的語がつく場合、末尾音節が高くなる。これについては、あとで見る。

7）遠過去否定形　　構造：主格接辞＋taa＋（対格接辞＋）語幹＋a

A 型

アクセント

StáaX́、StáaO$_1$X́、StáaÓ$_2$X́.

例

tũtáarĩ́á「私たちは食べなかった」、tũtáaráthá、tũtáaríĩngĩ̃ĩ́riá；

tũtáamĩrĩ́á「私たちはそれを食べなかった」、

tũtáamũráthá「私たちは彼を撃たなかった」、tũtáamũríĩngĩ̃ĩ́riá；

tũtáabírĩ́á「私たちはそれを食べなかった」、tũtáabáráthá、tũtáabáríĩngĩ̃ĩ́riá.

B 型

アクセント

StáaCVX́、StáaO$_1$CVX́、StáaÓ$_2$CVX́.

例

tũtáathiá「私たちは挽かなかった」、tũtáakunyá「私たちはつねらなかった」、

tũtáathũṹngṹthĩ́rá；

tũtáamĩthiá「私たちはそれを挽かなかった」、

tũtáamũkunyá「私たちは彼をつねらなかった」、tũtáamũthũṹngṹthĩ́rá；

tũtáabíthiá「私たちはそれを挽かなかった」、tũtáabákunyá、

tũtáabáthũṹngṹthĩ́rá.

8)近過去否定形(1)　構造：主格接辞＋taa＋(対格接辞＋)語幹＋a(前に同じ)

A型

アクセント

StáaX́CV́(V)Ca(＋I)、StáaO$_1$X́CV́(V)Ca(＋I)、StáaÓ$_2$X́CV́(V)Ca(＋I).

例

tũtáarĩ́á「私たちは食べなかった」、tũtáarátha、tũtã́aríĩngĩ́ĩria；

tũtáamĩrĩ́á「私たちはそれを食べなかった」、

tũtáamũrátha「私たちは彼を撃たなかった」、tũtáamũríĩngĩ́ĩria；

tũtáabírĩ́á「私たちはそれを食べなかった」、tũtáabárátha、tũtáabáríĩngĩ́ĩria.

B型

アクセント

StáaX、StáaO$_1$X、StáaÓ$_2$X.

例

tũtáathia「私たちは挽かなかった」、tũtáakunya「私たちはつねらなかった」、

tũtáathũũngũthĩra；

tũtáamĩthia「私たちはそれを挽かなかった」、

tũtáamũkunya「私たちは彼をつねらなかった」、tũtáamũthũũngũthĩra；

tũtáabíthia「私たちはそれを挽かなかった」、tũtáabákunya、

tũtáabáthũũngũthĩra.

9)近過去否定形(2)　構造：主格接辞＋tĩ＋ra＋(対格接辞＋)語幹＋a

A型

アクセント

Stĩ́raX́CV́(V)Ca(＋I)、Stĩ́raO$_1$X́CV́(V)Ca(＋I)、Stĩ́raÓ$_2$X́CV́(V)Ca(＋I).

例

tũtĩ́rarĩ́á「私たちは食べなかった」、tũtĩ́rarátha、tũtĩ́raríĩngĩ́ĩria；

tũtĩ́ramĩrĩ́á「私たちはそれを食べなかった」、

tũtĩ́ramũrátha「私たちは彼を撃たなかった」、tũtĩ́ramũríĩngĩ́ĩria；

tũtĩ́rabírĩ́á「私たちはそれを食べなかった」、tũtĩ́rabárátha、
tũtĩ́rabárííngĩ́ĩria.

B 型

アクセント

Stĩ́raX、Stĩ́raO_1X、Stĩ́ra$\acute{O}_2$X.

例

tũtĩ́rathia「私たちは挽かなかった」、
tũtĩ́rakunya「私たちはつねらなかった」、tũtĩ́rathũũngũthĩra；
tũtĩ́ramĩthia「私たちはそれを挽かなかった」、
tũtĩ́ramũkunya「私たちは彼をつねらなかった」、tũtĩ́ramũthũũngũthĩra；
tũtĩ́rabíthia「私たちはそれを挽かなかった」、tũtĩ́rabákunya、
tũtĩ́rabáthũũngũthĩra.

10)現在進行否定形　構造：主格接辞＋tĩ＋kũ＋(対格接辞＋)語幹＋a

A 型

アクセント

Stĩ́kũX́CV́(V)Ca(＋I)、Stĩ́kũO_1X́CV́(V)Ca(＋I)、
Stĩ́kũ$\acute{O}_2$X́CV́(V)Ca(＋I).

例

tũtĩ́kũrĩ́á「私たちは食べていない」、tũtĩ́kũrátha、tũtĩ́kũrííngĩ́ĩria；
tũtĩ́kũmĩrĩ́á「私たちはそれを食べていない」、
tũtĩ́kũmũrátha「私たちは彼を撃っていない」、tũtĩ́kũmũrííngĩ́ĩria；
tũtĩ́kubírĩ́á「私たちはそれを食べていない」、tũtĩ́kũbárátha、
tũtĩ́kũbárííngĩ́ĩria.

B 型

アクセント

Stĩ́kũX、Stĩ́kũO_1X、Stĩ́kũ$\acute{O}_2$X.

例

tũtĩ́kũthia「私たちは挽いていない」、
tũtĩ́gũkunya「私たちはつねっていない」、tũtĩ́kũthũũngũthĩra；
tũtĩ́kũmĩthia「私たちはそれを挽いていない」、
tũtĩ́kũmũkunya「私たちは彼をつねっていない」、tũtĩ́kũmũthũũngũthĩra；
tũtĩ́kũbíthia「私たちはそれを挽いていない」、tũtĩ́kũbákunya、
tũtĩ́kũbáthũũngũthĩra.

11)未来否定形　構造：主格接辞＋tĩ＋(対格接辞＋)語幹＋a

A 型

tũtĩ́rĩ̄ā「私たちは食べない」(¯ は中位の高さ)、tũtĩ́rátha、tũtĩ́gwáata、

tũtĩ́kéethia、tũtĩ́kũrṹka、

tũtĩ́karaáangĩ́ra「私たちは油であげてやらない」、tũtĩ́riíngĩ́ĩria；

tũtĩ́mĩrĩ́á「私たちはそれを食べない」、

tũtĩ́mũrátha「私たちは彼を撃たない」、tũtĩ́mũgwáata、tũtĩ́mũkéethia、

tũtĩ́mũkṹrṹka、tũtĩ́mũkáraáangĩ́ra、tũtĩ́mũriíngĩ́ĩria；

tũtĩ́birĩ́á「私たちはそれを食べない」、

tũtĩ́barátha「私たちは彼らを撃たない」、tũtĩ́bagwáata、tũtĩ́bakéethia、

tũtĩ́bakṹrṹka、tũtĩ́bakáraáangĩ́ra、tũtĩ́bariíngĩ́ĩria.

ntĩ́rĩ̄ā「私は食べない」.

アクセントは、次のように表示できる。

Stĩ́CVX́CV́ (V) Ca (X＝VY なら、その前の CV は CV́ となる。X＝Ø なら、その前の CV も Ø でありうる。X もその前の CV も Ø なら、(V) Ca も Ø でありうるが、その前の CV は CV̄ となる。調整規則 II と呼ぶ)、

Stĩ́O_1X́CV́ (V) Ca (+ I)、Stĩ́O_2X́CV́ (V) Ca (+ I).

B 型

tũtĩ́thia「私たちは挽かない」、tũtĩ́kunya、tũtĩ́guuta、tũtĩ́rekera、

tũtĩ́rigĩĩria、tũtĩ́thũũngũthĩra；

tũtĩ́mĩthia「私たちはそれを挽かない」、

tũtĩ́mũkunya「私たちは彼をつねらない」、tũtĩ́mũguuta、tũtĩ́mũrekera、

tũtĩ́mũrigĩĩria、tũtĩ́mũthũũngũthĩra；

tũtĩ́bithia「私たちはそれを挽かない」、

tũtĩ́bakunya「私たちは彼らをつねらない」、tũtĩ́baguuta、tũtĩ́barekera、

tũtĩ́barigĩĩria、tũtĩ́bathũũngũthĩra.

アクセントは、次のように表示できる。

Stĩ́X、Stĩ́O_1X、Stĩ́O_2X.

あとに目的語がつく場合、末尾音節が高くなる。これについては、あとで見る。

12) 未来絶対否定形　　構造：主格接辞＋tĩ＋ka＋roo＋(対格接辞＋) 語幹＋a

A 型

アクセント

Stĩ́karóoX́、Stĩ́karóoO_1X́、Stĩ́karóoÓ$_2$X́.

例

tũtĩ́karóorĩ́á「私たちは食べない」、tũtĩ́karóoráthá、tũtĩ́karóorĩ́íngĩ́ĩ́ríá；

tũtĩ́karóomĩrĩ́á「私たちはそれを食べない」、
tũtĩ́karóomũráthá「私たちは彼を撃たない」、tũtĩ́karóomũriíngĩ́ĩ́ríá；
tũtĩ́karóobírĩ́á「私たちはそれを食べない」、tũtĩ́karóobáráthá、
tũtĩ́karóobáriíngĩ́ĩ́ríá.

B 型

アクセント

Stĩ́karóoCVX́、Stĩ́karóoO_1CVX́、Stĩ́karóo$Ó_2$CVX́.

例

tũtĩ́karóothiá「私たちは挽かない」、tũtĩ́karóokunyá「私たちはつねらない」、
tũtĩ́karóothũṹngṹthĩ́rá；
tũtĩ́karóomĩthiá「私たちはそれを挽かない」、
tũtĩ́karóomũkunyá「私たちは彼をつねらない」、tũtĩ́karóomũthũṹngṹthĩ́rá；
tũtĩ́karóobíthiá「私たちはそれを挽かない」、
tũtĩ́karóobákunyá「私たちは彼らをつねらない」、tũtĩ́karóobáthũṹngṹthĩ́rá.

13）物語過去形　構造：主格接辞＋ra＋（対格接辞＋）語幹＋a

A 型

アクセント

SraX́CV́（V）Ca（＋I）、SraO_1X́CV́（V）Ca（＋I）、Sra$Ó_2$X́CV（V）Ca（＋I）.

例

tũrarĩ́á「私たちは食べた」、tũrarátha、tũrariíngĩ́ĩria；
tũramĩrĩ́á「私たちはそれを食べた」、tũramũrátha「私たちは彼を撃った」、
tũrãmũriíngĩ́ĩria；
tũrabírĩ́á「私たちはそれを食べた」、tũrabarátha、tũrabáriíngĩ́ĩria.

B 型

アクセント

SraX、SraO_1X、Sra$Ó_2$X.

例

tũrathia「私たちは挽いた」、tũrakunya「私たちはつねった」、
tũrathũũngũthĩra；
tũramĩthia「私たちはそれを挽いた」、
tũramũkunya「私たちは彼をつねった」、tũramũthũũngũthĩra；
tũrabíthia「私たちはそれを挽いた」、tũrabákunya、tũrabáthũũngũthĩra.

不定形を含め、語尾 a を用いる形のアクセントを説明する仮定を考えよう。
まず、語幹＋a のアクセントの分布を見る。

(1)A 型の語幹＋a は、

(1–1)次のものの(対格接辞をへだてて、または、へだてないで)直後で X́CV́(V)Ca をアクセントとする。

kũ、kaa、近過去否定形(1)の taa、tĩ、ra.

(1–2)次のものの(対格接辞をへだてて、または、へだてないで)直後で X́ をアクセントとする。

rĩ、遠過去否定形の taa、roo.

(2)B 型の語幹＋a は、

(2–1)次のものの(対格接辞をへだてて、または、へだてないで)直後で X をアクセントとする。

kũ、近過去否定形(1)の taa、tĩ、ra.

(2–2)次のものの(対格接辞をへだてて、または、へだてないで)直後で CVX́ をアクセントとする。

rĩ、遠過去否定形の taa、roo.

未来否定形の場合はあとで考える。

不定形

アクセント表示を再掲する。

A 型　kũX́CV́(V)Ca(＋I)、kũO$_1$X́CV́(V)Ca(＋I)、kũÓ$_2$X́CV́(V)Ca(＋I).

B 型　kũX、kũO$_1$X、kũÓ$_2$X.

上の、語幹＋a のアクセント分布の記述に付け加えるべき仮定は、次の如くである。なお、(1–1)、(2–1)参照。

(3)kũ は低い。

(4)O$_1$ は低い。

(5)O$_2$ は高い。

1)たった今の過去形

A 型　ŚVkũX́CV́(V)Ca(＋I)、ŚVkũO$_1$X́CV́(V)Ca(＋I)、
ŚVkũÓ$_2$X́CV́(V)Ca(＋I).

B 型　ŚVkũX、ŚVkũO$_1$X、ŚVkũÓ$_2$X.

付け加えるべき仮定は次の如くである。なお、(1–1)、(2–1)参照。

(6)主格接辞＋V は、ŚV をアクセントとする。

2)現在形

A 型　SrĩX́、SrĩO$_1$X́、SrĩÓ$_2$X́.

B 型　SrĩCVX́、SrĩO$_1$CVX́、SrĩÓ$_2$CVX́.

付け加えるべき仮定は次の如くである。なお、(1–2)、(2–2)参照。

(7)前に何もなく、V が続かない主格接辞は低い。

(8)rĩ は高い。

3)現在進行形(1)

A 型　íŚkũX́CV́(V)Ca(+I)、íŚkũO_1X́CV́(V)Ca(+I)、
íŚkũÓ$_2$X́CV́(V)Ca(+I).

B 型　íŚkũX、íŚkũO_1X、íŚkũÓ$_2$X.

付け加えるべき仮定は次の如くである。なお、(1–1)、(2–1)参照。

(9)i は高い。

(10)i の直後で、kũ の前の主格接辞は高い。

4)現在進行形(2)

A 型　áŚkũX́CV́(V)Ca(+I)、áŚkũO_1X́CV́(V)Ca(+I)、
áŚkũÓ$_2$X́CV́(V)Ca(+I).

B 型　áŚkũX、áŚkũO_1X、áŚkũÓ$_2$X.

付け加えるべき仮定は次の如くである。なお、(1–1)、(2–1)参照。

(11)a は高い。

(12)a の直後の主格接辞は高い。

5)未来形(1)

A 型　SkáaX́CV́(V)Ca(+I)、SkáO_1X́CV́(V)Ca(+I)、
SkáaÓ$_2$X́CV́(V)Ca(+I).

B 型　SkáaX、SkáO_1X、SkáaÓ$_2$X.

6)未来形(2)

A 型　áŚkaaX́CV́(V)Ca(+I)、áŚkaaO_1X́CV́(V)Ca(+I)、
áŚkaaÓ$_2$X́CV́(V)Ca(+I).

B 型　áŚkaaX、áŚkaaO_1X、áŚkaaÓ$_2$X.

付け加えるべき仮定は次の如くである。なお、(1–1)、(2–1)参照。

(13) kaa は、低い S の直後で ká(a) を、高い S の直後で kaa をアクセントとする。

7)遠過去否定形

A 型　StáaX́、StáaO_1X́、StáaÓ$_2$X́.

B 型　StáaCVX́、StáaO_1CVX́、StáaÓ$_2$CVX́.

付け加えるべき仮定は次の如くである。なお、(1–2)、(2–2)等参照。

(14)遠過去否定形の taa は táa をアクセントとする。

8)近過去否定形(1)

A 型　StáaX́CV́(V)Ca(+I)、StáaO_1X́CV́(V)Ca(+I)、

StáaÓ$_2$X́CV́(V)Ca(+I).

B型　StáaX、StáaO$_1$X、StáaÓ$_2$X́.

付け加えるべき仮定は次の如くである。なお、(1–1)、(2–1)等参照。

(15)近過去否定形(1)のtaaはtáaをアクセントとする。

一応、taaを別のものとしたが、同じと見て、アクセントで形が区別されるとも考えられる。

9)近過去否定形(2)

A型　Stĩ́raX́CV́(V)Ca(+I)、Stĩ́raO$_1$X́CV́(V)Ca(+I)、
Stĩ́raÓ$_2$X́CV́(V)Ca(+I).

B型　Stĩ́raX、Stĩ́raO$_1$X、Stĩ́raÓ$_2$X.

付け加えるべき仮定は次の如くである。なお、(1–1)、(2–1)等参照。

(16)tĩは高い。

(17)raは低い。

10)現在進行否定形

A型　Stĩ́kũX́CV́(V)Ca(+I)、Stĩ́kũO$_1$X́CV́(V)Ca(+I)、
Stĩ́kũÓ$_2$X́CV́(V)Ca(+I).

B型　Stĩ́kũX、Stĩ́kũO$_1$X、Stĩ́kũÓ$_2$X.

付け加えるべき仮定は特にない。

11)未来否定形

A型　Stĩ́CVX́CV́(V)Ca(+II)、Stĩ́O$_1$X́CV́(V)Ca(+I)、
Stĩ́O$_2$X́CV́(V)Ca(+I).

B型　Stĩ́X、Stĩ́O$_1$X、Stĩ́O$_2$X.

付け加えるべき仮定は次の如くである。なお、(1–1)、(2–1)等参照。

(16–1)tĩ́は、次の音節が高ければ低くする。

S+tĩ́+X́CV́(V)Ca → Stĩ́CVX́CV́(V)Ca、S+tĩ́+Ó$_2$+X́CV́(V)Ca → Stĩ́O$_2$X́CV́(V)Ca、S+tĩ́+Ó$_2$+X → Stĩ́O$_2$Xと考えられる。

12)未来絶対否定形

A型　Stĩ́karóoX́、Stĩ́karóoO$_1$X́、Stĩ́karóoÓ$_2$X́.

B型　Stĩ́karóoCVX́、Stĩ́karóoO$_1$CVX́、Stĩ́karóoÓ$_2$CVX́.

付け加えるべき仮定は次の如くである。なお、(1–2)、(2–2)等参照。

(18)kaは低い。

(19)rooはróoをアクセントとする。

13)物語過去形

A型　SraX́CV́(V)Ca(+I)、SraO$_1$X́CV́(V)Ca(+I)、SraÓ$_2$X́CV́(V)Ca(+I).

B型　SraX、SraO_1X、Sra$Ó_2$X.
付け加えるべき仮定はない。なお、(1–1)、(2–1)等参照。また(17)参照。

この言語の場合、全体としてアクセントの決定のされ方は簡単であるが、問題の一つは語幹＋aのアクセントが2組あるということである。

A型 X́CV́(V)Ca：B型X　および　A型X́：B型CVX́

前のものの影響で一方から他方が生み出されると考えるのは、無理である。考えられるのは、この2組のアクセントがあって、そのどちらかを各活用形が選ぶという形である。そのことと関連して、8)遠過去否定形と9)近過去否定形(1)といった、アクセントだけで区別されるペアが存在する。なお、近過去否定形(1)のほうは、10)の近過去否定形(2)が古い形であって、tĩ＋raがtaaとなったがtĩraも残っているということであろう。これに対して遠過去否定形のほうはti＋aがtaaとなったと考えられる。-aという接辞は、過去をあらわすものである。

調整規則について見るが、調整規則Iは、～X́CV́(V)CaのXがØの時には、(V)CaもØでありうるとするものだが、語幹＋aが短く1音節でもありうるという当然のことの他に、その1音節が高いということをいっていて、奇妙でもなんでもない。

調整規則IIは、～CVX́CV́(V)Caの、(1)Xが母音はじまりだとその前のCVが高くなること、(2)XがØの時、その前のCVもØでありうること、(3)Xもその前のCVもØなら(V)CaもØでありうるが、残った1音節が中位の高さになることをいっている。(2)は語幹＋aが2音節でありうること、それが高低であらわれることといういわば当然のことをいっている。(1)は、本来低高であるものが間に子音がないと高高となるという、よくあることをいっているが、B型で～CVX́の場合に、Xが母音はじまりでもCVは高くならないので、少々奇妙ではある。Xのうしろに低いものがある場合(この場合)とない場合(B型の場合)の違いであろうか。(3)にいう、残った1音節の中位の高さは、音声的には高と低の要素が前後にあるのだからおかしくはないが、中位の高さというのが他にはないので、奇妙である。

上述の如く、6)の未来形(2)、11)の未来否定形は、あとに目的語等が続けば末尾音節が高くなる。つまり、次のようになる。調整規則は省略する。

<u>未来形(2)</u>

A型　áŚkaaX́CV́(V)Cá、áŚkaaO_1X́CV́(V)Cá、áŚkaa$Ó_2$X́CV́(V)Cá.

B型　áŚkaaXCá、áŚkaaO_1XCá、áŚkaa$Ó_2$XCá.

<u>未来否定形</u>

A型　Stĩ́CVX́CV́(V)Cá、StĩÓ$_1$X́CV́(V)Cá、Stĩ́O_2X́CV́(V)Cá.

B型　Stĩ́XCá、Stĩ́O_1XCá、Stĩ́O_2XCá.

それ以外の形にはそういうことはない。

もっとも奇妙なのは、この2つの形に含まれ、それ以外の形には含まれない特徴が見当たらないということである。つまり、これらの形には特に共通点はない。例えば、a- がついた形は他にもある（4）の現在進行形（2））し、kaa があらわれる形は他にもある（6）の未来形（1））し、tĩ があらわれる形は他にもある（すべての否定形）。もちろん、未来のことをあらわす形も他にある。

従って、未来形（2）と未来否定形だけがこうであるというのは、どう考えても、不規則というしかないのである。

2.2.　語尾 ĩre を用いる形

次に、語尾 ĩre を用いる形を用いる形を見る。語尾 ĩre は、専ら、過去の行為をあらわす形にあらわれる。

14）遠過去形（1）　構造：i＋主格接辞＋a＋（対格接辞＋）語幹＋ĩre

A型

ítwaarĩ́ĩ́ré「私たちは食べた」、ítwaaráthĩ́ré、ítwaagwáátĩ́ré、ítwaakééthéríé、

ítwaakṹrṹkĩ́ré、ítwaaríingĩ́ĩ́rĩ́ĩ́rié；

ítwaamĩrĩ́ĩ́ré「私たちはそれを食べた」、

ítwaamũráthĩ́ré「私たちは彼を撃った」、ítwaamũgwáátĩ́ré、ítwaamũkééthéríé、

ítwaamũkṹrṹkĩ́ré、ítwaamũríingĩ́ĩ́rĩ́ĩ́rié；

ítwaabírĩ́ĩ́ré「私たちはそれを食べた」、

ítwaabáráthĩ́ré「私たちは彼らを撃った」、ítwaabágwáátĩ́ré、

ítwaabákééthéríé、ítwaabákṹrṹkĩ́ré、ítwaabáríingĩ́ĩ́rĩ́ĩ́rié.

índaarĩ́ĩ́ré「私は食べた」、nwóorĩ́ĩ́ré「あなたは食べた」、

náarĩ́ĩ́ré「彼は食べた」.

アクセントは、次のように表示できる。

íSaX́、íSaO_1X́、íSaÓ$_2$X́.

B型

ítwaathiĩ́ré「私たちは挽いた」、ítwaakunyĩ́ré、ítwaaguútĩ́ré、ítwaarekééré、

ítwaarigĩ́ĩ́rĩ́ĩ́rié、ítwaathũṹngṹthĩ́rié；

ítwaamĩthiĩ́ré「私たちはそれを挽いた」、

ítwaamũkunyĩ́ré「私たちは彼をつねった」、ítwaamũguútĩ́ré、ítwaamũrekééré、

ítwaamũrigĩ́ĩ́rĩ́ĩ́rié、ítwaamũthũṹngṹthĩ́rié；

ítwaabíthiĩ́ré「私たちはそれを挽いた」、

ítwaabákunyĩ́ré「私たちは彼らをつねった」、ítwaabáguútĩ́ré、ítwaabárekééré、
ítwaabárigĩ́ĩ́rĩ́ĩ́ríé、ítwaabáthũṹngṹthĩ́ríé.

アクセントは、次のように表示できる。

íSaCVX́、íSaO$_1$CVX́、íSaÓ$_2$CVX́.

15)遠過去形(2)　疑問詞を含む疑問文や、それに答える文にあらわれる。

構造：(a＋)主格接辞＋a＋(対格接辞＋)語幹＋ire

A型

アクセント

(á)SaX́、(á)SaO$_1$X́、(á)SaÓ$_2$X́.

例

(á)twaarĩ́ĩ́ré「私たちは食べた」、etc.

B型

アクセント

(á)SaCVX́、(á)SaO$_1$CVX́、(á)SaÓ$_2$CVX́.

例

(á)twaathiĩ́ré「私たちは挽いた」、etc.

16)近過去形(1)　構造：i＋主格接辞＋raa＋(対格接辞＋)語幹＋ĩre

raa は O$_1$ の前で ra となる。

A型

ítũráarĩ́ĩre「私たちは食べた」、ítũráaráthĩ́re、ítũráagwáátĩ́re、
ítũráakééthérie、íturáakṹrṹkĩ́re、ítũráariíngĩ́ĩ́rĩ́ĩrie；
ítũrámĩrĩ́ĩre「私たちはそれを食べた」、
ítũrámũráthĩ́re「私たちは彼を撃った」、ítũrámũgwáátĩ́re、
ítũrámũkééthérie、ítũrámũkṹrṹkĩ́re、ítũrámũriíngĩ́ĩ́rĩ́ĩrie；
ítũráabírĩ́ĩre「私たちはそれを食べた」、
ítũráabáráthĩ́re「私たちは彼らを撃った」、ítũráabágwáátĩ́re、
ítũráabákééthérie、ítũráabákṹrṹkĩ́re、ítũráabáriíngĩ́ĩ́rĩ́ĩrie.
índĩráarĩ́ĩre「私は食べた」、nṹũráarĩ́ĩre「あなたは食べた」、
náaráarĩ́ĩre「彼は食べた」.

アクセントは、次のように表示できる。

íSráaX́CV́(V)Ce、íSráO$_1$X́CV́(V)Ce、íSráaÓ$_2$X́CV́(V)Ce.

B型

ítũrááthiĩre「私たちは挽いた」、ítũráákunyĩre、ítũrááguutĩre、
ítũráárekeere、ítũráárigĩĩrĩĩrie、ítũrááthũũngũthĩrie；

ítũrámĩthiĩre「私たちはそれを挽いた」、
ítũrámũkunyĩre「私たちは彼をつねった」、ítũrámũguutĩre、
ítũrámũrekeere、ítũrámũrigĩĩrĩĩrie、ítũrámũthũũngũthĩrie；
ítũráabíthiĩre「私たちはそれを挽いた」、
ítũráabákunyĩre「私たちは彼らをつねった」、ítũráabáguutĩre、
ítũráabárekeere、ítũráabárigĩĩrĩĩrie、ítũráabáthũũngũthĩrie.

アクセントは、次のように表示できる。

íSrááX、íSráO$_1$X、íSráaÓ$_2$X.

17)近過去形(2)

疑問詞を含む疑問文や、それに答える文にあらわれる。

構造：(a＋)主格接辞＋raa＋(対格接辞＋)語幹＋ĩre

raaはO$_1$の前でraとなる。

A型

アクセント

(á)SráaXCV́(V)Ce、(á)SráO$_1$X́CV́(V)Ce、(á)SráaÓ$_2$X́CV́(V)Ce.

例

(á)turáarĩ́ĩre「私たちは食べた」、etc.

B型

アクセント

(á)SrááX、(á)SráO$_1$X、(á)SráaÓ$_2$X.

例

(á)tũrááthiĩre「私たちは挽いた」、etc.

18)今日の過去形(1)　構造：i＋主格接辞＋(対格接辞＋)語幹＋ĩre

A型

ítṹrĩ́ĩre「私たちは食べた」、ítṹráthĩ́re、ítṹgwáátĩ́re、ítṹkééthérie、
ítṹkṹrṹkĩ́re、ítṹrííngĩ́ĩ́rĩ́ĩrie；
ítṹmĩrĩ́ĩre「私たちはそれを食べた」、ítṹmũráthĩ́re「私たちは彼を撃った」、
ítṹmũgwáátĩ́re、ítṹmũkééthérĩe、ítṹmũkṹrṹkĩ́re、ítṹmũrííngĩ́ĩ́rĩ́ĩrie；
ítṹbírĩ́ĩre「私たちはそれを食べた」、ítṹbáráthĩ́re「私たちは彼らを撃った」、
ítṹbágwáátĩ́re、ítṹbákééthérie、ítṹbákṹrṹkĩ́re、ítṹbárííngĩ́ĩ́rĩ́ĩrie.
índĩ́ĩre「私は食べた」、nṹṹrĩ́ĩre「あなたは食べた」、
náárĩ́ĩre「彼は食べた」.

アクセントは、次のように表示できる。

íSX́CV́(V)Ce、íSO$_1$X́CV́(V)Ce、íSÓ$_2$X́CV́(V)Ce.

B 型

ítṹthiĩ́re「私たちは挽いた」、ítṹkunyĩ́re、ítṹguútĩ́re、ítṹrekéere、

ítṹrigĩ́ĩ́rĩ́ĩrie、ítṹthũṹngṹthĩ́rie；

ítṹmĩthiĩ́re「私たちはそれを挽いた」、

ítṹmũkunyĩ́re「私たちは彼をつねった」、ítṹmũguútĩ́re、ítṹmũrekéere、

ítṹmũrigĩ́ĩ́rĩ́ĩrie、ítṹmũthũṹngṹthĩ́rie；

ítṹbíthiĩ́re「私たちはそれを挽いた」、

ítṹbákunyĩ́re「私たちは彼らをつねった」、ítṹbáguútĩ́re、ítṹbárekéere、

ítṹbárigĩ́ĩ́rĩ́ĩrie、ítṹbáthũṹngṹthĩ́rie.

アクセントは、次のように表示できる。-thiĩ-は CVCV́ にあたると扱われている。

íŚCVX́CV́(V)Ce、íŚO$_1$CVX́CV́(V)Ce、íŚÓ$_2$CVX́CV́(V)Ce.

あとに目的語が続く場合、末尾音節が高くなる。これについては、あとで見る。

19)今日の過去形(2)　疑問詞を含む疑問文や、それに答える文にあらわれる。

構造：(a＋)主格接辞＋(対格接辞＋)語幹＋ĩre

A 型

アクセント

(á)SX́CV́(V)Ce、(á)SO$_1$X́CV́(V)Ce、(á)SÓ$_2$X́CV́(V)Ce.

例

(á)tũrĩ́ĩre「私たちは食べた」、etc.

B 型

アクセント

(á)SCVX́CV́(V)Ce、(á)SO$_1$CVX́CV́(V)Ce、(á)SÓ$_2$CVX́CV́(V)Ce.

例

(á)tũthiĩ́re「私たちは挽いた」、etc.

このうち、á ではじまる形は、あとに目的語が続く場合、末尾音節が高くなる。これについては、あとで見る。

語尾 ĩre を用いる形のアクセントを説明する仮定を考えよう。

まず、語幹＋ĩre のアクセントの分布を見る。

(20)A 型の語幹＋ĩre は、

(20–1) ra(a)、S の(対格接辞をへだてて、または、へだてないで)直後で X́CV́(V)Ce をアクセントとする。

(20–2) S＋a の(対格接辞をへだてて、または、へだてないで)直後で X́ をアクセントとする。

(21)B 型の語幹＋ire は、

(21–1) ra (a) の (対格接辞をへだてて、または、へだてないで) 直後で X をアクセントとする。

(21–2) S + a の (対格接辞をへだてて、または、へだてないで) 直後で CVX́ をアクセントとする。

(21–3) a、ra (a) が続かない S の (対格接辞をへだてて、または、へだてないで) 直後で CVX́CV́ (V) Ce をアクセントとする。

14) 遠過去形 (1)

A 型　íSaX́、íSaO_1X́、íSaÓ$_2$X́.

B 型　íSaCVX́、íSaO_1CVX́、íSaÓ$_2$CVX́.

付け加えるべき仮定は次の如くである。なお、(9) 等参照。

(22) S + a は低い。

15) 遠過去形 (2)

A 型　(á) SaX́、(á) SaO_1X́、(á) SaÓ$_2$X́.

B 型　(á) SaCVX́、(á) SaO_1CVX́、(á) SaÓ$_2$CVX́.

付け加えるべき仮定はない。なお、(11) 参照。

16) 近過去形 (1)

A 型　íSráaX́CV́ (V) Ce、íSráO_1X́CV́ (V) Ce、íSráaÓ$_2$X́CV́ (V) Ce.

B 型　íSráá X、íSráO_1X、íSráaÓ$_2$X.

付け加えるべき仮定は次の如くである。なお、(9) 等参照。

(23) ra (a) は rá (a) をアクセントとするが、あとが低く平らな場合は rá (á) をアクセントとする。

(24) i に続き、ra (a) が後続する主格接辞は低い。

17) 近過去形 (2)

A 型　(á) SráaX́CV́ (V) Ce、(á) SráO_1X́CV́ (V) Ce、(á) SráaÓ$_2$X́CV́ (V) Ce.

B 型　(á) SrááX、(á) SráO_1X、(á) SráaÓ$_2$X.

(25) a に続くか、冒頭に立ち、ra (a) が後続する主格接辞は低い。

なお、(11) 参照。

18) 今日の過去形 (1)

A 型　íŚX́CV́ (V) Ce、íŚO_1X́CV́ (V) Ce、íŚÓ$_2$X́CV́ (V) Ce.

B 型　íŚCVX́CV́ (V) Ce、íŚO_1CVX́CV́ (V) Ce、íŚÓ$_2$CVX́CV́ (V) Ce.

付け加えるべき仮定は次の如くである。なお、(20–1)、(21–3) 参照。

(26) i に続き、あとに時称接辞が続かない主格接辞は高い。

19) 今日の過去形 (2)

A 型　(á) SX́CV́ (V) Ce、(á) SO_1X́CV́ (V) Ce、(á) SÓ$_2$X́CV́ (V) Ce.

B 型　(á)SCVX́CV́(V)Ce、(á)SO$_1$CVX́CV́(V)Ce、(á)SÓ$_2$CVX́CV́(V)Ce.
付け加えるべき仮定は次の如くである。なお、(7)等参照。

(27)a に続くか、冒頭に立ち、あとに時称接辞が続かない主格接辞は低い。

さて、語幹＋īre のアクセントについて、(21–3)のいうところは、かなり面白いことである。他の場合は、

(ア)A 型 X́CV́(V)Ce　　　　B 型 X

(イ)A 型 X́　　　　B 型 CVX́

というふうな対応をしているが、(21–3)に関係する形では、

A 型 X́CV́(V)Ce　　　　B 型 CVX́CV́(V)Ce

というふうに、A 型のアクセントの冒頭を低める対応をしている。これは、(イ)とシンメトリックであり、(ア)の対応よりシンメトリックであるが、それが主格接辞が直接に(対格接辞＋)語幹＋語尾につながる、より一般的でない形にあらわれているのである。

なお、語尾として a があらわれる場合は、11)の未来否定形に、CVX́CV́(V)Ca というこれに似た形が A 型にあらわれわれるが、直前の tī の力で続く部分の冒頭が下げられると解釈されるので、別問題である。

A 型の X́CV́(V)Ce と X́ は、一方から他方を導き出せる関係ではなく(換言すれば、前方のものからの影響で一方が他方に変えられると妥当性を持って説明するのは無理であり)、B 型の X、CVX́ さらには CVX́CV́(V)Ce も、その一つから他をを導き出せる関係ではないので、語幹＋īre のアクセントに複数個あり、各活用形は、その中から(やや、あるいは、非常に)シンメトリックなペアを選んで採用していると思われ、不規則性(恣意性)を示している。

16)、17)の 2 つの近過去形において、raa が低い O$_1$ の前で短くなるのは、見落としやすいが、特に奇妙なことではないであろう。語尾として a があらわれる場合で短い ra があらわれるものがある(9)の近過去否定形および 13)の物語過去形)が、(少なくとも語源的には)共通のものが感じられる。

18)の今日の過去形(1)と、19)の今日の過去形(2)のうちの a があらわれるほうは、あとに目的語がつづく場合に末尾が高くなる。

18)　A 型　íŚX́CV́(V)Cé、íŚO$_1$X́CV́(V)Cé、íŚÓ$_2$X́CV́(V)Cé.
　　B 型　íŚCVX́CV́(V)Cé、íŚO$_1$CVX́CV́(V)Cé、íŚÓ$_2$CVX́CV́(V)Cé.

19)　A 型　áSX́CV́(V)Cé、áSO$_1$X́CV́(V)Cé、áSÓ$_2$X́CV́(V)Cé.
　　B 型　áSCVX́CV́(V)Cé、áSO$_1$CVX́CV́(V)Cé、áSÓ$_2$CVX́CV́(V)Cé.

この場合は、語尾として a があらわれる場合とは少々異なり、V＋主格接辞＋(対格接辞＋)語幹＋īre(V＝i/a)という共通構造を持っている。ただし、そういう構造

の形のみが、なぜあとに目的語がつづく場合に末尾が高くなるのか、説明できるものは何もない。

2.3.　語尾 aga を用いる形

語尾 aga は、進行中や習慣的な行為をあらわす形に用いられる。aga は aa でもあらわれうるが、実例は aga で統一することにする。

20)遠過去進行形(1)　構造：i＋主格接辞＋a＋(対格接辞＋)語幹＋aga

A 型

ítwaarĩ́ĩ́jágá「私たちは食べていた」、ítwaaráthágá、ítwaagwáátágá、
ítwaakééthágíá、ítwaakṹrṹkágá、ítwaarííngágĩ́ĩ́ríá；
ítwaamĩrĩ́ĩ́jágá「私たちはそれを食べていた」、
ítwaamũráthágá「私たちは彼を撃っていた」、ítwaamũgwáátágá、
ítwaamũkééthágíá、ítwaamũkṹrṹkágá、ítwaamũrííngágĩ́ĩ́ríá；
ítwaabírĩ́ĩ́jágá「私たちはそれを食べていた」、
ítwaabáráthágá「私たちは彼らを撃っていた」、ítwaabágwáátágá、
ítwaabákéétházíá、ítwaabákṹrṹkágá、ítwaabárííngágĩ́ĩ́ríá.
índaarĩ́ĩ́jágá「私は食べていた」、nwóorĩ́ĩ́jágá「あなたは食べていた」、
náarĩ́ĩ́jágá「彼は食べていた」.

アクセントは、次のように表示できる。

íSaX́、íSaO_1X́、íSa$\acute{O}_2$X́.

B 型

ítwaathiágá「私たちは挽いていた」、ítwaakunyágá、ítwaaguútágá、
ítwaarekágĩ́rá、ítwaarigágĩ́ĩ́ríá、ítwaathũṹngṹthágĩ́rá；
ítwaamĩthiágá「私たちはそれを挽いていた」、
ítwaamũkunyágá「私たちは彼をつねっていた」、ítwaamũguútágá、
ítwaamũrekágĩ́rá、ítwaamũrigágĩ́ĩ́ríá、ítwaamũthũṹngṹthágĩ́rá；
ítwaabíthiágá「私たちはそれを挽いていた」、
ítwaabákunyágá「私たちは彼らをつねっていた」、ítwaabáguútágá、
ítwaabárekágĩ́rá、ítwaabárigágĩ́ĩ́ríá、ítwaabáthũṹngṹthágĩ́rá.

アクセントは、次のように表示できる。

íSaCVX́、íSaO_1CVX́、íSa$\acute{O}_2$CVX́.

21)遠過去進行形(2)

疑問詞を含む疑問文や、それに答える文にあらわれる。

構造：(a＋)主格接辞＋a＋(対格接辞＋)語幹＋aga

A 型

アクセント

(á)SaX́、(á)SaO$_1$X́、(á)SaÓ$_2$X́.

例

(á)twaarĩ́ĩ́jágá「私たちは食べていた」、etc.

B 型

アクセント

(á)SaCVX́、(á)SaO$_1$CVX́、(á)SaÓ$_2$CVX́.

例

(á)twaathiágá「私たちは挽いていた」、etc.

22) 近過去進行形 (1)　構造：i＋主格接辞＋raa＋(対格接辞＋) 語幹＋aga

raa は O$_1$ の前で ra となる。

A 型

ítũráaarĩ́ĩ́jágá「私たちは食べていた」、ítũráaaráthágá、etc.；

ítũrámĩrĩ́ĩ́jágá「私たちはそれを食べていた」、

ítũrámũráthágá「私たちは彼を撃っていた」、etc.；

ítũráabírĩ́ĩ́jágá「私たちはそれを食べていた」、

ítũráabáráthágá「私たちは彼らを撃っていた」、etc.

índĩráaarĩ́ĩ́jágá「私は食べていた」、nṹũráaarĩ́ĩ́jágá「あなたは食べていた」、

náaráaarĩ́ĩ́jágá「彼は食べていた」.

アクセントは、次のように表示できる。

íSráaX́、íSráO$_1$X́、íSráaÓ$_2$X́.

B 型

ítũráaathiágá「私たちは挽いていた」、ítũráaakunyágá、etc.；

ítũrámĩthiágá「私たちはそれを挽いていた」、

ítũrámũkunyágá「私たちは彼をつねっていた」、etc.；

ítũráabíthiágá「私たちはそれを挽いていた」、

ítũráabákunyágá「私たちは彼らをつねっていた」、etc..

アクセントは、次のように表示できる。

íSráaCVX́、íSráO$_1$CVX́、íSráaÓ$_2$CVX́.

23) 近過去進行形 (2)　構造：(a＋) 主格接辞＋raa＋(対格接辞＋) 語幹＋aga

raa は O$_1$ の前で ra となる。

A 型

アクセント

(á)SráaX́、(á)SráO$_1$X́、(á)SráaÓ$_2$X́.

例

(á)tũráarĩ́ĩ́jágá「私たちは食べていた」、etc.

B 型

アクセント

(á)SráaCVX́、(á)SráO$_1$CVX́、(á)SráaÓ$_2$CVX́.

例

(á)turáathiágá「私たちは挽いていた」、etc.

24)今日の過去進行形(1)　構造：i＋主格接辞＋kũ＋(対格接辞＋)語幹＋aga

A 型

ítṹkũrĩ́ĩ́jága「私たちは食べていた」、ítṹkũráthága、ítṹkũgwáátága、

ítṹgũkééthágia、ítṹgũkṹrṹkága、ítṹkũrííngágĩ́ĩria；

ítṹkũmĩrĩ́ĩ́jága「私たちはそれを食べていた」、

ítṹkũmũráthága「私たちは彼を撃っていた」、ítṹkũmũgwáátága、

ítṹkũmũkééthágia、ítṹkũmũkṹrṹkága、ítṹkũmũrííngágĩ́ĩria；

ítṹkũbírĩ́ĩ́jága「私たちはそれを食べていた」、

ítṹkũbáráthága「私たちは彼らを撃っていた」、ítṹkũbágwáátága、

ítṹkũbákééthágia、ítṹkũbákṹrṹkága、ítṹkũbárííngágĩ́ĩria.

ínkũrĩ́ĩ́jága「私は食べていた」、nṹṹkũrĩ́ĩ́jága「あなたは食べていた」、

náákũrĩ́ĩ́jága「彼は食べていた」.

アクセントは、次のように表示できる。

íŚkũX́CV́(V)Ca、íŚkũO$_1$X́CV́(V)Ca、íŚkũÓ$_2$X́CV́(V)Ca.

B 型

ítṹkũthiaga「私たちは挽いていた」、ítṹgũkunyaga、ítṹkũguutaga、

ítṹkũrekagĩra、ítṹkũrigagĩĩria、ítṹkũthũũngũthagĩra；

ítṹkũmĩthiaga「私たちはそれを挽いていた」、

ítṹkũmũkunyaga「私たちは彼をつねっていた」、ítṹkũmũguutaga、

ítṹkũmũrekagĩra、ítṹkũmũrigagĩĩria、ítṹkũmũthũũngũthagĩra；

ítṹkũbíthiaga「私たちはそれを挽いていた」、

ítṹkũbákunyaga「私たちは彼らをつねっていた」、ítṹkũbáguutaga、

ítṹkũbárekagĩra、ítṹkũbárigagĩĩria、ítṹkũbáthũũngũthagĩra.

アクセントは、次のように表示できる。

íŚkũX、íŚkũO$_1$X、íŚkũÓ$_2$X.

25)今日の過去進行形(2)

疑問詞を含む疑問文や、それに答える文にあらわれる。

構造：a + 主格接辞 + ku + (対格接辞 +) 語幹 + aga

A 型

アクセント

áŚkũX́CV́ (V) Ca、áŚkũO$_1$X́CV́ (V) Ca、áŚkũÓ$_2$X́CV́ (V) Ca.

例

átṹkũrĩ́ĩ́jága「私たちは食べていた」、etc.

B 型

アクセント

áŚkũX、áŚkũO$_1$X、áŚkũÓ$_2$X.

例

átṹkũthiaga「私たちは挽いていた」、etc.

26) 現在習慣形(1)　構造：i + 主格接辞 + (対格接辞 +) 語幹 + aga

A 型

ítṹrĩ́ĩ́jága「私たちは食べる」、～、ítṹrííngágĩ́ĩria；

ítṹmĩrĩ́ĩ́jága「私たちはそれを食べる」、ítṹmũráthága「私たちは彼を撃つ」、

～、ítṹmũrííngágĩ́ĩria；

ítṹbírĩ́ĩ́jága「私たちはそれを食べる」、ítṹbáráthága「私たちは彼らを撃つ」、

～、ítṹbárííngágĩ́ĩria.

índĩ́ĩ́jága「私は食べる」、nṹṹrĩ́ĩ́jága「あなたは食べる」、

náárĩ́ĩ́jága「彼は食べる」.

アクセントは、次のように表示できる。

íŚX́CV́ (V) Ca、íŚO$_1$X́CV́ (V) Ca、íŚÓ$_2$X́CV́ (V) Ca.

B 型

ítṹthiaga「私たちは挽く」、ítṹkunyaga、etc.；

ítṹmĩthiaga「私たちはそれを挽く」、ítṹmũkunyaga「私たちは彼をつねる」、

etc.；

ítṹbíthiaga「私たちはそれを挽く」、ítṹbákunyaga「私たちは彼らをつねる」、

etc..

アクセントは、次のように表示できる。

íŚX、íŚO$_1$X、íŚÓ$_2$X.

27) 現在習慣形(2)　構造：(a +) 主格接辞 + (対格接辞 +) 語幹 + aga

A 型

アクセント

(á)SX́CV́(V)Ca、(á)SO$_1$X́CV́(V)Ca、(á)SÓ$_2$X́CV́(V)Ca.

例

(á)tũrĩ́ĩ́jága「私たちは食べる」、etc.

B型

アクセント

(á)SX、(á)SO$_1$X、(á)SÓ$_2$X.

例

(á)tũthiaga「私たちは挽く」、etc.

28)遠過去進行否定形　構造：主格接辞＋taa＋(対格接辞＋)語幹＋aga

A型

tũtáarĩ́ĩ́jágá「私たちは食べていなかった」、tũtáaráthágá、etc.；

tũtáamĩrĩ́ĩ́jágá「私たちはそれを食べていなかった」、

tũtáamũráthágá「私たちは彼を撃っていなかった」、etc.；

tũtáabírĩ́ĩ́jágá「私たちはそれを食べていなかった」、

tũtáabáráthágá「私たちは彼らを撃っていなかった」、etc.

ntáarĩ́ĩ́jágá「私は食べていなかった」.

アクセントは、次のように表示できる。

StáaX́、StáaO$_1$X́、StáaÓ$_2$X́.

B型

tũtáathiágá「私たちは挽いていなかった」、tũtáakunyágá、etc.；

tũtáamĩthiágá「私たちはそれを挽いていなかった」、

tũtáamũkunyágá「私たちは彼をつねっていなかった」、etc.；

tũtáabíthiágá「私たちはそれを挽いていなかった」、

tũtáabákunyágá「私たちは彼らをつねっていなかった」、etc.

アクセントは、次のように表示できる。

StáaCVX́、StáaO$_1$CVX́、StáaÓ$_2$CVX́.

29)近過去進行否定形　構造：主格接辞＋tĩ＋ra＋(対格接辞＋)語幹＋aga

A型

アクセント

Stĩ́raX́、Stĩ́raO$_1$X́、Stĩ́raÓ$_2$X́.

例

tũtĩ́rarĩ́ĩ́jágá「私たちは食べていなかった」、etc.

B型

アクセント

Stĩ́raCVX́、Stĩ́raO$_1$CVX́、Stĩ́raÓ$_2$CVX́.

例

tũtĩ́rathiágá「私たちは挽いていなかった」、etc.

30)今日の過去進行否定形　構造：主格接辞＋tĩ＋kũ＋(対格接辞＋)語幹＋aga

A 型

アクセント

Stĩ́kũX́CV́(V)Ca、Stĩ́kũO$_1$X́CV́(V)Ca、Stĩ́kũÓ$_2$X́CV́(V)Ca.

例

tũtĩ́kũrĩ́ĩ́jága「私たちは食べていなかった」、etc.

B 型

アクセント

Stĩ́kũX、Stĩ́kũO$_1$X、Stĩ́kũÓ$_2$X.

例

tũtĩ́kũthiaga「私たちは挽いていなかった」、etc.

31)現在習慣否定形　構造：主格接辞＋tĩ＋(対格接辞＋)語幹＋aga

A 型

アクセント

Stĩ́X́、Stĩ́O$_1$X́、Stĩ́Ó$_2$X́.

例

tũtĩ́rĩ́ĩ́jágá「私たちは食べない」、etc.

B 型

アクセント

Stĩ́CVX́、Stĩ́O$_1$CVX́、Stĩ́Ó$_2$CVX́.

例

tũtĩ́thiágá「私たちは挽かない」、etc.

語尾 aga を用いる形のアクセントを説明する仮定を考えよう。

まず、語幹＋aga のアクセントの分布を見る。

(28)A 型の語幹＋aga は、

(28–1)kũ、S の(対格接辞をへだてて、または、へだてないで)直後で X́CV́(V)Ca をアクセントとする。

(28–2)S＋a、raa、taa、ra、tĩ の(対格接辞をへだてて、または、へだてないで)直後で X́ をアクセントとする。

(29)B 型の語幹＋aga は、

(29–1)ku、S の(対格接辞をへだてて、または、へだてないで)直後で X をアクセントとする。

(29–2) S＋a、raa、taa、ra、tĩ の(対格接辞をへだてて、または、へだてないで)直後で CVX́ をアクセントとする。

20)の遠過去進行形(1)から 30)の今日の過去進行否定形までは、これ以前の仮定にこれらの仮定をつけ加えれば、説明できる。一々確認することはしないが、たとえば、遠過去進行形(1)は次のようなアクセントなので、(4) (5) (9) (28–2) (29–2)で説明できる。

A 型　íSaX́、íSaO_1X́、íSaÓ$_2$X.

B 型　íSaCVX́、íSaO_1CVX́、íSaÓ$_2$CVX́.

31)の現在習慣否定形は、次のようなアクセントなので、つけ加えが必要になる。

A 型　Stĩ́X́、Stĩ́O_1X́、Stĩ́Ó$_2$X́.

B 型　Stĩ́CVX́、Stĩ́O_1CVX́、Stĩ́Ó$_2$CVX́.

つけ加えるべき仮定は、次のようなものである。cf. (16–1).

(16–2) tĩ́ は、語幹＋aga の前では、次の高い音節を低くしない。

語尾 aga を用いる形においても、語幹＋aga のアクセントには、

A 型 X́CV́ (V) Ca　　　　B 型 X

A 型 X́　　　　　　　　B 型 CVX́

のペアがあり、各活用形はそのいずれかを選択しているようである。

若干奇妙なことが指摘される。語幹＋a の場合は、tĩ、ra のあとでは

A 型 X́CV́ (V) Ca　　　　B 型 X

というアクセントであるが、語幹＋aga の場合は、

A 型 X́　　　　　　　　B 型 CVX́

というアクセントである。語幹＋a と語幹＋aga が同じアクセントでなければならない理由はないが、同じであってもおかしくないのに、こういう状態である。このことは、各活用形のアクセント選択の不規則性(恣意性)を示しているようである。

2.4. 語尾 ĩĩte を用いる形

語尾 ĩĩte は完了をあらわす諸形にあらわれる。

32)遠過去完了形(1)　構造：i＋主格接辞＋a＋(対格接辞＋)語幹＋ĩĩte

A 型

ítwaarĩ́ĩ́té「私たちはもう食べていた」、ítwaaráthĩ́ĩ́té、ítwaagwáátĩ́ĩ́té、

ítwaakééthéétíé、ítwaakṹrṹkĩ́ĩ́té、ítwaarííngĩ́ĩ́rĩ́ĩ́tíé；

ítwaamĩrĩ́ĩ́té「私たちはもうそれを食べていた」、

ítwaamũráthĩ́ĩ́té「私たちはもう彼を撃っていた」、ítwaamũgwáátĩ́ĩ́té、

ítwaamũkééthéétíé、ítwaamũkṹrṹkĩ́ĩ́té、ítwaamũríínggĩ́ĩ́rĩ́ĩ́tíé；
ítwaabírĩ́ĩ́té「私たちはもうそれを食べていた」、
ítwaabáráthĩ́ĩ́té「私たちはもう彼らを撃っていた」、ítwaabágwáátĩ́ĩ́té、
ítwaabákééthéétíé、ítwaabákṹrṹkĩ́ĩ́té、ítwaabáríínggĩ́ĩ́rĩ́ĩ́tíé.
índaarĩ́ĩ́té「私はもう食べていた」、nwóorĩ́ĩ́té「あなたはもう食べていた」、
náarĩ́ĩ́té「彼はもう食べていた」.

アクセントは、次のように表示できる。

íSaX́、íSaO_1X́、íSaÓ$_2$X́.

B 型

ítwaathiĩ́ĩ́té「私たちはもう挽いていた」、ítwaakunyĩ́ĩ́té、ítwaaguútĩ́ĩ́té、
ítwaarekéréété、ítwaarigĩ́ĩ́rĩ́ĩ́tíé、ítwaathũṹngṹthĩ́rĩ́ĩ́tíé；
ítwaamĩthiĩ́ĩ́té「私たちはもうそれを挽いていた」、
ítwaamũkunyĩ́ĩ́té「私たちはもう彼をつねっていた」、ítwaamũguútĩ́ĩ́té、
ítwaamũrekéréété、ítwaamũrigĩ́ĩ́rĩ́ĩ́tíé、ítwaamũthũṹngṹthĩ́rĩ́ĩ́tíé；
ítwaabíthiĩ́ĩ́té「私たちはもうそれを挽いていた」、
ítwaabákunyĩ́ĩ́té「私たちはもう彼らをつねっていた」、ítwaabáguútĩ́ĩ́té、
ítwaabárekéréété、ítwaabárigĩ́ĩ́rĩ́ĩ́tíé、ítwaabáthũṹngṹthĩ́rĩ́ĩ́tíé.

アクセントは、次のように表示できる。

íSaCVX́、íSaO_1CVX́、íSaÓ$_2$CVX́.

33)遠過去完了形(2)

疑問詞を含む疑問文や、それに答える文にあらわれる。

構造：(a＋)主格接辞＋a＋(対格接辞＋)語幹＋ĩĩte

A 型

アクセント

(á)SaX́、(á)SaO_1X́、(á)SaÓ$_2$X́.

例

(á)twaarĩ́ĩ́té「私たちはもう食べていた」、etc.

B 型

アクセント

(á)SaCVX́、(á)SaO_1CVX́、(á)SaÓ$_2$CVX́.

例

(á)twaathiĩ́ĩ́té「私たちはもう挽いていた」、etc.

なお、冒頭に a があらわれる形は調査もれであるが、存在することは間違いない。

34)近過去完了形(1)　構造：i＋主格接辞＋raa＋(対格接辞＋)語幹＋ĩĩte

raa は O_1 の前で ra となる。

A 型

ítũráarĩ́ĩte「私たちはもう食べていた」、ítũráaráthĩ́ĩte、ítũráagwáátĩ́ĩte、

ítũráakééthéetie、ítũráakṹrṹkĩ́ĩte、ítũráaríingĩ́ĩ́rĩ́ĩtie；

ítũrámĩrĩ́ĩte「私たちはもうそれを食べていた」、

ítũrámũráthĩ́ĩte「私たちはもう彼を撃っていた」、ítũrámũgwáátĩ́ĩte、

ítũrámũkééthéetie、ítũrámũkṹrṹkĩ́ĩte、ítũrámũríingĩ́ĩ́rĩ́ĩtie；

ítũráabírĩ́ĩte「私たちはもうそれを食べていた」、

ítũráabáráthĩ́ĩte「私たちはもう彼らを撃っていた」、ítũráabágwáátĩ́ĩte、

ítũráabákééthéetie、ítũráabákṹrṹkĩ́ĩte、ítũráabáríingĩ́ĩ́rĩ́ĩtie.

índĩráarĩ́ĩte「私はもう食べていた」、

nṹũráarĩ́ĩte「あなたはもう食べていた」、

náaráarĩ́ĩte「彼はもう食べていた」.

アクセントは、次のように表示できる。末尾の Cie は1音節と扱われている。

íSráaX́CV́VCe、íSráO_1X́CV́VCe、íSráaÓ$_2$X́CV́VCe.

B 型

ítũráathiĩ́ĩte「私たちはもう挽いていた」、ítũráakunyĩĩte、ítũráaguutĩĩte、

ítũráarekereete、ítũráarigĩĩrĩĩtie、ítũráathũũngũthĩrĩĩtie；

ítũrámĩthiĩĩte「私たちはもうそれを挽いていた」、

ítũrámũkunyĩĩte「私たちはもう彼をつねっていた」、ítũrámũguutĩĩte、

ítũrámũrekereete、ítũrámũrigĩĩrĩĩtie、ítũrámũthũũngũthĩrĩĩtie；

ítũráabíthiĩĩte「私たちはもうそれを挽いていた」、

ítũráabákunyĩĩte「私たちはもう彼らをつねっていた」、ítũráabáguutĩĩte、

ítũráabárekereete、ítũráabárigĩĩrĩĩtie、ítũráabáthũũngũthĩrĩĩtie.

アクセントは、次のように表示できる。

íSráaX、íSráO_1X、íSráaÓ$_2$X.

35）近過去完了形(2)　構造：(a＋)主格接辞＋raa＋(対格接辞＋)語幹＋ĩĩte

raa は O_1 の前で ra となる。

A 型

アクセント

(á)SráaX́CV́VCe、(á)SráO_1X́CV́VCe、(á)SráaÓ$_2$X́CV́VCe.

例

(á)turáarĩ́ĩte「私たちはもう食べていた」、etc.

B 型

アクセント

(á)SráaX、(á)SráO$_1$X、(á)SráaÓ$_2$X.

例

(á)tũráathiĩĩte「私たちはもう挽いていた」、etc.

36)今日の過去完了形(1)　構造：i＋主格接辞＋kũ＋(対格接辞＋)語幹＋ĩĩte

A 型

アクセント

íŚkũX́CV́VCe、íŚkũO$_1$X́CV́VCe、íŚkũÓ$_2$X́CV́VCe.

例

ítṹkũrĩ́ĩte「私たちはもう食べていた」、ítṹkũráthĩ́ĩte、etc.

B 型

アクセント

íŚkũX、íŚkũO$_1$X、íŚkũÓ$_2$X.

例

ítṹkũthiĩĩte「私たちはもう挽いていた」、etc.

37)今日の過去完了形(2)

疑問詞を含む疑問文や、それに答える文にあらわれる。

構造：(a＋)主格接辞＋kũ＋(対格接辞＋)語幹＋ĩĩte

A 型

アクセント

SkũX́CV́VCe、SkũO$_1$X́CV́VCe、SkũÓ$_2$X́CV́VCe；

áŚkũX́CV́VCe、áŚkũO$_1$X́CV́VCe、áŚkũÓ$_2$X́CV́VCe.

例

tũkũrĩ́ĩte「私たちは食べていた」、tũkũráthĩ́ĩte、etc.

átṹkũrĩ́ĩte「私たちは食べていた」、átṹkũráthĩ́ĩte、etc.

B 型

アクセント

SkũX、SkũO$_1$X、SkũÓ$_2$X；

áŚkũX、áŚkũO$_1$X、áŚkũÓ$_2$X.

例

tũkũthiĩĩte「私たちはもう挽いていた」、etc.

átṹkũthiĩĩte「私たちはもう挽いていた」、etc.

38)現在完了形(1)　構造：i＋主格接辞＋(対格接辞＋)語幹＋ĩĩte

A 型

ítṹrĩ́ĩté「私たちはもう食べた」、ítṹráthĩ́ĩté、ítṹgwáátĩ́ĩté、ítṹkééthéetíé、
ítṹkṹrṹkĩ́ĩté、ítṹrííngĩ́ĩ́rĩ́ĩtíé；
ítṹmĩrĩ́ĩté「私たちはもうそれを食べた」、
ítṹmũráthĩ́ĩté「私たちはもう彼を撃った」、ítṹmũgwáátĩ́ĩté、ítṹmũkééthéetíé、
ítṹmũkṹrṹkĩ́ĩté、ítṹmũrííngĩ́ĩ́rĩ́ĩtíé；
ítṹbírĩ́ĩté「私たちはもうそれを食べた」、
ítṹbáráthĩ́ĩté「私たちはもう彼らを撃った」、ítṹbágwáátĩ́ĩté、
ítṹbákééthéetíé、ítṹbákṹrṹkĩ́ĩté、ítṹbárííngĩ́ĩ́rĩ́ĩtíé；
índĩ́ĩté「私はもう食べた」、nṹṹrĩ́ĩté「あなたはもう食べた」、
náárĩ́ĩté「彼はもう食べた」.

アクセントは、次のように表示できる。

íŚX́CV́VCé、íŚO$_1$X́CV́VCé、íŚÓ$_2$X́CV́VCé.

B型

ítṹthiĩ́ĩté「私たちはもう挽いた」、ítṹkunyĩ́ĩté、ítṹguútĩ́ĩté、ítṹrekéréeté、
ítṹrigĩ́ĩ́rĩ́ĩtíé、ítṹthũṹngṹthĩ́rĩ́ĩtíé；
ítṹmithiĩ́ĩté「私たちはもうそれを挽いた」、
ítṹmũkunyĩ́ĩté「私たちはもう彼をつねった」、ítṹmũguútĩ́ĩté、
ítṹmũrekéréeté、ítṹmũrigĩ́ĩ́rĩ́ĩtíé、ítṹmũthũṹngṹthĩ́rĩ́ĩtíé；
ítṹbíthiĩ́ĩté「私たちはもうそれを挽いた」、
ítṹbákunyĩ́ĩté「私たちはもう彼らをつねった」、ítṹbáguútĩ́ĩté、
ítṹbárekéréété、ítṹbárigĩ́ĩ́rĩ́ĩtíé、ítṹbáthũṹngṹthĩ́rĩ́ĩtíé.

アクセントは、次のように表示できる。

íŚCVX́CV́VCé、íŚO$_1$CVX́CV́VCé、íŚÓ$_2$CVX́CV́VCé.

39）現在完了形(2)　構造：(a＋)主格接辞＋(対格接辞＋)語幹＋ĩĩte

A型

アクセント

SX́CV́VCe、SO$_1$X́CV́VCe、SÓ$_2$X́CV́VCe；
áSX́CV́VCé、áSO$_1$X́CV́VCé、áSÓ$_2$X́CV́VCé.

例

tũrĩ́ĩte「私たちはもう食べた」、tũráthĩ́ĩte、etc.；
átũrĩ́ĩté、átũráthĩ́ĩté、etc.

B型

アクセント

SCVX́CV́VCe、SO$_1$CVX́CV́VCe、SÓ$_2$CVX́CV́VCe；

áSCVX́CV́VCé、áSO$_1$CVX́CV́VCé、áSÓ$_2$CVX́CV́VCé.

例

tũthiĩ́ĩte「私たちはもう挽いた」、tũkunyĩ́ĩte、etc.；

átũthiĩ́ĩté、átũkunyĩ́ĩté、etc.

40）遠過去完了否定形　構造：主格接辞＋taa＋（対格接辞＋）語幹＋ĩĩte

A 型

アクセント

StáaX́、StáaO$_1$X́、StáaÓ$_2$X́.

例

tũtáarĩ́ĩ́té「私たちはまだ食べていなかった」、etc.

B 型

アクセント

StáaCVX́、StáaO$_1$CVX́、StáaÓ$_2$CVX́.

例

tũtáathiĩ́ĩ́té「私たちはまだ挽いていなかった」、etc.

41）近過去完了否定形　構造：主格接辞＋tĩ＋ra＋（対格接辞＋）語幹＋ĩĩte

A 型

アクセント

Stĩ́raX́CV́VCe、Stĩ́raO$_1$X́CV́VCe、Stĩ́raÓ$_2$X́CV́VCe.

例

tũtĩ́rarĩ́ĩte「私たちはまだ食べていなかった」、tutĩ́raráthĩ́ĩte、etc.

B 型

アクセント

Stĩ́raX、Stĩ́raO$_1$X、Stĩ́raÓ$_2$X.

例

tũtĩ́rathiĩĩte「私たちはまだ挽いていなかった」、etc.

42）今日の過去完了否定形　構造：主格接辞＋tĩ＋kũ＋（対格接辞＋）語幹＋ĩĩte

A 型

アクセント

Stĩ́kũX́CV́VCe、Stĩ́kũO$_1$X́CV́VCe、Stĩ́kũÓ$_2$X́CV́VCe.

例

tũtĩ́kũrĩ́ĩte「私たちは食べていなかった」、tũtĩ́kũráthĩ́ĩte、etc.

B 型

アクセント

Stĩ́kũX、Stĩ́kũO$_1$X、Stĩ́kũÓ$_2$X.

例

tũtĩ́kũthiĩ̃te「私たちはまだ挽いていなかった」、etc.

43）現在完了否定形　構造：主格接辞＋tĩ＋（対格接辞＋）語幹＋ĩĩte

A 型

tũtĩ́rĩ́ĩ̃té「私たちはまだ食べていない」、tũtĩ́rathĩ́ĩ̃té、tũtĩ́gwáátĩ́ĩ̃té、
tũtĩ́kééthéetíé、tũtĩ́kũrṹkĩ́ĩ̃té、tũtĩ́ríínggĩ́ĩ̃rĩ́ĩ̃tíé；
tũtĩ́mĩrĩ́ĩ̃té「私たちはまだそれを食べていない」、
tũtĩ́mũráthĩ́ĩ̃té「私たちはまだ彼を撃っていない」、tũtĩ́mũgwáátĩ́ĩ̃té、
tũtĩ́mũkééthéetíé、tũtĩ́mũkṹrṹkĩ́ĩ̃té、tũtimũrííngĩ́ĩ̃rĩ́ĩ̃tíé；
tũtĩ́birĩ́ĩ̃té「私たちはまだそれを食べていない」、
tũtĩ́baráthĩ́ĩ̃té「私たちはまだ彼らを撃っていない」、tũtĩ́bagwáátĩ́ĩ̃té、
tũtĩ́bakééthéetíé、tũtĩ́bakṹrṹkĩ́ĩ̃té、tũtĩ́baríínggĩ́ĩ̃rĩ́ĩ̃tíé.

アクセントは、次のように表示できる。

Stĩ́CVX̌CV́VCé（X＝VY なら、その前の CV は CV́ となる。X＝Ø なら、その前の CV も Ø でありうる。調整規則 III と呼ぶ）、
Stĩ́O$_1$X̌CV́VCé、Stĩ́O$_2$X̌CV́VCé.

B 型

tũtĩ́thiĩ́ĩ̃té「私たちはまだ挽いていない」、tũtĩ́kunyĩ́ĩ̃té、tũtĩ́guútĩ́ĩ̃té、
tũtĩ́rekéréeté、tũtĩ́rigĩ́ĩ̃rĩ́ĩ̃tíé、tũtĩ́thũṹngṹthĩ́rĩ́ĩ̃tíé；
tũtĩ́mĩthiĩ́ĩ̃té「私たちはまだそれを挽いていない」、
tũtĩ́mũkunyĩ́ĩ̃té「私たちはまだ彼をつねっていない」、tũtĩ́mũguútĩ́ĩ̃té、
tũtĩ́mũrekéréeté、tũtĩ́mũrigĩ́ĩ̃rĩ́ĩ̃tíé、tũtĩ́mũthũṹngṹthĩ́rĩ́ĩ̃tíé；
tũtĩ́bithiĩ́ĩ̃té「私たちはまだそれを挽いていない」、
tũtĩ́bakunyĩ́ĩ̃té「私たちはまだ彼らをつねっていない」、tũtĩ́baguútĩ́ĩ̃té、
tũtĩ́barekéréeté、tũtĩ́barigĩ́ĩ̃rĩ́ĩ̃tíé、tũtĩ́bathũṹngṹthĩ́rĩ́ĩ̃tíé.

アクセントは、次のように表示できる。

Stĩ́CVX̌CV́VCé、Stĩ́O$_1$CVX̌CV́VCé、Stĩ́O$_2$CVX̌CV́VCé.

語尾 ĩĩte を用いる形のアクセントから必要な仮定を見る。

（30）A 型の語幹＋ĩĩte は、

（30–1）ra（a）、kũ、単独の S、ra の（対格接辞をへだてて、または、へだたないで）直後で X̌CV́（V）Ce をアクセントとする。

（30–2）S＋a、taa の（対格接辞をへだてて、または、へだたないで）直後で X́ をアクセントとする。

(30–3) i + S、a + S、tĩ の (対格接辞をへだてて、または、へだたないで) 直後で X́CV́ (V) Cé をアクセントとする。

(31) B 型の語幹 + ĩĩte は、

(31–1) ra (a)、kũ、ra の (対格接辞をへだてて、または、へだたないで) 直後で X́ をアクセントとする。

(31–2) S + a、taa の (対格接辞をへだてて、または、へだたないで) 直後で CVX́ をアクセントとする。

(31–3) 単独の S の (対格接辞をへだてて、または、へだたないで) 直後で CVX́CV́ (V) Ce をアクセントとする。

(31–4) i + S、a + S、tĩ の (対格接辞をへだてて、または、へだたないで) 直後で CVX́CV́ (V) Cé をアクセントとする。

この仮定を、これまでに行った仮定につけ加えれば、32) の遠過去完了形 (1) から 42) の今日の過去完了否定形までのすべてが説明できる。くどくなるので、一々は見ないが、たとえば 32) の遠過去完了形 (1) のアクセントは、次に見る如くなので、(4) (5) (9) (22) (30–2) (31–2) で説明できる。

A 型

íSaX́、íSaO_1X́、íSa$\acute{O}_2$X́.

B 型

íSaCVX́、íSaO_1CVX́、íSa$\acute{O}_2$CVX́.

なお、43) の現在完了否定形には、16-1) が働いていることに注意しよう。

ここで注目されるのは、38) の現在完了形 (1) と 39) の現在完了形 (2) の a のあらわれる形、43) の現在完了否定形において、末尾が高いことである。この場合、語幹 + a の場合 (6) の未来形 (2) と 11) の未来否定形) や、語幹 + ĩre の場合 (18) の今日の過去形 (1) と 19) の今日の過去形 (2) の a のあらわれる形) とは異なり、あとに目的語が続かなくても高くなる点が大きい違いである。従って、語尾 ĩĩte を用いる形の場合は、語幹 + ĩĩte のアクセントとして (つまり、あとに目的語が続く場合の特殊性としてではなく) 処理する必要があろう。

語幹 + ĩĩte のアクセントの A 型と B 型との対応は次のようになる。

A 型　X́CV́ (V) Ce	B 型 X
A 型　X́CV́ (V) Ce	B 型 CVX́CV́ (V) Ce
A 型　X́	B 型 CVX́
A 型　X́CV́ (V) Cé	B 型 CVX́CV́ (V) Cé

語尾 ĩĩte を用いる形の場合、これらの中から選択されていることになる。一層、不規則性 (恣意性) が目立つようであるが、第 4 番目のペアは V + 主格接辞 + (対格接

辞＋）語幹＋ĩĩte もしくは主格接辞＋tĩ＋（対格接辞＋）語幹＋ĩĩte を構造とする場合に選択されているので、あとに目的語が続かなくてもこれが選択される点では違うが、語幹＋a の場合や語幹＋ĩre の場合のそれと構造上の類似点が認められる。

3.　若干のコメント

この言語の動詞アクセントについて、各活用形が統一的にアクセント表示できるという規則性の他にさまざまな規則性が認められるが、不規則性として最も目立つのは、どの語尾のあらわれる形についても、語幹＋語尾のアクセントを複数考えなければならないということであろう。さらには、目的語が続くと末尾の高くなる形が、どういう構造ならそうなるかを規定できない形で存在するというのも、不規則性のあらわれということができよう。

また、小さいことだが、tĩ́ があとの音節を、語幹＋a/ĩĩte の前では低くするが、語幹＋aga の前ではそうしないというのも不規則性のあらわれであろう。

本章の内容は、『ケニア中部バントゥ諸語の動詞アクセント』の第 1 章の一部の内容に対し、どのような規則が働いているかを中心に、さらに考察を加えたものである。

第12章　チガ語の動詞アクセント

ウガンダ西南部に話される小言語 Kiga（(o) rukiga、チガ語）の動詞アクセントを見る。近隣の大言語 Nkore（(o) runyankore.（ア）ンコレ語）に非常に近い。主として Nkore で用いられる動詞活用形でこの言語でも用いられる形があるが、それは検討から一応除外する。

1.　不定形

まず、不定形を見る。構造は oku＋（対格接辞＋）語幹＋a であり、対格接辞は、アクセント的に一様である。O であらわす。この言語も、動詞はアクセントの面で2つの型（A 型・B 型）に分けられる。

A 型

okúrya「食べる」、okujúma「罵る」、okutéera「殴る、たたく」、
okukánga「脅す」、okukózesa「雇う」、okuhíḿbisa「褒める」、
okukábukira「叱る」、okugáániira「おしゃべりする」；
okubúrya「それ(bu)を食べる」、okumujúma「彼(mu)を罵る」、okumutéera、
okumukánga、okumukózesa、okumuhíḿbisa、okumukábukira.

アクセントは、次のように表示できる。R は V もしくは N をあらわす。

okuCV́（Ŕ）X（X＝Ca なら、（Ŕ）は（R）となる。X＝Ø なら、Ŕ はあらわれず、CV́ の ´ は一つ前に移る。調整規則 I と呼ぶ）、
okuOCV́（Ŕ）X（＋I）.

B 型

okusa「挽く」、okushaba「頼む」、okushamba「蹴る」、okureeba「見る」、
okuzibira「禁じる」、okushakaara「屋根を葺く」、
okuhindura「取り替える」、okusaasira「ゆるす」、okuragirira「命じる」、
okushakaarira「～のために屋根を葺く」；
okubúsa「それを挽く」、okumúshaba「彼に頼む」、okumúshamba「彼を蹴

る」、okumúreeba、okumúzibira、okubúhindura「それを取り替える」、okumúsaasira、okumúragirira、okumúshakaarira「彼のために屋根を葺く」.

アクセントは、次のように表示できる。

okuX、okuÓX.

2.　直説法形

2.1.　語尾 a を用いる形

1)遠過去形　構造：主格接辞＋ka＋(対格接辞＋)語幹＋a

A 型

akárya「彼は食べた」、akajúma、akatéera、akakánga、akakózesa、akahíḿbisa、akakábukira、akagáániira；akabúrya「彼はそれ(bu)を食べた」、akamujúma「彼は彼(別人)を罵った」、akamutéera、akamukánga、akamukózesa、akamuhíḿbisa、akamukábukira.

アクセントは、次のように表示できる。主格接辞を S であらわす。

SkaCV́(Ŕ)X(＋I)、SkaOCV́(Ŕ)X(＋I).

B 型

akasa「彼は挽いた」、akashaba、akashamba、akareeba、akazibira、akashakaara、akahindura、akasaasira、akaragirira、akashakaarira；akabúsa「彼はそれを挽いた」、akamúshaba「彼は彼(別人)に頼んだ」、akamúshamba、akamúreeba、akamúzibira、akabúhindura、akamúsaasira、akamúragirira、akamúshakaarira.

アクセントは、次のように表示できる。

SkaX、SkaÓX.

2)今日の過去形　構造：主格接辞＋a＋(対格接辞＋)語幹＋a

A 型

yáarya(a＋a＋ry＋a)「彼は食べた」、yáájúma、yáátéera、yáákánga、yáákózesa、yááhíḿbisa、yáákábukira、yáágáániira；yáábúrya「彼はそれを食べた」、yáámujúma「彼は彼を罵った」、yáámutéera、yáámukánga、yáámukózesa、yáámuhíḿbisa、yáámukábukira.

アクセントは、次のように表示できる。

ŚáCV́(Ŕ)X(X＝Ca なら、(Ŕ)は(R)となる。X＝Ø なら、Ŕ はあらわれず、CV́ は CV となり、直前の長母音後半が低くなる。調整規則 II と呼ぶ)、ŚáOCV́(Ŕ)X(＋I).

B 型

yáasa「彼は挽いた」、yááshaba、yááshamba、yááreeba、yáázibira、yááshakaara、yááhindura、yáásaasira、yááragirira、yááshakaarira；

yáábúsa「彼はそれを挽いた」、yáámúshaba「彼は彼に頼んだ」、yáámúshamba、yáámúreeba、yáámúzibira、yáábúhindura、yáámúsaasira、yáámúragirira、yáámúshakaarira.

アクセントは、次のように表示できる。

ŚáX（X = Ca なら、直前の長母音後半が低くなる。調整規則 III と呼ぶ）、

ŚáÓX.

3）現在形　構造：主格接辞＋（対格接辞＋）語幹＋a

この活用形では、主格接辞が単数 1 ～ 3 人称および e という形のものと、他の場合とでアクセント上異なる扱いを受ける。前者を S_1、後者を S_2 であらわす。

A 型

árya「彼は食べる」、ajúma、atéera、akánga、akózesa、ahíḿbisa、akábukira、agáániira；

abúrya「彼はそれを食べる」、amujúma「彼は彼を罵る」、amutéera、amukánga、amukózesa、amuhíḿbisa、amukábukira；

bárya「彼らは食べる」、bájuma、báteera、bákanga、bákozesa、báhimbisa、bákabukira、bágaaniira；

bábúrya「彼らはそれを食べる」、bámújúma「彼らは彼を罵る」、bámútéera、bámúkánga、bámúkózesa、bámúhíḿbisa、bámúkábukira.

アクセントは、次のように表示できる。

S_1CV́（Ŕ）X（＋I）、S_1OCV́（Ŕ）X（＋I）；

Ś$_2$X、Ś$_2$ÓCV́（Ŕ）X（X = Ca なら、（Ŕ）は（R）となる。X = Ø なら、Ŕ はあらわれず、CV́ は CV となる。調整規則 IV と呼ぶ）.

B 型

asa「彼は挽く」、ashaba、ashamba、areeba、azibira、ashakaara、ahindura、asaasira、aragirira、ashakaarira；

abúsa「彼はそれを挽く」、amushába「彼は彼に頼む」、amusháḿba、amuréeba、amuzibíra、abuhindúra、amusáásira、amuragírira、amushakáárira；

bása「彼らは挽く」、báshaba、báshamba、báreeba、bázibira、báshakaara、báhindura、básaasira、báragirira、báshakaarira；

bábusa「彼らはそれを挽く」、bámushaba「彼らは彼に頼む」、bámushamba、bámureeba、bámuzibira、bábuhindura、bámusaasira、bámuragirira、 bámushakaarira；

アクセントは、次のように表示できる。

S_1X、

S_1OCV((N)C)V́(Ŕ)X（(N)Cがあらわれる場合、X＝Caなら、(Ŕ)は(R)となる。X＝Øなら、Ŕはあらわれず、CV́の´はCV(N)にうつる。(N)Cがあらわれない場合、最初のCVがCV́となる。(N)Cがあらわれない場合、X＝Caなら、Ŕはあらわれず、直前のV́の´はその前のVにうつる。また、X＝Øなら、((N)C)V́(Ŕ)もØでありうるが、´はCVの1つ前にうつる。調整規則Vと呼ぶ)；

Ś$_2$X、Ś$_2$OX.

調整規則Vの最初の部分を証明する例はここにはないが、9)の現在否定形の箇所にはある。

4)現在進行形　構造：主格接辞＋ra＋(対格接辞＋)語幹＋a

S_1、S_2の差はあらわれない。

A型

arárya「彼は食べている」、arajúma、aratéera、arakánga、arakózesa、arahíḿbisa、arakábukira、aragáániira；

arabúrya「彼はそれを食べている」、aramujúma「彼は彼を罵っている」、aramutéera、aramukánga、aramukózesa、aramuhíḿbisa、aramukábukira；

barárya「彼らは食べている」、etc..

アクセントは、次のように表示できる。

SraCV́(Ŕ)X(＋I)、SraOCV́(Ŕ)X(＋I).

B型

arasa「彼は挽いている」、arashaba、arashamba、arareeba、arazibira、arashakaara、arahindura、arasaasira、araragirira、arashakaarira；

arabúsa「彼はそれを挽いている」、aramúshaba「彼は彼に頼んでいる」、aramúshamba、aramúreeba、aramúzibira、arabúhindura、aramúsaasira、aramúragirira、aramúshakaarira；

barasa「彼らは挽ている」、etc.

アクセントは、次のように表示できる。

SraX、SraÓX.

5)現在継続形　構造：主格接辞＋kyaa＋(対格接辞＋)語幹＋a

S_1、S_2の差はあらわれない。

A型

akyáarya「彼はまだ食べている」、akyáájúma、akyáátéera、akyáákánga、
akyáákózesa、akyááhíḿbisa、akyáákábukira、akyáágááníira；
akyáábúrya「彼はまだそれを食べている」、
akyáámujúma「彼は彼を罵っている」、akyáámutéera、akyáámukánga、
akyáámukózesa、akyáámuhíḿbisa、akyáámukábukira；
bakyáarya「彼らはまだ食べている」、etc. .

アクセントは、次のように表示できる。

SkyááCV́(Ŕ)X(+II)、SkyááOCV́(Ŕ)X(+I).

B型

akyáasa「彼はまだ挽いている」、akyááshaba、akyááshamba、akyááreeba、
akyáázibira、akyááshakaara、akyááhindura、akyáásaasira、akyááragirira、
akyááshakaarira；
akyáábúsa「彼はまだそれを挽いている」、
akyáámúshaba「彼はまだ彼に頼んでいる」、akyáámúshamba、akyáámúreeba、
akyáámúzibira、akyáábúhindura、akyáámúsaasira、akyáámúragirira、
akyáámúshakaarira；
bakyáasa「彼らは挽ている」、etc.

アクセントは、次のように表示できる。

SkyááX(+III)、SkyááÓX.

6)未来形　構造：ni＋主格接辞＋za＋ku＋(対格接辞＋)語幹＋a

ku＋(対格接辞＋)語幹＋aは、不定形から冒頭のoを取り去ったものに、アクセントを含めて等しい。なお、前のni＋主格接辞＋zaは、隣接のNkoreにおいて用いられ、この言語でも用いられることがあるokuza「行く」の現在進行形のもうひとつの形に由来するが、アクセントがやや異なる。

A型

アクセント

niSzákuCV́(Ŕ)X(+I)、niSzákuOCV́(Ŕ)X(+I).

例

naazákúrya(ni＋a＋za＋ku＋ry＋a)「彼は食べる」、naazákujúma、etc.

B型

アクセント

niSzákuX、niSzákuÓX.

例

naazákusa「彼は挽く」、naazákushaba、etc.

7）不確定未来形　条件が整えば行なわれる行為をあらわす。

構造：主格接辞＋ryaa＋（対格接辞＋）語幹＋a

S_1、S_2 の差はあらわれない。

A型

アクセント

SryááCV́（Ŕ）X（＋II）、SryááOCV́（Ŕ）X（＋I）.

例

aryáarya、aryáájúma、etc.

B型

アクセント

SryááX（＋III）、SryááÓX.

例

aryáasa「彼は挽く」、aryááshaba、etc.

8）今日の過去否定形　構造：ti＋主格接辞＋a＋（対格接辞＋）語幹＋a

S_1、S_2 の差はあらわれない。

A型

tíyaarya「彼は食べなかった」、tíyaajuma、tíyaateera、tíyaakanga、tíyaakozesa、tíyaahimbisa、tíyaakabukira、tíyaagaaniira；

tíyaaburya「彼はそれを食べなかった」、

tíyaamujuma「彼は彼を罵らなかった」、tíyaamuteera、tíyaamukanga、tíyaamukozesa、tíyaamuhimbisa、tíyaamukabukira；

tíbaarya「彼らは食べなかった」、etc..

アクセントは、次のように表示できる。

tíSaX、tíSaOX.

B型

tíyaasa「彼は挽かなかった」、tíyaashaba、tíyaashamba、tíyaareeba、tíyaazibira、tíyaashakaara、tíyaahindura、tíyaasaasira、tíyaaragirira、tíyaashakaarira；

tíyaabusa「彼はそれを挽かなかった」、

tíyaamushaba「彼は彼に頼まなかった」、tíyaamushamba、tíyaamureeba、tíyaamuzibira、tíyaabuhindura、tíyaamusaasira、tíyaamuragirira、tíyaamushakaarira；

tíbaasa「彼らは挽かなかった」、etc.

アクセントは、次のように表示できる。

tíSaX、tíSaOX.

A型B型とも同じである。

9)現在否定形　　構造：ti＋主格接辞＋(対格接辞＋)語幹＋a

ti＋主格接辞は、単数1～3人称でtiN、to、taとなる。

A型

tárya「彼は食べない」、tajúma、tatééra、takáńga、takozésa、tahimbísa、takabukíra、tagaaníira；

tabúrya「彼はそれを食べない」、tamujúma「彼は彼を罵らない」、tamutééra、tamukáńga、tamukozésa、tamuhimbísa、tamukabukíra；

tibárya「彼らは食べない」、tibajúma、etc.

tibabúsa「彼らはそれを挽かない」、etc。

アクセントは、次のように表示できる。

tiSXCV́(Ŕ)Ca(X＝Øなら、CV́(Ŕ)もØでありうるが、その´は一つ前に移る。調整規則VIと呼ぶ)、tiSOXCV́(Ŕ)Ca(＋VI).

B型

tása「彼は挽かない」、tashába、tasháḿba、taréeba、tazibíra、tashakáara、tahindúra、tasáásira、taragírira、tashakáárira；

tabúsa「彼はそれを挽かない」、tamushába「彼は彼に頼まない」、tamusháḿba、tamuréeba、tamuzibíra、tabuhindúra、tamusáásira、tamuragírira、tamushakáárira；

tibása「彼らは挽かない」、tibashába、etc.

tibabúsa「彼らはそれを挽かない」、etc.

アクセントは、次のように表示できる。

tiSCV((N)C)V́(Ŕ)X(＋V)、tiSOCV((N)C)V́(Ŕ)X(＋V).

10)現在継続否定形　構造：ti＋主格接辞＋kyaa＋(対格接辞＋)語幹＋a

S_1、S_2の差はあらわれない。

A型

アクセント

tíSkyááCV́(Ŕ)X(＋II)、tíSkyááOCV́(Ŕ)X(＋I).

例

tákyáarya「彼はもう食べていない」、tákyáájúma、etc.；

tíbakyáarya「彼らはもう食べていない」、etc.

B型

アクセント

tíSkyááX(+III)、tíSkyááÓX.

例

tákyáasa「彼はもう挽いていない」、tákyááshaba、etc.；

tíbakyáasa「彼らはもう挽いていない」、etc.

11)未来否定形 構造：ti＋主格接辞＋V＋kwija＋ku＋(対格接辞＋)語幹＋a

(o)kwiija は「来る」の意である。

A型

アクセント

tiŚV́kwiija kuCV́(Ŕ)X(+I)、tiŚV́kwiija kuOCV́(Ŕ)X(+I).

例

táákwiija kúrya「彼は食べない」、táákwiija kujúma、etc.；

tibáákwiijá kúrya「彼らは食べない」、tibáákwiija kujúma、etc.；

B型

アクセント

tiŚV́kwiijá kuX、tiŚV́kwiija kuÓX.

例

táákwiijá kusa「彼は挽かない」、táákwiijá kushaba、etc.；

táákwiija kubúsa「彼はそれを挽かない」、táákwiija kumushába、etc.；

tibáákwiijá kusa「彼らは挽かない」、tibáákwiijá kushába、etc.

12)未来絶対否定形 構造：ti＋主格接辞＋ri＋(対格接辞＋)語幹＋a

A型

tarírya「彼は食べない」、taríjuma、taríteera、taríkanga、taríkozesa、taríhimbisa、taríkabukira、tarígaaniira；

taríbúrya「彼はそれを食べない」、tarímujúma「彼は彼を罵らない」、tarímutéera、tarímukánga、tarímukózesa、tarímuhíḿbisa、tarímukábukira；

tibarírya「彼らは食べない」、tibaríjuma、etc.；

tibaríbúrya「彼らはそれを食べない」、tibarímujúma「彼らは彼を罵らない」、etc.

アクセントは、次のように表示できる。

tiSríX、tiSríOCV́(Ŕ)X(+I).

B型

tarísa「彼は挽かない」、taríshaba、taríshamba、taríreeba、tarízibira、taríshakaara、taríhindura、tarísaasira、taríragirira、taríshakaarira；

taríbúsa「彼はそれを挽かない」、tarímúshaba「彼は彼に頼まない」、

tarímúshamba、tarímúreeba、tarímúzibira、taríbúhindura、tarímúsaasira、tarímúragirira、tarímúshakaarira；
tibarísa「彼らは挽かない」、tibaríshaba、etc.；
tibaríbúsa「彼らはそれを挽かない」、tibarímúshaba「彼らは彼に頼まない」、etc.

アクセントは、次のように表示できる。

tiSríX、tiSríÓX.

不定形を含め語幹＋a のあらわれる形のアクセントを説明する仮定を考える。

(1) A 型の語幹＋a は、

(1–1) ku、ka、主格接辞＋a、(ti につづかない) 単独の主格接辞、ra、kyaa、ryaa、ri の後方で、CV́(Ŕ)X をアクセントとする。

(1–2) ti＋単独の主格接辞の後方で、XCV́(Ŕ)Ca をアクセントとする。

(2) B 型の語幹＋a は、

(2–1) ku、ka、主格接辞＋a、ra、kyaa、ryaa、ri の後方、および、(ti につづかない) 単独の主格接辞 (直後に O_1 がつづく S_1 を除く) の直後で、X をアクセントとする。

(2–2) ti＋単独の主格接辞の後方、および、(ti につづかない) 単独の S_1＋O の直後で、CV((N)C)V́(Ŕ)X をアクセントとする。

(3) (o)ku は低い。

(4) O は、

(4–1) X をアクセントとする B 型の語幹＋a の前、および、高い S_2 と A 型の語幹＋a の間で高い。

(4–2) その他で低い。

(5) 主格接辞は、

(5–1) ka、ra、kyaa、ryaa、ri の前で、また、ni、ti の直後で、低い。

(5–2) 単独の主格接辞は、S_1 が低く、S_2 が高い。

(5–2–1) 高い S_2 は、(a) 直後の語幹＋a を低く平らにし、(b) A 型の語幹＋a との間に O があれば高くし、(c) B 型の語幹＋a との間に O があれば低くする。

(6) ka は低い。

(7) 主格接辞＋a は、

(7–1) ti の直後で低く、

(7–1–1) 後方を低く平らにする。

(7–2) 語頭で高い。

(8) ra は低い。
(9) kyaa は高い。
(10) ni は低い。
(11) za は高い。
(12) ryaa は高い。
(13) ti は、
　(13–1) 単独の主格接辞、および、主格接辞＋V の前で低い。
　(13–2) 主格接辞＋a および kyaa が続く主格接辞の前で高い。
(14) 主格接辞＋V は、ŚV́ をアクセントとする。
(15) kwiija は低く平らである。
　(15-1) 後方が低く平らであれば kwiijá となる。
(16) ri は高い。
　(16–1) 直後の A 型の語幹＋a を低く平らにする。

次に、これらの仮定によって直接説明できるものを除き、どう説明されるかを見る。

3) 現在形

A 型　($\acute{S}_2$X、$\acute{S}_2$ÓCV́ (Ŕ) X).
　$\acute{S}_2$ + CV́ (Ŕ) X → $\acute{S}_2$X　　cf. (5–2)、(5–2–1 (a)).
B 型　(S_1X、S_1OCV ((N) C) V́ (Ŕ) X；$\acute{S}_2$X、$\acute{S}_2$OX).
　S_1X　　cf. (2–1).
　S_1OCV ((N) C) V́ (Ŕ) X　　cf. (2–2).
　$\acute{S}_2$X　　cf. (2–1).
　$\acute{S}_2$ + ÓX → $\acute{S}_2$OX　　cf. (2–1)、(4–1)、(5–2–1 (c)).

8) 今日の過去否定形

A 型　(tíSaX、tíSaOX).
　tí + Sa + CV́ (Ŕ) X → tíSaX　　cf. (1–1)、(13–2)、(7–1)、(7–1–1).
　tí + Sa + O + CV́ (Ŕ) X → tíSaOX　　cf. (1–1)、(13–2)、(7–1)、(4–2)、(7–1–1).

しかし A 型の語幹＋a のアクセントを XCV́ (Ŕ) Ca としても同じ結果が得られるから、(1–1) と (1–2) の CV́ (Ŕ) X と XCV́ (Ŕ) Ca の相補分布の規定を訂正すべき可能性もあり、また、はじめから A 型の語幹＋a のアクセントとして、「ti＋主格接辞＋a の後方で X」という規定を設けてもよい可能性がある。最後の場合は、A 型の語幹＋a も B 型の語幹＋a も、ti＋主格接辞＋a の後方では同じアクセントをとる、あるいは、今日の過去否定形では同じアクセントをとる、という、一見して考えられる選択をすることである。要するに、この形の A 型の語幹＋a のアクセントに関しては、ひどく不確定である。

B 型　(tíSaOX).

tí＋Sa＋Ó＋X → tíSaOX　　cf.(2–1)、(13–2)、(7–1)、(4–1)、(7–1–1).

しかし、この場合でも B 型の語幹＋a を CV((N)C)V́(Ŕ)X とすることも可能である。(7–1–1) によって、後方を低くすることになっているからである。しかし、感じとしては、この活用形の B 型の語幹＋a のアクセントを CV((N)C)V́(Ŕ)X と考えるのは、抵抗がある。

9)現在否定形

A 型　(tiSXCV́(Ŕ)Ca(＋VI)、tiSOXCV́(Ŕ)Ca(＋VI)).

上記の仮定からは何も問題はないが、A 型の語幹＋a のアクセントがこの形だけ CV́(Ŕ)X でなく XCV́(Ŕ)Ca であらわれるのには若干ひっかかる。ただし、主として隣接の Nkore で用いられるが、この言語でも用いられる、今一つの現在進行形(構造：ni＋主格接辞＋(対格接辞＋)語幹＋a)では、

niSXCV́(Ŕ)Ca(＋VI)、niSOXCV́(Ŕ)Ca(＋VI)

というアクセントであり、やはり、主として隣接の Nkore で用いられるが、この言語でも用いられる、今一つの現在継続形(構造：ni＋主格接辞＋ki＋(対格接辞＋)語幹＋a)では、

niSkiXCV́(Ŕ)Ca(＋VI)、niSkiOXCV́(Ŕ)Ca(＋VI)

であるので、この言語に A 型の語幹＋a のアクセントとして、CV́(Ŕ)X だけでなく、XCV́(Ŕ)Ca があるのは間違いない。

B 型　(tiSCV((N)C)V́(Ŕ)X(＋V)、tiSOCV((N)C)V́(Ŕ)X(＋V)).

これも、上記の仮定からは何も問題はないが、B 型の語幹＋a のアクセントが若干ひっかかる。しかし、CV((N)C)V́(Ŕ)X というアクセントは 3) の現在形の S_1＋O のあとでもあらわれる。

S_1OCV((N)C)V́(Ŕ)X.

さらに、上記の検討から除外した否定不定形(構造：obu＋ta＋(対格接辞＋)語幹＋a)でも、

obutaCV((N)C)V́(Ŕ)X(＋V)、obutaOCV((N)C)V́(Ŕ)X(＋V)

であらわれる(因みに、A 型は、obútaX、obútaOCV́(Ŕ)X(＋I) であり、「ta は低い」と「ta は、直後の A 型の語幹＋a を低く平らにする」を付け加えれば一応処理できる)し、上述の今一つの現在進行形(構造：ni＋主格接辞＋(対格接辞＋)語幹＋a)では、

niSCV((N)C)V́(Ŕ)X(＋V)、niSOCV((N)C)V́(Ŕ)X(＋V)

というアクセントであり、今一つの現在継続形（構造：ni＋主格接辞＋ki＋（対格接辞＋）語幹＋a）では、

niSkiCV（（N）C）V́（Ŕ）X（＋V）、niSkiOCV（（N）C）V́（Ŕ）X（＋V）

なので、この言語にB型の語幹＋aのアクセントとしては、Xだけではなくて、CV（（N）C）V́（Ŕ）Xがあるのは間違いない。しかし、3）の現在形のS_1＋Oのあとという環境だけが何か突出した感じである。この場合、はじめからB型の語幹＋aのアクセントをCV（（N）C）V́（Ŕ）Xとして、S_1の直後のOが後方を低くする、という仮定をすることも不可能ではないが、他の場合のOにはそういう力がないので、妥当性に欠ける。

12）今日の過去否定形

A型　（tiSríX）.

ti＋S＋rí＋CV́（Ŕ）X → tiSríX　　cf.（1–1）、（13–1）、（5–1）、（16）、（16–1）.

さて、この場合（特に（16–1））を含めてあとのものを低くするという仮定が目につく。

（5–2–1）高いS_2は、（a）直後の語幹＋aを低く平らにし、（b）A型の語幹＋aとの間にOがあれば高くし、（c）B型の語幹＋aとの間にOがあれば低くする。

（7）主格接辞＋aは、

（7–1）tiの直後で低く、

（7–1–1）後方を低く平らにする。

（16）riは高い。

（16–1）直後のA型の語幹＋aを低く平らにする。

このうち、（5–2–1）（a）、（c）、（16–1）は、実質は直後の1音節を低くするだけであるけれど、（7–1–1）は、直後の1音節を低くすることもあるが、低いOを飛び越して語幹冒頭の1音節を低くすることも含む。この仮定は、やや妥当性に欠ける。

さて、上に見たように、A型の語幹＋aにもB型の語幹＋aにも2つの異なるアクセントを仮定しなければならない。このこと自体、規則性が貫徹していないことを意味するであろう。

次に、調整規則を見る。

調整規則Iは問題がない。IIも問題がない。IIIもIVもさして問題はない。この言語では、語末のCV́ŔCVはCV́RCVとなるという、かなり自然な傾向があらわれている。なお、語末にCV́ŔCVがあらわれないわけではなくて、～XCV́（Ŕ）Caというアクセントの存在がそれを示している。なお、それに関する調整規則VIも問題がない。

調整規則Vは極めて複雑である。調整規則が極めて複雑だというよりも、むしろ～CV((N)C)V́(Ŕ)Xの実際のあらわれかたが極めて複雑なのである。それを、一つにまとめて扱ったから、複雑な仮定が必要になっただけである。

拙論「チガ語動詞アクセント試論」(『ありあけ　熊本大学言語学論集』1)では(N)CがØの場合(つまり、語幹冒頭にCVVがある場合)をそうでない場合から区別して、次のように仮定した。

～CV(N)CV́(Ŕ)X(X=Caなら、(Ŕ)は(R)となる。X=Øなら、Ŕはあらわれず、CVの´はCV(N)にうつる。X=Øなら、直前の(N)CV́(Ŕ)もØでありうるが、´はその前のCVの1つ前にうつる。)

～CV́V́X(X=Caなら、直前のV́はVとなる。)

それぞれは無理のない仮定となる。

しかし、二本立てにするというのは、あまり好ましい記述ではない。構造によって全く違ったアクセントを示すという主張になりかねない。はっきりそうであることが確認できる場合はともかく、できるだけ統一的説明を追求するのが望ましい。従って、本書では、複雑になることを覚悟の上で、統一的仮定を試みたわけである。ただし、本書の立場が正しいという確信はない。

2.2.　語尾ireを用いる形

13)近過去形　構造：主格接辞+(対格接辞+)語幹+ire

S_1、S_2の差はあらわれない。

A型

ariíre「彼は食べた」、ajumíre、atéíre、akangíre、akozéíse、ahimbisíze、akabukiíre、agaaniíre；

aburiíre「彼はそれを食べた」、amujumíre、amutéíre、amukangíre、amukozéíse、amuhimbisíze、amukabukiíre.

bariíre「彼らは食べた」、etc.

アクセントは、次のように表示できる。

SXCV́(V́)Ce、SOXCV́(V́)Ce.

B型

asíire「彼は挽いた」、ashabíre、ashambíre、aréébire、azibíire、ahindwíire、asáásiire、aragíriire、ashakááriire；

abusíire「彼はそれを挽いた」、amushabíre、amushambíre、amuréébire、amuzibíire、abuhindwíire、amusáásiire、amuragíriire、amushakááriire.

basíire「彼らは挽いた」、etc.

アクセントは、次のように表示できる。

SCV((N)C)V́(Ŕ)X ((N)C があらわれる場合、X=Ce なら、(Ŕ)は(R)となる。(N)C があらわれない場合、(N)C の直前の V は V́ となり、X=Ce なら Ŕ はあらわれずその前の V́ は V となる。調整規則 VII と呼ぶ)、SOCV((N)C)V́(Ŕ)X(+VII).

14)現在完了形　構造：主格接辞+a+(対格接辞+)語幹+ire

S₁、S₂ の差はあらわれない。

A 型

yááríire「彼は食べた」、yáájúmire、yáátéire、yáákáńgire、yáákózeise、yááhíḿbisize、yáákábukiire、yáágáániire；

yááburíire「彼はそれを食べた」、yáámujúmire、yáámutéire、yáámukáńgire、yáámukózeise、yáámuhíḿbisize、yáámukábukiire.

bááríire「彼らは食べた」、etc.

アクセントは、次のように表示できる。

ŚáCV́(Ŕ)X(X=Ce なら、(Ŕ)は(R)となる。調整規則 VIII と呼ぶ)、ŚáOCV́(Ŕ)X(+VIII).

B 型

yáásiire「彼は挽いた」、yááshabire、yááshambire、yááreebire、yáázibiire、yááhindwiire、yáásaasiire、yááragiriire、yááshakaariire；

yáábúsiire「彼はそれを挽いた」、yáámúshabire、yáámúshambire、yáámúreebire、yáámúzibiire、yáábúhindwiire、yáámúsaasiire、yáámúragiriire、yáámúshakaariire.

báásiire「彼らは挽いた」、etc.

アクセントは、次のように表示できる。

ŚáX、ŚáÓX.

15)経験形　構造：主格接辞+a+ra+(対格接辞+)語幹+ire

A 型

アクセント

SaráCV́(Ŕ)X(+VIII)、SaráOCV́(Ŕ)X(+VIII).

例

yaaráríire「彼は食べたことがある」、yaarájúmire、etc.

B 型

アクセント

SaráX、SaráÓX.

例

yaarásiire「彼は挽いたことがある」、yaaráshabire、etc.

16)遠過去否定形　構造：ti＋主格接辞＋ra＋(対格接辞＋)語幹＋ire

A型

taráriire「彼は食べなかった」、tarájumire、taráteire、tarákangire、tarákozeise、taráhimbisize、tarákabukiire、terágaaniire；

taráburíire「彼はそれを食べなかった」、tarámujúmire、tarámutéire、tarámukáńgire、tarámukózeise、tarámuhíḿbisize、tarámukábukiire.

tibaráriire「彼らは食べなかった」、etc.

アクセントは、次のように表示できる。

tiSráX、tiSráOCV́(Ŕ)X(＋VIII).

B型

tarásiire「彼は挽かなかった」、taráshabire、taráshambire、taráreebire、tarázibiire、taráhindwiire、tarásaasiire、taráragiriire、taráshakaariire；

tarábúsiire「彼はそれを挽かなかった」、tarámúshabire、tarámúshambire、tarámúreebire、tarámúzibiire、tarábúhindwiire、tarámúsaasiire、tarámúragiriire、tarámúshakaariire.

tibarásiire「彼らは挽かなかった」、etc.

アクセントは、次のように表示できる。

tiSráX、tiSráÓX.

17)近過去否定形　構造：ti＋主格接辞＋(対格接辞＋)語幹＋ire

A型

taríire「彼は食べなかった」、tajumíre、tatéíre、takangíre、takozéíse、tahimbisíze、takabukíire、tagaaníire；

taburíire「彼はそれを食べなかった」、tamujumíre、tamutéíre、tamukangíre、tamukozéíse、tamuhimbisíze、tamukabukíire.

tibaríire「彼らは食べなかった」、etc.

アクセントは、次のように表示できる。

tiSXCV́(V́)Ce、tiSOXCV́(V́)Ce.

B型

tasíire「彼は挽かなかった」、tashabíre、tashambíre、taréébire、tazibíire、tahindwíire、tasáásiire、taragíriire、tashakááriire；

tabusíire「彼はそれを挽かなかった」、tamushabíre、tamushambíre、tamuréébire、tamuzibíire、tabuhindwíire、tamusáásiire、tamuragíriire、 tamushakááriire.

tibasíire「彼らは挽かなかった」、etc.

アクセントは、次のように表示できる。

tiSCV((N)C)V̇(Ŕ)X(+VII)、tiSOCV((N)C)V̇(Ŕ)X(+VII).

18)現在完了否定形　構造：ti+主格接辞+ka+(対格接辞+)語幹+ire

A型

アクセント

tiŚkaCV́(Ŕ)X(+VIII)、tiŚkaOCV́(Ŕ)X(+VIII).

例

tákaríire「彼はまだ食べていない」、etc.；

tákaburíire「彼はまだそれを食べていない」、etc.

tibákaríire「彼らはまだ食べていない」、etc.

B型

アクセント

tiŚkaX、tiŚkaOX.

例

tákasiire「彼はまだ挽いていない」、etc.；

tákabusiire「彼はまだそれを挽いていない」、etc.

tibákasiire「彼らは挽かなかった」、etc.

語幹+ireのあらわれる形のアクセントを説明する仮定を考える。

(17)A型の語幹+ireは、

(17–1)主格接辞+a、ra、kaの後方で、CV́(Ŕ)Xをアクセントとする。

(17–2)(ti+)単独の主格接辞の後方で、XCV́(V́)Ceをアクセントとする。

(18)B型の語幹+ireは、

(18–1)主格接辞+a、ra、kaの後方で、Xをアクセントとする。

(18–2)(ti+)単独の主格接辞の後方で、CV((N)C)V̇(Ŕ)Xをアクセントとする。

(4)Oは、(4–3)XをアクセントとするB型の語幹+ireの前で高い。

(4–4)その他の語幹+ireの前で低い。

(7)主格接辞+aは、

(7–3)語幹+ireの前では、あとに時称接辞がないと高い。

(7–4)語幹+ireの前では、その他では低い。

(8)raは、

(8–2)語幹+ireの前では高い。

(8–2–1)主格接辞の後で、直後の、CV́(Ŕ)X をアクセントとする A 型の語幹＋ire を低く平らにする。

(13)ti は、

(13–3)語幹＋ire の前では、低い。

次に、これらの仮定によって直接説明できるものを除き、どう説明されるかを見る。検討の必要なのは次の 1 つだけである。

16)遠過去否定形

A 型　(tiSráX、tiSráOCV́(Ŕ)X).

ti＋S＋rá＋CV́(Ŕ)X → tiSráX　　cf.(8–2–1).

S＋a の直後では rá に直後を低くする力がないのが不規則である。

なお、調整規則 VII については、V についての議論参照。

2.3.　語尾 aga を用いる形

19)現在習慣形　構造：主格接辞＋(対格接辞＋)語幹＋aga

S_1、S_2 の差はあらわれない。

A 型

aryáága「彼は食べる」、ajumága、ateerága、akangága、akozeséga、

ahimbisága、akabukirága、agaanirága；

aburyáága「彼はそれを食べる」、amujumága、amuteerága、amukangága、

amukozeséga、amuhimbisága、amukabukirága；

baryáága「彼らは食べる」、etc.

アクセントは、次のように表示できる。

SXCV́(V́)Ca、SOXCV́(V́)Ca.

B 型

aság a「彼は挽く」、agwáága「彼は倒れる」(＜okugwa)、ashabága、

ashambága、areebága、azibirága、asaasirága、aragirirága；

abuság a「彼はそれを挽く」、amushabága、amushambága、amureebága、

amuzibirága、amusaasirága、amuragirirága.

basága「彼は挽く」、etc.

アクセントは、次のように表示できる。

SXCV́(V́)Ca、SOXCV́(V́)Ca.

要するに、A 型と B 型の差はあらわれない。

20)経験否定形　構造：ti＋主格接辞＋ka＋(対格接辞＋)語幹＋aga

A 型

tákaryáága「彼は食べたことがない」、tákajúmaga、tákatééraga、
tákakáńgaga、tákakózesaga、tákahíḿbisaga、tákakábukiraga、tákagáániraga；
tákabúryaaga「彼はそれを食べたことがない」、tákamujúmaga、
tákamutééraga、tákamukáńgaga、tákamukózesaga、tákamuhíḿbisaga、
tákamukábukiraga；
tabákaryáága「彼らは食べたことがない」、etc.

アクセントは、次のように表示できる。

tiŚkaCV́(Ŕ)X、tiŚkaOCV́(Ŕ)X(X＝Ca なら、CV́(Ŕ)の´は O に移る。調整規則 IX と呼ぶ).

B 型

tákasága「彼は挽いたことがない、tákagwáága、tákashabága、tákashambága、
tákareebága、tákazibirága、tákasaasirága、tákaragirirága；
tákabúsaga「彼はそれを挽いたことがない」、tákamúshabaga、
tákamúshambaga、tákamúreebaga、tákamúzibiraga、tákamúsaasiraga、
tákamúragiriraga.
tibákasága「彼は挽いたことがない」、etc.

アクセントは、次のように表示できる。

tiŚkaXCV́(V́)Ca、tiŚkaÓX.

21)現在習慣否定形　構造：ti＋主格接辞＋(対格接辞＋)語幹＋aga

A 型

taryáága「彼は食べない」、tajumága、tateerága、takangága、takozesága、
tahimbisága、takabukirága、tagaanirága；
taburyáága「彼はそれを食べない」、tamujumága、tamuteerága、
tamukangága、tamukozesága、tamuhimbisága、tamukabukirága；
tabaryáága「彼らは食べない」、etc.

アクセントは、次のように表示できる。

tiSXCV́(V́)Ca、tiSOXCV́(V́)Ca.

B 型

tasága「彼は挽かない」、tagwáága、tashabága、tashambága、tareebága、
tazibirága、tasaasirága、taragirirága；
tabusága「彼はそれを挽かない」、tamushabága、tamushambága、
tamureebága、tamuzibirága、tamusaasirága、tamuragirirága.
tabasága「彼は挽かない」、etc.

アクセントは、次のように表示できる。

tiSXCV́(V́)Ca、tiSOXCV́(V́)Ca.

語幹＋aga のあらわれる形のアクセントを説明する仮定を考える。

(19)A 型の語幹＋aga は、

(19–1)ka の後方で、CV́(Ŕ)X をアクセントとする。

(19–2)(ti＋)単独の主格接辞の後方で、XCV́(V́)Ca をアクセントとする。

(20)B 型の語幹＋aga は、XCV́(V́)Ca をアクセントとする。

(4)O は、

(4–5)ti＋主格接辞＋ka と XCV́(V́)Ca をアクセントとする B 型の語幹＋aga の間で高く、続く XCV́(V́)Ca を低く平らにする。

(4–6)語幹＋aga の前では、その他の場合、低い。

ここで問題になるのは、(4–5) の規定である。20) の経験否定形についてであるが、これを廃して、B 型の語幹＋aga について、

(20–1)ti＋主格接辞＋ka＋O の後方で、X をアクセントとする。

を設ける可能性である。a や ire を語尾とする形の場合、O は、

(4–1)X をアクセントとする B 型の語幹＋a(中略)の前で高い。

(4–3)X をアクセントとする B 型の語幹＋ire の前で高い。

という仮定が可能なので、ti＋主格接辞＋ka＋O の後方の B 型の語幹＋aga を X とすることは、かなり当を得ている。問題は、O があらわれない場合の B 型の語幹＋aga のアクセントが XCV́(V́)Ca であることである。

この事態を説明する仮説としては、次のようなものがある。

1)元来、20) に見た経験否定形における B 型の語幹＋aga のアクセントは X であったが、多くの場合のアクセントの類推で、O があらわれない場合のみ、XCV́(V́)Ca となって、不規則な事態が生じた。

2)元来、経験否定形における B 型の語幹＋aga のアクセントは XCV́(V́)Ca であったが、他の語尾の場合に、ÓX というのが多いので、O があらわれる場合のみ、変化した。

これ以外に、(4–5) のような過程が共時的規則として存在するという仮説ももちろん可能である。さらに極論すれば、

(20–1)ti＋主格接辞＋ka の後方で、X をアクセントとする。

(6–2)ka は、ti＋主格接辞の直後にある時、直後の、X をアクセントとする B 型の語幹＋a の X を XCV́(V́)Ca とする。

と仮定することも、不可能とはいえない。ただし、その場合は、ti＋主格接辞＋ka が不定の長さの先に手を伸ばして、次末音節を高くするという、かなり強引な影響力行使を考えることになってしまう。

このように、20）の経験否定形のアクセントは謎が多いが、さらに、なぜこの形が経験否定形なのかという問題がある。

15）の経験形は、主格接辞＋a＋ra＋（対格接辞＋）語幹＋ire という構造であるが、20）の経験否定形とは全く対応していない。大体、本来 aga という「継続」をあらわす語尾が、経験否定形に用いられる理由が全く分からない。一般的にいって、構成する形態素の意味の総和が全体の意味に合致するとは限らないのだから、こういうことも全く不可能というわけではないが、奇妙は奇妙である。この言語に近い言語の動詞活用形の構造を見れば、何らかのヒントが見つかるかも知れない。

この言語にもっとも近いのは、Nkore であるが、そのデータは手元にないので、次に近い Nyoro を見てみると、やはり、経験否定形と呼びうる形は、

ti＋主格接辞＋ka＋（対格接辞＋）語幹＋aga

という構造を有する。この Nyoro には、語尾 aga を有する活用形は、これ以外には、

遠過去習慣形　構造：主格接辞＋a＋（対格接辞＋）語幹＋aga

しかないが、やはり aga が継続をあらわす形に用いられており、その aga が経験否定形に用いられるという奇妙な事態が、このあたりの言語にあるということらしい。

また、Nyoro に近い Tooro でも、経験否定形と呼びうる形は、

ti＋主格接辞＋ka＋（対格接辞＋）語幹＋aga

という構造である。なお、Tooro における語尾 aga を有するその他の活用形は、

過去習慣形　　　構造：主格接辞＋a＋（対格接辞＋）語幹＋aga

過去習慣否定形　構造：ti＋主格接辞＋a＋（対格接辞＋）語幹＋aga

であり、語尾 aga が元来継続をあらわすものであることを示している。

つまり、この周辺の言語においては、「〜したことがない」という形は、構造とはずれた意味を持って存在しているということらしい。

3.　若干のコメント

この言語の動詞アクセントは、各活用形のアクセントが統一的に表示できるという規則性を示すとともに、全体的に簡単に見えるが、語幹＋a および語幹＋ire で A 型 B 型ともに、語幹＋aga で A 型に、2 つのアクセントを仮定しなければならないという不規則性が認められ、さらに、S_2、O、S＋a、ti、ra が高くあらわれたり、低くあらわれたりして、その環境は規定できるが、その環境の影響でそうなっているのかどうかはっきりしない、ということが指摘される。

B 型動詞の語幹＋a のアクセントが CV((N)C)V́(Ŕ)X であり調整規則 V を必要とする場合の形は、3) の現在形の S_1＋O の直後と、9) の現在否定形、および、上述のように否定不定形、それに、ni＋主格接辞＋（対格接辞＋）語幹＋a を構造とする「今一つの」現在進行形である。この場合、語幹が CVV はじまりであるかそうでないかによって、見たところかなり異なるアクセントに思われるのであるが、同種のことは、この言語に近い Haya（ハヤ語. タンザニア北西部）にも認められる。Haya では、否定不定形（構造は (o) ku＋ta＋（対格接辞＋）語幹＋a)、現在進行形（構造は n(i) ＋主格接辞＋（対格接辞＋）語幹＋a)、現在形（構造は主格接辞＋（対格接辞＋）語幹＋a) がそうであるが、現在形では、S_1＋O の直後という制限はなく、すべてでこうなる。

bágwa「彼らは (ba) 倒れる」、bashába「〜ねだる」、balíńda「〜守る」、
baléeba「〜見つめる」、bazigíta「〜くすぐる」、babúúlula「〜目をあける」、
bagombóola「〜買い戻す」、bamamíílila「〜広げる」.

アクセントは、SCV((N)C)V́(Ŕ)X で表示し、調整規則 V のようなものを必要とする。このように、やや珍しい現象であるが、この近辺の言語には存在するのである。Haya についての詳細は、拙論「ハヤ語動詞アクセント試論」(『アジア・アフリカ文法研究』17) 参照。

本章は、前掲論文(「チガ語動詞アクセント試論」) の主要部分について、どのような規則が働いているかを中心に、さらに考察を深めたものである。

第2部へのつけ加え

第2部の諸章を読まれた読者は、言語の中に思ったより不規則性が含まれていることに驚かれたかも知れない。筆者も、完全に規則で説明できるとははじめから思っていなかったが、かなりの不規則性にぶつかってやや意外であった。読者の中には、そう見えるのは分析のしかたが悪いので、正しく分析すればすべて規則的であることが分かるはずだと思われる方もいるかも知れないが、そういう方は、ここにあげたデータをもとに、「正しい分析」を試みていただきたい。データ自体信用できないと思われるなら、自身で調査されるとよいと思う。いずれの試みも歓迎するものである。

よく考えてみると、各動詞の各活用形は、それ自体のアクセントが決まっていれば何とかそれでもよいはずで、動詞が少数のアクセントの型に属しているならば、各型毎、各活用形毎に統一的アクセント表示ができるような状態であれば、それでよいはずである。すべての活用形を通じて、それを統一的に説明する規則は、あってもよいが、なければならないということはないはずである。従って、バントゥ諸語の動詞直説法活用形をとってみれば、たとえば語幹+特定の語尾のアクセントも、複数であってもよいし、極端な場合各活用形ごとにちがっていても、それだけで困るということは、言語にもその話し手にとってもないと思われる。確かにそれに近い言語はある。

第2章3.3で名詞アクセントを見たケニアのKikuyu（キクユ語）の、語尾がireの動詞直説法活用形を見てみよう。対格接辞のあらわれないA型に限る。(Ŕ)XはRがあらわれると普通は高いが、XがCVで、かつあとに何も続かないと低くなることを示す。ĩは広いiをあらわす。

遠過去形（(nĩ+)主格接辞+a+語幹+ire）

(nĩ́)ŚáCV(R)X́　　例：(nĩ́)mááthoomíré「彼らは読んだ」、(nĩ́)máányarárííré「彼らは軽蔑した」

遠過去否定形（主格接辞+ti+a+語幹+ire）

StiaCV́ (Ŕ)X　　例：matiathóómire「彼らは読まなかった」、matianyárarire

近過去形（(ni+)主格接辞+raa+語幹+ire）

(nĩ́)ŚrááCV(R)CV́(Ŕ)X　　例：(nĩ́)márááthoomíre「彼らは読んだ」、

(nĩ́)máráányarárire

今日の過去形（(nĩ＋)主格接辞＋語幹＋ire）

(nĩ́)ŚX̌Ce　　　例：(nĩ́)máthóómíre「彼らは読んだ」、

(nĩ́)mányárárire

語尾が ire の直説法形は 4 種類しかないのに、語幹＋ire のアクセントとしては、CV(R)X̌. CV́(Ŕ)X、CV(R)CV́(Ŕ)X、X̌Ce の 4 つを仮定しなければならない。さらに、B 型についても同様のことがいえる。他の語尾の場合、活用形の数だけあるわけではないが、かなり多くのアクセントを仮定せざるをえない。詳細は、『バントゥ諸語動詞アクセントの研究』第 14 章参照。

ここでは語幹＋語尾のアクセントだけを見たが、言語によってはその他の形態素についても同じようなことがいえる可能性がある。

従って、アクセントが活用形と型ごとに統一的に表示できるようになっていれば（つまり、その点で規則的であれば）、言語としては問題がなく、それら全体が規則的に決定されている必要はないことになる。換言すれば、アクセントがどうであるかは、活用形独自の特質でありうる。かなりの程度に規則的に決まっていて悪いわけではないが、どの程度規則的であるかは、アクセントが活用形と型ごとに決まっていさえすれば、言語にとって任意であることになる。

しかし、第 8 章で見た Machame（マチャメ語）のように、冒頭に N がつく形とつかない形があり、かつ、あとにどこか高いところのある名詞が続けば他の場合とアクセントが異なるような言語（そんな言語、他にある ?）では、多少は規則的に決まっている必要がありそうだが、かなり不規則性を含んでいることは、第 8 章に見た通りである。

言語は規則的であるというのは、それが必要な箇所においてそうであるということであり、規則的でなければならない理由がない箇所では、どの程度規則的であるかは、言語にまかされている、ということであろう。

Map 1.　カメルーン・ガボン・コンゴ

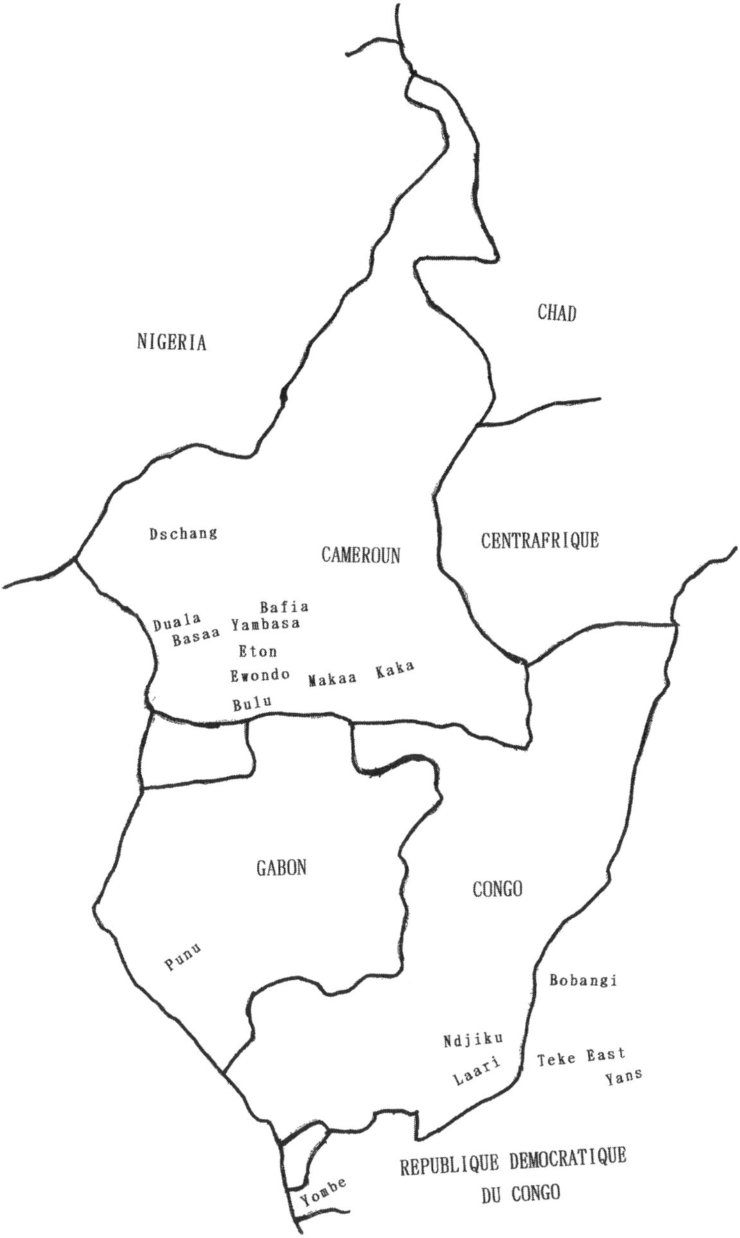

Map 2.　コンゴ民主共和国およびその周辺

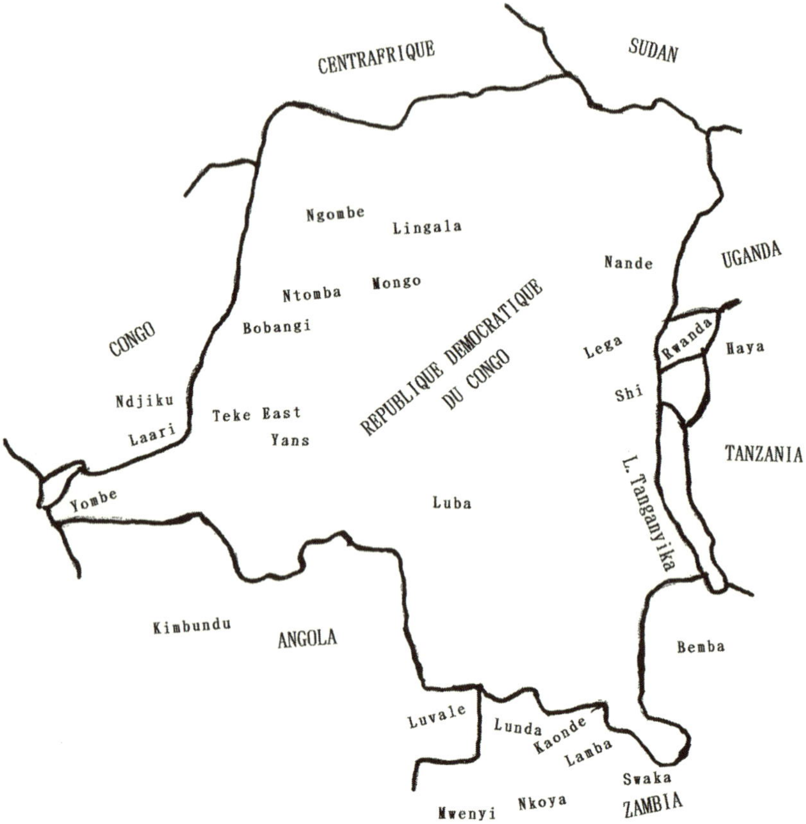

Map 3. ウガンダ・ケニア・タンザニア

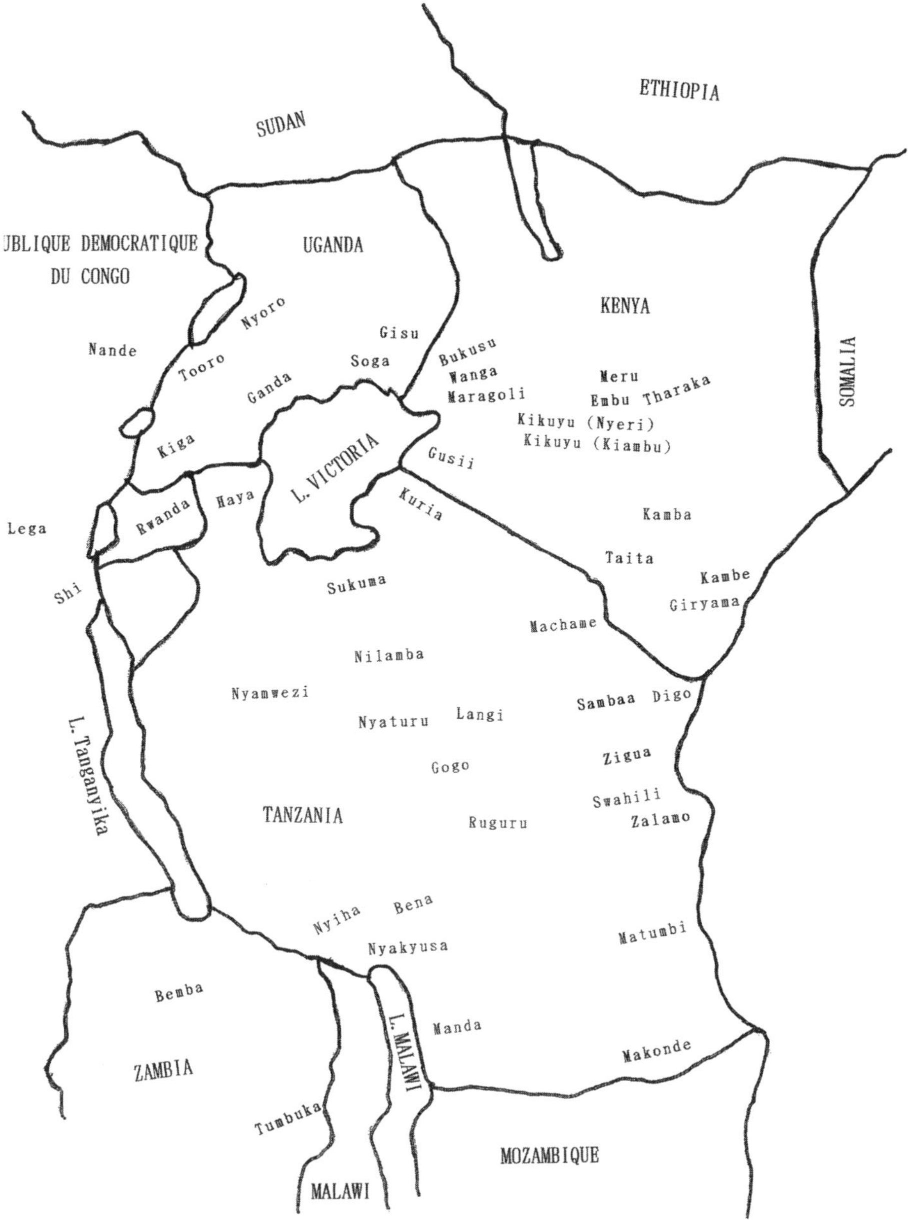

Map 4.　南部アフリカ

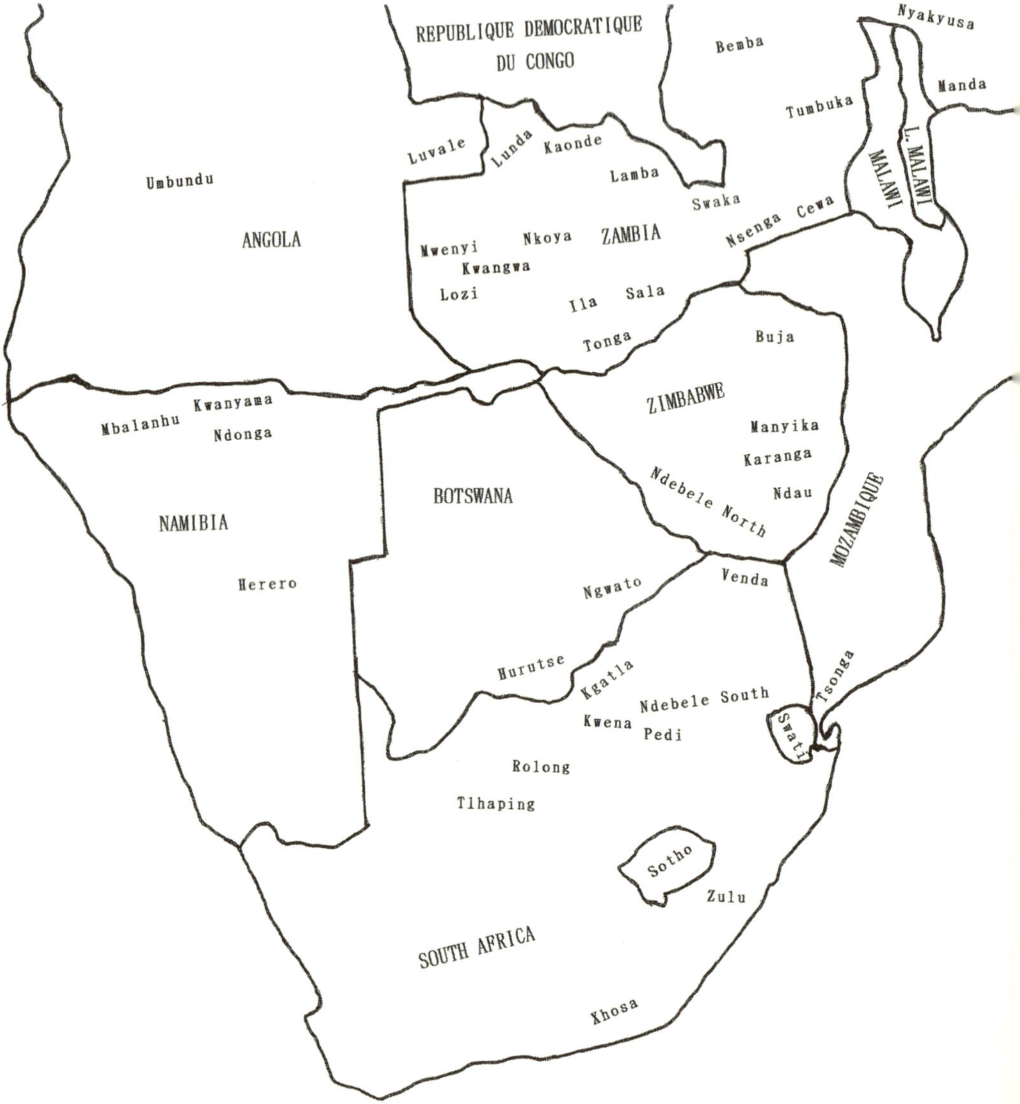
REPUBLIQUE DEMOCRATIQUE
DU CONGO
Nyakyusa
Bemba
Manda
Tumbuka
L. MALAWI
MALAWI
Luvale
Lunda
Kaonde
Lamba
Umbundu
Swaka
Nsenga
Cewa
ANGOLA
Mwenyi
Nkoya
ZAMBIA
Kwangwa
Lozi
Ila
Sala
Tonga
Buja
ZIMBABWE
Kwanyama
Mbalanhu
Ndonga
Manyika
Karanga
Ndebele North
Ndau
BOTSWANA
MOZAMBIQUE
NAMIBIA
Venda
Herero
Ngwato
Hurutse
Kgatla
Tsonga
Ndebele South
Kwena
Pedi
Swati
Rolong
Tlhaping
Sotho
Zulu
SOUTH AFRICA
Xhosa

参考文献

Guthrie、Malcolm：

Comparative Bantu、Gregg International Publishers Ltd. 1967 〜 71.

服部四郎：

『言語学の方法』岩波書店 1960

湯川恭敏：

「キクユ語動詞アクセント試論」『アジア・アフリカ言語文化研究』28、pp.159–230. 1984.9

「キクユ語名詞アクセント再論」『アジア・アフリカ言語文化研究』29、pp.190–231. 1986.3

「ハヤ語動詞アクセント試論」『アジア・アフリカ文法研究』17、pp.81–134. 1989.3

（共著）*Bantu Linguistics*（*ILCAA*）*Vol. 2 Studies in Tanzanian Languages*. 1989.3

『バントゥ諸語動詞アクセントの研究』ひつじ書房　xi + 690 + 3 1995.5

「スワティ語動詞アクセント試論」『アジア・アフリカ文法研究』26、pp.41–74. 1998.3

「ンドンガ語動詞アクセント試論」『東京大学言語学論集』17、pp.347–414. 1998.7

『言語学』ひつじ書房、vii + 246 1999.6

「グシイ語動詞アクセント試論」『アジア・アフリカ文法研究』30、pp.1–44. 2002.3

「チガ語動詞アクセント試論」『ありあけ　熊本大学言語学論集』1、pp.1–60. 2002.3

『ケニア中部バントゥ諸語の動詞アクセント』熊本大学社会文化科学研究科言語学研究室　i + 432 + 2 2003.2

『ロズィ語成立に関する研究』熊本大学社会文化科学研究科言語学研究室　i + 234 + 2 2006.2

『バントゥ諸語分岐史の研究』ひつじ書房　xii + 314 2011.2

あとがき

『バントゥ諸語分岐史の研究』のあとがきで「今後は、体力や気力と相談しながら、そもそもバントゥ諸語の研究を続けるのかも含めて、考えていきたい」と述べたが、その時には念頭になかったテーマが見つかった。今まで雑誌論文や学会などで個別的に発表してきたものや、いろんな大学の集中講義などで扱ってきたものを、一般言語学的にまとめなおして、バントゥ諸語に詳しくはないが言語学に興味のある人々の前に提示する、というものである。幸いにして、相談相手の体力や気力は目に見えては衰えてなかったので、1年半をかけて書き下ろしたのが、本書である。

あと、つけ加えるべき点はあまりないけれども、第2部の主要テーマである、言語はどの程度に規則的かということであるが、かつて『バントゥ諸語動詞アクセントの研究』を出版し各方面に贈呈した際に、故河野六郎先生から、文言は忘れたが、言語の規則的でない部分に焦点を当てたことに賛意を表する礼状を頂いた。同書を書いた時には、動詞アクセントは100%規則的であるとはいえないという予想のもとに、そしてその予想通りの結論を得たのであったが、そうはっきりとは「規則的でない部分」を明らかにするというつもりはなかったので、ああ、そういうこともあるのだと思ったことを記憶している。今回の第2部検討の視点もそれに触発された面があることをいっておきたい。

著者

索引

B

Bafia（バフィア語）　8, 9
Bamileke（バミレケ）諸語　130
Basaa（バサ語）　7, 13, 17
Bemba（ベンバ語）　7, 129
Bena（ベナ語）　7
Bobangi（ボバンギ語）　7, 129
Buja（ブジャ語）　7
Bukusu（ブクス語）　7, 37
Bulu（ブル語）　8, 120

C

Cewa（チェワ語）　8, 10, 25, 94
Chaga（チャガ語）　213

D

Difaqane　135
Digo（ディゴ語）　8
Downstep　41
Dschang（チャン語）　8, 130
Duala（ドゥアラ語）　7

E

Embu（エンブ語）　7, 19
Eton（エトン語）　8, 122
Ewondo（エウォンド語）　8, 16, 122

F

Fortune　135

G

Ganda（ガンダ語）　8, 26, 124
Giryama（ギリヤマ語）　3, 8, 16, 133
Gisu「ギス語」　8, 124
Gogo（ゴゴ語）　8
Gusii（グシイ語）　2, 7, 32
Guthrie　21

H

Haya　36, 397
Haya（ハヤ語）　8, 29, 129
Herero（ヘレロ語）　8, 9, 24, 86, 117
Hurutse（フルツェ語）　7, 10, 11, 16, 17, 136

I

Ila（イラ語）　8, 87
Isukha（イスハ語）　8, 21

K

Kaka（カカ語）　7, 9, 10
Kamba（カンバ語）　7, 19, 133
Kambe（カンベ語）　8, 10
Kaonde（カオンデ語）　8, 129
Karanga（カランガ語）　8, 12, 15, 17, 119
Katla（カタ語）　136
Kgatla（カタ語）　7, 10, 11, 16
Kiga（チガ語）　8, 30, 125, 377
Kikuyu（キクユ語）　7, 19, 37, 46, 133, 399
Kingwana　10
Kololo（コロロ族）　135
Kuria（クリア語）　7, 134
Kwangwa（クワングワ語）　8, 135, 136
Kwanyama（クワニャマ語）　8, 84
Kwena　10, 11, 12, 16, 25
Kwena（クエナ語）　7, 136

L

Laari（ラーリ語）　8, 129
Lamba（ランバ語）　8, 129
Langi（ランギ語）　7, 134
Lega（レガ語）　7, 10, 28, 129
Lingala（リンガラ語）　7, 23, 129
Lozi（ロズィ語）　8, 135, 136
Luba（ルバ語）　8, 14, 94, 108
Luba-Lulua　108
Lunda（ルンダ語）　8, 129
Luvale（ルヴァレ語）　8, 11, 25, 92, 129
Luya（ルヤ）諸語　21
Luyana（ルヤナ）族　135

Luyi　138

M

M. Guthrie　128
M. Swadesh　132
Machame（マチャメ語）　8, 213, 400
Makaa（マカー語）　8, 9, 10, 17, 24
Makonde（マコンデ語）　8
Manda（マンダ語）　7, 22
Manyika（マニカ語）　8, 15, 16
Maragoli（マラゴリ語）　7, 21, 27, 134
Maraki（マラキ語）　8
Matumbi（マトゥンビ語）　7
Mbalanhu（ンバラヌ語）　8, 9, 117
Meru（メル語）　7, 19, 343
Miji Kenda 諸語　3
Mongo（モンゴ語）　7, 10, 16, 22, 101, 129
Mwenyi（ムエニ語）　8, 129, 135, 136

N

Nande（ナンデ語）　7, 14, 20, 42, 129
Ndau（ンダウ語）　8
Ndebele（ンデベレ語）　8, 10, 15
Ndebele South　13
Ndebele（ジンバブエ）　25
Ndjiku（ンジク語）　9, 15, 24, 129
Ndonga（ンドンガ語）　8, 175
Ngombe（ンゴンベ語）　7, 23, 112, 129
Ngwato（グアト語）　7, 10, 11, 16, 100, 136
Nilamba（ニランバ語）　7
Nkore（(ア)ンコレ語）　377
Nkoya（ンコヤ語）　8, 129, 138, 153
Northern Ndebele　286, 300
Nsenga（ンセンガ語）　8, 10
Ntomba（ントンバ語）　7, 129
Nyakyusa（ニャキュサ語）　7
Nyala（ニャラ語）　8
Nyamwezi（ニャムウェズィ語）　7, 11
Nyaturu（ニャトゥル語）　7
Nyiha（ニハ語）　8
Nyoro（ニョロ語）　8, 125, 396

P

Pedi（ペディ語）　7, 10, 13, 24, 85, 136
Punu（プヌ語）　8, 23

R

Rolong（ロロン語）　7, 10, 14, 98, 136
Ruguru（ルグル語）　8, 10, 15
Rwanda（ルワンダ語）　8, 13, 15, 116, 119, 124, 129

S

Sala（サラ語）　8, 150
Sambaa（サンバー語）　8, 14, 25, 39, 303
Semi-Bantu　130
Shi（シ語）　8, 129
Shona　15, 16
Soga（ソガ語）　8, 100, 118, 124
Sotho（ソト語）　7, 10, 12, 17, 86, 136
Southern Ndebele　286, 300
Sub-Bantu　130
Sukuma（スクマ語）　7, 11, 12, 19, 31, 85, 134
Swahili（スワヒリ語）　3, 8, 10, 11, 12, 14, 17, 25, 28, 37, 90, 91, 93, 95, 97, 99, 101, 105, 118, 123, 133
Swaka（スワカ語）　8
Swati（スワティ語）　8, 10, 15, 16, 25, 273

T

Taita（タイタ語）　8
Teke East（東テケ語）　129
Teke（テケ語）　7, 9
Tharaka（ザラカ語）　7, 19
Tlhaping（タピン語）　7, 10, 11, 136
Tonga（トンガ語）　8, 15
Tooro（トーロ語）　8, 125, 396
Tsonga（ツォンガ語）　8, 10, 17, 24, 25
Tswana（ツアナ語）　15, 16, 17, 86

湯川恭敏（ゆかわ やすとし）

略歴

1941年和歌山県に生まれる。東京大学文学部卒、同大学院博士課程中退。東京外国語大学教授、東京大学教授、熊本大学教授、帝京平成大学教授を歴任。東京大学名誉教授、博士（文学）。

主な著書

『言語学の基本問題』（大修館書店、1971）、*Bantu Linguistics(ILCAA)* Vol. 1–3（東京外国語大学アジア・アフリカ言語文化研究所、1987–1992、共著）、『バントゥ諸語動詞アクセントの研究』（ひつじ書房、1995）、『言語学』（ひつじ書房、1999）、『バントゥ諸語分岐史の研究』（ひつじ書房、2011）など。

ひつじ研究叢書〈言語編〉第117巻

バントゥ諸語の一般言語学的研究

Linguistic Studies of Bantu Languages
Yasutoshi Yukawa

発行　2014年2月14日　初版1刷
定価　19000円＋税
著者　湯川恭敏
発行者　松本功
装幀　白井敬尚形成事務所
印刷所　三美印刷株式会社
製本所　株式会社 星共社
発行所　株式会社 ひつじ書房
〒112-0011　東京都文京区千石2-1-2 大和ビル2階
Tel: 03-5319-4916　Fax: 03-5319-4917
郵便振替00120-8-142852
toiawase@hituzi.co.jp　http://www.hituzi.co.jp/

ISBN978-4-89476-678-5

刊行のご案内

〈ひつじ研究叢書（言語編） 第97巻〉

日本語音韻史の研究

高山倫明 著 定価6,000円+税

〈ひつじ研究叢書（言語編） 第98巻〉

文化の観点から見た文法の日英対照

時制・相・構文・格助詞を中心に

宗宮喜代子 著 定価4,800円+税

〈ひつじ研究叢書（言語編） 第99巻〉

日本語と韓国語の「ほめ」に関する対照研究

金庚芬 著 定価6,800円+税

刊行のご案内

〈ひつじ研究叢書（言語編）　第100巻〉

日本語の「主題」

堀川智也 著　定価5,200円＋税

〈ひつじ研究叢書（言語編）　第101巻〉

日本語の品詞体系とその周辺

村木新次郎 著　定価5,600円＋税

〈ひつじ研究叢書（言語編）　第103巻〉

場所の言語学

岡智之 著　定価6,200円＋税

刊行のご案内

〈ひつじ研究叢書（言語編）　第104巻〉

文法化と構文化

秋元実治・前田満 編　定価9,200円＋税

〈ひつじ研究叢書（言語編）　第105巻〉

新方言の動態30年の研究
群馬県方言の社会言語学的研究

佐藤髙司 著　定価8,600円＋税

〈ひつじ研究叢書（言語編）　第106巻〉

品詞論再考
名詞と動詞の区別への疑問

山橋幸子 著　定価8,200円＋税

刊行のご案内

〈ひつじ研究叢書（言語編） 第107巻〉

認識的モダリティと推論

木下りか 著　定価7,600円+税

〈ひつじ研究叢書（言語編） 第108巻〉

言語の創発と身体性
山梨正明教授退官記念論文集

児玉一宏・小山哲春 編　定価17,000円+税

〈ひつじ研究叢書（言語編） 第109巻〉

複雑述語研究の現在

岸本秀樹・由本陽子 編　定価6,800円+税

刊行のご案内

〈ひつじ研究叢書（言語編） 第111巻〉

現代日本語ムード・テンス・アスペクト論

工藤真由美 著　定価7,200円+税

〈ひつじ研究叢書（言語編） 第112巻〉

名詞句の世界
その意味と解釈の神秘に迫る

西山佑司 編　定価8,000円+税

〈ひつじ研究叢書（言語編） 第113巻〉

「国語学」の形成と水脈

釘貫亨 著　定価6,800円+税

刊行のご案内

〈ひつじ研究叢書（言語編） 第116巻〉

英語副詞配列論
様態性の尺度と副詞配列の相関

鈴木博雄 著　定価8,000円＋税

〈ひつじ研究叢書（言語編） 第118巻〉

名詞句とともに現れる「こと」の談話機能

金英周 著　定価4,800円＋税

〈ひつじ研究叢書（言語編） 第119巻〉

平安期日本語の主体表現と客体表現

高山道代 著　定価6,400円＋税

刊行のご案内

〈ひつじ研究叢書（言語編）　第5巻〉

バントゥ諸語動詞アクセントの研究

湯川恭敏 著　定価19,000円＋税

〈ひつじ研究叢書（言語編）　第92巻〉

バントゥ諸語分岐史の研究

湯川恭敏 著　定価8,900円＋税